市县国土空间总体规划编制技术方法

主 编 郑筱津 卢庆强 武廷海
副主编 欧阳鹏 余 婷 张 能

国家重点研发计划项目资助（2022YFC3802804）
国家重点研发计划项目资助（2023YFC3803900）

科 学 出 版 社
北 京

内 容 简 介

新时代我国国土空间规划体系正在逐步建立完善，市县国土空间总体规划是其中承上启下的重要组成部分。本书立足“多规合一”背景要求，对市县国土空间总体规划的作用和特点、编制要求、理论逻辑和方法体系进行解析，并围绕如何科学合理地编制市县国土空间总体规划，从总体规划编制概述、规划依据和基础评价评估、重大专题研究、分类空间规划和底线管控、空间方案集成与总体统筹、规划传导与实施保障、规划成果制作与表达、规划工作阶段和组织等方面进行系统阐述和分析，以期为市县国土空间总体规划编制工作提供基本参考。

本书适合作为高等学校国土空间规划相关专业的本科生基础课教材，以及国土空间规划编制从业者、自然资源等政府管理部门的工作手册和参考资料。

审图号：京 S（2025）029 号

图书在版编目（CIP）数据

市县国土空间总体规划编制技术方法 / 郑筱津，卢庆强，武廷海主编. — 北京 : 科学出版社，2025. 6. -- ISBN 978-7-03-082503-2

Ⅰ. F129.9

中国国家版本馆 CIP 数据核字第 20255E1P86 号

责任编辑：陈雅娴/责任校对：杨　赛
责任印制：张　伟/封面设计：迷底书装

科学出版社出版
北京东黄城根北街 16 号
邮政编码：100717
http://www.sciencep.com

北京九州迅驰传媒文化有限公司印刷
科学出版社发行　各地新华书店经销
*
2025 年 6 月第　一　版　开本：787×1092　1/16
2025 年 6 月第一次印刷　印张：21
字数：477 000

定价：118.00 元

（如有印装质量问题，我社负责调换）

《市县国土空间总体规划编制技术方法》

编写委员会

主　编　郑筱津　卢庆强　武廷海

副主编　欧阳鹏　余　婷　张　能

编　委（按姓氏拼音排序）

毕莹玉　陈珊珊　冯立超　郭大力　扈　茗

江艺东　刘瑞刚　吕春英　吕晋美　毛　磊

孙小明　万勇山　汪　淳　闫　琳　闫　敏

杨钦宇　张　辉　张孝奎　周彦灵

主要编者简介

主　编：

郑筱津　北京清华同衡规划设计研究院有限公司副院长，自然资源部高层次科技创新人才工程（国土空间规划行业）科技领军人才，自然资源部智慧人居环境与空间规划治理技术创新中心副主任，中国城市经济学会常务理事，中国可持续发展研究会理事，中国城市规划学会总体规划专业委员会委员，多个省（区、市）国土空间规划智库专家，教授级高级工程师。

卢庆强　北京清华同衡规划设计研究院有限公司副院长，清华大学中国新型城镇化研究院城市群与都市圈研究分中心主任，中国土地学会规划分会副主任委员，自然资源部智慧人居环境与空间规划治理技术创新中心技术带头人，教授级高级工程师。

武廷海　清华大学建筑学院城市规划系主任，自然资源部高层次科技创新人才工程（国土空间规划行业）科技领军人才，中国城市规划学会学术工作委员会副主任委员，教授，博士生导师。

副主编：

欧阳鹏　北京清华同衡规划设计研究院有限公司总体发展研究和规划分院总规划师，自然资源部高层次科技创新人才工程（国土空间规划行业）青年科技人才，清华大学中国新型城镇化研究院特聘研究员，教授级高级工程师。

余　婷　北京清华同衡规划设计研究院有限公司总体发展研究和规划分院智慧规划研究部副主任，自然资源部智慧人居环境与空间规划治理技术创新中心秘书长/技术带头人，高级工程师。

张　能　清华大学建筑设计研究院未来城市与人工智能中心执行主任。

序

建立国土空间规划体系并监督实施是党中央、国务院作出的重大战略部署，是深入推进国家生态文明体制改革和以人民为中心的高质量城镇化发展的重要支撑，是保障国家战略有效实施和推进国土空间治理现代化的重要途径，是全面建成社会主义现代化强国、实现第二个百年奋斗目标、以中国式现代化全面推进中华民族伟大复兴的必然要求。中共中央 国务院《关于建立国土空间规划体系并监督实施的若干意见》于 2019 年 5 月 9 日正式印发，明确了国土空间规划是国家空间发展的指南、可持续发展的空间蓝图，是各类开发保护建设活动的基本依据；要求通过建立全国统一、责权清晰、科学高效的国土空间规划体系并监督实施，实现“多规合一”，充分发挥国土空间规划在国家规划体系中的基础性作用。

面对国土空间规划体系改革的新要求，自然资源部全面推进编制审批体系、技术标准体系、法规政策体系、实施监管体系的建设，搭建国土空间治理体系的四梁八柱。市县国土空间总体规划是我国国土空间治理体系和规划体系的中间关键层次，在我国“五级三类”国土空间规划体系中具有“承上启下、统筹平衡、指导约束”的特点和作用。2020 年 9 月自然资源部发布了《市级国土空间总体规划编制指南（试行）》，用于指导和规范市级国土空间总体规划编制工作。由于当前市县国土空间规划编制尚处于实践探索阶段，该指南更侧重于原则性、导向性要求，需要结合地方规划实践探索，对市县国土空间总体规划编制技术方法进行深化、细化研究，提高规划编制的科学性和可操作性。

面向“多规合一”、全域全要素全过程、高质量发展理念、突出地域和技术特色等“多全高特”的新时代国土空间规划体系改革新要求，北京清华同衡规划设计研究院有限公司（简称“清华同衡”）依托清华大学综合学科与产业优势，坚持“政产学研用”深度协作与融合，通过推进院内技术业务协同平台搭建和加强院外技术联盟合作，立足全国不同自然地理特征、不同区域、不同层级的国土空间规划编制和实施实践，面向地方规划实施和管理需求，积极开展国土空间规划编制—实施评估—智慧规划平台等全链条技术方法和工具的探索和创新，强化“多规合一，面向管理”的能力共建。同时，清华同衡按照产学研一体化的要求，将丰富的业务实践经验与教学结合，集合跨专业、跨部门核心骨干人员力量参与教学和相关课件制作，有力支撑了清华大学建筑学院在国土空间规划相关领域的教学改革工作。本教材作为清华同衡与清华大学建筑学院面向市县国土空间总体规划编制技术方法探索的阶段性总结和思考成果，希望可以为高校学生和空间规划从业者学习、参与国土空间规划编制工作提供参考、借鉴和学术支持。

市县国土空间总体规划是市县为实现第二个百年奋斗目标制定的空间发展蓝图和战略部署，是市县落实新发展理念，实施高效能空间治理，促进高质量发展和高品质生活的空间政策，是市县域国土空间保护、开发、利用、修复和指导各类建设的行动纲领。本书在继承以往空间类规划科学合理内容和技术方法基础上，遵循客观发展规律，立足于新时代国家战略发展需求和国土空间规划治理体系改革的总体要求，从规划地位作用、基本思维和工作原则、主要内容、技术流程、基本方法等方面，全面系统地阐述市县国土空间总体规划编制全流程技术方法和操作步骤，并遴选编排了丰富多彩的实践案例和技术流程图，突出跨专业知识的集成整合和协同创新，注重理论与实践、原理和案例相结合，具有很强的教学实用性和业务操作指导性。

本书对新形势下如何体现规划的战略性、科学性、系统性，以及针对性、政策性、协调性和实施性进行了思考和响应，通过对市县国土空间总体规划内涵的全方位解析和规划编制业务的全链条阐述，将相关理念落实到具体技术方法和业务流程中，打通理念要求与实践工作之间的衔接闭环。面向新时代国土空间规划体系改革新要求，本书主要从以下几个方面提出了工作重点和特色：①如何落实新时代以人民为中心的高质量发展、高品质生活和高水平治理的国土空间规划新理念和新要求，支撑区域协调发展战略、区域重大战略、主体功能区战略、新型城镇化战略落地，支撑重大生产力布局优化，体现规划的战略性；②如何更好地利用多源数据和新技术，进一步摸清家底，客观分析国土空间发展基础条件和原有规划实施成效，识别国土空间开发保护的关键问题、短板、主要矛盾和发展潜力，研判发展趋势、机遇、风险和挑战，体现规划的科学性；③如何适应全域全要素管控要求，统筹发展与保护、发展与安全，促进区域协调、城乡融合、陆海统筹，构筑人与自然和谐共生的国土空间开发保护格局，因地制宜地制定空间资源保护利用修复和要素配置策略，体现规划的系统性和针对性；④如何融合应用“指标—控制线—分区/用途—名录”等多种政策工具，完善监督评估预警机制，建立全周期、多维度、刚弹相济的国土空间治理体系，并针对不同类型、层级空间进行差异化管控，体现规划的政策性；⑤如何通过“横向到边、纵向到底”的立体化规划传导机制建设加强多规统筹协调，加强与上位规划的落实和衔接，发挥对下位规划、详细规划和专项规划的指导和约束作用，体现规划的协调性；⑥如何构建上下联动、纵横结合的工作组织体系，完善全流程多元主体共商机制，建设上下贯通、部门协同的国土空间信息平台，促进多专业融合协同，保证规划能用、管用、好用，体现规划的实施性。

当今世界正面临百年未有之大变局，面向新时代，对于国土空间总体规划改革的探索始终在路上，需要在实践中不断寻求更加科学、合理、有效的方法和手段。空间规划工作者需要落实新理念、把握大方向、追踪新要求，从发展理念模式、规划内容重点、工作手段方法、工作流程组织等各个方面主动进行调整转变和技术应对；同时也需要在技术方法、技术工具、政策工具上加强知识更新、技能提升和创新研究。本书的编撰只是关于市县国土空间总体规划编制技术方法的初步探索，希望能够和更多专家共同探讨新时代国土空间规划改革下的编制技术和方法，为建设美丽国土和美好家园、推进国土空间治理现代化贡献更多的智慧和力量。

郑筱津

2025 年 6 月

前　言

为响应落实我国国土空间规划体系改革创新和产教融合工作要求，北京清华同衡规划设计研究院有限公司与清华大学建筑学院联合开展市县国土空间总体规划教学改革工作，依托丰富的规划业务实践经验，集结跨专业、跨部门核心骨干人员力量协同攻关，总结凝练形成本书成果。本书是国内目前少有的、较为全面系统讲解国土空间总体规划编制技术方法的教材，是清华同衡与清华大学建筑学院共同推动产学研一体化实践探索的阶段性成果，具有较强的理论启发性和实践指导性。

全书共计十章，采取“总—分—总”的结构体系：第一章总体规划编制概述部分，全面系统地阐述了市县国土空间总体规划的基础知识，介绍了我国国土空间规划体系建立的背景及其构成框架，论述了国土空间总体规划的内涵，以及市县层级国土空间总体规划的地位、使命和基本要求，解析了市县国土空间总体规划编制的主要内容、编制技术流程和基本方法；第二章至第九章，立足规划编制技术全流程的角度，依次阐述了规划前期基础准备和评价评估、重大专题研究、分类空间规划和底线管控、空间方案集成与总体统筹、规划传导与实施保障、规划成果制作与表达，并延伸到规划评估与实施监督等环节的知识技能介绍；第十章总结与展望部分，对新形势下市县国土空间总体规划的传承与转变，以及面向未来市县国土空间总体规划的改革创新方向，进行了总结与展望。

全书整体架构设计和统稿把控负责人为郑筱津、卢庆强、武廷海，全书框架内容细化、分工统筹协调和文字校稿负责人为欧阳鹏、余婷、张能。全书各章节内容编写具体分工如下。

第一章：总体规划编制概述。本章统稿人为卢庆强、郑筱津、武廷海。撰写人为欧阳鹏、张能。

第二章：规划依据和基础评价评估。本章统稿人为卢庆强、余婷、欧阳鹏。内容框架和知识点导引——余婷；规划依据与上位要求对接——扈茗；资源环境承载能力与国土空间开发适宜性评价——余婷、杨钦宇；国土空间开发保护现状评估——欧阳鹏；规划实施评估与灾害风险评估——冯立超、张孝奎。

第三、四章：重大专题研究（上、下）。第三章统稿人为郑筱津、欧阳鹏、张能。内容框架和知识点导引——欧阳鹏；基于特色禀赋与区域条件的发展定位、目标与战略——扈茗；基于生态优先与绿色发展的生态空间引导——毛磊、吕春英；基于历史文化保护传承的文化空间引导——张能；基于高质量发展导向的产业空间引导——扈茗；基于新型城镇化导向的城镇村体系布局引导——江艺东；基于城乡统筹与乡村振兴导向的乡村空间引导——闫琳、郭大力。第四章统稿人为卢庆强、郑筱津、张能。内容框架和知识点导引——欧阳鹏；基于高质量发展导向的建设用地节约集约利用——吕晋美、陈珊珊；基于全域统筹的国土综合整治——吕晋美；基于生活圈构建的城乡公共服务体系——陈珊珊、余婷；基于全域一体化的综合交通体系——张辉、万勇山；基于集约高效导向的市政基础设施支撑体系——周彦灵、毕莹玉；基于安全韧性理念的综合防灾体系——冯立超、张孝奎。

第五章：分类空间规划和底线管控。本章统稿人为郑筱津、武廷海、欧阳鹏。内容框架和知识点导引——欧阳鹏；生态空间规划和底线管控——毛磊、吕春英、吕晋美；农业空间规划和底线管控——闫琳、吕晋美；城镇空间规划和底线管控——汪淳、江艺东、扈茗；历史文化与魅力空间规划管控——张能、刘瑞刚。

第六章：空间方案集成与总体统筹。本章统稿人为卢庆强、欧阳鹏。内容框架和知识点导引——欧阳鹏；现状问题识别与发展条件研判——杨钦宇；规划目标与指标体系——欧阳鹏；矛盾冲突协调重点及其空间要求——欧阳鹏；空间格局优化与分区用途管控——欧阳鹏；资源配置优化与用地结构调整——吕晋美、欧阳鹏；中心城区布局优化和更新提质——汪淳、陈珊珊、刘瑞刚。

第七章：规划传导与实施保障。本章统稿人为欧阳鹏、卢庆强。内容框架和知识点导引——欧阳鹏；构建立体化规划传导管控体系——欧阳鹏；搭建国土空间规划“一张图”系统——孙小明、闫敏；统筹制定近期行动计划——欧阳鹏；建立健全规划实施保障机制——欧阳鹏。

第八章：规划成果制作与表达。本章统稿人为余婷、郑筱津、欧阳鹏。内容框架和知识点导引——余婷、欧阳鹏；规划文本和附表——欧阳鹏；规划图件——余婷；规划说明——欧阳鹏；数据库——余婷。

第九章：规划工作阶段与组织。本章统稿人为郑筱津、欧阳鹏、卢庆强。内容框架和知识点导引——欧阳鹏；市县国土空间总体规划编制的工作过程——欧阳鹏；规划编制前期准备与动员工作——欧阳鹏；现场调研、座谈访谈与资料收集——欧阳鹏；基础底图处理与制作——余婷；规划全过程公众参与——欧阳鹏；规划上下和左右协同——欧阳鹏；各阶段规划汇报要求——欧阳鹏；规划成果公示、审查与报批——欧阳鹏；国土空间规划城市体检评估——江艺东；规划实施监测预警与规划修改——汪淳。

第十章：总结与展望。本章统稿人为卢庆强。新形势下市县国土空间总体规划的传承与转变——欧阳鹏；面向未来市县国土空间总体规划的改革创新展望——欧阳鹏、卢庆强。

附录：课程安排与学习样例——张能；双评价基础资料收集清单——余婷；市县国土空间总体规划主题座谈会提纲——欧阳鹏；市级国土空间总体规划调研主要资料清单——欧阳鹏；市县国土空间总体规划文本框架参考指引——欧阳鹏；各阶段规划报审材料清单指引——欧阳鹏。

国土空间规划体系改革是一项永远在路上的征程，市县国土空间总体规划的改革创新仍然需要在实践中不断深入探索和总结提升。规划改革需要汇聚行业同仁的集体智慧和力量，共同谱写高质量国土空间治理和美好人居环境营造的时代篇章。

《市县国土空间总体规划编制技术方法》编委会

2025 年 6 月

目　　录

第一章　总体规划编制概述

导读：建立国土空间规划体系并监督实施是党中央、国务院作出的重大战略部署，是生态文明制度体系建设的重要组成部分。市县国土空间总体规划在我国“五级三类”国家空间规划体系中具有独特的地位和作用。本章重点阐述市县国土空间总体规划的基础知识，首先阐述我国国家空间规划体系建立的背景及其构成框架，论述国土空间总体规划的内涵，以及市县层级国土空间总体规划的地位、使命和基本要求，在此基础上，阐述市县国土空间总体规划的主要内容、编制技术流程和基本方法。

一、我国国土空间规划体系的建立

（一）我国国土空间规划体系的建立背景

1. 建立国土空间规划体系的主要目的

建立国土空间规划体系，是深入推进国家生态文明体制改革的重要内容，是推进国土空间治理现代化的重要途径。建设生态文明是中华民族永续发展的千年大计，国土是生态文明建设的空间载体，“构建以国土空间规划为基础、以用途管制为主要手段的国土空间开发保护制度”，是新时代国家生态文明制度建设的重要组成内容。2012 年，党的十八大从新的历史起点出发，作出了大力推进生态文明建设的战略决策，并明确提出了将生态文明建设与经济建设、政治建设、文化建设、社会建设相结合，形成中国特色社会主义事业“五位一体”的总体布局（中国城市规划学会，2020）。党的十八大报告提出“加强生态文明制度建设”“建立国土空间开发保护制度”。随后 2013 年党的十八届三中全会通过了《中共中央关于全面深化改革若干重大问题的决定》，其中作出建立空间规划体系的决定，由此拉开了国家空间规划体系改革的序幕。2015 年中共中央 国务院印发《生态文明体制改革总体方案》提出，“构建以空间规划为基础、以用途管制为主要手段的国土空间开发保护制度”。2017 年党的十九大报告提出“构建国土空间开发保护制度，完善主体功能区配套政策”“统一行使所有国土空间用途管制和生态保护修复职责”。2022 年党的二十大报告提出“以中国式现代化全面推进中华民族伟大复兴”的战略宣言，并明确提出“优化重大生产力布局，构建优势互补、高质量发展的区域经济布局和国土空间体系”，在上述背景下，国土空间规划体系改革持续向纵深推进。

建立国土空间规划体系并监督实施，实现“多规合一”，发挥国土空间规划在国家规划体系中的基础性作用。2018 年 3 月中共中央印发《深化党和国家机构改革方案》，组建自然资源部，统一行使全民所有自然资源资产所有者职责，统一行使所有国土空间用途管制和生态保护修复职责，着力解决自然资源所有者不到位、空间规划重叠等问题。

2019年5月《中共中央 国务院关于建立国土空间规划体系并监督实施的若干意见》（以下简称《意见》）出台，《意见》提出“各级各类空间规划在支撑城镇化快速发展、促进国土空间合理利用和有效保护方面发挥了积极作用，但也存在规划类型过多、内容重叠冲突，审批流程复杂、周期过长，地方规划朝令夕改等问题”。针对上述问题，《意见》进一步提出建立国土空间规划体系并监督实施，将主体功能区规划、土地利用规划、城乡规划等空间规划融合为统一的国土空间规划，实现“多规合一”，强化国土空间规划对各专项规划的指导约束作用，同时提出“国土空间规划是国家空间发展的指南、可持续发展的空间蓝图，是各类开发保护建设活动的基本依据”，为我国国土空间开发保护和空间规划体系改革指明了方向。

2. 建立国土空间规划体系的重大意义

《意见》指出：“建立全国统一、责权清晰、科学高效的国土空间规划体系，整体谋划新时代国土空间开发保护格局，综合考虑人口分布、经济布局、国土利用、生态环境保护等因素，科学布局生产空间、生活空间、生态空间，是加快形成绿色生产方式和生活方式、推进生态文明建设、建设美丽中国的关键举措，是坚持以人民为中心、实现高质量发展和高品质生活、建设美好家园的重要手段，是保障国家战略有效实施、促进国家治理体系和治理能力现代化、实现‘两个一百年’奋斗目标和中华民族伟大复兴中国梦的必然要求。”

建立国土空间规划体系是加快形成绿色生产方式和生活方式、推进生态文明建设、建设美丽中国的关键举措。生态文明建设是关系中华民族永续发展的千年大计，国土是生态文明建设的空间载体。改革开放以来我国经济社会走过了快速发展的历程，取得了举世瞩目的成就，但与此同时也产生一系列累积性、结构性矛盾，“国土空间面临开发格局失衡、资源约束趋紧、生态系统退化、环境污染加剧等一系列挑战”（林坚，2021）。新时期国土空间规划将以可持续发展理念为指导，贯彻落实习近平生态文明思想和总体国家安全观，正确处理人与自然的关系，保障国家生态安全，改善环境质量，提高资源利用效率，促进绿色生产方式和生活方式加快形成，持续探索内涵式、集约型、绿色化的高质量发展道路，构建人与自然和谐共生的现代化建设新格局，保障中华民族永续发展。

建立国土空间规划体系是坚持以人民为中心、实现高质量发展和高品质生活、建设美好家园的重要手段。中华人民共和国国民经济和社会发展第十四个五年规划纲要（简称国家“十四五”规划）明确提出坚持以人民为中心的原则，“坚持人民主体地位，坚持共同富裕方向，始终做到发展为了人民、发展依靠人民、发展成果由人民共享，维护人民根本利益，激发全体人民积极性、主动性、创造性，促进社会公平，增进民生福祉，不断实现人民对美好生活的向往”。国土空间规划是坚持以人民为中心、实现高质量发展和高品质生活、建设美好家园的重要手段，应始终将满足人民日益增长的美好生活需要作为出发点和落脚点。

建立国土空间规划体系是保障国家战略有效实施、促进国家治理体系和治理能力现代化、实现“两个一百年”奋斗目标和中华民族伟大复兴中国梦的必然要求。我国正处于“两个一百年”的历史交汇期，开启了全面建设社会主义现代化国家的新征程。国家

“十四五”规划提出“十四五”时期推进高质量发展，必须立足新发展阶段、贯彻新发展理念、构建新发展格局。展望2035年，我国将基本实现社会主义现代化，基本实现新型工业化、信息化、城镇化、农业现代化，基本建成现代化经济体系，基本实现国家治理体系和治理能力现代化，基本实现美丽中国建设目标，人的全面发展、全体人民共同富裕将取得更为明显的实质性进展。国土空间规划作为我国国家空间发展的指南、可持续发展的空间蓝图，是保障国家战略有效实施的基础平台，能够为国家发展规划确定的重大战略任务落地实施提供空间保障。国土空间规划是国家空间治理的核心手段，也是国家治理体系和治理能力现代化的重要组成部分，是实现“两个一百年”奋斗目标和中华民族伟大复兴中国梦的重要抓手和支撑载体。

（二） 新时期的统一规划体系

2018年11月《中共中央 国务院关于统一规划体系更好发挥国家发展规划战略导向作用的意见》出台，旨在立足新形势新任务新要求，明确各类规划功能定位，理顺国家发展规划和国家级专项规划、区域规划、空间规划的相互关系，避免交叉重复和矛盾冲突，提出“坚持下位规划服从上位规划、下级规划服务上级规划、等位规划相互协调，建立以国家发展规划为统领，以空间规划为基础，以专项规划、区域规划为支撑，由国家、省、市县各级规划共同组成，定位准确、边界清晰、功能互补、统一衔接的国家规划体系”。

在新时期国家规划体系中，国家发展规划与空间规划承担不同的功能定位，发挥不同的职能作用，并通过相互之间的衔接协同发挥合力。一方面，强化国家发展规划的统领作用。提高国家发展规划的战略性、宏观性、政策性，增强指导和约束功能，为各类规划系统落实国家发展战略提供遵循。发挥国家发展规划统筹重大战略和重大举措时空安排功能，明确空间战略格局、空间结构优化方向以及重大生产力布局安排，为国家级空间规划留出接口。另一方面，强化空间规划的基础作用。强化国家级空间规划在空间开发保护方面的基础和平台功能，为国家发展规划确定的重大战略任务落地实施提供空间保障，对其他规划提出的基础设施、城镇建设、资源能源、生态环保等开发保护活动提供指导和约束。

（三）国土空间规划体系的构成

2019年公布的《中共中央 国务院关于建立国土空间规划体系并监督实施的若干意见》（以下简称《意见》）提出，“国家、省、市县编制国土空间总体规划，各地结合实际编制乡镇国土空间规划。相关专项规划是指在特定区域（流域）、特定领域，为体现特定功能，对空间开发保护利用作出的专门安排，是涉及空间利用的专项规划。国土空间总体规划是详细规划的依据、相关专项规划的基础；相关专项规划要相互协同，并与详细规划做好衔接。”

根据《意见》，新时代的国土空间规划体系由“五级三类”规划构成（见图1-1）。所谓“五级”，指纵向对应我国的行政管理体系，将规划分五个层级，包括国家级、省级、市级、县级、乡镇级，其中，国家级国土空间规划是对全国国土空间作出的全局安排，是全国国土空间保护、开发、利用、修复的政策和总纲，侧重战略性。省级国土空间规划是对全国国土空间规划的落实，指导市县国土空间规划编制，侧重协调性。市、县和乡镇级国土空间规划是本级政府对上级国土空间规划要求的细化落实，是对本行政区域开发保护作出的具体安排，侧重实施性。所谓“三类”，是从不同类型规划横向分工的角度，将规划系统分为总体规划、详细规划、相关专项规划，其中，总体规划强调综合性，是对一定行政区域内国土空间保护、开发、利用、修复的全局性安排；专项规划强调专门性，可由相关部门组织编制。

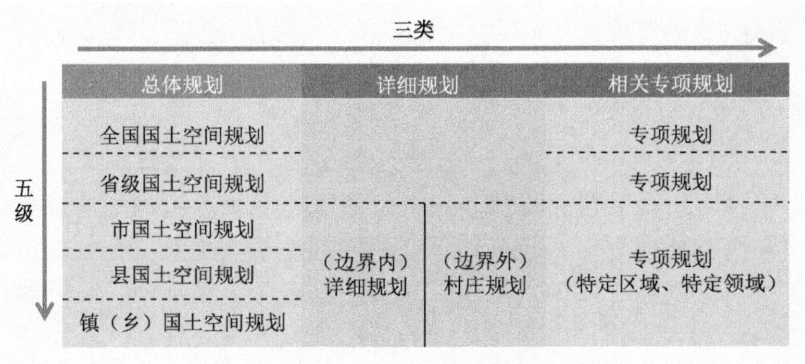

图 1-1　“五级三类”国土空间规划体系示意图

二、市县国土空间总体规划的地位与使命

（一）国土空间总体规划的内涵与职能

1. 国土空间总体规划的内涵解析

“国土空间总体规划”由“国土空间”和“总体规划”两个概念组合而成。“国土空间”是指国家主权管辖范围的地域空间，是国民生存的场所和环境，包括陆域、海域和近地空域（胡序威，2019），国土空间中承载着土地资源、水资源、矿产资源、海洋资源、生态资源、社会经济资源等各类资源。基于国土空间的主要功能，国土空间可分为城市空间、农业空间、生态空间和其他空间。国土空间也是人居环境，两者如一个银币之两面（武廷海等，2019）。**“总体规划”**是一种带有综合性、整体性、战略性、系统性思维的规划类型。总体规划的基本特点是探求规划研究对象的各个部分、方面、因素和层次之间的相互联系，探求空间构成要素组合的机理和功能，由此形成一种新的整体性的认知（吴次芳等，2019），进而发挥规划调控效能。

国土空间总体规划是“国土空间”和“总体规划”的组合融贯，是以实现人与自然和谐共生为目标，对一定区域国土空间开发保护活动在空间和时间上作出的全局性安排，是区域内国土空间保护、开发、利用、修复的政策和总纲。国土空间总体规划可分为全国、省级、市县和乡镇不同层级。

国土空间总体规划的**规划对象**是全域国土空间，围绕人类活动组织安排，统筹推进国土空间优化和人居环境品质提升；**规划任务**是以实现人与自然和谐共生为目标的空间安排和制度设计，以优化空间结构、提升空间效率和提高空间品质为核心，对土地利用、设施布局、开发秩序、资源配置等全要素进行整体性部署和策略性安排，并将之付诸实施。在**规划方法和手段**方面，国土空间总体规划注重对国土空间和城乡发展规律的科学研究、大数据等新技术和工具的应用，以及治理手段和政策的实施，统筹谋划空间规划方案和政策体系，基于多学科交叉融合视角引导国土空间高质量可持续发展。在**规划成果**方面，国土空间总体规划注重系统综合整体，而非简单的要素拼凑或方法堆砌，从而形成国土空间保护、开发、利用、修复等方面的战略性、整体性、系统性解决方案。

2. 国土空间总体规划的职能作用

国土空间总体规划是提升国家空间治理能力的重要抓手。国土空间规划是国家空间发展的指南、可持续发展的空间蓝图，是各类开发保护建设活动的基本依据。国土空间总体规划在我国国家空间规划体系中处于龙头位置，是提升国家空间治理能力的重要抓手，是实现国家治理体系和治理能力现代化的重要路径，具有不可替代的重要作用。国土空间总体规划的重要职责在于体现国家战略意志、落实国家战略意图、充分体现国家事权、构建国土安全格局、优化国家空间资源配置、促进国家可持续发展等。

国土空间总体规划是指导城乡国土空间开发保护的政策纲领。国土空间总体规划立足城乡国土空间全域全要素，统筹开发与保护活动。国土空间总体规划强调抓住影响城乡空间发展的战略性、全局性、综合性的问题予以综合考虑，确定城乡国土空间保护、开发、利用、修复等方面的定位、战略和总体目标，确定国土空间开发保护的核心价值观、基本行动纲领和整体行为准则，确定城乡空间资源配置的宏观政策导向和决策基准。国土空间总体规划是国土空间规划行政主管部门的行政依据，并指导详细规划和相关专项规划。国土空间总体规划具有调控与分配空间资源的作用，因此是重要的公共政策。

国土空间总体规划是坚持以人民为中心、实现高质量发展和高品质生活、建设美好家园的总体蓝图。国土空间总体规划立足人民对美好生活的向往，从总体层面统筹推进生产空间集约高效、生活空间宜居适度、生态空间山清水秀，构建安全、和谐、开放、协调、富有竞争力和可持续发展的美丽国土（吴次芳等，2019）。国土空间总体规划是未来发展的总体目标愿景和行动蓝图，为高质量发展提供空间资源支撑，为高品质生活提供空间服务保障，在凝聚全体人民共识、协调多元利益矛盾、汇集广泛社会力量、建设美好家园等方面，发挥着重要的引领作用。

国土空间总体规划的具体作用主要体现在战略引领和刚性管控两方面。战略引领作用体现在总体规划作为规划城乡发展和人居环境复杂巨系统的平台和抓手，统筹协调空间开发与保护、效率与公平、近期与远期、整体与局部、纵向与横向等多方面的矛盾关系，并立足城乡发展整体取向、公共利益和长远眼光，作出统筹协调安排。刚性管控作用体现在国土空间总体规划始终将落实生态文明战略作为指导思想和基本遵循，注重坚持底线思维，对关系到国家安全和民生保障的底线实行统一的国土空间用途管制，促进国土空间健康可持续发展。刚性管控作用是国土空间总体规划的基本职能，也是区别于其他类型规划的重要标志。

（二）市县国土空间总体规划的地位和作用

市县国土空间总体规划是对市级国土空间总体规划（简称市级总规）和县级国土空间总体规划（简称县级总规）的统称。市县国土空间总体规划是市县为实现“两个一百年”奋斗目标制定的空间发展蓝图和战略部署；是城市落实新发展理念、实施高效能空间治理、促进高质量发展和高品质生活的空间政策；是贯彻落实国省战略目标，指导市县国土空间保护、开发、利用、修复以及各类建设的基本依据和行动纲领。

市县国土空间总体规划是我国国土空间治理体系和规划体系中的中间关键层次，是落实国家和省级重大战略的重要载体，是实现规划政策蓝图向技术蓝图、建设工程蓝图传导落实的重要环节。通过市县国土空间总体规划，对上贯彻落实国家和省的区域发展战略、主体功能区战略等重大使命，立足城市自身统筹协调优化国土空间资源配置，对下指导约束下位规划和开发建设活动，起到承上启下、纲举目张、统领全局的作用。市县是统筹三区三线、协调国土空间开发与保护、营造美好人居家园的重要行政单元。市县级总规面临的利益博弈主体多、关系复杂，且直接面向地方具体开发建设和规划管理活动，是各种现实利益汇聚点和多方矛盾焦点。市县国土空间总体规划作为推进市县层面多规合一的空间统筹和统领平台，整合各类空间性规划，协调多规矛盾、统一发展共识，有效推进多规合一，真正实现“一张蓝图干到底”。市县国土空间总体规划要注重战略思维、空间思维和实施思维的协调平衡和综合集成，要把握好战略定位、空间格局、要素配置关系，确保规划能用、管用、好用。

在我国“五级三类”国家空间规划体系中，市县国土空间总体规划具有承上启下、统筹平衡、指导约束的特点和作用。在“五级三类”的国土空间规划体系中，市县国土空间总体规划具有纵横传导兼备的特殊性和复杂性，发挥着承上启下的重要作用（尚嫣然等，2021）。一方面，其是对全国国土空间规划战略性和省级国土空间规划协调性的细化与落实，在承接上位规划的战略意图和指标要求的前提下，结合地方实际因地制宜地分解落实；另一方面，其注重落地实施与向下传导管控，明确下位规划需要严格落实的生态空间、永久基本农田和公益性设施，并为下位规划的空间发展方向和布局提供指引。通过市县级国土空间开发保护总体格局优化，构建国土空间发展整体战略性布局框架、统一空间保护开发总体蓝图，支撑市县域国土空间高质量发展和高水平治理。

从规划体系衔接关系来看（见图1-2），市级总规一方面要衔接和细化落实上位省级国土空间规划的战略要求和具体任务，另一方面，通过编制县（市）指引、分区/单元指引、专项指引，为下位的下辖县（市）国土空间总体规划、市辖区内的分区规划/单元规划，以及各类专项规划提供传导指引。县级总规一方面要衔接和细化落实上位市级和省级国土空间规划的战略要求和具体任务，同时对下位的乡镇国土空间规划、专项规划提供传导指引，同时也是控制性详细规划和村庄规划编制实施的基本依据。

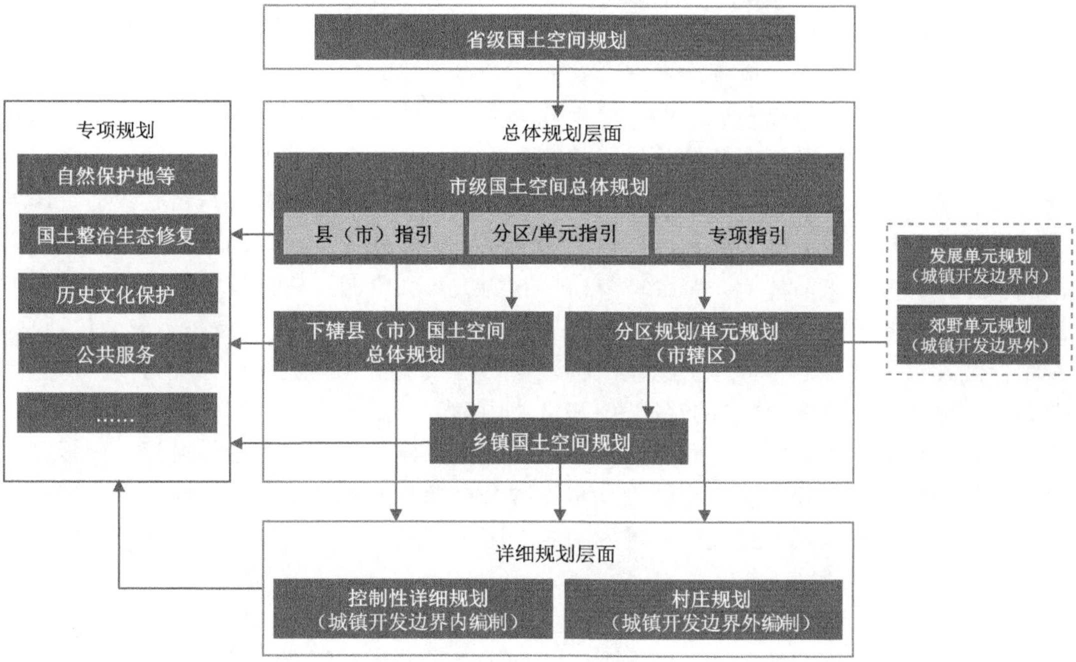

图 1-2　市县级总规在国土空间规划体系中的衔接关系示意图

市级总规和县级总规的特点及工作重点有所不同。市级总规的承上启下作用主要体现在落实省级规划，指导县级总规，突出政策性和结构性，是统筹市域国土空间开发保护的纲领性文件。市级总规一方面从宏观层面对市域发展进行统筹谋划，对市域内部各市县国土空间开发保护要素进行统筹协调，是县级总规编制的重要依据；另一方面，重点对市区范围内国土空间用途管制、城镇开发边界范围内的功能布局和土地利用进行整体安排，是指导市区内乡镇规划、详细规划等下位规划的基本依据。县级总规的承上启下作用主要体现在对省级、市级国土空间总体规划和相关专项规划的细化落实，指导乡镇规划，突出实施性和操作性，是统筹县域国土空间开发保护的纲领性文件。县是落实耕地保护制度和节约集约用地制度的最佳行政单元，也是统筹城乡融合发展、指导农村土地整治、优化农村土地利用结构和布局的最佳行政单元。县级总规是编制乡（镇、片区）级国土空间总体规划、相关专项规划、详细规划以及实施国土空间规划用途分区管制的重要依据。县级总规应注重对全域生态、农业和城镇空间布局作出统筹安排，注重城乡融合发展和乡村振兴战略落实，明确县域镇村体系布局并对乡村发展提出导控要求。

（三）市县国土空间总体规划的使命

1. 坚持以人民为中心，营造高品质人居环境

市县国土空间总体规划要坚持以人民为中心，促进人地和谐、城乡共生、空间共享，不断实现人民对美好生活的向往。一是推进人本导向的资源要素配置和空间格局优化。探索以人民为中心的新型城镇化发展道路，有序推进以县城为载体的新型城镇化发展和

城乡融合发展。以顺应人口流动和人群需求规律为导向，以实现人的全面发展和共同富裕为目标，积极探索以人为本、多元要素匹配的发展模式和生态文化多元价值转化实现路径。围绕促进人的全面发展、增进民生福祉和建设美好人居环境的目标导向，探索符合人口分布空间特征和新型城镇化模式的规划策略，构建人地和谐的国土空间开发保护新格局，搭建以多元人群需求为导向的精细化要素配置技术体系。二是精心营造宜居城乡生活圈，建设城乡美好人居家园。以全面满足人的多元需求为导向，构建宜居城乡生活圈，营造高品质生活环境。整合城乡自然和历史人文资源，构建特色魅力空间体系，满足人民日益增长的精神文化生活需求。系统保护和整合自然景观资源和历史文化遗存，划定自然和人文资源的整体保护区域，构建自然与人文融合共生的特色魅力空间体系，明确分区分类导控要求，彰显城乡特色和文化内涵。三是建立全流程、多渠道的人民共建共治共享机制，提升国土空间治理水平。以人民共建共治共享为指导思想，积极创新空间治理模式、手段和方法。构建规划全流程公众参与机制与手段，积极探索基层多元主体协商决策治理模式，提高以人民为中心的国土空间精治、共治和法治水平。

2. 践行生态文明思想，促进绿色可持续发展

树立山水林田湖草沙生命共同体理念，推进市县全域空间要素系统协调平衡，是市县国土空间总体规划的基本遵循。市县单元是我国国土行政区划管理的基本单元，是人工系统与自然生态系统交互影响、建设空间与非建设空间冲突协同的主体空间载体。市县域的生态环境质量水平，决定了我国整体的生态环境质量水平。市县域国土空间总体规划必须遵循自然规律，立足全域空间系统整体协同观，对山水林田湖草沙进行整体规划、统一保护、统一修复。规划要坚持生态优先的底线思维，优先确定生态保护空间，锚定生态安全格局，坚持节约优先、保护优先、自然恢复为主的基本原则，统筹山水林田湖草沙各类生态要素，划定自然保护地等生态功能重要和生态环境敏感地区，构建重要生态屏障、廊道和网络，形成连续、完整、系统的生态保护格局和开敞空间网络体系，构建山水林田湖草沙生命共同体，维护生态安全和生物多样性。

3. 保障国家粮食安全，提高国土安全韧性水平

坚决扛稳国家粮食安全重任，保障农业发展空间，持续提升粮食供给保障能力。按照“数量不减少、质量不降低、生态有改善、布局有优化”的总体思路，结合各地农业发展基础条件，统筹对接农业“两区”划定情况，因地制宜科学合理优化农业（畜牧业）生产空间布局，统筹划定各类农业生产功能区和农业现代化产业基地，分区指引推动规模化、产业化、绿色化发展，支撑农业现代化和乡村振兴。重点保护集中连片的优质耕地、草地，明确具备整治潜力的区域，以及生态退耕、耕地补充的区域。

坚定不移贯彻总体国家安全观，完善国土安全保障和综合防灾减灾空间，提高国土空间韧性能力和公共安全治理水平，以新安全格局保障新发展格局。针对边境地区、沿海地区国土安全问题，统筹布局成边稳边兴边、海洋安全防护等空间支撑设施，有效保障国土安全。因地制宜开展国土空间综合灾害风险评估，分析识别重点自然灾害和人为灾害风险源，完善综合防灾减灾分区导控和治理措施，统筹防灾减灾重大设施布局，提

升城市安全韧性，提高防灾减灾救灾和急难险重突发公共事件处置保障能力。

4. 落实区域协调发展战略、区域重大战略和主体功能区战略，优化国土空间格局

促进区域协调发展，优化重大生产力布局，构建优势互补、高质量发展的区域经济布局和国土空间体系。从宏观视角分析城市在国家区域发展格局和国家主体功能区战略中的特殊地位和作用，研判国土空间未来发展机遇和挑战，落实国家和省级重大战略要求。现阶段国内外形势日益错综复杂，我国提出要推动形成以国内大循环为主体、国内国际双循环相互促进的新发展格局。市县国土空间总体规划要深入贯彻落实国家新时期双循环战略要求，支撑国家区域经济布局和国家重大战略有效实施。

深入贯彻国家和省级主体功能区战略，落实主体功能区政策。推进主体功能区建设，是党中央、国务院作出的重大战略部署，是推进我国大国国土空间治理的重要战略举措，是国土空间开发保护的战略性、基础性、约束性制度。党的十九届五中全会提出构建国土空间开发保护新格局，逐步形成城市化地区、农产品主产区、生态功能区三大空间格局，形成主体功能明显、优势互补、高质量发展的国土空间开发保护新格局。要完善和落实主体功能区战略，细化主体功能区划分，按照主体功能定位划分政策单元，对重点开发地区、生态脆弱地区、能源资源地区等制定差异化政策，分类精准施策，推动形成主体功能约束有效、国土开发有序的空间发展格局。

5. 落实新型城镇化和乡村振兴战略，推进城乡融合发展和共同富裕

贯彻落实国家新型城镇化和乡村振兴战略要求，统筹城乡空间格局，优化国土开发结构，提高国土开发效率和功能品质，促进城乡高质量发展。城乡二元结构与“半城镇化”特征是我国独特的城镇化议题，市县层面是我国推进就近就地城镇化的主阵地。新时期我国人口流动模式进入调整期，呈现全方位、多层次、多元化流动特征。市县国土空间总体规划要关注城乡人口双向流动和城乡双栖人口的规律特征，有序推进就近就地城镇化和城乡融合发展，促进城乡要素双向有序流动，做好空间资源要素的高效保障。顺应市县域经济转型升级背景，发挥不同地区市县特色资源禀赋，优化市县域经济转型升级导向下的城乡产业格局，推进农村一二三产业深度融合发展。全面贯彻落实乡村振兴战略，因地制宜分类引导农村居民点体系布局，优化农村生产生活生态空间，盘活农村存量土地和低效用地，持续改善村容村貌和人居环境，建设美丽宜居乡村。

6. 支撑产业转型升级和创新驱动发展，促进集约化、内涵式发展

贯彻落实产业经济转型升级和创新驱动发展战略要求，统筹产业和创新功能空间，支撑经济发展质量变革、效率变革、动力变革。围绕城市发展战略定位与核心产业职能，加强战略性产业的空间支撑保障。统筹制造业、服务业、文化和康养旅游业等现代产业空间布局，推进产业集群化、集聚化、集约化和绿色化发展。整合城市创新创业空间资源，谋划培育创新创业空间体系，激发和提升城市创新活力。因地制宜优化产业-居住空间布局耦合关系，促进产城融合发展。

体现集约发展和弹性发展理念，协同地上地下空间，前瞻性预留战略性储备空间，

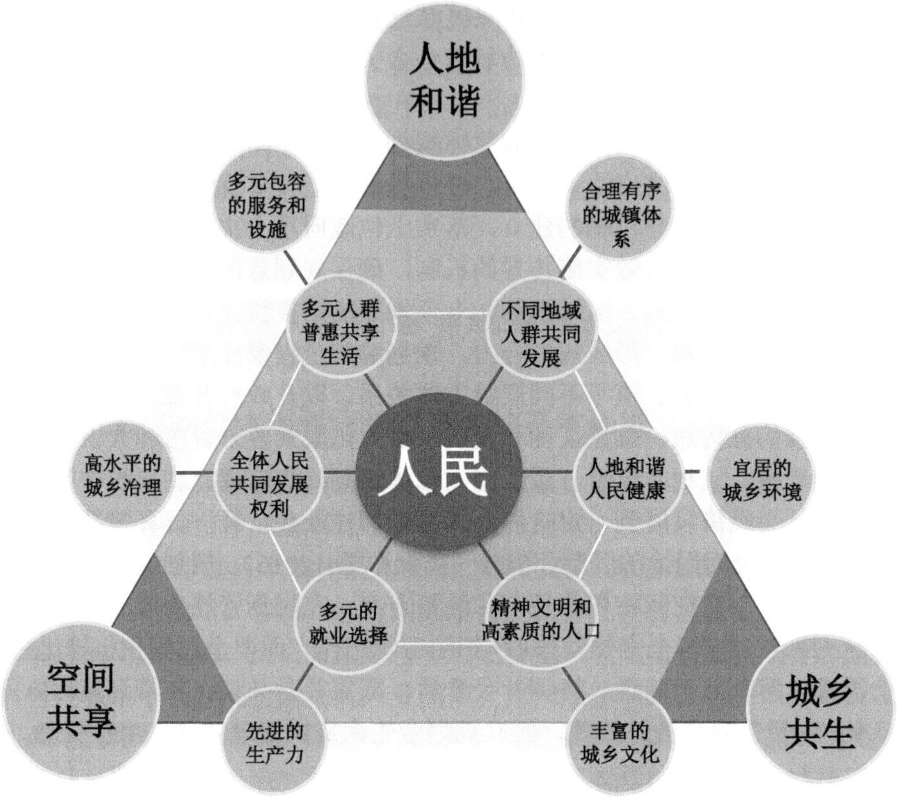

图 1-3　以人民为中心的城镇化和国土空间发展内涵

战略性。市县国土空间总体规划的根本要求是要体现战略引领性，不能就城市论城市，就国土空间论国土空间，就规划论规划，而要立足全面建成社会主义现代化强国和实现中华民族伟大复兴的新征程，面向未来、面向整体、面向全局，深入贯彻落实新时期国家重大战略要求，对空间发展作出战略性系统性安排。重点落实以人民为中心、高质量发展和生态文明建设等重大使命，落实国家安全战略、区域协调发展战略和主体功能区战略，明确空间发展目标，确定空间发展策略，构建更高质量、更有效率、更加公平、更可持续、更为安全的国土空间格局，支撑和保障国民经济和社会高质量发展。

基础性。市县国土空间总体规划要充分发挥支撑国民经济和社会高质量发展、推进空间治理现代化的基础性作用。要聚焦空间开发强度管控和主要控制线落地，全面摸清并分析国土空间本底条件，划定城镇、农业、生态空间以及生态保护红线、永久基本农田、城镇开发边界，并以此为载体统筹协调各类空间管控手段，整合形成多规合一的空间规划。构建国土空间规划“一张图”实施监督信息系统，为统一国土空间用途管制、实施建设项目规划许可、强化规划实施监督提供支撑。

政策性。市县国土空间总体规划的鲜明特点是公共政策性。从本质上讲，国土空间总体规划是按照法定程序及相关要求组织编制、审批和实施管理、引导和调控国土空间用途、推进国土空间治理的公共政策。规划中的战略目标制定、空间秩序构建、部门秩序协同、执行秩序部署，均应体现公共政策属性和特点。要坚持“技术+政策”的协同思维，既关注空间组织结构、功能用地布局、空间品质提升、空间生长路径等规划技术方案制定，也要关注空间底线保障、空间效率提升、空间公平共享、空间弹性预留等规划政策方案设计。

实施性。市县国土空间总体规划编制的目的就是为了有效实施，规划编制成果应体现可实施性，尤其要明确规划约束性指标和刚性管控要求，同时提出指导性要求。应建立健全完善的规划实施传导机制，提出下位国土空间总体规划和相关专项规划、详细规划的分解落实要求，制定规划实施单元及其管控要求，统筹制定近中远期规划建设时序和重大行动安排，明确规划实施路径，制定实施规划的政策措施，确保规划能用、管用、好用。基于国土空间规划“一张图”，构建规划实施监测评估预警机制，完善常态化体检评估和动态反馈机制，提高规划实施过程中的适应性和可操作性。

（三）市县国土空间总体规划编制的工作原则

市县国土空间总体规划编制应坚持贯彻新时代新要求、突出公共政策属性、创新规划工作方法、坚持上下结合与刚弹结合、突出特色和针对性、因地制宜开展工作等方面的基本工作原则。

贯彻新时代新要求。坚持以人民为中心的发展思想，从社会全面进步和人的全面发展出发，塑造高品质城乡人居环境，不断增强人民群众的获得感、幸福感、安全感；坚持底线思维，在习近平生态文明思想和总体国家安全观指导下编制规划，探索内涵式、集约型、绿色化的高质量发展新路子，推动形成绿色发展方式和生活方式；坚持陆海统筹、区域协同、城乡融合，落实区域协调发展、新型城镇化、乡村振兴、可持续发展和主体功能区等国家战略。

突出公共政策属性。坚持体现市级总规的公共政策属性，坚持问题导向、目标导向、结果导向相结合，坚持以战略为引领，按照“问题－目标－战略－布局－机制”的逻辑，针对性地制定规划方案和实施政策措施，确保规划能用、管用、好用，更好发挥规划在空间治理能力现代化中的作用。

创新规划工作方法。坚持开门编规划，践行群众路线，将共谋、共建、共治、共享贯穿规划工作全过程，广泛凝聚社会智慧；强化城市设计、大数据、人工智能等技术手段对规划方案的辅助支撑作用，提升规划编制和管理水平。

坚持上下结合与刚弹结合。立足规划体系一盘棋，坚持自上而下的战略要求落实与自下而上的需求反馈调校相结合，建立上下联动、高效衔接的规划传导机制，妥善处理上下位规划的事权范围和刚弹性边界，实现刚性底线管控与弹性发展引导相结合，提高规划应对不确定环境的适应性。

突出特色和针对性，因地制宜开展工作。坚持一切从实际出发，立足本地自然和人文禀赋以及发展特征，发挥比较优势，因地制宜开展规划编制工作。精准识别地方特色资源禀赋和发展条件，深度研判地方特殊性问题，因地制宜针对性开展规划编制工作，突出地域特点、文化特色、时代特征。

四、市县国土空间总体规划编制的内容、流程和基本方法

（一）市县国土空间总体规划的主要内容

自然资源部于 2020 年 9 月发布的《市级国土空间总体规划编制指南（试行）》（以下简称《指南》），是目前指导和规范市级国土空间总体规划编制工作的基本参考依据。《指南》主要内容包括总体要求、基础工作、主要编制内容、公众参与和多方协同，以及审查要求 5 部分。在总体要求方面明确了市级国土空间总体规划的适用范围，规划定位，工作原则，规划范围、期限与层次，编制主体与程序，成果形式等相关内容。

由于本轮国土空间规划编制尚处于实践探索阶段，该《指南》侧重提出原则性、导向性要求，待地方实践探索后总结并适时修订。各省、自治区可根据地方实际，补充、细化市级国土空间总体规划编制的内容要求和技术规定，提高针对性和可操作性。目前国家层面尚未出台县级总规编制指南，部分省、自治区结合地方情况出台了自己的县级总规编制指南，为各市县规划编制工作提供了基本指导。

从总体上看，市县两级国土空间总体规划编制的技术思路和主体内容架构基本相似，在部分板块规划重点和深度上会有所差别。基于国家市级总规编制指南和典型省份县级总规编制指南的情况，总结市县国土空间总体规划编制的主要内容包括如下方面。

第一，夯实基础评价评估和重大专题研究。以第三次全国国土调查（简称“三调”）为基础统一底图底数，以“双评价”、国土空间开发保护现状评估、现行空间类规划实施情况评估和灾害风险评估作为国土空间规划编制的前提和基础。因地制宜围绕区域战略定位、生态保护、文化保护传承、人口和城镇化、产业空间、乡村空间、公共服务体系、城乡综合交通、土地节约集约利用、国土综合整治等方面开展重大专题研究，加强对国土空间规划的科学研究支撑。

第二，面向新时代新要求的空间发展目标战略。立足新发展阶段，贯彻新发展理念，构建新发展格局，落实主体功能区定位，落实以人民为中心、生态文明建设和高质量发展要求，研究国土空间开发保护的总体目标、分阶段目标、核心战略和核心指标体系。

第三，人地和谐理念下的空间总体格局优化和要素配置。完善和落实主体功能区战略，细化主体功能区划分，分类精准施策，推动主体功能区战略在市县国土空间总体规划中逐级传导落地。立足资源环境承载能力，发挥各地比较优势，构建市县域国土空间开发保护格局，优化城镇化格局、农业生产格局、生态保护格局，营造地方特色空间，协同地上地下空间，统筹陆海空间，明确战略性预留空间。促进区域协调发展、城乡融合发展、产城融合发展，优化城乡功能布局和空间结构，改善空间连通性和可达性，促进节约集约、高质量发展。调整国土空间用地结构，明确国土空间规划分区与用途管制规则，制定资源优化配置与指标分解方案。优化中心城区空间布局，塑造高质量人居环境。

第四，生态优先理念下的底线约束和资源保护利用。落实上位规划要求，统筹划定生态保护红线、永久基本农田和城镇开发边界三条控制线。落实最严格的生态环境保护

制度、耕地保护制度和节约用地制度，将“三条控制线”作为调整经济结构、规划产业发展、推进城镇化不可逾越的红线。制定水资源供需平衡和节约集约利用方案，明确水资源利用上限。制定能源供需平衡方案，落实碳排放减量任务，控制能源消耗总量。基于地域自然环境条件，统筹林草湿地和海洋资源保护与合理利用，严格保护重要生态空间。大力推进土地节约集约利用，合理引导矿产资源绿色高效开发利用。

第五，高质量发展导向下的综合支撑保障体系。以人为本完善公共空间和公共服务要素配置，构建均等化、多样化、品质化的公共服务体系，完善社区生活圈和城市蓝绿空间网络，提升城市空间环境品质。保护自然与历史文化，塑造具有地域特色的城乡风貌，构建城市魅力空间体系。构建集约高效、智能绿色、安全可靠的现代化基础设施体系，提出市县域内交通、能源、市政等重大基础设施场站和线网布局，明确廊道控制要求，预留发展空间。贯彻落实总体国家安全观，加强城市综合防灾规划，构建安全空间体系，统筹应急保障基础设施和应急服务设施布局，提升安全韧性能力。

第六，高品质导向下的国土整治修复与城市更新。坚持山水林田湖草沙生命共同体理念，系统推进生态修复。针对国土空间开发建设中存在的无序和低效问题，分类制定整治、修复与更新策略，有序盘活存量，提高国土空间的品质和价值。统筹推进农村土地综合整治、城镇低效用地再开发、流域综合治理等，因地制宜谋划制定城市更新方案。

第七，高水平治理导向下的规划传导和实施保障机制。全面构建立体化规划传导机制，提出对下位规划和专项规划的指引，衔接国民经济和社会发展五年规划。结合规划编制同步搭建国土空间规划“一张图”系统，支撑完善规划全生命周期管理。统筹制定近期行动计划，提出规划实施保障措施和机制。

值得强调的是，市级总规和县级总规在规划内容、管控重点等方面各有侧重。市级总规是县级总规编制的重要依据，一方面要发挥战略引领作用，从宏观层面对市域发展进行统筹谋划；另一方面要发挥市域协同、优化布局的作用，加强市域内部各市县在生态保护、发展定位、空间布局和重要基础设施等方面的统筹协调。而县级总规更多的是对上级国土空间规划的细化落实，结合县域实际情况细化刚性底线边界和管控措施，优化和引导县域国土空间布局等。市级总规和县级总规编制技术要点差异详见表 1-1。

表 1-1　市级和县级国土空间总体规划的编制技术要点差异

规划内容	市级国土空间总体规划	县级国土空间总体规划
基础研究	市域“双评价”（资源环境承载力与国土空间开发适宜性评价）；市域国土空间开发保护现状评估、现行空间类规划实施情况评估和灾害风险评估	在市域“双评价”基础上进行局部修正与针对性补充；县(市)域国土空间开发保护现状评估、现行规划实施情况评估和灾害风险评估
战略与目标	落实省级规划的战略目标和指标要求	落实省级、市级规划的战略目标和指标要求
区域协同	跨市域区域协同	跨县(市)域区域协同
空间格局	市域生态、农业、城镇等格局	县(市)域生态、农业、城镇等格局
底线管控	约束性指标；划定各类控制线边界范围	约束性指标；划定各类控制线边界范围
规划分区	划定一级规划分区	划定一级规划分区，根据需要细化二级规划分区
全域用地结构	侧重用地结构总体管控	细化一级地类用地结构

续表

规划内容	市级国土空间总体规划	县级国土空间总体规划
中心城区规划	以二级用途分区为主，将重要蓝绿空间、公共设施、基础设施表达至用地分类	以二级用途分区为主，将重要蓝绿空间、公共设施、基础设施表达至用地分类
综合整治与生态修复	定目标要求、任务分解、重点区域	定目标任务、策略路径、重点区域、重点项目
历史文化保护	市级以上历史文化遗产的目录管控；划示重要历史文化资源的空间分布	县级以上历史文化遗产的目录管控；划定重要历史文化保护线
公共服务、道路交通、市政防灾设施	定体系走向、配置标准，市级以上设施布局协调	定线网布局、定主要设施布局

（二）市县国土空间总体规划的编制技术流程

从技术流程来看，市县国土空间总体规划编制工作包括前期基础准备和评价评估、重大专题研究、分类空间规划和底线管控、空间方案集成与总体统筹、规划传导与实施保障、规划成果制作与表达，并延伸到规划审批与批后管理等基本环节（见图 1-4）。

第一，前期基础准备和评价评估。开展扎实而细致的前期基础准备和评价评估工作，是高质量编制国土空间总体规划的前提条件。前期基础工作一般包括基础资料收集、基础底图处理与制作、规划依据梳理和上位要求对接、基础评价评估等。基础评价评估用于分析国土空间保护、开发和利用的基础条件，识别国土空间的类型、阶段、问题和发展形势，具体包括资源环境承载力与国土空间开发适宜性评价（“双评价”）、国土空间开发保护现状评估、现行空间类规划实施情况评估和灾害风险评估等内容。具体内容有①资源环境承载力与国土空间开发适宜性评价用于发现国土空间短板、揭示不同地区国土空间适合的用途，明确农业生产、城镇建设的最大合理规模和适宜空间，提出国土空间优化导向，有力支撑规划规模测算和指标分解、国土空间风险研判、“三条控制线”划定、空间开发保护格局构建、主体功能区优化和规划实施传导等方面内容；②现行空间类规划实施情况评估主要从发展定位、发展目标、全域空间格局、中心城区空间格局、规划实施机制五大方面开展评估，总结国土空间开发保护成效，识别国土空间开发保护方面的核心矛盾和问题，同时结合新时期新理念新要求和宏观发展趋势变化，对国土空间总体规划的编制提出合理建议；③灾害风险评估用于分析识别重点自然灾害和人工灾害风险源，制作城市综合灾害风险分区图，完善综合防灾减灾分区导控和治理措施，统筹防灾减灾重大设施布局，提升城市安全韧性。详见第二章。

第二，重大专题研究。开展重大专题研究，是国土空间总体规划编制的前期必备工作。不同地区、不同类型、不同规模市县的国土空间问题各不相同，背后原因也千差万别。需要重点研究的专题可大体分为发展定位与目标战略、分类空间布局与导控、空间资源保护利用、专项空间要素配置四大类型。应坚持因地制宜、聚焦重点、突出特色的基本原则，结合不同市县情况，针对发展定位与目标战略、生态空间保护提升、历史文化保护传承、产业空间布局、人口城镇化和城镇村体系布局、乡村空间布局、建设用地节约集约利用、国土综合整治、城乡公共服务体系、综合交通体系、市政基础设施支撑体系、综合防灾体系等方面内容，针对性开展基础研究工作，为规划方案编制提供扎实支撑。详见第三、四章。

第三，分类空间规划和底线管控。在国家和省级规划确定的主体功能区方案基础上，因地制宜细化乡镇主体功能定位，提出市级主体功能区名录和分布图，在此基础上合理划定规划分区，分解落实相关约束性指标规模，制定差异化配套政策，推动主体功能区战略在国土空间规划中逐级传导落地。聚焦国土空间规划的核心内容，重点针对生态空间、农业空间、城镇空间、历史文化与魅力空间分别提出核心目标指标、空间格局构建、空间底线划定、分区分类管控要求和空间提质增效举措，统筹划定生态保护红线、永久基本农田控制线和城镇开发边界三条控制线，提出相应底线管控要求。详见第五章。

第四，空间方案集成与总体统筹。在基础评价评估和重大专题研究基础上，综合研判国土空间发展的核心战略问题，分析研判历史发展规律、宏观政策要求和未来发展趋势，综合论证提出国土空间开发保护目标、核心战略和指标体系。坚持系统、整体、协同思维，综合考虑生态保护、粮食安全和城镇开发建设多目标平衡，统筹协调各类保护与开发类要素布局，协调各类专项规划叠合后的冲突矛盾，优化国土空间总体格局，完善国土空间规划分区与用途管制。调整国土空间用地结构，制定资源优化配置与用地指标分解方案。在此基础上，深入推进中心城区布局优化和更新提质、公共服务设施体系、综合交通设施和市政防灾设施布局，以及空间单元划分及引导要求等相关内容。详见第六章。

第五，规划传导与实施保障。规划编制要面向实施、服务管理，建立健全规划传导与实施保障机制。一是构建立体化规划传导管控体系，通过编制系列指引，形成对相关规划的有效传导。市辖区编制单元指引，其中城镇开发边界内编制发展单元指引，边界外编制郊野单元指引；针对所辖县（市）或乡镇的下位国土空间总体规划制定规划任务书；针对下一步继续深入推进编制的专项规划制定专项规划指引。统筹推进市县规划联动和反馈调校工作，确保上下衔接和左右协同。二是同步搭建国土空间规划“一张图”实施监督信息系统，建立健全规划实施监测评估预警机制，服务于国土空间规划编制、审批、实施和监督全过程管理。三是围绕国土空间总体规划确定的战略任务，统筹制定近期行动计划。要统筹时序安排、近期重点和上下左右位的传导接口。加强与发展改革、财政等重点部门衔接协同，梳理提炼重大行动工程清单，统筹制定分区分类工程行动指引，确保规划编制成果具有较强的可实施性。四是建立健全规划实施保障机制，提出完善规划实施配套政策机制、健全监测评估预警和考核监管制度的相关思路和举措。详见第七章。

第六，规划成果制作与表达。规划方案编制完成后需要按照国家相关规范标准制作规划成果，市县国土空间总体规划成果包括规划文本（含附表）、图件、说明、专题研究报告、国土空间规划“一张图”数据库等。除了正式完整的规划成果版本之外，可结合不同应用场景探索规划报批版本成果的改革创新，以及规划公众宣传版本的创新思路。详见第八章。

第七，规划审批与批后管理。规划成果编制完成后，经过成果公示、审查和报批环节，进入规划实施阶段。本阶段通过常态化的体检评估工作，对城市发展体征及规划实

段的发展目标，并分解形成可量化的分项指标体系和行动措施，以便于动态检验考核与调校修正，支撑城市发展按预定规划目标有序推进。另一方面，国土空间总体规划文本本身就是公共政策的集中体现，因此规划文本表达注重技术与政策的协同融合，避免陷于单纯的技术方案逻辑。

情景分析。情景分析是规划编制过程中面对复杂不确定性环境，采取的情景模拟和弹性应对方法，用以提升规划的前瞻性、应变性和适应性。常见的基础性情景分析方法，例如 SWOT 分析，常用于区域产业分析板块，通过综合评估城市发展的优势、劣势、机遇和挑战，并在此基础上进行“矩阵式”组合分析，由此提出针对性的规划对策。较为综合系统的情景分析方法，一般包括情景预设、情景模拟、情景综合和弹性方案应对等基本步骤，常用于多方案比选。针对城市未来发展的不确定性，结合政策法规要求、规划发展战略等因素，对城市发展进行多情景模拟预测，研判不同情景下的城市发展规模、形态及结构等，支撑空间方案编制及空间规划对策制定。

社会调查与公众参与。坚持问需于民、问计于民，精心谋划开展国土空间规划社会问卷调查，从居民切身感受入手，全面摸清国土空间、设施、出行、环境、景观、安全、管理等多维度的主要问题和瓶颈，做到有的放矢和对症下药，提高国土空间精细化治理水平。利用音频、视频、图解等多元传播形式宣传展示和解读规划成果，将规划成果转化为社会各主体看得懂、好理解的宣传内容，通过成果宣传和政策宣贯，传递规划共识，促进共建共治。

最后值得强调的是，市县国土空间总体规划编制需要以解决现实问题为导向、以有效回应社会现实需求为根本任务，化错综复杂问题为有限关键问题，突出整体性方法论和复杂关键问题有限求解的人居科学基本研究方法，把握好规划、建设、保护、管理的科学规律，寻找在相关系统的有限层次中求解的途径，明确不同层级、不同系统需要抓住的关键问题及主要技术方法。

参 考 文 献

胡序威. 2019. 健全地域空间规划体系[M]//顾朝林, 武廷海, 刘宛. 国土空间规划经典. 北京: 商务印书馆.

林坚. 2021. 新时代国土空间规划与用途管制[M]. 北京: 中国大地出版社.

尚嫣然, 张悦, 薛昊天, 等. 2021. 市县联动的国土空间规划传导体系研究——以湖北省黄冈市为例[J]. 规划师, 37(19): 35-40.

王伟, 欧阳鹏, 衣霄翔, 等. 2022. 面向国土空间规划的知识生产：属性取向、范式转型与学科集群构建[J]. 规划师, 38(7): 5-15.

吴次芳, 叶艳妹, 吴宇哲, 等. 2019. 国土空间规划[M]. 北京: 地质出版社.

武廷海, 卢庆强, 周文生, 等. 2019. 论国土空间规划体系之构建[M]//顾朝林, 武廷海, 刘宛. 国土空间规划前沿. 北京: 商务印书馆.

新华社. 2019. 中共中央 国务院关于建立国土空间规划体系并监督实施的若干意见[EB/OL]. (2019-05-23)[2024-06-06]. https://www.gov.cn/gongbao/content/2019/content_5397679.htm.

新华社. 2021. 中华人民共和国国民经济和社会发展第十四个五年规划和 2035 年远景目标纲要[S/OL].

(2021-03-13)[2024-06-06]. https://www.gov.cn/xinwen/2021-03/13/content_5592681.htm.
杨保军, 张菁, 董珂. 2016. 空间规划体系下城市总体规划作用的再认识[J]. 城市规划, 40(3): 9-14.
中国城市规划学会. 2020. 城乡规划学科技术路线图[M]. 北京: 中国科学技术出版社.
自然资源部办公厅. 2020. 自然资源部办公厅关于印发《市级国土空间总体规划编制指南（试行）》的通知[EB/OL]. (2020-09-22)[2024-06-06]. https://gi.mnr.gov.cn/202009/t20200924_2561550.html.

思考题

（1）市县国土空间总体规划在国家规划体系中的地位、使命和主要特性是什么？
（2）市县国土空间总体规划应遵循的基本思维是什么？
（3）市县国土空间总体规划编制的主要内容有哪些？
（4）市级与县级国土空间总体规划在编制过程中可能有哪些差别？
（5）市县国土空间总体规划编制包括哪些技术流程？各个流程的工作要求是什么？

第二章　规划依据和基础评价评估

导读：市县国土空间总体规划编制是一项综合复杂的工作，开展扎实而细致的前期基础工作，是编制国土空间总体规划的前提条件，在很大程度上影响规划编制成果的质量和效率。前期基础工作一般包括基础资料收集、基础底图处理与制作、规划依据梳理与上位要求对接、资源环境承载能力与国土空间开发适宜性评价、规划实施评估和灾害风险评估等工作。本章重点对规划依据和基础评价评估等前期基础性研究工作进行介绍，涉及基础资料收集、基础底图处理与制作，以及规划编制工作组织等其他方面的内容，将在本书第九章另行阐述。

一、内容框架和知识点导引

市县国土空间总体规划编制是一项综合复杂的工作，编制前期坚持“上下结合”思路，统筹推进上位要求对接和基础评价评估等基础性研究工作，为科学合理编制规划奠定扎实基础。一方面，从自上而下角度全面梳理对接上位省市战略、发展规划和国土空间规划的相关要求，作为市县国土空间总体规划编制的基本参考和依据，为规划编制工作提供基本方向指导；另一方面，要开展扎实而细致的基础评价评估工作，系统分析研判地方现状特征、综合发展条件、关键矛盾问题和风险挑战，以及以往规划实施情况，为后续专题研究设置、重点内容明确、综合方案编制提供基础支撑。

本章重点介绍国土空间总体规划编制前期基础工作内容、方法、要求，主要包括规划依据梳理与上位要求对接、资源环境承载能力与国土空间开发适宜性评价、规划实施评估与灾害风险评估等方面的工作（见图 2-1）。从规划编制的流程看，资源环境承载能力与国土空间开发适宜性评价是规划编制前期的基础工作，是全面摸底地方优势短板和资源禀赋的手段，是本轮国土空间总体规划编制的要求；规划实施评估是规划实施一段时期后检验规划方案实施效果的工作，通常在规划修编前开展上轮规划的实施评估，其目的重在服务于新一轮规划的编制，同时为具体实施工作提供参考。体检评估工作是规划实施后要定期开展的工作，将在第九章展开介绍。体检评估的目的主要是检验规划实施效果、发现存在问题。和实施评估相比，城市体检评估适用的场景更为多元，可以支撑各类规划、计划制定，也更为强调市民意见的采集和反馈。

二、规划依据梳理与上位要求对接

编制市县国土空间总体规划应首先对规划依据与上位要求进行全面系统梳理和对接，为规划编制核心思路与重点任务确定提供基本方向指导。需要梳理的规划依据具体

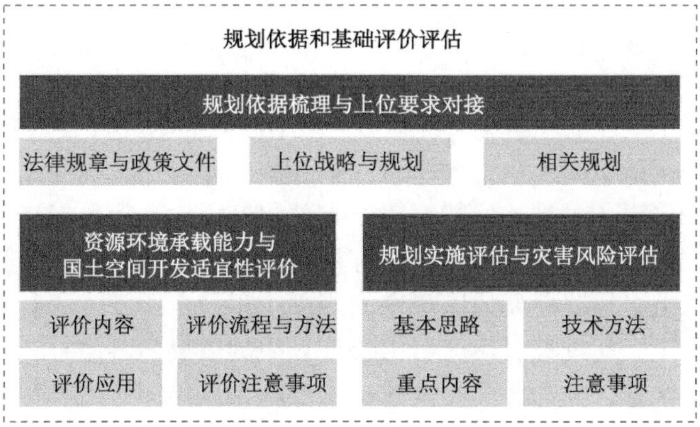

图 2-1　总体研究技术框架示意图

包括市县国土空间总体规划编制时需要遵循的国家、省和市级层面出台的相关法律规章、政策文件、上位战略和规划，以及需要衔接协调的各类专项规划等相关内容。

（一）法律规章与政策文件

与市县国土空间总体规划编制相关的法律规章，包括自然资源、土地管理、城乡规划建设等领域的法律规章，如《中华人民共和国土地管理法》《中华人民共和国土地管理法实施条例》《中华人民共和国城乡规划法》《中华人民共和国环境保护法》《中华人民共和国乡村振兴促进法》等。

政策文件是指由中共中央、自然资源部及其他部委、省市政府印发的与市（县）国土空间总体规划编制有关的文件，如《中共中央 国务院关于加快推进生态文明建设的意见》《中共中央 国务院关于统一规划体系更好发挥国家发展规划战略导向作用的意见》《中共中央 国务院关于建立国土空间规划体系并监督实施的若干意见》《中共中央办公厅 国务院办公厅印发〈关于在国土空间规划中统筹划定落实三条控制线的指导意见〉的通知》《自然资源部关于全面开展国土空间规划工作的通知》等，部分省份也出台了有关市（县）国土空间总体规划编制的指导意见和技术指南，也应列入规划依据，并对接落实相关要求。

对接法律规章与政策文件时，重点是梳理各类法律规章中有关国土空间和自然资源保护利用、规划编制程序和流程等方面内容，确保在市县国土空间总体规划编制过程中按照法律要求的规范和流程进行操作。对接重要政策文件时，需要梳理其中对市县国土空间总体规划和本地区的相关要求，例如国土空间规划编制、生态文明建设、区域协同发展、新型城镇化等重大战略性要求等，这些内容都需要在规划编制过程中予以针对性落实。在规划编制过程中要注意法律规章与政策文件引用的准确性和及时性，特别是有一些法律规章与政策文件变化较快，需要引用最新版本的文件。

（二）上位战略与规划

上位战略是指上级政府（国家、省和市）和本级政府的党代会报告、政府工作报告、政府重大战略和相关政策文件等内容。这些重大战略和政策文件对市县国土空间总体规划具有指导和引领作用。对接上位战略时，需要将其中对于市县发展提出的总体目标、发展战略、发展方向、发展理念等内容进行梳理并落实到规划中。

上位规划是指上级行政单元的国土空间规划，以及上级和本级行政单元的发展规划等。在落实上位国土空间规划时，应对上位规划中的重要内容进行传导，如城市定位、主体功能区、重点区域管控、各类控制线、主要约束性指标等内容。在确保宏观目标有效落实的前提下可对具体内容进行细化深化和优化完善。要注意区分上位规划所属层次，避免把同级的相关规划列为规划依据，同时要引用已经正式批复的规划版本。在对接上级和本级行政单元的发展规划时，首先要将上位规划中提出的重大战略在市县国土空间总体规划中予以落实，如省级或都市圈、城市群发展规划提出的空间战略格局、空间结构优化方向以及重大生产力布局安排，要在市县国土空间战略中体现并落实到具体规划策略中。

（三）相关规划

相关规划是指与市县国土空间总体规划不具有上下位关系，但是需要参考和协调对接的规划类型，包括市县专项规划或重点功能区规划，如产业发展、生态环境、历史文化保护、综合交通、市政基础设施、公共服务、综合防灾等专项规划等。在编制市县国土空间总体规划过程中，应对专项规划中重点相关的内容，尤其是重大目标指标、重大设施和项目布局等方面内容进行系统梳理和统筹协调，其中合理的部分应纳入总体规划，针对不合理部分应提出调整完善意见，有效发挥总体规划对专项规划的指导约束作用。

三、资源环境承载能力与国土空间开发适宜性评价

资源环境承载能力和国土空间开发适宜性评价（简称“双评价”）是编制国土空间规划、完善空间治理的基础性工作，是优化国土空间开发保护格局、完善区域主体功能定位，划定生态保护红线、永久基本农田、城镇开发边界，确定规划指标等工作的参考依据。在规划编制过程中，“双评价”工作是前置性工作，评价成果是用地空间方案绘制、“三条控制线”划定等相关内容和专题编制的基础和参考。市级总规应在省级评价运算结果基础上，进一步结合地方实际情况开展细化评价。县级总规可直接使用市级评价运算结果，深入分析形成评价报告，也可有针对性地开展补充评价。

（一）评价内容

“双评价”包括资源环境承载能力和国土空间开发适宜性评价，具体的评价目标、原则、流程和方法可参见 2019 年 1 月自然资源部办公厅印发的《资源环境承载能力和国土空间开发适宜性评价指南（试行）》。从工作流程角度，“双评价”包括本底评价和综合分

析两大部分内容（见图 2-2）。首先，本底评价包括三大功能指向评价和两类承载规模计算。三大功能指向评价即“双评价”中的“国土空间开发适宜性评价”，包括生态保护重要性评价、农业生产适宜性评价和城镇建设适宜性评价；两类承载规模计算即“双评价”中的“资源环境承载能力评价”，包括农业生产承载规模计算和城镇建设承载规模计算。其次，综合分析包括四大类分析，即资源环境禀赋分析、现状问题和风险识别、潜力分析以及情景分析。

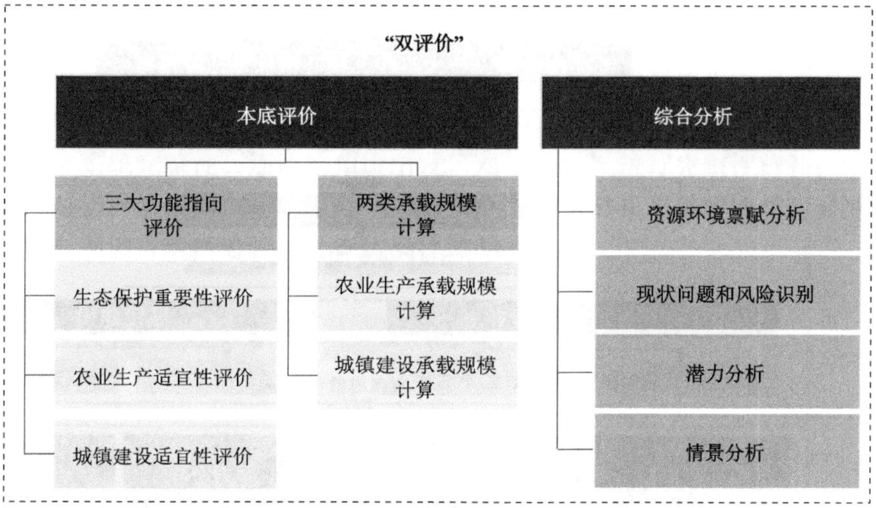

图 2-2　“双评价”内容示意图

针对不同区域，评价内容应结合地域特色进行因地制宜的补充和调整。例如，生态保护重要性评价内容应结合地方生态区位及主要生态问题遴选合适的评价指标；农业生产适宜性评价应结合地方农业生产结构，在种植业生产适宜性的基础上，针对性地开展渔业生产适宜性和畜牧业生产适宜性评价；城镇建设适宜性评价在沿海地区，应针对海洋开发利用活动开展评价；承载规模计算应结合地方面临的主要承载瓶颈，补充相关承载规模的计算。

（二）评价流程与方法

1. 总体评价流程

“双评价”工作流程依次包括工作准备、本底评价、综合分析和成果应用四部分（见图 2-3）。

工作准备：通过实地调研和专家咨询等开展前期研究，进行基础数据资源收集和整合（详见附录二：双评价基础资料收集清单），并结合区域自然条件和资源禀赋研究，确定评价内容及核心指标。

本底评价：内容包括三大功能指向评价和两类承载规模计算，首先开展生态保护重要性评价，在生态保护极重要区外开展农业生产适宜性、城镇建设适宜性评价，然后结

3. 三大功能指向评价：农业生产适宜性评价

在生态保护极重要区外，从土地、水资源、气候、环境、灾害、生态等方面开展农业生产适宜性评价，空间无差异或地方无相关问题的指标可不纳入评价体系。优先开展种植业生产适宜性评价，作为农业生产适宜性的基础，针对南方地区河湖水网密度较大、渔业产值占比较高的地区，应对水域进行渔业生产适宜性评价；针对西北地区典型牧区（如新疆、西藏、青海等），应开展畜牧业生产适宜性评价。市县级评价可在省级评价确定的适宜/不适宜两级分类的基础上，对适宜区进一步细分（如分为适宜/一般适宜），以支撑市县级总规应用需求（见图 2-5 和附彩图 2）。

种植业生产适宜性初评：基于土地和水资源评价结果确定种植业生产的水土资源基础，再结合气候评价形成种植业生产条件等级初步结果。

初评结果修正：结合土壤环境容量、气象灾害以及盐渍化敏感性等对初评价结果进行修正，再进一步考虑地块集中连片度，最终形成种植业生产适宜性评价结果。

根据地方农业生产结构，针对性开展渔业、畜牧业等特色农业生产适宜性评价：渔业生产适宜性应针对水域，从渔业资源生产能力、水域环境和自然灾害风险等方面进行评价；畜牧业生产适宜性应针对陆域，从草地适宜性、灾害、地形和放牧可能产生的负面影响角度开展评价。

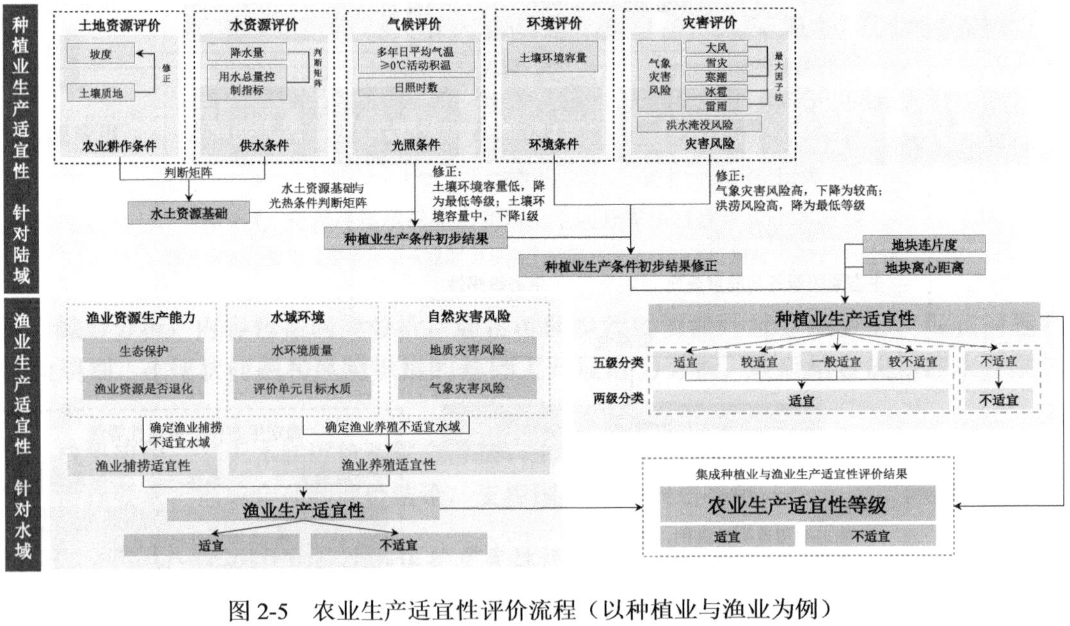

图 2-5　农业生产适宜性评价流程（以种植业与渔业为例）

4. 三大功能指向评价：城镇建设适宜性评价

在生态保护极重要区，从土地、水资源、环境、气候、灾害、区位以及公共服务等方面开展城镇建设适宜性评价。市县级评价可在省级评价确定的适宜/不适宜两级分类的基础上，对适宜区进一步细分（如分为适宜/一般适宜），以支撑市县级总规应用需求（见图 2-6 和附彩图 3）。

城镇建设适宜性结果初评：基于土地和水资源确定城镇建设的水土资源基础，作为城镇建设适宜性的初评结果。

初评结果修正：首先结合环境容量、气候舒适度以及地质灾害对初评结果进行修正，对环境容量低、舒适度等级差以及灾害风险高的区域做降级处理。其次结合区位优势度和公共服务设施便利度进行修正，对区位优势度和公共服务设施便利度较高的地区做升级处理，较差区域做降级处理。最后结合地块集中连片度进行修正，确定城镇建设适宜性最终评价结果。

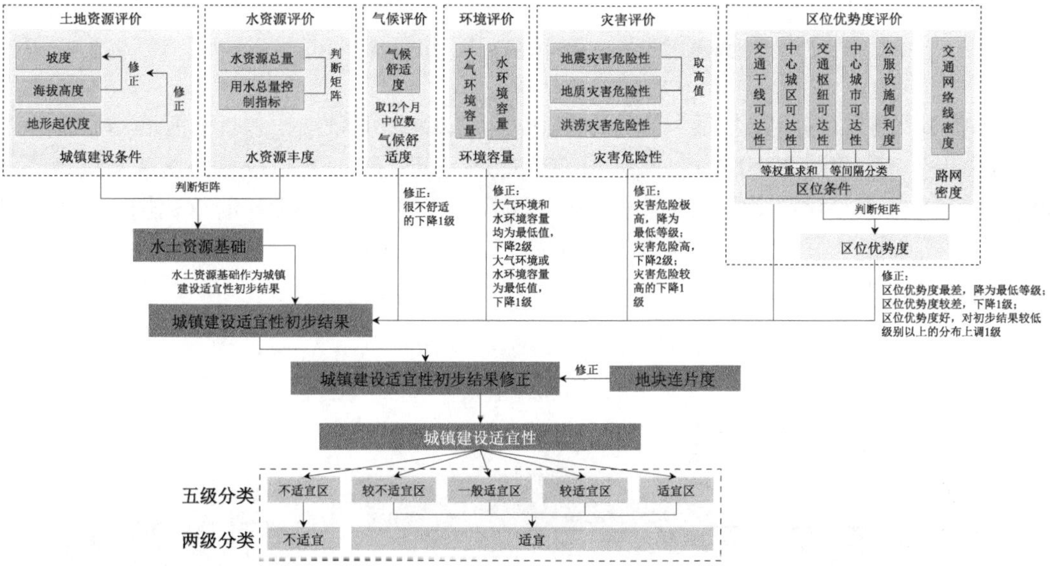

图 2-6　城镇建设适宜性评价流程

5. 两类承载规模计算

资源环境承载能力是指基于特定发展阶段、经济技术水平、生产生活方式和生态保护目标，一定地域范围内资源环境要素能够支撑农业生产、城镇建设等人类活动的最大合理规模。资源环境承载能力评价包括农业生产承载规模和城镇建设承载规模两类，从水资源和空间约束两个角度分别计算可承载的农业生产/城镇建设最大规模，然后按照短板原理，取两类约束条件下最小值作为可承载的农业生产/城镇建设最大合理规模。其中农业生产承载规模因农业类型的不同，又可分为耕地承载规模、畜牧承载规模和渔业承载规模等。同一类资源约束下农业生产承载规模和城镇建设承载规模的计算方法类似，故下文分两类资源约束展开说明计算过程。

空间约束下的承载规模。空间资源约束下的农业生产和城镇建设的空间极限承载规模计算，将生态极重要区和农业/城镇不适宜区以外的区域，作为空间约束下的可承载规模。但需要注意的是，排除生态极重要区和不适宜区后，可承载规模通常仍然较大，但可承载规模不等于实际可开发的潜力规模，仅为排除了确实不可用（即生态保护极重要区）和不适宜用（即种植业生产和城镇建设不适宜区）的土地规模，该规模中仍包括部分农业生产或城镇建设适宜性相对较低的用地（见图 2-7）。

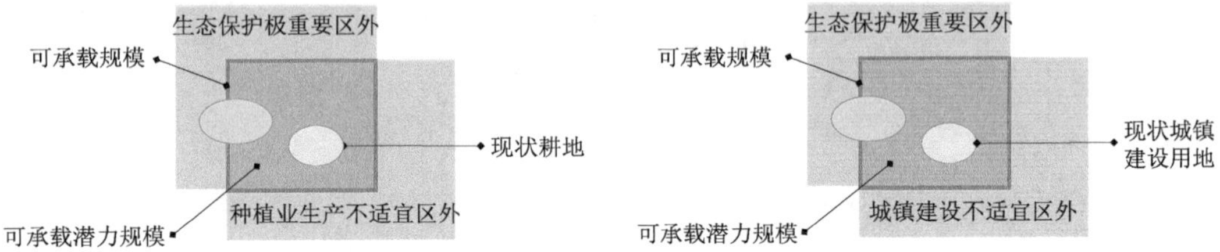

图 2-7　空间约束下的承载规模评价方法

水资源约束下的承载规模。水资源约束下农业生产承载规模和城镇建设承载规模计算思路如图 2-8 和图 2-9 所示，具体可结合各地基础资料和数据统计的情况，以及规划结论支撑的需求，制定多个测算情景进行方案比选，综合确定合理的承载规模。测算情景的设置可考虑地方现状水资源开发利用问题、本次规划水资源分配利用合理性，以及上级用水指标分配合理性等角度。

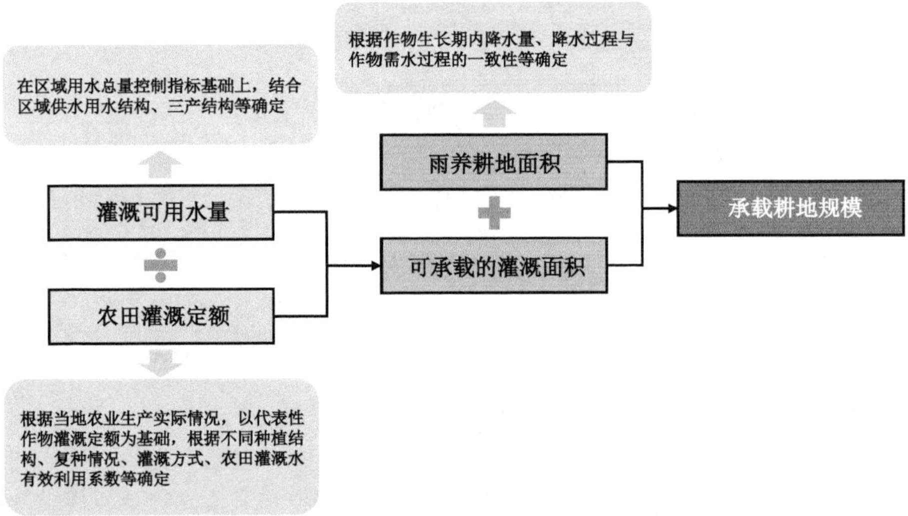

图 2-8　水资源约束下的农业生产承载规模计算思路（以耕地承载规模为例）

6. 四类分析

（1）资源环境禀赋分析。基于三大功能指向的单项评价结果，从生态、土地资源、水资源、气候、环境、灾害、区位等自然资源本底特征出发，同时分析规划区内土地、水资源、能源矿产、林草、湿地、海洋等自然资源的数量、质量、分布变化特征及趋势，并选取规划区所在省的其他同级行政单元或对标地区进行横向对比，识别并总结规划区

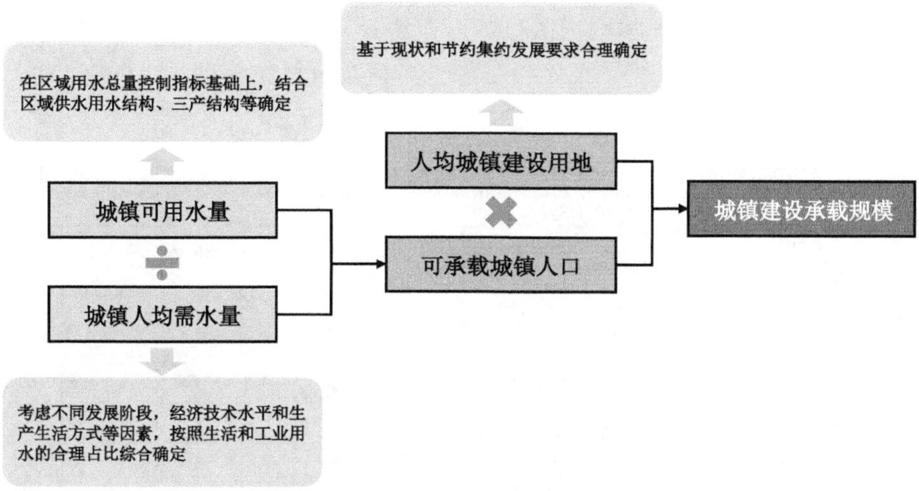

图2-9　水资源约束下的城镇建设承载规模计算思路

域资源禀赋特征优势和短板。该分析可支撑规划编制中资源要素保护利用、下级国土空间规划编制传导等工作内容。

（2）问题与风险识别。包括现状国土空间问题识别、现状资源开发利用风险分析和对未来潜在风险的预判（见图2-10）。现状国土空间问题识别，将生态保护重要性、农业生产适宜性及城镇建设适宜性评价结果与现状土地利用类型进行比对分析，查找现状国土空间开发与自然本底不符的地方，判断国土空间开发现状对生态空间的威胁程度、耕地以及城镇建设用地布局是否存在不合理区域，识别国土空间现状问题和风险区域的规模和空间分布。现状资源开发利用风险分析，综合分析各类资源开发利用的规模、结构、布局、质量、效率、效益及动态变化趋势，对比现状耕地规模和耕地承载规模、现状城镇建设规模和城镇建设承载规模，判断资源环境承载状态，结合三大功能指向下单项评价指标，如水资源、环境容量、地质灾害以及气候等单项评价结果，深入分析其背后所反映的问题及风险。识别因地下水超采、土壤污染、气候变化等造成的资源环境问题，预判未来变化趋势和存在风险。

（3）潜力分析。根据农业生产适宜性评价、城镇建设适宜性评价和两类承载规模计算结果，结合土地利用现状情况，分析可开发为耕地的潜力规模和空间布局，以及未来补充耕地的最优方式；分析城镇建设的潜力规模和空间布局，明确城镇潜力空间的优先级并识别城镇空间优化利用方向（见图2-11）。

（4）情景分析。针对气候变化、技术进步、重大基础设施建设、生产生活方式转变等不同情景，分析对水资源、土地资源、生态系统、自然灾害、陆海环境、能源资源、滨海城镇安全等的影响，提出适应和应对的措施建议。通常节水技术的进步对水资源的开发利用方式和结构的影响，是情景分析部分常见的分析内容。节水技术进步将改变水资源在生态、农业、城镇等方面不同用途的需求量，故需要分不同情景分析未来水资源总量可承载的农业生产和城镇建设的极限容量，如不同用水保障优先顺序、不同人均/地均用水参数和不同的用水控制指标情景下，水资源可承载的极限耕地规模与城镇建设用地规模。因此承载规模计算结果应当是综合多情景分析结果的"一组数"而不是"一个数"。

图 2-10　问题和风险分析技术路线

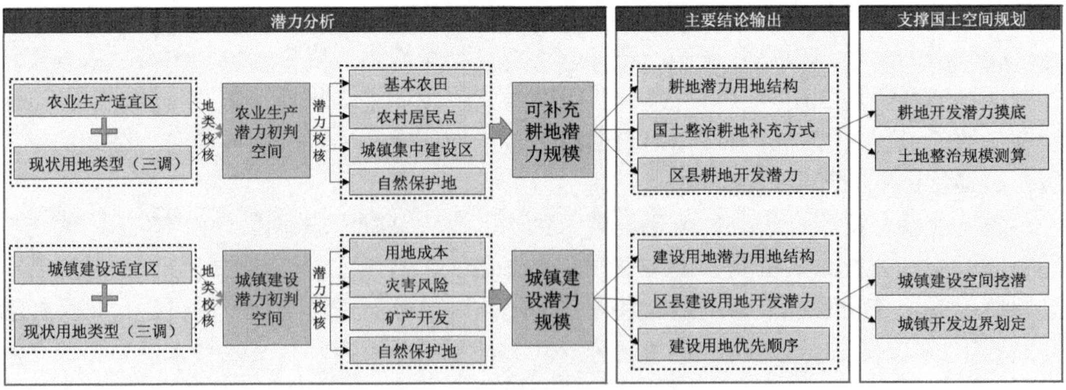

图 2-11　潜力分析技术路线

（三）评价应用

“双评价”工作是国土空间规划“评价—规划—实施—评估”完整连续动态的规划过程的一个环节，不能局限于单一环节的工作认知构建评价工作。关注不同地域特色和规划需求，评价侧重点需与后续规划应用的重点相互衔接，评价结果应支撑国土空间规划应用的需求。应在三大功能指向评价、两类承载规模计算和四类分析的基础上，对国土空间总体规划编制中国土空间格局优化、主体功能分区完善、“三条控制线”划定、规划指标确定和分解等工作开展针对性分析，并给出明确结论和建议，强化对国土空间规划的应用支撑。

1. 支撑目标指标分解

支撑耕地保有量指标。首先根据三大功能指向评价结果分析应调整耕地规模，包括农业生产不适宜区及生态保护极重要区中的部分耕地。然后提出耕地保有量目标优化建议，分析耕地保有量目标缺口，结合潜力分析中可作为耕地补充的理论规模，计算可否填补耕地保有量缺口，最终对耕地保有量的指标提出调整优化建议。

支撑永久基本农田目标。首先根据三大功能指向评价结果分析应调整永久基本农田规模，包括农业生产不适宜区及生态保护极重要区中的部分基本农田，应调出类型包括25 度以上陡坡地（梯田除外）、土壤严重污染区域、自然保护地、石漠化及水土流失极敏感区等。然后提出永久基本农田保护目标优化建议，按照“尊重事实+局部优化+指标约束”的思路，对确实不适宜作为永久基本农田的应予以调整，同时尽量减少对已划定基本农田的布局调整并应满足永久基本农田保护目标，确实无法满足永久基本农田保护目标的应分析其缺口原因。根据可补充规模，计算可实现理论规模，如仍无法满足上级下达的永久基本农田保护任务目标，则应进一步分析其缺口规模，并建议在永久基本农田优化调整及国土综合整治专题中，对耕地补充进行进一步研究（见图 2-12）。

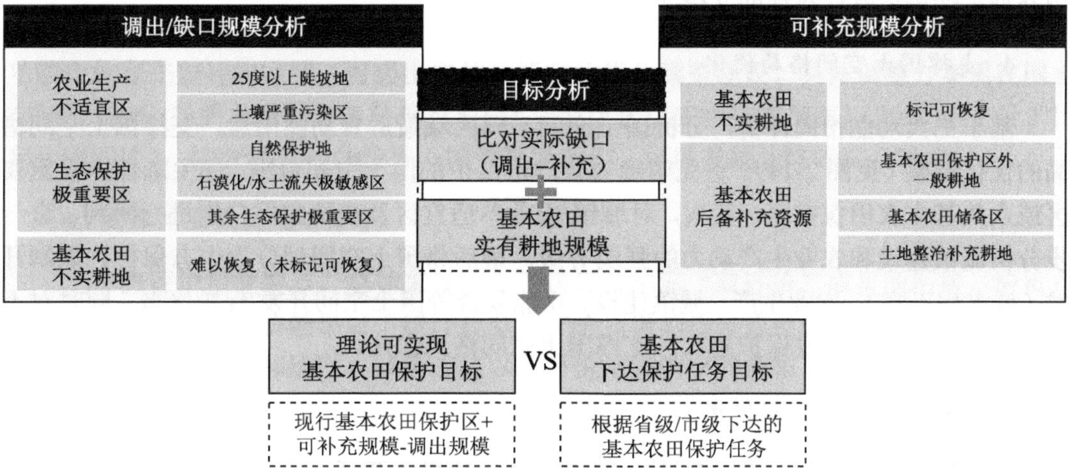

图 2-12　永久基本农田保护目标分析

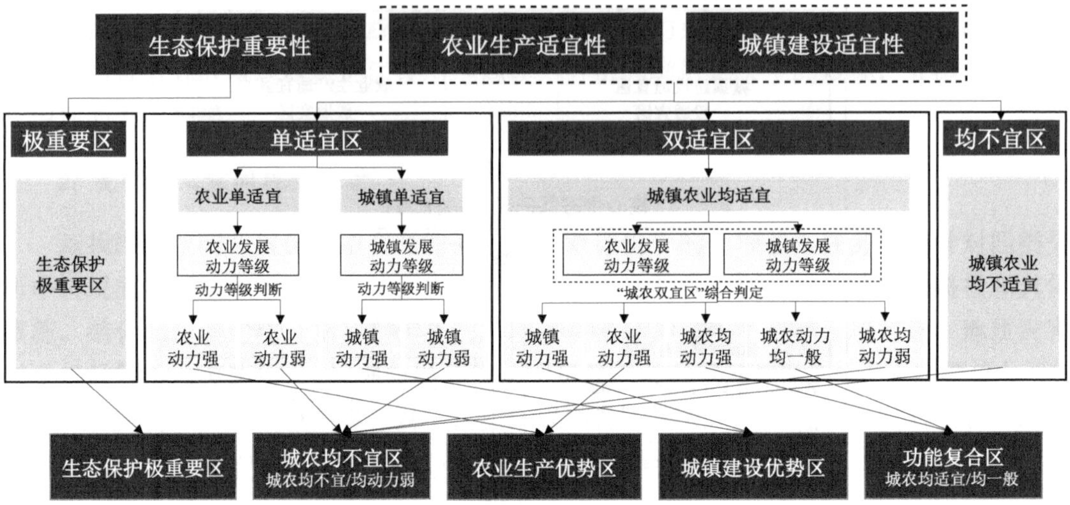

图 2-14　国土空间功能分区研判技术路线

评价结果传导与输出。梳理上级本底评价结论，形成下级需重点关注生态极重要区、农业生产不适宜区及城镇建设不适宜区的相关传导要求，明确上级对下级的底线要求及衔接要点，支撑下级国土空间规划编制。

（四）评价注意事项

1. 评价框架

面向不同尺度层级，从落实区域重大战略要求、梳理区域地域特征、研判区域发展约束条件与核心短板，以及规划需重点关注和解决的重大问题出发，构建适应地域特征和衔接规划需求的研究框架，明确评价侧重点和关键指标的选取。

2. 评价精度

评价精度和成果制图规范参考同级国土空间规划编制要求。规划方案编制精度，市县域一般为 1:5 万~1:20 万，城镇发展重点地区一般为 1:5000~1:1 万。对应规划编制精度 1:5 万，应采用 30m×30m 空间分辨率开展评价，可满足市县国土空间规划编制要求，关于常见比例尺、等高距和数字高程模型（digital elevation model，DEM）空间分辨率的对应关系见表 2-1。

表 2-1　常见比例尺、等高距和 DEM 空间分辨率对应关系表

比例尺	等高距	DEM 空间分辨率
1∶1 万	平地：1m	5m
	丘陵：2.5m	
	山地：5m	
	高山地：10m	

续表

比例尺	等高距	DEM 空间分辨率
1∶2.5 万	平地、丘陵地：5m	—
	山地、高山地：10m	
1∶5 万	平地：5m、10m	25m
	丘陵：10m	
	山地、高山地：20m	
1∶10 万	平地：20m	50m
	丘陵：20m	
	山地、高山地：40m	
1∶25 万	平地：50m	100m
	丘陵：50m	
	山地、高山地：100m	
1∶50 万	平地、丘陵：100m	—
	山地、高山地：200m	

3. 成果表达

农业生产和城镇建设适宜性评价是在生态极重要区之外开展，故评价结果不是空间全覆盖的，通常采用“适宜/不适宜/生态极重要”的分类表达方式。但市县层面评价结果若仅区分“适宜/不适宜/生态极重要”，难以反映农业生产/城镇建设适宜性的空间差异，难以有效支撑市县规划的用地选择。故有时在生态极重要区外可采用五级分类（适宜/较适宜/一般适宜/较不适宜/不适宜）或三级分类（适宜/一般适宜/不适宜）等更加细化的分类表达，增强评价结果的空间差异性，以更好地支撑国土空间规划编制的需求。

四、国土空间开发保护现状评估

在编制总体规划方案前，先要开展市县国土空间开发保护现状评估。通过评估工作，及时发现国土空间治理问题，有效传导国土空间规划重要战略目标，更好指导国土空间总体规划方案编制和实施工作。自然资源部 2019 年 7 月发布了《市县国土空间开发保护现状评估技术指南（试行）》，提出评估工作要坚持目标导向、问题导向和操作导向的基本原则，并明确了评估任务与流程、评估指标和评估报告编制参考大纲等内容。

（一）评估任务与流程

第一，制定评估方案。制定评估工作技术方案，明确总体要求、主要任务、指标体系、进度计划、组织保障等内容。

第二，构建指标体系。各市县在以评估基本指标为核心的基础上，可另行增设与时空紧密关联，体现质量、效率和结构的指标，按安全、创新、协调、绿色、开放和共享维度，建立符合地方实际的指标体系，开展评估。

第三，资料收集调查。充分收集评估所需的规划成果和现状数据、社会大数据等资料，针对评估指标数据，尽可能收集分析近年来连续数据，反映指标的变化趋势；针对突出问题开展实地专题调研，掌握第一手资料；面向社会公众开展公共服务设施、公共交通、城市风貌等方面的需求调研、问题调查，广泛征求社会公众的意见。

第四，监测分析评价。评估采用空间分析、差异对比、趋势研判等方法开展监测分析。结合国土空间规划“一张图”实施监督信息系统建设，逐步将评估指标体系纳入信息系统动态开展监测评估预警。

第五，编制评估报告。报告成果包括文本、表格和图件。文本应简明扼要，重点突出，从总体结论、指标监测及分析、对策建议三个方面，反映各地规划实施情况。各地可以结合地方实际，增加有关评估内容。表格以各地构建的指标体系为基础，尽可能反映近年来指标基础数据情况。图件主要包括能突出反映底线控制、资源高效利用、设施协调布局和公共服务均等化等方面的专题分析图。

第六，汇交评估成果。评估成果包括电子文档和指标空间数据。电子文档采用 PDF 文件格式；指标空间数据采用 VCT 或 GDB 文件格式。评估成果按照汇交要求，以省级为单位汇总，采用光盘介质离线汇交自然资源部，纳入国土空间规划“一张图”实施监督信息系统。

第七，评估成果应用。评估成果服务于市县国土空间总体规划编制和实施监测工作，并建立信息反馈和业务协同机制，为相关政策制定和绩效考核提供支撑。

（二）评估内容与指标体系

在《市县国土空间开发保护现状评估技术指南（试行）》基础上，自然资源部 2021 年印发了《国土空间规划城市体检评估规程》，结合现状评估工作实际开展情况，对年度体检评估方法、评估内容与指标体系等方面进一步优化完善，形成了针对国土空间开发保护现状的常态化体检评估规程。因此，《国土空间规划城市体检评估规程》可认为是《市县国土空间开发保护现状评估技术指南（试行）》的迭代更新版。体检评估指标体系按安全、创新、协调、绿色、开放、共享分为 6 个一级类别，在此基础上进一步划分 23 个二级类别和 122 项三级指标。基于上述指标体系，围绕战略定位、底线管控、规模结构、空间布局、支撑体系、实施保障六个方面开展评估分析工作。具体内容详见第九章第十节。

五、规划实施情况评估与灾害风险评估

（一）现行空间类规划实施情况评估

在原来的城市总体规划、土地利用总体规划中，规划实施情况评估是启动规划修编的必备程序，也是强化规划严肃性和法定性、提升规划体系效能的重要手段。随着国土空间规划改革的推进，新的国土空间规划体系赋予了规划实施情况评估更加重要的地位

和更加丰富的内涵。新时期规划实施情况评估是提升国土空间治理体系和治理能力现代化的重要抓手，并鼓励各地探索应用于政府绩效考核。

依据自然资源部2020年9月印发的《市级国土空间总体规划编制指南（试行）》，国土空间规划实施评估的对象为正在实施的空间性规划和专项规划。规划实施评估是为了总结现行规划实施的成效与问题，对现行规划进行批判性继承，即在评估的基础上，修正既有规划中不符合现实发展情况和新时期新要求的相关内容，继承符合实际、实施情况良好的相关内容，为新一轮国土空间规划编制提出方向性建议。评估的核心内容一般包括规划目标的实施情况、规划本身的合理性与适用性以及规划实施的政策环境等。主要成果产出一般包括1本规划实施评估报告、1册评估图件、1套指标体系表、1份满意度调查报告、1套常态化评估机制（建议）和相关附件等。

1. 技术方法

规划实施评估一般采取“规划目标－实施绩效－存在差距－原因分析－趋势判断－结论与建议”的总体技术路线（见图2-15）。评估内容应包含对城市总体规划、土地利用总体规划、主体功能区规划及专项规划等各类空间性规划实施情况的综合评估。评估框架构建应以国土空间总体规划编制内容为指向，突出实施评估作为国土空间规划重要基础支撑的作用，紧密衔接国土空间规划中目标定位、全域空间格局、中心城区空间格局、重大支撑设施、规划实施机制等板块开展评估。

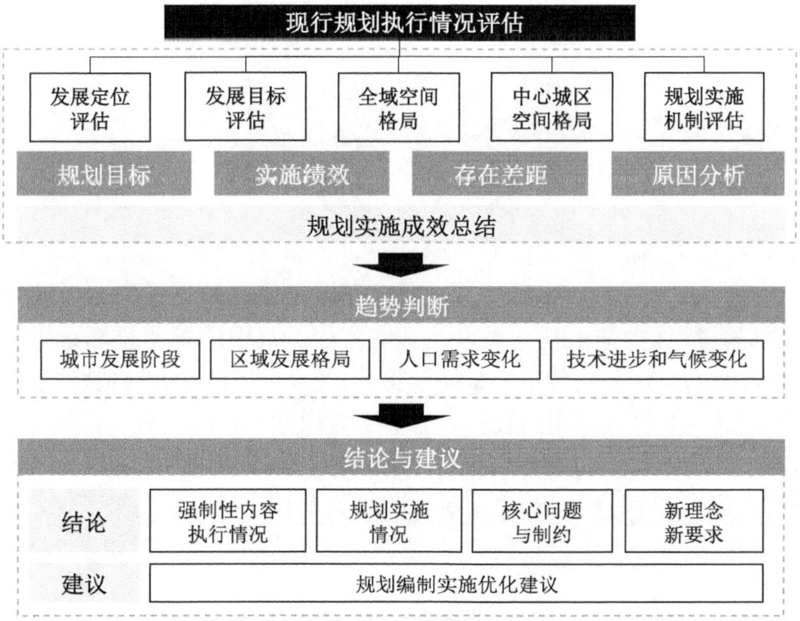

图2-15　规划实施评估技术路线图

在评估方法上，一是结合官方数据与多源大数据，多尺度多角度呈现资源配置和要素流动现状情况，提升评估准确性。例如，以历年户籍和常住人口统计数据为基础，借助手机信令数据空间精度和时效性的优势，分析人口的空间分布与流动情况；以“三调”数据为基础，结合卫星图像进行细化校核，通过长时间序列遥感图像解译分析建设用地增长趋势与规律；以部门数据为基础，结合“三调”数据、兴趣点数据（point of interest，POI）数据，全面把握各级各类公共服务设施分布情况。二是采用问卷调查、访谈等方式开展市民满意度调查，倾听和收集民意，深入了解真实需求和问题短板，提升评估可靠性。

在评估维度上，一是依据历年数据分析时空变化，判断发展环境与趋势。重点分析建设用地空间分布变化趋势，理解城镇空间拓展的时空规律，通过对比关键时间节点、判断规划短期和长期的实施成效。二是对比现状与规划目标之间的差异，分析规划实施成效和问题，如对比规划用地与现状用地的结构与空间分布，分析规划用地的实际落实情况与差异原因。三是对比不同规划的规划目标，分析各类空间性规划在指标、空间、战略上的差异，分析多规冲突的主要矛盾与原因。四是依据规范标准及先进地区经验分析优势与不足。例如，依据国家、省级规范标准分析规划指标达标情况，对标先进地区分析自身优势与高质量发展短板；充分参考国家和省级规范标准，对比人均建设用地、人均公园绿地面积、道路密度等指标的完成情况，分析城市发展基础情况；在宜居、绿色等重点领域参考国内外先进地区发展现状与目标，对高质量发展提出建议和要求。五是分县市区（街道乡镇）横向比较，明确规划实施情况的空间差异。对用地指标、人口与经济产业发展情况等规划实施情况进行分县市区（街道乡镇）比较，分析市域内发展水平和规划实施情况。

以上评估结果还需进一步对统计口径差异、实施过程中的偏差和差异的原因进行分析。城市发展状态的变化受到社会、经济等多方面因素的共同作用，包括决策机制、规划协同机制、实施政策、发展环境等。

2. 重点内容

规划实施评估首先需要对现行市（县）空间类规划的要点进行总结提炼，然后围绕规划实施评估重点内容设计指标体系，主要从发展定位、发展目标、全域空间格局、中心城区空间格局、规划实施机制五大方面开展评估。其中，发展目标、全域及中心城区空间格局应涵盖对本级规划中数量、布局、质量、效益等维度的综合性评估，而规划实施机制还应关注本级规划传导作用的发挥，即下层级规划是否做到有序衔接、对总体规划强制性要求的落实情况如何等，体现上下层级规划的衔接评估。在此基础上对规划实施成效和主要问题进行总结，同时结合新时期新理念新要求和宏观发展趋势变化，对国土空间总体规划的编制和实施管理提出合理建议。规划实施评估的重点内容如表 2-2 所示。

表 2-2　规划实施评估的重点内容

序号	主要内容	相关板块	评估指标	评估内容
1	发展定位评估	城市总体规划	城市性质、城市职能	包括城市性质和职能的落实情况
		省级主体功能区规划	市县主体功能定位	包括主体功能定位的落实情况

续表

序号	主要内容	相关板块	评估指标	评估内容
2	发展目标评估	城市总体规划	规划目标	包括约束性指标和预期性指标实施情况
		土地利用总体规划	规划指标	
3	全域空间格局评估	生态保护空间	生态资源	包括山水林湖草等资源变化情况
			生态保护红线	包括红线划定和评估调整情况
			生态环境治理修复	包括环境治理、生态修复、生态建设、生态保护等项目实施情况
		农业生产空间	耕地	包括数量、质量变化情况，土地整治项目实施情况
			永久基本农田	包括数量、质量变化情况
		城镇建设空间	人口和城镇化发展	包括人口数量结构变化、城镇化发展水平和动力等
			土地利用结构和布局	包括土地利用结构和布局变化情况
			建设用地节约集约利用情况	包括建设用地、城镇建设用地、城镇工矿用地、农村居民点用地等
			城镇体系	包括城镇体系“三结构一网络”发展情况
			支撑体系	包括公共服务设施、综合交通设施、市政基础设施和防灾减灾设施等建设情况
			强制性内容	包括空间管制、历史文化遗产保护、环境保护、防灾减灾等实施情况
4	中心城区空间格局评估		人口规模	包括总体和分区变化情况
			用地规模和布局	包括用地规模、布局、结构变化情况，用地指标使用情况等
			城市空间结构	包括城市发展方向、发展轴线/廊道、发展组团/片区等实施情况
			公共服务设施	包括公共服务中心体系、文化教育体育医疗福利等设施实施情况
			城市交通设施	包括道路交通、公共交通、停车设施等建设情况
			公共开敞空间	包括结构性绿地、广场、水体等蓝绿开敞空间建设情况
			强制性内容	包括城镇建设用地规模、公共服务设施、交通设施、综合防灾设施、绿地系统、文物古迹保护、城市“四线”管控等实施情况
5	规划实施机制评估	城市总体规划	规划编制	包括近期建设规划、控制性详细规划、各类专项规划、城市设计等下位规划编制情况
			部门协调机制	包括不同市县政府之间、不同政府部门之间的规划协调机制建设情况
			规划实施评估机制	包括规划实施评价监控等机制建设情况
			规划效能监察机制	包括规委会建设、信息公开、规划监督等机制建设情况
			公众参与机制	包括规划公示、听证等制度安排，以及公众参与渠道等建设情况
		土地利用总体规划	实施保障措施	包括经济激励措施、技术保障措施、社会保障措施及规划制度完善措施等落实情况

（二）国土空间灾害风险评估

国土空间灾害风险评估是对国土空间各类潜在灾害及可能对生命、财产、生活和环境造成潜在冲击与损害的风险进行分析评估的过程。灾害风险评估是国土空间规划的重要前提，目的在于根据承灾环境和历史灾害等信息，评估对国土空间开发保护利用有较大影响的灾害和事故的影响范围和影响程度，为优化国土空间总体格局、城镇开发边界划定和综合防灾空间管控等工作提供依据，是提高国土空间规划编制科学性的重要内容。灾害风险较高的区域应开展专题研究，编制国土空间灾害风险评估报告，成果图件包括灾害风险分布图和灾害风险分区图等相关内容。

1. 主要内容

基于国土空间规划的灾害风险评估一般从风险识别入手，判定对国土空间开发利用有影响的主要灾害类型，进一步对主要灾害的影响范围进行分析，划定灾害风险等级，根据不同灾害风险等级确定国土空间开发利用的规划管控要求（见图 2-16）。

风险识别一般在承灾环境梳理的基础上，从致灾因子分析着手，对城市的主要灾害进行辨识并按照灾害的危险性进行排序，判断各种灾害对城市可能造成的影响程度，识别国土空间开发利用保护应关注的主要灾害。风险分析基于国土空间规划的需求，一般以灾害影响程度的差异性作为灾害风险等级区划的主要依据，风险等级高低具有相对性的特点。

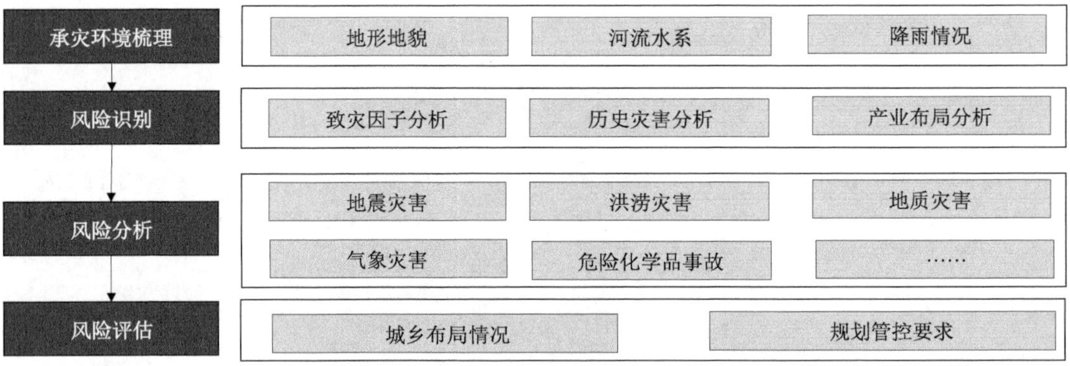

图 2-16　国土空间灾害风险评估技术流程图

2. 风险识别

致灾因子一般在国土空间规划中主要指自然灾害和事故灾害。致灾因子识别主要是采用资料收集、统计分析等方法，对发生在周边区域的对城市建设发展有影响的致灾因子类型进行统计分析，包括危险性分析和影响分析。区域灾害危险性分析一般对发震断裂带、崩塌、滑坡、泥石流、地面沉降、采空区的分布情况和灾害影响范围进行综合分析，事故灾害重点对危险化学品重大危险源、长输油气管线等具有爆炸、毒气泄漏风险的危险源分布情况和影响进行综合分析。通过灾害发生的可能性和后果对城市面临的致灾因子进行排序，对国土空间开发利用影响较大的灾害作为风险分析的主要灾害。

3. 风险分析

对国土空间规划开发建设影响较大的主要灾害类型一般包括地震灾害、洪涝灾害、地质灾害和危险化学品重大危险源事故等（见表 2-3），利用查找规范法、案例分析法、资料收集法和模型计算法等分析方法划定风险分区，根据不同分区提出国土空间规划管控要求。

表 2-3　建议划定为高风险区的灾害要素

灾害类型	分析要素	说明
地震灾害	抗震设防烈度；发震断裂带	抗震设防烈度大于等于 8 度且存在发震断裂带的区域
洪涝灾害	洪水淹没区域	规划防洪标准影响下淹没深度超过一定高度的区域（高度根据城市整体受到洪水威胁的程度确定）
地质灾害	大型地质灾害隐患点影响区域	大型及以上地质灾害影响区、地质灾害分析的高危险区

（1）地震灾害

地震灾害的危险性一般与抗震设防烈度和发震断裂带两个方面有关，根据叠加效果综合判断地震危险性的高低。抗震设防烈度大于等于 8 度且存在发震断裂带的区域地震危险性高，通过研究分析明确高危险区，识别地震高危险区是国土空间灾害风险分析的主要任务。地震危险性小的地区一般地震风险也低，但地震危险性大的地区地震灾害风险却不一定高（邹亮等，2016）。地震灾害的风险还与城乡布局有关，如果地震危险性较高的区域是荒芜的沙漠地带，震后几乎没有损失，那地震灾害的风险仍然很低。因此，从宏观尺度上，地震危险性与城乡空间布局进行叠加，可以作为地震风险分析的结论。

（2）洪涝灾害

洪涝灾害风险是描述由台风或者强对流天气引发的强降雨（暴雨）或者由河流溃堤等自然现象引起洪涝灾害的可能性。风险分析一般有三种方法，一是资料收集法，通过收集整理历史灾害情况，对灾后影响范围和影响深度等内容进行综合分析，作为风险分析的主要依据；二是基于矢量数据的淹没分析法，利用地理信息系统（geographic information system，GIS）软件的淹没分析功能，确定某一防洪标准下洪涝灾害的影响范围；三是利用 SWMM 和 MIKE URBAN 等专业软件进行模拟分析。三种方法的难度和对数据质量的要求依次增加，在编制国土空间规划中，可根据洪涝灾害风险的重要性进行针对性选择。

（3）地质灾害

地质灾害的风险分析应结合评估范围内的地质灾害易发分区和地质灾害隐患点进行综合分析。一般在易发区域内，对大型及以上地质灾害隐患点进行重点分析，根据地质特征、降雨情况、地形坡度、已发生灾害情况以及规划建设对地质条件的潜在威胁等情况，结合区域内发生地质灾害的后果，综合确定地质灾害隐患点对下游的影响范围。对于对城乡建设影响较大的地质灾害隐患点，应开展专业地质灾害危险性分析。其他区域的大型及以上地质灾害隐患点，如果与城乡建设有较大冲突，也应进行分析。

（4）危险化学品重大危险源事故

危险化学品重大危险源事故的风险分析一般有三种方法。一是规范法，查找危险化学品生产、存储企业防火防爆控制要求的国家、省市级或行业技术规范，确定影响范围。二是通过案例分析法，确定影响范围。三是利用区域定量风险评估方法，利用专业软件评价危险化学品的个人风险和社会风险，模拟分析事故影响范围。在方法选择中，一般根据危险化学品重大危险源的等级、规模进行确定，级别较高、距离城乡空间较近的重大危险源，宜采用第三种方法。

（5）其他灾害

对于气象灾害、森林火灾、海洋灾害等其他类型灾害，在国土空间灾害风险分析中也要进行综合考虑，但其专业性较强，一旦将其判定为主要灾害，可依托专项灾害风险评估报告进行进一步分析。

4. 风险评估

首先，基于风险分析工作识别出国土空间面临的主要灾害类型，分别对各个单一灾种进行危险性分析，识别风险差异性；其次，将几种灾害的危险性分析结果进行叠加，绘制综合灾害危险性分析图，一般包括极高风险、高风险、中风险三个分区；最后，根据不同分区的特点对国土空间布局、城镇开发边界划定以及用地选择提出规划对策，引导城乡空间安全布局。

5. 其他注意事项

值得强调的是，广义的国土空间灾害风险评估，不仅包括本章节中常见的自然灾害风险，还涉及针对未来不确定性问题和不可预见因素的广义风险因素评估。通过分析区域发展和城镇化趋势、人口与社会需求变化、科技进步和产业发展、气候变化等因素，系统梳理国土空间开发保护中存在的问题和主要风险，全面分析涉及国土安全、气候安全、生态环境安全、粮食安全和能源安全等的各类自然灾害及开发利用风险的严重程度和空间分布的特点，并对区域面临的重要灾害和风险进行多情景分析，从而在国土空间规划中通过布局优化、用地调整、设施保障等措施降低其风险。此方面内容仍需要结合实践灵活开展相关工作，并进一步加强理论研究和创新探索。

参考文献

杨钦宇，余婷，卢庆强，等. 2023. 市县“双评价”技术方法及应用体系研究——基于国土空间规划整体认知视角[J]. 城市发展研究, 30(2): 7-12+24.

邹亮，陈志芬，谢映霞，等. 2016. 城市防灾规划丛书：城市综合防灾规划（第一分册）[M]. 北京：中国建筑工业出版社.

思 考 题

（1）如何认识“双评价”的作用和目的，及其与国土空间总体规划的关系？

（2）市县级“双评价”与国家级/省级“双评价”是什么关系？分别发挥什么作用？

（3）面向新时期国土空间规划实施评估的新要求，可以运用哪些新数据、新方法、新手段和新模式，提升国土空间治理问题的动态识别和精准分析能力？

（4）规划实施评估成果如何支撑规划编制、管理，以及指标监测、预警等治理环节？

（5）市县国土空间总体规划中开展灾害风险评估的主要目的是什么？

第三章　重大专题研究（上）

导读：精准识别和有效应对国土空间开发保护的重点问题，是高质量编制市县国土空间总体规划的基本前提条件。本章为重大专题研究上半部分，重点阐述空间发展目标与战略、分类空间布局与导控方面的相关重大专题研究技术要点，具体包括空间发展定位和目标战略、生态空间保护提升、历史文化保护传承、产业空间布局、人口城镇化和城镇村体系布局、乡村空间布局等内容。

一、内容框架和知识点导引

开展重大专题研究，是国土空间规划编制的前期必备工作。重大专题研究可为国土空间规划核心问题诊断、风险研判、目标和方案制定等提供坚实的技术论证基础，确保规划重点突出、主线明确、特色鲜明、措施有效。重大专题研究工作应坚持因地制宜、聚焦重点、突出特色的基本原则，结合不同市县实际情况确定需要针对性开展专题研究的内容，为规划方案编制提供扎实支撑。

总体来看，市县国土空间总体规划编制前期需要重点研究的内容可大体分为目标定位与空间战略、分类空间布局与导控、空间资源保护利用、专项空间要素配置四大方面。目标定位与空间战略是总体统领，分类空间布局与导控是核心主线，空间资源保护利用是关键抓手，专项空间要素配置是基础支撑，它们共同支撑国土空间规划综合方案的形成（见图 3-1）。

由于专题研究涉及具体内容较多，根据专题内容特点和相互关联性，拆分为上下部分阐述。本章（上半部分）内容聚焦国土空间开发保护总体目标战略和分类空间布局方面的重大专题研究，具体包括空间发展定位和目标战略、生态空间保护提升、历史文化保护传承、产业空间布局、人口城镇化和城镇村体系布局、乡村空间布局等内容。

需要强调的是，上述专题是市县国土空间总体规划编制考虑的一般通用性专题，各地可根据地方特色因地制宜灵活调整优化或增补其他专题内容。例如，针对沿海地区市县可增设陆海统筹专题，针对边境地区市县可增设沿边开发开放专题，针对能源矿产资源富集地区可增设能矿资源保护利用专题等。

二、基于特色禀赋与区域条件的发展定位、目标与战略

（一）总体导引

发展定位、目标与战略是市县国土空间总体规划中的统领性内容。2019 年 5 月

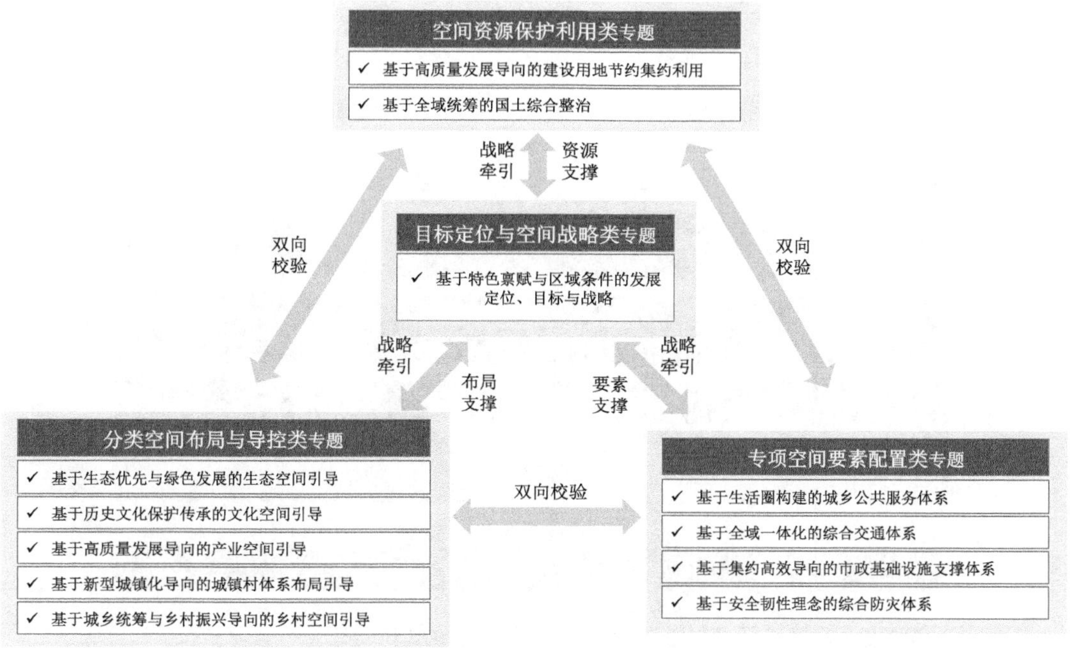

图 3-1　市县国土空间总体规划重大专题框架关系示意图

《中共中央 国务院关于建立国土空间规划体系并监督实施的若干意见》中提出国土空间规划编制要“全面落实党中央、国务院重大决策部署，体现国家意志和国家发展规划的战略性，自上而下编制各级国土空间规划，对空间发展作出战略性系统性安排。落实国家安全战略、区域协调发展战略和主体功能区战略，明确空间发展目标，优化城镇化格局、农业生产格局、生态保护格局，确定空间发展策略，转变国土空间开发保护方式，提升国土空间开发保护质量和效率。”

国土空间总体规划中的发展定位、目标与战略概念内涵如下：①“发展定位”是指市县在国家和区域的政治、经济、文化生活等方面承担的职能和所起的作用，一般在总体定位下还会细分若干具体城市职能。②“目标”是指国土空间开发保护目标，即围绕国家“两个一百年”奋斗目标和上位规划部署，结合本地发展阶段和特点所制定的国土空间开发保护总体目标和分阶段目标，通常涵括国土空间开发与保护两方面内容。在实际工作中除文字定性描述外，也会用量化指标的方式表达目标，包括落实上位规划的约束性指标和结合经济社会发展要求确定的预期性指标等。③“战略”是在总体目标的基础上针对存在问题、风险挑战和未来趋势，从安全底线、开发效率、城乡建设品质和魅力宜居等方面，提出全局性的国土空间开发保护重大思路和方略。

市县发展定位、国土空间开发保护目标与战略在市县国土空间总体规划中具有统领性作用，用于指导和引领资源保护利用、空间格局优化、设施和要素配置、土地节约集约利用、规划实施传导等规划专项板块内容的编制。需要在全面系统研究市县特色资源禀赋和区域发展条件基础上，因地制宜、综合论证确定市县发展定位、国土空间开发保护目标与战略（见图 3-2）。

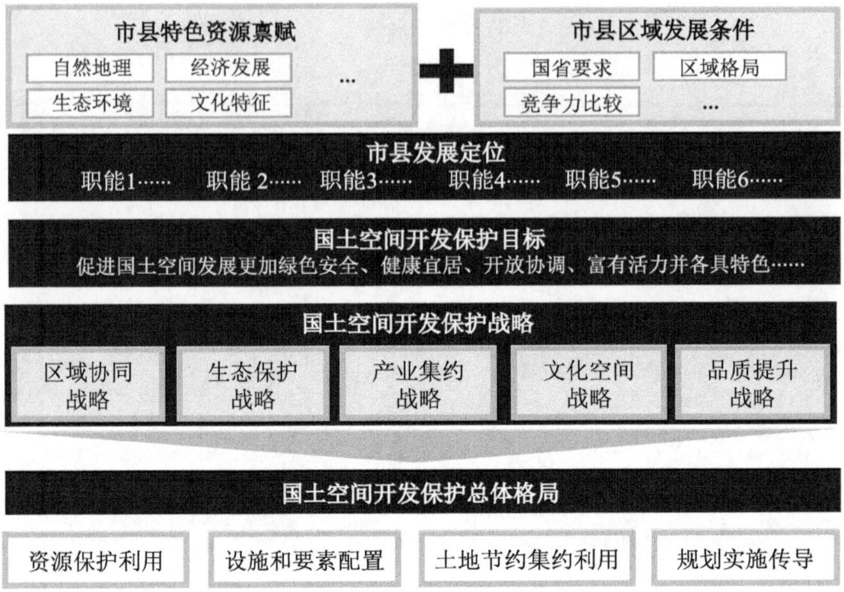

图 3-2　基于特色禀赋与区域条件的发展定位、目标与战略研究路线示意图

（二）市县特色资源禀赋研究

科学认识市县的特色资源禀赋是开展市县国土空间总体规划的基础。在实际工作中，可以从区域格局、自然地理、生态环境、经济发展、文化特征、城市品质等方向来进行分析，根据不同市县的地域特征，也可以适当增减分析的维度和视角。主要目的是通过与区域内其他市县的比较分析，识别该市县在区域中的特色资源禀赋。

1. 自然地理分析

在自然地理分析中要研究当地气候、地形地貌条件、水土等自然资源禀赋、生态环境容量等空间本底特征及其在区域中的独特性，分析自然地理格局、人口分布与区域经济布局的空间匹配关系。首先，可以判断市县在全国地理大格局中所处的区位，如华北平原、青藏高原、四川盆地等。其次，根据地理区位判断市县所处地理环境和人口经济社会的匹配关系，可以参照市县在全国主体功能区中的地位进行研判，如处在农业主产区的市县要研究其农业生产条件，处在生态功能区的市县要关注其生态资源环境承载力。

2. 生态环境分析

开展生态环境分析时，首先对市县在区域生态格局中的地位和作用进行分析，可以在全国、省或地级市国土空间总体规划或生态环境保护规划中找到区域生态安全格局的相关表述，判断该市县在区域生态安全格局中的地位。其次通过森林覆盖率、水体质量达标率、空气质量优良天数比例等指标对市县整体生态环境质量进行研判。

3. 经济发展分析

开展经济发展情况分析时，首先通过产业经济总量、增速、产业结构和经济效率等指标与区域其他市县的比较分析判断市县整体经济发展地位和阶段，如将经济总量和经济增速与全国、全省或同类城市（如省会城市、资源型城市）进行比较，可以判断市县是否在全国、全省或区域范围内具有优势地位，也可以通过产业结构、单位 GDP 效率指标（单位 GDP 能耗、水耗、污染物排放量等）、区位商的比较判断经济发展质量。其次可以深入分析市县的特色产业发展水平和优势度，如通过产业结构数据判断市县主导产业，通过现场调研和分析了解主要龙头企业发展情况。

4. 文化特征分析

在文化特征分析方面可以充分挖掘市县的地域特色文化资源，对历史文化遗产数量、规格、分布、保护利用状况和品牌认知度等进行梳理。在城市品质方面，应对城市公共服务设施配置、公共空间品质标准、风貌特色、基础设施系统建设水平等情况进行梳理研判。

（三）市县区域发展条件分析

市县区域发展条件分析是指通过对国家战略要求、区域发展条件、区域发展机遇和挑战的研判与分析，识别出影响市县发展的重大区域性因素，为市县发展定位、国土空间开发保护目标与战略的确定提供基础支撑。

1. 对接落实国家区域重大战略和主体功能区要求

首先，要研究梳理和贯彻响应国家区域重大战略要求。改革开放以来，针对我国区域差异大、发展不平衡的基本国情，国家先后制定了“东部率先发展”“西部大开发”“东北全面振兴”“中部地区崛起”等区域协调发展战略。党的十八大以来，国家层面陆续推进京津冀协同发展、长江经济带发展、粤港澳大湾区建设、长三角一体化发展、黄河流域生态保护和高质量发展等区域重大战略。在市县发展定位研究过程中要重点关注上述国家层面制定的区域重大战略，涉及的市县要在发展定位中落实区域战略要求，找准自身在区域中的职能地位和分工，在规划确定国土空间总体格局时要融入区域整体发展格局。

其次，要研究梳理并深化落实市县所处区域主体功能区战略要求。不同主体功能区的开发方式不同、保护内容不同、发展首要任务不同、国家支持重点不同，对城市化地区主要支持其集聚人口和经济，对农产品主产区主要支持其增强农业综合生产能力，对重点生态功能区主要支持其保护和修复生态环境。需要注意的是，主体功能不等于唯一功能，落实主体功能区战略在于明确市县国土空间开发保护的主要任务，并不排斥该区域发挥其他功能，例如，重点生态功能区可采取“点上开发、面上保护”的思路适度发展城市功能。

2. 准确把握区域分析的尺度范围

战略定位研究要避免“就城市论城市”，要遵循“向上一级做分析”的原则，选择合理的区域分析尺度。例如，研究地级市，就要至少在省级层面做比较分析，对比该地级市与其他地级市的各项指标，总结优势劣势；研究县或县级市，就要至少在其上位地级市层面做比较分析，甚至需要拓展到全省乃至全国层面做研究分析；对处于城市群或都市圈内的市县，需要在城市群或都市圈范围内进行比较分析，明确该市县的专业化职能分工；对处于流域或连片贫困等特殊地区的市县，关注在流域或贫困区域所承载的特殊任务和职能。

【专栏】区域网络联系分析方法

在规划实践中，可以采用人口、产业、交通等多种数据手段分析区域联系。在人口联系方面，可以采用手机信令（如联通基站）数据，获取早晚高峰通勤时间内城市间的人口出行次数，也可以采用腾讯迁徙数据（或百度迁徙数据），获取春节期间全国城市间的人流量。在产业联系方面，可以应用工商企业数据库，采用城市之间的企业资本互投金额反映经济联系，也可以采用城市之间的发明专利合作数量反映创新联系。在交通联系方面，可以采用“飞常准”网站提供的航线数据，反映某个城市机场的全球航线网络，也可以采用 12306 网站提供的城市间铁路班次数量，反映城市间的铁路交通联系网络（见图 3-3）。

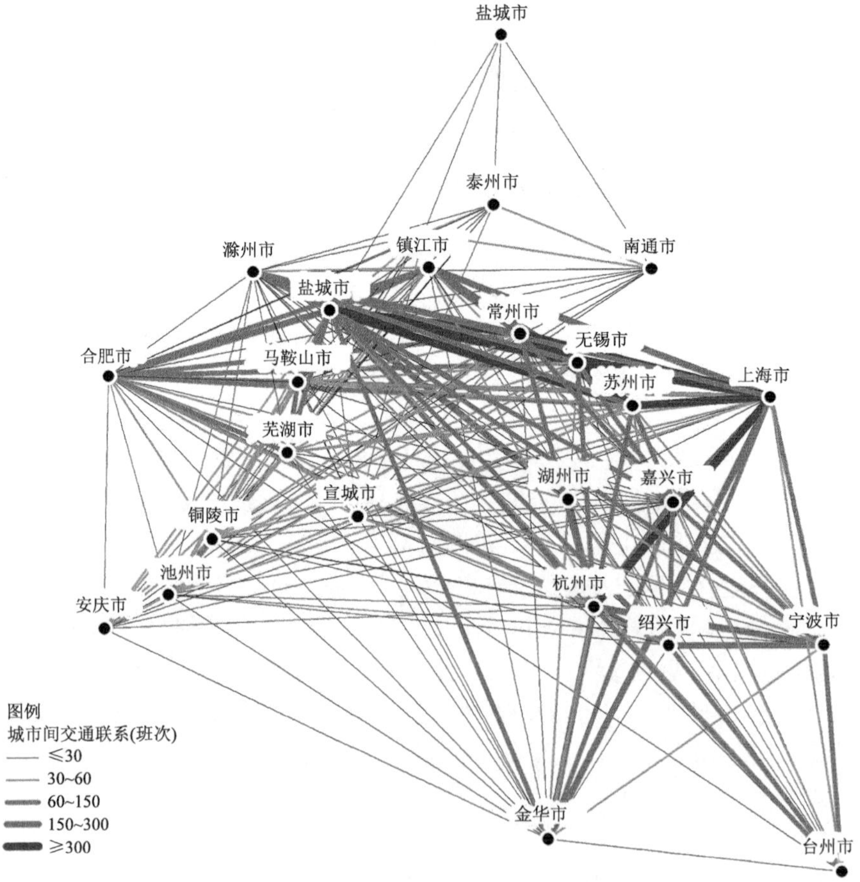

图 3-3　长三角城市铁路班次联系网络

3. 准确研判区域格局与城市战略地位

区域格局分析主要是判断市县在国家区域战略中所处的区位、职能分工和优势条件。第一从国家层面看，市县是否处于国家重要的城镇化发展战略或轴带之上，如长江经济带、沿陇海城镇发展轴等，判断其所处的战略地位；第二从省级层面看，判断市县在全省发展格局中处于什么地位，如是否处于省会都市圈、省内重要发展轴带等；第三判断市县是否处于重要城市群或都市圈内，判断其在城市群或都市圈内是否是核心城市、二级城市或微中心，判断其是否具有特殊的职能分工。除以上层面外，对于县来说还可以判断其在地级市市域内所处的地位。

4. 系统开展区域竞争力比较分析

区域竞争力比较分析是为了通过对市县与区域中其他市县的比较分析，识别其未来发展的优势、劣势、机遇和挑战，从而更好地确定市县发展定位。在研判宏观发展趋势的同时，要分析可以影响市县的具体机遇。要特别注重与自身资源禀赋相结合，寻求地方特色资源与区域发展大势的最佳契合点，进而推导出合适的城市发展定位、目标与战略。

开展区域竞争力比较分析经常采用 SWOT 分析法，其中，S（strengths）是优势、W（weaknesses）是劣势、O（opportunities）是机会、T（threats）是威胁。通过 SWOT 分析，揭示一个城市“能够做的”（即城市的优势和劣势）和“可能做的”（即环境的机会和威胁）发展前景。在分析市县发展的优劣势方面，可以在前述市县资源禀赋研究的基础上，将市县在一定区域范围内排名领先或相对落后的方面进行提取总结，如一个市县在全省市县中的经济总量或增速位于第一梯队，高新技术产业增加值也较高，则可以判断其优势是“经济总量高、增速快，高新技术产业发展势头良好”。在分析市县面临的机遇和挑战时，通常可以从不同的区域层次展开分析，国家和省级层面出台的重大区域战略，如京津冀协同发展下的非首都功能疏解政策，会为北京周边的市县带来承接产业转移的机遇，但同时北京也会对周边市县产生虹吸效应，这是这些市县未来发展面临的重要挑战。也可以从市县重要产业的发展趋势来判断机遇，如以旅游为主的市县应对全国和区域旅游产业发展的大势来判断细分市场的机遇和挑战。

在区域分析过程中，通常会应用多种方法进行比较分析，特别需要注意的是规划中的数据分析只是手段而不是目的，分析时应选用精准系统的指标、翔实数据和科学方法论证结论，需要注意解释分析结论背后的原因，避免用片面选择的数据得出片面的结论。

（四）市县发展定位、城市性质与职能

在落实国家重大战略和主体功能区要求的基础上，结合市县特色资源禀赋和区域竞争力对比分析，综合确定市县发展定位和城市性质。发展定位是对市县在区域格局中的职能作用进行整体性、概括性界定阐述（非必选内容），重点是深入研究论证城市核心功能定位（即城市性质），并进一步对具体城市职能进行细分，例如可以从交通枢纽中心、特色产业基地、区域中心城市、生态宜居家园、历史文化名城等方面阐述市县的独特价值和职能。城市性质的表达要精简，要体现国家战略与上位规划的要求，并体现本地特

色，不要写成畅想性的口号。市县发展定位和城市性质要充分与上位战略要求、已有发展规划和相关政策阐述相衔接，并要与国土空间开发保护战略关联，在后续的国土空间规划方案中进行落实，真正发挥其对国土空间开发保护的牵引和统领作用。

（五）国土空间开发保护目标

在准确把握上位规划部署的基础上，结合市县发展阶段和综合基础条件，合理制定国土空间开发保护总体目标。在阐述总目标时，要强调国土空间规划在严守底线管控、高效配置空间资源、提升空间品质和推动空间治理现代化等方面的作用。在总目标基础上，还可以因地制宜从区域协调、生态文化、土地集约、宜居共享、安全韧性等方面制定分目标，同时按照近期、中远期和远景设置分阶段目标和路线图。在实际工作中，应根据市县特色制定针对性的目标和指标体系。

【专栏】延庆分区规划中的发展目标

发展总目标：全面落实北京建设国际一流的和谐宜居之都的要求，从延庆实际出发，对标国际一流水平，坚持首善标准，通过保护生态环境支撑高质量发展，成为向世界展示北京生态文明成果的窗口、首都市民休闲放松的心灵家园、京津冀区域协同发展的共赢典范。

分期发展目标：到 2035 年，初步建成国际一流的生态文明示范区。实现首都西北部重要生态保育及区域生态治理协作区、生态文明示范区、国际文化体育旅游休闲名区、京西北科技创新特色发展区功能。生态文明发展和治理模式得到全面确立，各项生态文明发展指标达到国际领先水平，成为具有国际影响力的生态发展示范区。

分项子目标：生态环境得到全面保护提升，生态系统更加完善，生态品质更加优良，成为首都西北部重要生态屏障。全面构建生态化、专业化、国际化的高精尖产业体系，成为具有国际影响力的旅游休闲目的地，首都科技创新功能的重要支撑地区。文化地位显著增强，成为首都文化传承与国际交往的重要窗口地区，八达岭长城国家文化的影响力进一步提升。山川辉映、景城共融的风貌特色凸显，成为展现北京美丽自然山水的典范之区。全面形成城乡统筹、区域协调的发展格局，缩小与中心城区的民生服务水平差距。

到 2050 年，全面建成更高水平的国际一流生态文明示范区。各项生态文明发展指标全面达到国际领先水平，成为展现中国绿色发展和生态文明建设成就的典范区域。

（资料来源：《延庆分区规划（国土空间规划）（2017 年—2035 年）》）

在市县国土空间总体规划目标导向下，通过核心指标体系来引导规划目标的实现。规划核心指标体系分为空间底线、空间结构与效率、空间品质等类别（见表 3-1）。其中空间底线类指标包括生态保护红线面积、用水总量、永久基本农田保护面积、耕地保有量、城镇开发边界扩展倍数等底线性指标。空间结构与效率类指标包括人均城镇建设用地面积、每万元 GDP 水耗等表征国土空间利用效率的指标。空间品质类指标是指公园绿地、广场步行 5min 覆盖率、城镇人均住房面积、绿色交通占全方式出行比例、城镇生活垃圾回收利用率等表征城乡人居环境品质的指标。

按照指标属性，分为约束性和预期性指标。其中，约束性指标是为实现规划目标，在规划期内不得突破或必须实现的指标；预期性指标是指按照经济社会发展预期，规划期内要努力实现或不突破的指标。指标层级一般分为市域层面和中心城区层面。在具体规划业务中，可根据实际需要灵活增加一些富有地方特色的目标指标。

表 3-1　国土空间规划指标体系示例

编号	指标项	指标属性	指标层级
一、空间底线			
1	生态保护红线面积（km^2）	约束性	市域
2	用水总量（亿 m^3）	约束性	市域
3	永久基本农田保护面积（km^2）	约束性	市域
4	耕地保有量（km^2）	约束性	市域
5	城镇开发边界扩展倍数	约束性	市域
6	森林覆盖率（%）	预期性	市域
7	湿地保护率（%）	预期性	市域
8	自然保护地陆域面积占陆域国土面积比例（%）	预期性	市域
9	水域空间保有量（km^2）	预期性	市域
二、空间结构与效率			
10	常住人口规模（万人）	预期性	市域、中心城区
11	常住人口城镇化率（%）	预期性	市域
12	人均城镇建设用地面积（m^2）	约束性	市域、中心城区
13	人均应急避难场所面积（m^2）	预期性	中心城区
14	道路网密度（km/km^2）	约束性	中心城区
15	每万元 GDP 水耗（m^3）	预期性	市域
16	每万元 GDP 地耗（m^2）	预期性	市域
17	单位国内生产总值建设用地使用面积下降（%）	预期性	市域
三、空间品质			
18	公园绿地、广场步行 5min 覆盖率（%）	约束性	中心城区
19	卫生、养老、教育、文化、体育等社区公共服务设施 15min 步行可达覆盖率（%）	预期性	中心城区
20	人均公园绿地面积（m^2）	预期性	中心城区
21	人均体育用地面积（m^2）	预期性	中心城区
22	每千名老年人养老床位数（张）	预期性	市域
23	每千人口医疗卫生机构床位数（张）	预期性	市域
24	绿色交通占全方式出行比例（%）	预期性	中心城区
25	工作日平均通勤时间（min）	预期性	中心城区

续表

编号	指标项	指标属性	指标层级
26	城镇人均住房面积（m^2/人）	预期性	市域
27	降雨就地消纳率（%）	预期性	中心城区
28	城镇污水处理率（%）	预期性	中心城区
29	城镇生活垃圾回收利用率（%）	预期性	中心城区
30	农村生活垃圾处理率（%）	预期性	市域

注：约束性指标必选，各地可因地制宜优化调整或增加相应指标

（六）国土空间开发保护战略

在发展定位和目标的基础上，结合本地发展阶段和特点，并针对存在问题、风险挑战和未来趋势，提出国土空间开发保护的总体战略。国土空间开发保护战略具有前瞻性、整体性、系统性和层次性等基本特性要求。前瞻性是指国土空间开发保护战略要放眼未来，注重高瞻远瞩，考虑长远发展；整体性是指国土空间开发保护战略所关注的是全局性和整体性问题，强调对总体目标实现有决定性意义的因素，或关系到全局整体性发展的因素；系统性是指谋划国土空间开发保护战略，不能只考虑单一系统的情况，而是要将农业、生态和城镇空间以及经济社会发展若干系统进行耦合，改变各部门、各规划各自为政的问题，推动多规合一，建立总体统筹的思维模式和操作运行方式；层次性是指国土空间系统结构的多层次性，国家级、省级、市县级的国土空间战略层次不同，重点也不同，下一层次的战略要服从上一层次的战略，作为市县国土空间开发保护战略，要遵循国家和省级、区域国土空间规划确定的战略要求。

国土空间开发保护战略要重点体现以下方面内容：一是明确国土空间发展战略方向。要在自身条件基础上对外部发展条件进行研判，进而做出重大战略选择，包括如何平衡粮食安全、生态环境保护和城镇发展建设之间的关系，如何统筹全域国土空间战略格局和未来发展方向，等等。二是有效应对发展不确定性。面对国土空间复杂巨系统环境，市县国土空间总体规划不是固定不变的终极蓝图，而是一种动态实施和决策过程，规划需要妥善平衡和处理刚性管控与弹性引导的关系，为适应未来动态变化预留足够弹性。三是降低国土开发风险。国土空间开发保护过程中各系统相互作用可能产生潜在风险和隐患，国土空间规划编制要对此进行系统评估，并在国土空间开发保护战略中予以响应。四是增强发展竞争力，随着全球经济形势和区域竞争态势不断加剧，世界和区域间的城市联系日趋紧密，国土空间规划中需要对城市与区域的关系进行研究，贯彻落实双循环发展格局和高质量发展要求，为重大项目提供空间要素保障，支撑发展竞争力的提升。

在国土空间开发保护总体战略基础上，可进一步针对区域协同、生态环境、产业空间、公共服务、文化特色、城市品质等方面提出分项战略，明确相应的空间战略方向、战略举措和战略抓手。

（七）区域协调发展战略与主体功能区战略落实

1. 区域协调发展战略落实

市县国土空间总体规划要深入贯彻落实国家新时期“双循环”战略要求，围绕加快构建更加有效的区域协调发展新机制，研究城市与周边区域之间的协同互动关系，提出城市对外开放和深度融入区域协同发展的战略举措和空间抓手。

对于位于都市圈、城市群等城市化地区的市县，聚焦与都市圈、城市群等不同层面协同的重点事项，注重推动城市群、都市圈交通一体化，发挥综合交通对区域网络化布局的引领和支撑作用，重点解决资源和能源、生态环境、公共服务设施和基础设施、产业空间和邻避设施布局等区域协同问题。同时加强对区域协同重点区域的发展引导；对于位于生态功能区的市县，除一般区域协同问题外，要重点聚焦生态空间共保、自然保护地协同管理、流域生态保护与治理、山水林田湖草沙一体化保护和修复、环境污染共治等区域协同问题；对于位于农产品主产区的市县，除一般区域协同问题外，重点聚焦农业（畜牧业）生产空间跨区域协同布局、区域性耕地和草地整治等问题。

2. 主体功能区战略落实

要深入贯彻国家和省级主体功能区战略，针对农产品主产区、重点生态功能区、城市化发展区内的市县提出不同的空间治理要求。

农产品主产区市县的发展导向。以提供农产品为主体功能，以提供生态产品、服务产品和工业品为其他功能，保障国家粮食安全战略、支撑农业现代化发展、落实乡村振兴战略。以农业空间为主体，保持建设用地规模基本稳定。严格保护永久基本农田，确保数量不减少、质量不下降。控制农业资源开发强度，减少农业面源污染。城乡建设实施集中布局、点状开发，限制进行大规模高强度工业化城镇化开发。推动现代农业产业园区建设，发展高效循环农业和农产品深加工，支持发展特色休闲农业。

重点生态功能区市县的发展导向。优先保障国家和区域生态安全，重点布局自然保护地体系，以保护和修复生态环境、提供生态产品和维护生态系统功能。全面划定生态保护红线，加强生态功能评估，强化生态环境监管，健全生态补偿机制。因地制宜地发展不影响主体功能定位的适宜产业，引导超载人口逐步有序转移。加强生态空间保护和修复，增强生态服务功能。探索“两山”转化路径，提高生态空间自我造血能力。加强产业发展引导，限制进行大规模高强度工业化城镇化开发。严格控制开发强度，形成“点上开发、面上保护”的空间布局，在现有城镇布局基础上集约开发、集中建设。

城市化发展区市县的发展导向。增强中心城市、都市圈和城市群等经济发展优势区域的经济和人口承载能力，率先实现创新驱动、高质量发展。积极培育现代化都市圈、城市群，促进区域大中小城市协同。适度扩大城镇空间比例，推进建设用地资源向该区倾斜。着力推动创新驱动发展和产业结构升级，提升单位国土面积的投资强度和产出效率。结合多元人口需求合理布局优化公共服务设施资源配置。加强城镇环境综合治理，提升人居环境品质。构建完善、高效、区域一体、城乡一体的交通和基础设施网络。

在市级总规中，针对不同主体功能区类型的市县，可以根据实际需要，按照落实格局、整体稳定、局部细化、生态优化、功能优先的原则，以乡镇为单元细化主体功能区。每个乡镇只能确定一个基本功能类型，因地制宜确定叠加功能类型。对于主体功能定位为农产品主产区和重点生态功能区的县区，确保其下辖乡镇与县区主体功能区定位保持一致的数量比例或面积不低于国家相关技术规范要求。具体工作流程详见《主体功能区优化完善技术指南》。

各地根据主体功能区优化细化情况，合理划定市县规划分区，合理优化各类用地指标配置，分解落实相关约束性指标规模，推动主体功能区战略在国土空间规划中逐级传导落地。重点围绕财政、产业、投资、土地、绩效评价体系完善配套政策体系以及绩效评价体系，尤其是强化财政转移支付的导向作用，完善差别化的绩效考核评价体系，合理指导建设用地指标配置，加强特别政策区政策细化，确保主体功能区战略落到实处。此外，对纳入自然保护区名录、战略性矿产保障区名录、特别振兴区名录（重点边境发展区、资源枯竭型城市）等的市县单元或特定地区，需要针对性提出其特定功能定位、开发引导与管控要求。

三、基于生态优先与绿色发展的生态空间引导

（一）总体导引

《中共中央 国务院关于加快推进生态文明建设的意见》（2015 年 4 月 25 日）指出：生态文明建设是中国特色社会主义事业的重要内容，关系人民福祉，关乎民族未来，事关“两个一百年”奋斗目标和中华民族伟大复兴中国梦的实现。良好的生态环境是中国社会发展的基础性、长远性和根本性支撑，是人民生存和发展的根基，是实现中华民族永续发展的内在要求。自然生态空间是生态环境改善和提升的重要载体，科学合理布局和整治生态空间，把保护放在优先位置，在发展中保护、在保护中发展，是实现生态文明的重要抓手。

生态空间是指具有自然属性、以提供生态产品或服务为主导功能的国土空间，涵盖需要保护和合理利用的森林、草原、湿地、河流、湖泊、滩涂、岸线、海洋、荒地、荒漠、戈壁、冰川、高山冻原、无居民海岛等，生态空间涵盖除农业空间、城镇空间之外的所有国土空间。生态空间山水林田湖草沙各类要素是一个相互依存、联系紧密的生命共同体，共同构成了人类生存发展的物质基础，在国土空间规划工作中至关重要。

本板块规划内容需衔接落实省级国土空间规划有关生态空间保护与修复、自然资源保护与利用、碳汇功能提升等指导约束要求，针对主体功能区、生态主导功能、资源特点等，识别自然生态空间的关键区域和重点问题，确定自然生态空间保护、修复、利用的空间格局和策略措施，为国土空间格局优化、生态空间规划与底线管控、国土空间生态修复、自然资源保护利用与布局配置等提供支撑。具体研究内容包括生态系统现状、自然资源保护与利用现状以及碳汇功能现状等分析，生态系统保护、资源利用和碳汇功能等关键问题识别，生态安全格局、生态资源保护空间、固碳增汇区域等分析，提出生

态安全格局优化、资源保护与利用、固碳增汇等对策建议。

（二）生态安全格局构建与优化

生态安全格局是维持区域生态安全的重要框架结构，对保障和提升区域水源涵养、洪水调蓄、生物多样性保护等生态功能具有重要意义。构建科学合理的生态保护格局是系统推进国土空间生态保护与修复、实现人与自然和谐共生的重要手段和路径。

1. 现状分析

以国土调查成果作为现状底数和底图基础，以其他各类调查监测成果为补充，分析森林、草地、湿地、农田、城镇等各类生态系统空间分布特征、面积和占比以及生态系统结构特征。梳理并明确生态保护红线划定情况、自然保护地体系建设情况以及其他生态保护相关的法定保护地的划定情况，分析重点区域中生态保护与建设现状。利用多期土地利用数据、遥感影像以及调查监测数据等分析生态系统和重点区域生态系统健康状况、生物多样性等历史变化趋势。涉海市县还应结合区域海洋生态监测和调查数据，分析海洋生态系统现状质量及历史变化趋势。

2. 问题识别

基于生态系统现状结构、分布特征以及重点区域生态系统健康状况、生物多样性等历史变化趋势分析结果，识别重点区域生态退化以及森林、湿地等重要生态系统的占用等关键生态问题，结合气候变化、社会经济发展和人类活动识别关键生态问题的影响因素。

3. 生态安全格局识别构建

基于区域主体功能区中的生态功能要求和生态本底条件，以目标和现状问题为导向，坚持山水林田湖草沙生命共同体理念，以基于模型构建和人居环境建设的需求分析为主要手段，合理构建生态安全格局体系，提出生态安全格局体系优化策略。

（1）生态评价。根据不同类型重点生态功能区的主要服务功能和生态敏感性特征，开展生态系统服务重要性评价与等级划分，评价区域水源涵养、水土保持、防风固沙、生物多样性保护、海岸防护等生态系统服务功能重要性和水土流失、荒漠化、土地沙化、海岸侵蚀等生态敏感性、脆弱性。生态评价可采用“双评价”工作成果中的生态保护重要性评价成果，也可结合区域生态特征和数据精度要求等，采用“双评价”工作中生态保护重要性的评价方法进行细化研究。

（2）模型构建。生态安全格局构建常用模型包括最小累积阻力（MCR）模型、压力—状态—响应（PSR）模型、差距（GAP）分析、连通度指数和电路理论的连接度模型等。模型的核心是基于景观生态学理论，识别生态源地，构建生态阻力面，提取生态廊道和生态战略节点，对国土空间中的关键点、线、面要素进行组合和设计，优化生态安全网络体系，从而达到有效优化空间格局的目的。

【专栏】最小累积阻力模型构建生态安全格局

最小累积阻力（minimum cumulative resistance，MCR）模型是生态安全格局构建最常用的模型之一。MCR 模型的基本原理是认为物种在景观中的迁移扩散需要消耗一定的“成本”，并且穿越不同类型景观所耗费的“成本”是不一样的。“成本”代表物种在景观中迁移扩散时所消耗的实际能量。与传统空间模型计算出的空间直线距离不同，MCR 模型计算的是从“源地”扩散（迁徙）到“目标地”的过程中，物种穿过不同景观要素或土地利用/覆被类型（即“生态阻力面”）时克服阻力所做功的总和，最小耗费距离是依据物质流或能量流穿越景观要素时的耗损系数而对直线距离进行修正，得到每个单元到距离最近源的最小累积成本，据此来模拟最小成本路径。

最小累积阻力模型的计算公式为：

$$MCR = f \times \min \sum_{j=n}^{i=m} D_{ij} \times R_i$$

式中：MCR 为最小累积阻力值；D_{ij} 为源地 j 和景观单元 i 之间的空间距离；R_i 为景观单元 i 对物种迁移扩散的阻力系数；f 表示最小累积阻力与生态过程的正相关影响。

在该模型中，“源地”是重要物种自然栖息地，从基于“双评价”中各类生态系统服务功能极重要区域、生态保护红线、自然保护地以及其他生态保护相关的法定保护地等空间单元中选取；生态阻力面建立可结合区域实际情况，选取土地利用类型、坡度、高程、植被覆盖指数等因子；结合源地和生态阻力面，基于 GIS 平台识别源地间的联系，即生态廊道；识别两个源地之间的生态廊道与等阻力线的切点为生态节点（见图 3-4）。

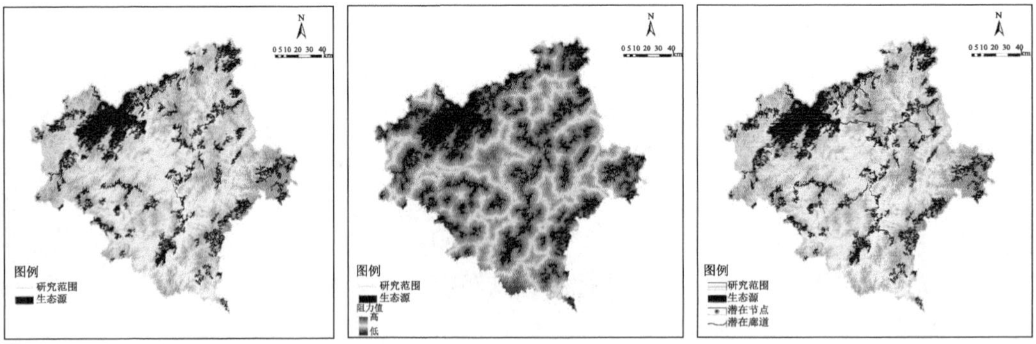

图 3-4　某市国土空间规划中基于 MCR 模型的生态安全格局分析

（左：生态源地识别；中：生态阻力面构建；右：潜在生态廊道和节点识别）

（3）人居环境建设需求分析。在生态安全格局构建中，结合区域实际情况，往往还需要考虑人居环境建设需要，主要包括地质灾害防治，河湖及河岸带、水库库滨带的水生态安全，基础设施廊道体系优化、通风廊道体系建设等，涉海的市县还应考虑海陆统筹生态保护与建设、沿海防护林建设、海岸线开发等生态安全建设需求。

4. 生态安全格局优化策略

基于“双评价”中生态服务功能重要性评价和生态敏感性、脆弱性评价，结合最小累积阻力模型、压力—状态—响应模型等模型分析以及人居环境建设需求分析，识别生态片区、生态廊道和生态节点，统筹山、水、林、田、湖、草、沙、海等要素，构建层次结构明确、空间联系紧密、海陆统筹协调且强化提升本底功能的生态保护格局体系，针对不同生态片区、廊道、节点等面临的不同问题及生态保护重点任务，分别提出有针对性的生态保护格局优化策略。

（三）自然资源保护与利用

1. 现状分析

充分利用国土调查结果，分析森林、草地资源总量、分布、结构特征及历史变化趋势；分析河湖水域、湿地的总量、分布、等级特征及历史变化趋势，分析湿地与河湖水系的连通关系；分析生态公益林、基本草原、重要湿地等重要生态资源的空间分布特征和保护现状，明确森林、草地、湿地等资源保护现状和开发利用情况。沿海市县应分析岸线、海岛、海洋资源的总量、分布特征及历史变化趋势，分析自然岸线空间分布特征，明确岸线、海岛、海洋资源的保护和开发利用情况。

2. 问题识别

分析森林覆盖率、草原综合植被盖度、湿地保护率等指标完成情况，分析林地、草地、湿地等保护空间与人类活动的矛盾冲突，识别林业产业、草原畜牧业、湿地旅游业等开发利用不合理、不充分的问题，明确导致资源破坏、开发利用不合理等问题的原因。沿海市县应识别自然岸线空间占用、海岛资源生态破坏与无序过度开发、海洋特别保护空间占用、海洋生物资源无序过度开发等问题，明确岸线、海岛、海洋资源开发利用问题的原因。

3. 自然资源保护重点空间划分

落实上级自然资源管控目标，衔接生态安全格局和生态空间划定成果，在资源禀赋条件分析评价的基础上，划定森林、草地、湿地等资源需要保护的空间，明确生态公益林和天然林面积、基本草原面积、重要湿地面积等。根据生态区位、生态脆弱性等研究生态公益林保护等级和措施，划定天然林、生态公益林等基本林地集中保护区；根据草原类别、面积、生态服务功能等划定基本草原边界；根据生态区位、面积、维护生态功能和生物多样性的重要程度等划分湿地级别。沿海市县应分析自然岸线空间范围、沿海湿地保护等级、海岛保护空间、海洋资源保护空间范围，明确自然岸线保有率、湿地保护率等。

4. 自然资源保护利用对策方案

落实上级自然资源管控目标，衔接生态安全格局分析结果，以目标和问题为导向，提出水资源、林草湿地资源、海洋资源、矿产资源等自然资源空间保护、利用和优化提升的对策建议。

（1）水资源平衡与节约集约利用

水资源是城镇、农业、生态空间健康稳定的重要保障，是国土空间规划中的刚性约束条件。系统梳理区域用水情况、水资源禀赋和未来水资源需求，本着“以水定城、以水定地、以水定人、以水定产”的原则，提出水资源配置、保护、利用的策略，实现区域水资源平衡。

用水量计算及控制。用水量一般分为三类进行计算，即生活用水、生产用水、生态用水。生活用水包括城镇居民生活用水和农村居民生活用水，一般采用定额法，综合考虑城市规模和发展水平、生活习惯、收入水平等，确定生活用水定额。生产用水包括第一产业用水、第二产业用水及第三产业用水，通常采用定额法或采用万元 GDP 用水量、万元工业增加值用水量进行计算。生态用水包括河道内生态用水和河道外生态用水，河道内生态用水考虑维持河道生态基流需水量，需结合当地河道流量、水位、流速等基础水文资料确定，河道外生态用水主要为绿化灌溉用水、环境卫生用水以及河湖补水，一般采用定额法。

市县国土空间总体规划应严格执行水资源“三条红线”。“三条红线”分别为水资源开发利用控制红线、用水效率控制红线和水功能区限制纳污红线，是城市开发建设和生态红线管控的主要基础。其中水资源开发利用控制红线是国土空间规划编制规划指标体系中的约束性指标，通常由规划市县所属上一级水务行政管理部门分配，作为本地用水量的最终依据，是《实行最严格水资源管理制度考核方案办法》（国办发〔2013〕2 号）考核中的必查指标。

水资源供需平衡。按照“以水定城、以水定地、以水定人、以水定产”原则，把水资源本底条件作为刚性约束，依据可供水资源量，通过水资源底线约束来控制城镇发展规模、优化用水结构，合理规划确定城市经济社会发展结构、人口规模、土地利用和产业发展布局，倒逼城市、产业、用地转型发展，实现“水—人—城”的和谐发展（见图 3-5）。

“以水定城”主要是根据水资源的承载能力和开发利用潜力，合理确定城市的发展规模、布局和形态，为“以水定地”“以水定人”“以水定产”提供空间框架和发展导向，决定着城市土地利用、人口承载和产业选择的总体方向。

“以水定地”主要需要确定耕地与建设用地的承载规模，耕地承载规模可通过农业灌溉可用水资源量和农业灌溉用水定额来确定；建设用地发展规模需要确定规划总建设用地和城乡建设用地，通过可供城镇的用水量和相应的单位用地用水指标确定。

“以水定人”的关键要素指标包括人均综合用水量和人均综合生活用水量，通过确定可供水资源量和可供生活用水量，在遵循现状的基础上，综合考虑未来人均居住面积的增长空间和公共服务设施的完善，确定人均总用水指标和人均生活用水指标，得到可承载的人口规模。

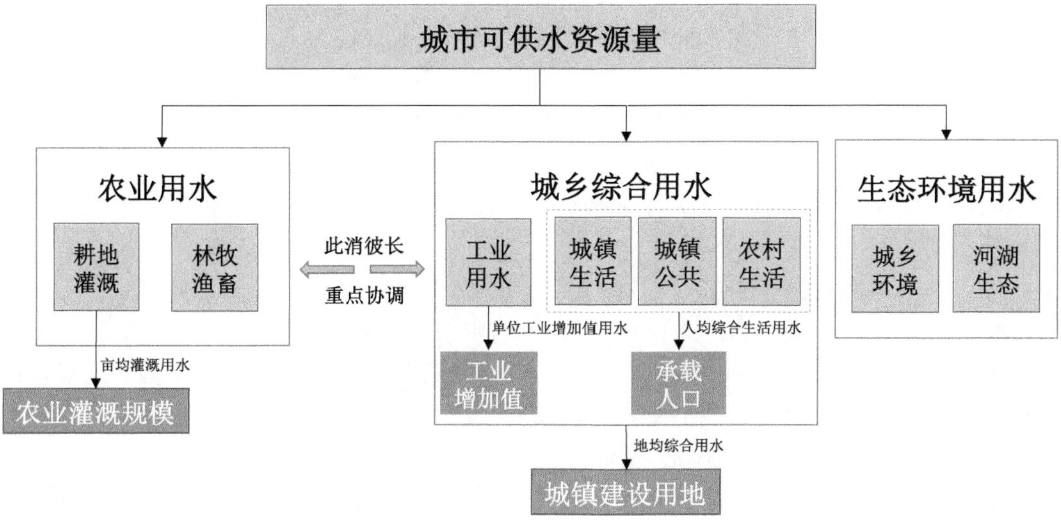

图 3-5 “以水定城、以水定地、以水定人、以水定产”技术路线图

“以水定产”的关键要素指标为万元 GDP 用水指标，依据现状三产单产耗水及三产比例结构分析，通过明确三产总可供水资源量，确定三产规模及三产结构引导方向。

加强水资源保护与配置。加强水源地污染控制和水质保护，认真落实《中华人民共和国水污染防治法》（1984 年 5 月 11 日颁布）和《中华人民共和国水污染防治法实施细则》（2000 年 3 月 20 日发布）中的要求，综合采用饮用水水源地保护、污染治理、生态修复与建设等措施，确保饮用水水源水质达标。完善水源地保护区监控及预警应急体系建设，强化饮用水水源地周边环境风险防范，提高事故发生时的应急救灾能力。

针对以地表水为主要水源的区域，要依据《地表水环境质量标准》（GB 3838—2002）（国家环境保护总局 2002 年 4 月 26 日颁布）中的水质指标要求，开展水质监测体系建设，控制水源地周边入流水体水质，保障水源地水质。明确水源地取水量，水源地水量、取水规模等，应与城市取用水要求一致，并不造成生态环境破坏。针对以地下水为主要水源的区域，加强对地下水资源的管理和保护，开展地下水节约利用，加快实施超采区压采措施，各级行政区年度开采地下水总量不得超出批准的地下水开采总量控制指标，推进节水压采与水源置换，实现地下水采补平衡。形成较为完善的地下水超采区水资源管理体制和地下水动态监测体系，逐步建立地下水水位和水量双指标监测网络。

依托区域水资源条件，在“优先保障生活用水，合理配置生产用水，基本保证生态用水”的水资源供给原则下，实现分区供水保障。加强取水、引水、输水工程建设，挖潜本地水可供水量。加强水系连通及工程调度，合理利用外调水资源。地下水超采地区要压采地下水，加强非常规水源利用（雨水、海水、再生水等）。

系统加强节水工作。为了有效实现用水总量控制目标，应加强节水型城市建设。首先，强化指标刚性约束，严格实行区域流域用水总量和用水效率控制，健全省、市、县三级行政区域用水总量、用水效率控制指标体系，强化节水约束性指标管理。其次，合理分配用水总量，提出农业、工业、生活节水措施。农业结合高标准农田建设，加大田间节水设施建设力度，开展农业用水精细化管理；工业推进企业以节水为重点的转型升级和用水循环化改造，加快节水及水循环利用设施建设；城镇全面推进节水型城市建设，结合海绵城市建设，提高雨水资源化利用水平，重点推进污水再生利用设施建设，市政杂用水及生态用水优先使用再生水。在缺水地区加强雨水、海水、再生水等非常规水多元利用，在超采地区削减地下水开采量，加快推进地下水超采区综合治理，强化地下水的采补平衡。

（2）林草湿地资源保护与合理利用

按照“山水林田湖草海”系统保护要求，以绿色发展为导向，统筹森林、草地、湿地、海洋等自然资源保护利用的任务和目标。保护优先，提出各类自然资源的主要保护空间类型、位置及管控要求；节约优先，协调资源开发与保护的关系，提出各类自然资源高效利用的要求。

森林资源保护与利用。落实上级森林资源保护要求，明确森林覆盖率、林地保有量、重点公益林占比等控制目标。建立森林资源保护体系，科学保护、合理分配和利用森林资源。明确天然林、生态公益林等基本林地集中保护区，明确保护范围和要求。划分重点开发利用区域，分区分类确定林地保护利用的方向、重点和保护措施。

优化森林资源布局，提出植树造林和林业生态工程的重点区域，构建生态防护林、景观生态林等林网体系，提出森林增植、抚育、更新等建设管护要求。对于尚未实现的规划林地，按照林地利用潜力和承载能力提出造林绿化的时序计划安排。注重区域森林生态系统与城市绿楔、风廊和园林绿化的连通，提出空间预留区域与建设要求、标准。

完善林地用途管制制度，统筹森林资源保护与利用，充分发挥森林资源最佳效益。加强对各类森林资源的统筹管理，完善森林资源用途管制制度，强化森林资源监测、保护及采伐管理等工作环节，限制林地逆转；建立林地分级管理制度，并制定差异化的分级管理措施，规范林地保护；落实森林面积占补平衡制度，提出补充林地的措施和转换规则。

草地资源保护与利用。落实上级草地资源保护要求，明确基本草原面积、草原综合植被盖度等管控目标。强化基本草原保护与管控。明确重要放牧场，天然割草地，饲草饲料地，生态草地，自然保护区，草原科研、教学试验基地，拟建饲草饲料地等基本草原边界。严格落实基本草原保护制度，禁止开垦基本草原，任何单位和个人不得擅自改变基本草原的性质和用途。

严格落实草畜平衡管理，推进草原畜牧业转型。明确草原禁牧区范围，将退化严重、不宜放牧的草原，重要水源涵养地和自然保护区核心区划定为草原禁牧区，禁止超载放牧。建设增产高效的饲草料基地，加大人工种草力度，大力推广、普及青贮饲料和饲草料加工技术，完善季节草场补饲点、围栏、牧道和人畜饮水系统等基础设施。

完善草地用途管制制度，提出草地资源用途转换规则和监管要求。禁止占用基本草原植树造林、挖塘养鱼及从事其他破坏基本草原的活动。

湿地资源保护与利用。落实上级湿地资源保护要求，明确湿地面积、湿地保护率等管控目标。强化湿地分级分类管理。明确国家级重要湿地、省级重要湿地和市级重要湿地保护范围和管控要求。严格按照《中华人民共和国湿地保护法》（2022 年 6 月 1 日起施行)、《湿地保护管理规定》(2013 年 5 月 1 日起施行）等法律法规，明确湿地保护和管理要求。

推进湿地生态功能提升，对区域重要湿地及周边区域实行自然封育、水源保护、生态植被修复等措施。强化湿地资源保护，增加湿地面积，加大汇水区的森林植被保护，保证湿地生态系统结构完整，发挥湿地生态效益，实现生态良好的服务功能。

健全湿地修复和保护机制。坚持生态优先、绿色发展，完善湿地保护制度，健全湿地保护政策支持和科技支撑机制，保障湿地生态功能和永续利用。

（3）海洋资源保护与利用

针对涉海市县，落实上级海洋资源保护要求，明确自然岸线（含海岛岸线）保有率等管控目标。

海岸线。强化自然岸线保护，明确自然岸线保护范围和保护要求。协调保护好海岸线地区河口、沙滩、岛礁、滩涂、湿地、沿海防护林等生态资源，强化海岸带在缓冲陆海交互作用、抵御海洋自然灾害、维护区域生态安全中的关键作用。明确生产岸线、生活岸线等各类岸线的生态保护和利用要求。

海岛。以保护为核心，合理利用海岛自然资源。严格保护特殊用途海岛，明确领海基点所在海岛、国防用途海岛、海洋自然保护区内海岛的特殊用途区域的保护措施和要求。加强有居民海岛生态保护，有居民海岛应当保护海岛沙滩、植被、淡水、珍稀动植物及其栖息地，优化开发利用方式，改善海岛人居环境。保护性利用无居民海岛，坚持生态优先、适度利用的原则，提出海岛保护和利用要求。

海域。贯彻节约集约用海和生态用海要求，统筹保护海洋资源和海陆生态环境，明确海洋特殊保护区、海洋保留区等空间范围和保护要求。明确渔业利用区、交通运输用海区、工业与城镇用海区、矿产与能源用海区、旅游休闲娱乐用海区、特殊利用区等各类海域功能分区的保护和利用要求。严格限制在生态脆弱敏感、自净能力弱的海域实施围填海行为。涉海面积较大、海洋生态环境较为敏感的市县国土空间总体规划编制要形成海洋专章，强化对海洋资源的保护利用相关内容。

（4）矿产资源绿色高效开发利用

矿产资源管控与保护。落实上级矿产资源开发利用管控要求，加强与“三条控制线”的衔接，正确处理保护与开采、地上与地下的关系，明确主要矿产资源开采总量、大中型矿山比例、绿色矿山比例等管控目标。

统筹矿产资源勘查开发利用与保护，明确矿产资源开发与生态环境保护的关系。优化矿产资源能源开采布局，合理划分矿产资源禁止勘查区、重点勘查区、集中开采区、战略性紧缺型资源调查评价区等重要区域，明确各类区域矿产资源开发利用和保护要求。

矿产资源绿色开发引导。结合绿色矿山建设，提出矿产资源开发相关管控措施，引导矿产能源资源综合开发、循环利用。鼓励生产建设矿山边开采、边修复，树立绿色发展标杆，大力推进绿色矿山建设，推广绿色矿山建设模式。

明确矿山地质灾害防治重点区域和要求，提出矿山地质灾害治理重点工程，构建资源开发与矿山地质环境保护协调发展的利用模式。以自然修复与人工修复为主，分类施策。对于现状无地质灾害隐患或局部存在地质灾害隐患但无直接威胁对象且不处于“三区两线”范围内、具备自然恢复条件的废旧矿山优先采取自然恢复；位于“三区两线”高敏感范围内且地质环境破坏严重的废旧矿山优先采取工程生态修复，在顺应地形的基础上，综合生态学和景观学开展修复。

（四）碳汇功能提升

2021 年 3 月，习近平主持召开中央财经委员会第九次会议，强调把碳达峰、碳中和纳入生态文明建设整体布局。国土空间规划用途管控直接影响各类空间的组成、结构和布局模式，对碳排放和碳汇有着重要影响，其中生态空间内重要生态系统的总量、质量、结构，直接影响国土空间碳汇功能。国土空间规划应针对碳汇功能提升提出针对性思路。

1. 开展碳汇测算模拟

国土空间陆地生态系统中具备碳汇功能的重要系统主要包括森林生态系统、草原生态系统、湿地生态系统以及农田生态系统。全面摸清国土空间碳汇本底，开展生态系统碳汇测算是碳汇功能提升的基础性工作。碳汇的计算方法包括碳库差异法(样地清查法)、涡度协方差法以及模型模拟法三大类。碳库差异法是通过设立典型样地，用收获法准确测定生态系统中的植被、枯落物或土壤等碳库的碳贮量，并可通过连续观测来获知一定时期内的通量变化情况。涡度协方差法是通过测定 CO_2 浓度和空气湍流来推测地球与大气间碳的净交换。模型模拟法类别较多，主要可分为经验模型法、系数模型法、过程模型法和基于“3S”技术的空间模型法。结合国土空间规划工作的空间尺度和用途管控的工作深度，各类生态系统的碳汇测算宜采用模型模拟法。

2. 划定碳汇功能区

结合国土空间分区管控体系，综合考虑各类空间单元碳汇核算结果，划定碳汇功能区，可分为碳汇功能重点区、碳汇功能优化区和碳汇功能协调区。碳汇功能重点区主要为生态本底条件较好、林草资源质量较高的区域。此区域本身具备较强的碳汇功能和保护要求，是国土空间发挥碳汇功能的核心区。碳汇功能优化区主要为生态系统受损、生态功能部分下降区域。例如受气候或人为影响，森林质量偏低、林分结构不合理，草畜不平衡、草场过牧，湿地萎缩等区域。碳汇功能优化区是亟待开展国土空间生态修复，恢复提升碳汇功能的区域。碳汇功能协调区主要为生态与生产、生活的交叉区域。区域内零散生态空间具备碳汇功能，需通过生态建设提升碳汇总量，结构优化挖潜碳汇功能。

3. 生态系统增汇策略

森林碳汇：公益林、天然阔叶林执行封山育林发展路径，尽量减少人为干扰，开展森林抚育措施；幼、中龄林执行森林抚育发展路径，进行幼树管理和幼林保护及间伐，科学合理的间伐有利于森林整体的生长蓄积；采伐迹地、宜林荒山和退耕还林地等执行更新造林路径，及时开展迹地更新，解决森林蓄积量和碳汇资源的从无到有，迅速接续和更新；低产用材林、低产低效经济林、低效防护林等执行林分改造路径，对林分改造工程项目区进行统一规划，统筹兼顾，制订措施。该措施的主要对象为蓄积量和碳汇资源有限的存量森林，其目的是进一步优化存量森林结构，进一步激活其碳汇作用。

草原碳汇：草地资源保护，执行围栏封育，控制载畜量，防止草地退化。由于单位面积林业碳汇能力要高于草地碳汇能力，在具备植树造林条件的草地区域，可鼓励执行退草造林措施，进一步丰富林业碳汇资源。坚持土壤资源保护，保护相应植被，保持水土，提升土壤有机质含量，防止土壤沙化，限制林下和草原的不合理活动，防止土壤由碳汇向碳源转换。

湿地碳汇：加强园区湿地资源保护管理，完善生态监测体系。通过建立高生物量、高碳汇型水生生物群落、改善湿地土壤及水体环境等措施来建立规划区湿地的固碳增汇技术体系。建设湿地生态系统观测研究站，坚持对湿地生物多样性进行连续监测，不断完善生态监测体系，维持生态系统的碳平衡。

农田碳汇：合理推广保护性耕作措施，提升碳在农业范围内的留存时间，从而提升农业碳汇；合理推进有机肥施用和生物质还田比例，提升碳在农田范围内的留存比例从而提升农田碳汇；采用合理的轮作制度，有顺序地在年度间轮换种植不同作物或复种组合，避免农田碳汇受到过度损害。

四、基于历史文化保护传承的文化空间引导

（一）总体导引

文物和文化遗产承载灿烂文明，传承历史文化，维系民族精神，是陈列在广阔大地上的珍贵资源。在新时代，“积极推进文物保护利用和文化遗产保护传承”被提到了前所未有的高度。

将文物和文化遗产保护纳入国土空间规划是国家提出的明确要求。2018 年 10 月中共中央办公厅 国务院办公厅印发《关于加强文物保护利用改革的若干意见》，明确要求“国土空间规划编制和实施应充分考虑不可移动文物保护管理需要”。2019 年 5 月《中共中央 国务院关于建立国土空间规划体系并监督实施的若干意见》，提出“延续历史文脉，加强风貌管控，突出地域特色”，并将文物保护专项规划与生态环境保护等专项规划并列。2020 年 9 月，国家主席习近平在十九届中央政治局第二十三次集体学习时明确要求“把文物保护管理纳入国土空间规划编制和实施”（习近平，2020）。

将文物和文化遗产保护纳入国土空间规划，是我国文化遗产保护领域和空间规划领域的双向融合创新，既是国土空间规划统筹文化遗产保护，也是文化遗产保护赋能国土空间规划。一方面，要从“国土资源”“国土空间”等角度重新认识文化遗产及其赋存空间，提升文化遗产保护利用实践。另一方面，国土空间规划编制实施要积极主动地建立一种文化观、文明观、价值观，形成一种基于历史文化保护传承的空间规划理论与方法论。

面向落实文物和文化遗产保护纳入国土空间规划的国家要求，在实践层面和技术层面，自然资源部、国家文物局于 2021 年 3 月联合发布了《关于在国土空间规划编制和实施中加强历史文化遗产保护管理的指导意见》，提出对接基础信息平台、将历史文化保护

纳入国土空间规划“一张图”管控，要求各级文物主管部门要做好文物保护类专项规划并与国土空间规划同步编制。2022 年 11 月，自然资源部发布《国土空间规划历史文化遗产保护技术指南（征求意见稿）》，对国土空间规划编制和实施中历史文化遗产保护内容的编制给予了技术性指导。

（二）历史文化保护的规划研究的内容与思路

自然资源部 2020 年 9 月印发的《市级国土空间总体规划编制指南（试行）》（以下简称《指南》），对在国土空间总体规划中落实文物保护管理的内容进行了系统安排。根据《指南》要求，市级国土空间总体规划中的相关主体内容为“划定自然和人文资源的整体保护区域”，明确历史文化的保护范围及空间管控要求，并纳入国土空间规划“一张图”，以及在市域、中心城区的规划分区中统筹考虑历史文化遗产保护等（见表 3-2）。2019 年发布的《自然资源部关于全面开展国土空间规划工作的通知》则将历史文化保护列为省级、市级国土空间规划审查要点，明确提出国务院审批的市级国土空间总体规划审查要点包括各类历史文化遗存的保护范围和要求，据此可知，市级、县级国土空间规划需要重点落实各类历史文化遗存保护范围，纳入国土空间规划“一张图”管控。2022 年出台的《国土空间规划历史文化遗产保护技术指南（征求意见稿）》则将“市（县）国土空间总体规划中的历史文化遗产保护”内容明确为保护名录、历史文化保护线、遗产本体及环境安全、非物质文化遗产、基础设施保障、地上地下空间统筹等内容，强化并补充了《市级国土空间总体规划编制指南（试行）》的要求。

表 3-2　《市级国土空间总体规划编制指南（试行）》中历史文化有关的规定性内容

规划内容		历史文化相关要求
基础工作	统一底图底数	收集历史文化相关资料
	规划实施评估	评估自然生态和历史文化保护
	重大专题研究	研究自然山水和人工环境的空间特色、历史文化保护传承等空间形态和品质改善的空间对策
	开展总体城市设计研究	加强自然与历史文化遗产保护
编制内容	优化空间总体格局	系统保护自然景观资源和历史文化遗存，划定自然和人文资源的整体保护区域
	强化资源环境底线约束	各地可结合地方实际，提出历史文化资源保护和控制的底线要求
	优化空间结构	划分规划分区，市域内可叠加历史文化保护管控区域，形成复合控制区；在城镇发展区中，将历史文化保护区域纳入特别用途区
	保护自然与历史文化	加强自然和历史文化资源的保护，挖掘本地历史文化资源，梳理市域历史文化遗产保护名录，明确和整合各级文物保护单位、历史文化名城名镇名村、历史城区、历史文化街区、传统村落、历史建筑等历史文化遗存的保护范围，统筹划定包括城市紫线在内的各类历史文化保护线。保护历史性城市景观和文化景观，针对历史文化和自然景观资源富集、空间分布集中的地域和廊道，明确整体保护和促进活化利用的空间要求
	推进国土整治修复与城市更新	城市更新应传承历史文化

续表

规划内容		历史文化相关要求
其他要求	规划图件	绘制“市域历史文化遗存分布图”“市域历史文化保护规划图”“中心城区历史文化保护和城市更新规划图”
	规划文本附表	提供“历史文化资源一览表”
	规划指标体系	把“自然和文化遗产（处）”作为市域预期性规划指标
	强制性内容	涵盖各类历史文化遗存的历史文化保护体系，历史文化保护线及空间管控要求
	城镇开发边界划定要求	把与城镇关联密切的历史文化保护地域空间纳入城镇开发边界

根据相关指南要求，编制市县国土空间总体规划的历史文化保护专题，可按照“调研—评估—规划”的逻辑展开，具体可分为历史文化资源调查、历史文化资源名录、历史文化资源评估、历史文化空间统筹4个步骤（见图3-6）。

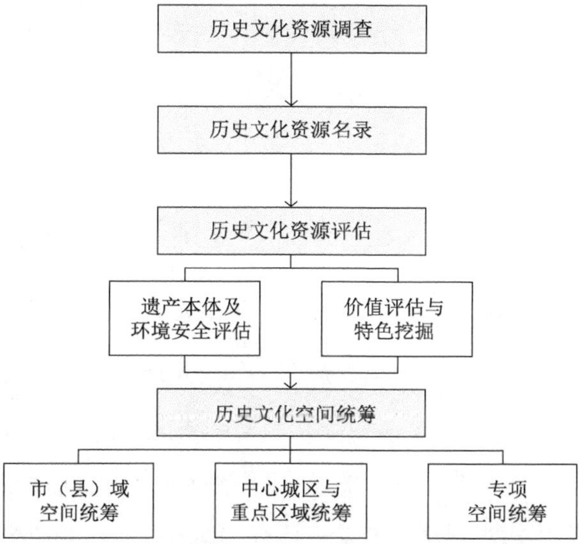

图3-6　历史文化保护专题编制的技术流程示意图

（三）历史文化资源调查

历史文化资源调查是开展市（县）域历史文化保护专题研究的基础性工作，主要工作内容包括对历史文化保护政策、各类保护规划和相关文献进行系统梳理，以及开展实地考察和调研。

（1）梳理国家和省级历史文化保护利用政策中与规划区域有关的内容，系统落实上位要求。应特别注意落实构建中华文明标识体系、国家文化公园、国家文物保护利用示范区、革命文物保护利用片区、长城保护总体规划、大运河文化保护传承利用规划纲要、国家级文化生态保护区等国家重大文化政策、文化工程的要求，以及各省级层面提出的历史文化保护利用的战略和规定性要求。

（2）系统梳理市县域范围内已有的各项历史文化保护类规划成果，包括文物保护专项规划、文物保护单位保护规划、大遗址保护利用规划、世界文化遗产保护管理规划、历史文化名城、名镇、名村、街区保护规划、传统村落保护发展规划、农业文化遗产保护与发展规划、工业遗产保护与利用规划及非物质文化遗产保护有关规划等，对接落实城乡历史文化保护传承体系的有关要求，整理有关规划需要在国土空间规划中加以落实的保护内容、保护区划及空间管控要求等。

（3）汇集历史文献和相关研究成果，包括整理志书、历史文献、考古报告、古地图、学术研究成果和重要历史文化资源的有关资料等，建立支撑历史文化保护和空间规划的知识基础。

（4）开展现场调研与踏勘，实地走访市（县）域历史文化资源的分布和保护利用状况，考察地方特色文化景观与非物质文化遗产。实地调研中，应重点与地方文物管理部门、国土资源部门和城乡建设管理部门及其他历史文化资源管理责任部门进行对接，确认各类历史文化资源保护名录、保护状况及保护区划定情况，并进行集成。

（四）历史文化资源名录

不同于传统的文物保护类规划和历史文化名城保护规划，市县国土空间总体规划中的历史文化保护具有全域全要素的特点，是对全域历史文化资源的全类型全要素系统保护和整体空间管控。

首先需要明确市（县）域历史文化保护体系，梳理并编制全市（县）历史文化资源保护名录，制定市（县）域历史文化资源一览表。进而，结合资源坐标，在GIS国土空间现状图中对全域历史文化资源进行落位，形成市（县）域历史文化遗存分布图。

【专栏】历史文化资源的概念和内容

“历史文化资源”是建立国土空间规划体系过程中浮现的一个新概念。自然资源部印发的《省级国土空间规划编制指南（试行）》，将深入挖掘历史文化资源作为重要任务，明确要求建立历史文化保护体系、编纂名录（自然资源部和国家文物局，2021）；《市级国土空间总体规划编制指南（试行）》则要求加强自然和历史文化资源的保护。历史文化资源这一概念，严格来讲，尚不是一个清晰的学术概念，而是面向规划实践需要的一种概念性表述，它在内涵上带有鲜明的国土空间特征，在外延上与文物、文物古迹、文化遗产等历史文化保护领域的常用概念多有交叉（见图3-7）。

可以认为，国土空间规划语境下的历史文化资源，特指占据一定面积的国土空间的各类具有历史文化价值的物质遗存，以及与非物质遗存相关联的场所。历史文化资源本身具有空间属性和历史文化属性，对历史文化资源实施保护利用，就会对国土空间的使用产生一定的排他性要求。

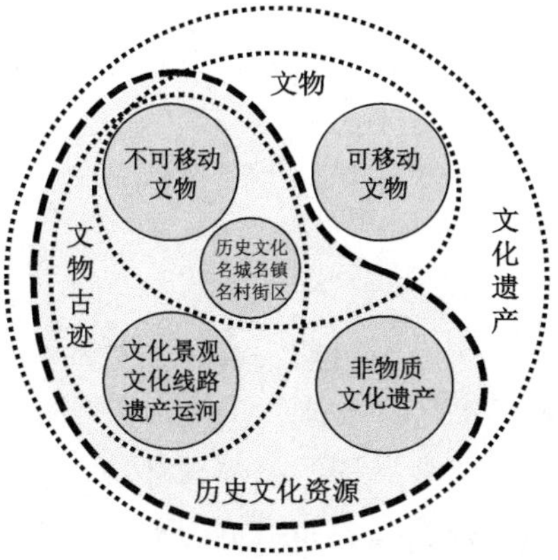

图 3-7　历史文化资源有关概念之间的关系示意图（武廷海等，2019）

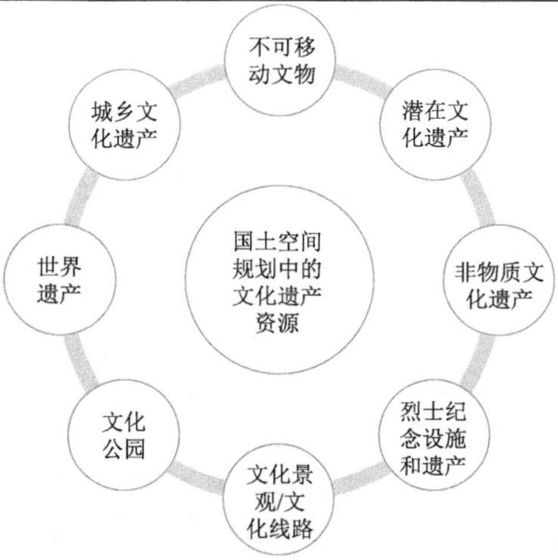

图 3-8　国土空间规划中的文化遗产资源体系

规划应按照全类型系统保护原则，对各类历史文化资源进行一定的整合和重新归类，按照“不可移动文物”“城乡文化遗产”“世界遗产”“文化公园”“文化景观/文化线路”“烈士纪念设施和遗产”“非物质文化遗产”“潜在文化遗产”等类型，系统梳理各类文化遗产资源（见图 3-8 和表 3-3）。其中，文物保护单位应以国家和地方公布的名录为准；未核定公布为文物保护单位的不可移动文物可依据《第三次全国文物普查数据校验软件》的校验结果；世界遗产及世界遗产预备名单中的项目，以联合国教科文组织（United Nations Educational, Scientific and Cultural Organization，UNESCO）公布的名单为准；城乡文化遗产、文化公园、文化景观、烈士纪念设施和遗产、非物质文化遗产名录，按照国家和有关国际组织公布的各类遗产名录进行系统整理；中国 20 世纪建筑遗产名录等非法定的潜在文化遗产资源名录，以相关组织公布的名录为准。

面向方便纳入空间规划信息平台的需要，在编制资源名录过程中，参考国土空间规划数据存储和汇交的有关要求记录文化遗产信息，如“历史文化资源一览表”中的主要记录内容包括“序号”“名称”“行政辖区”“级别”“类别”“备注”等。

表 3-3　国土空间规划中的文化遗产资源体系与保护内容

资源体系	保护内容
不可移动文物体系	大遗址、各级文物保护单位、未列级不可移动文物
城乡文化遗产体系	历史文化名城、历史文化名镇名村、历史街区和历史建筑、传统村落等
世界遗产体系	世界遗产项目及世界遗产预备名录中的项目
文化公园体系	国家公园、国家考古遗址公园等
文化景观/文化线路体系	重要农业文化遗产、工业遗产、灌溉工程遗产、风景名胜区、水利风景区等
烈士纪念设施和遗产体系	烈士纪念设施，抗战纪念设施、遗址等
非物质文化遗产体系	非物质文化遗产代表性项目、文化生态保护区等
潜在文化遗产体系	潜在的文化遗产、文化景观、文化线路等

（五）历史文化资源评估

在制定市（县）历史文化资源一览表和市（县）域历史文化遗存分布图的基础上，面向历史文化资源的保护与利用，着眼于“文化安全”与“价值挖掘”两个维度，开展遗产本体及环境安全评估，以及价值评估与特色挖掘这两项基础性的评估工作。

1. 遗产本体及环境安全评估

历史文化资源是国土空间中不可再生的珍贵资源，受到自然灾害、人类活动等多重影响；不当的城乡开发建设、农业开发及生态保护活动等各类国土空间开发保护活动，均会对历史文化资源造成破坏。在规划及研究中，需要开展遗产本体及环境安全评估。评估的主要方法是基于 GIS 系统，通过将历史文化资源空间分布数据与灾害风险空间分布、土地利用空间分布进行叠加分析，识别自然灾害、建设性破坏、农业开发及生态保护修复等因素对历史文化资源的潜在影响，划定重点风险防范区域并提出预防性保护措施，促进遗产本体及环境安全保护。

（1）研判自然灾害对历史文化遗产可能带来的安全风险。通过将历史文化资源空间分布数据与灾害风险空间分布进行叠加分析，研判各类自然灾害对于历史文化资源可能造成的影响，识别高风险区域。针对本体脆弱、分布集中或与地质环境风险关联紧密的历史文化遗产对象及区域，明确地质灾害防治、防洪排涝抗旱等防治标准和指导性措施。提出重大防灾设施选址及建设需注意减少对历史文化遗产环境影响的要求。

（2）研判历史文化资源的“建设性破坏”风险。通过将历史文化资源空间分布数据与现状城乡建设用地、规划城镇开发边界等数据进行叠加分析，研判城乡开发建设对于历史文化资源的影响程度。识别现状及规划城乡建设用地中历史文化资源密集的区域，作为“建设性破坏”高风险区域，并提出管控要求。

（3）研判历史文化资源的农业开发与生态保护修复风险。通过将历史文化资源空间分布数据与耕地、林地、牧草地、湿地等进行叠加分析，研判农业开发与生态保护修复对于历史文化资源的影响程度。识别现状及规划农业、生态空间中历史文化资源密集的区域，作为“农业开发与生态保护修复”高风险区域，并提出管控要求。针对历史文化遗产与自然环境高度复合的区域，明确历史文化遗产保护与山水林田湖草沙、矿山、海洋等生态修复和国土综合整治的协同策略。

2. 价值评估与特色挖掘

历史文化遗产保护应将价值评估置于首位（国际古迹遗址理事会中国国家委员会，2015）。从历史文化角度，明确规划对象的代表性价值及其主要特色，是合理制定历史文化保护利用规划策略的前提条件。

（1）研究地区历史沿革及历史变迁。包括分析地区行政区划的历史沿革，以及历史上的自然环境变迁、人居环境演变、地方文化发展，考察重要城址的变迁和城市格局的演变，等等。在分析地方历史变迁的过程中，应着重分析文化发展的高潮阶段和重要时代，关注重要时代的代表性遗存及其代表性意义。

（2）揭示地区历史文化特色与历史文化主题。在中华文明、中国革命、现代化建设的历史发展视野中，按照历史发展脉络，发掘并提炼不同时期的代表性历史文化主题。从重大历史事件、重要历史主题、历史人物、生产生活活动、民族文化和宗教文化、文学和艺术、民俗和时尚等角度揭示地区主要文化特色；从山川形胜、城市格局、农业景观、聚落形态、文化交流等角度，揭示规划区域内的代表性文化特色与景观特色。明确主要历史文化主题、文化景观特色的物质与非物质文化载体及其空间分布。

（3）充分分析规划区域内历史文化资源保护利用的现状问题，说明历史文化资源的数量、留存和利用情况，分析经济社会发展、城乡建设与文化遗产保护的关系，理清文化遗产面临的主要威胁及风险较大的区域。要重点分析历史文化代表性价值、主要特色及其载体的可持续发展情况。

（4）提出市县历史文化保护利用的重点事项、重点环节、重点区域，提出历史文化保护利用的主要目标和关键策略。

（六）历史文化空间统筹

划定各类历史文化空间并提出管控要求，这是专项规划的核心内容。需要注意的是，划定历史文化空间并不是简单划定一条线，而是由多种不同类型保护区划构成的“历史文化空间体系”。具体而言，历史文化空间又分为“历史文化保护空间（线）”与“区域整体保护和活化利用空间”两种不同类型，历史文化空间的具体内容和规划要求详见第五章第五节。在专题研究中，需要以建立市（县）域历史文化空间“一张图”为基础，从全域历史文化空间、中心城区和重点区域、专项历史文化空间等不同层次提出规划建议。

1. 优化市（县）域历史文化空间格局

在历史文化保护专题编制过程中，需要对各类文物保护类规划、历史文化名城名镇名村规划中划定的历史文化空间（线）及其管控要求进行统筹，并绘制市县域历史文化空间“一张图”管控。对于尚未划定保护范围的重要历史文化资源，应敦促有关部门与国土空间规划同步开展专项规划或补充保护区划要求；尚难以确定保护区划的历史文化资源，可按照遗产外扩一定距离，制定临时性的保护区划。

在明确市（县）域历史文化保护重点事项和重点区域、划定区域整体保护和活化利用空间的基础上，可以依托以历史城区、世界遗产、大遗址和其他区域整体保护和活化利用空间为“点”（或“心”），以重要文化线路、区域和文化廊道、文化带为“线”，以特色的自然和文化景观为“面”（或“片”），串联形成市（县）域历史文化保护利用网络，构筑覆盖全域的网络化历史文化保护空间格局。例如，福州市在国土空间总体规划中，在全市划定了两条“文化遗产带”和数个不同主题的“文化遗产集聚区”；苏州市的国土空间总体规划则提出构建“两城”“四点”“三带”“六廊”“四区”的全域历史文化保护体系，其中四区设定为四个大型的“文化景观区”。

在划定全域历史文化空间、明确全域历史文化保护空间格局的基础上，应提出各类历史文化空间管控要求，针对历史文化空间与生态空间、农业空间、城镇空间叠合的情况，提出空间协调的有关规定。在规划中，应特别注意历史文化空间与生态保护红线、永久基本农田的关系，原则上应避免将历史文化空间划入生态保护红线和永久基本农田；由于特殊情况无法避免的，应针对顺利开展历史文化保护利用活动提出专门性的附加规则。

2. 提出中心城区与重点区域历史文化空间保护利用策略

在系统落实历史文化全域、全要素管控的基础上，应针对重点空间进行专门性的研究并提出规划策略，包括中心城区历史文化保护利用和其他重点区域、重点廊道历史文化保护利用的专门性研究。在有必要的情况下，可以在“市域历史文化保护规划”和“中心城区历史文化保护规划”之间，补充“市区历史文化保护规划”层次。

（1）针对中心城区，深化历史文化保护利用和空间布局形态管控，面向城市更新提出传承文化、保护特色风貌和改善空间品质的规划对策。被指定为历史文化名城的城市，应在国土空间规划中系统落实历史文化名城保护的有关内容；非历史文化名城的市县，应参照历史文化名城保护规划的要求建立多层次的城市历史文化保护体系，保护城址环境及与之相互依存的山川形胜和人文要素，针对保护城市传统格局提出保护和管控措施，针对历史城区及其环境提出风貌管控、高度控制要求和其他要求。应注意把与城镇关联密切的历史文化保护地域空间纳入城镇开发边界；在城镇发展区中，将面积较大、需要落实整体保护的历史文化保护区域纳入特别用途区。

（2）针对中心城区以外的重要区域整体保护和活化利用空间，可提出专门性的保护利用空间要求，如世界遗产、大遗址、文物保护利用示范区、文化生态保护区、重要农业文化遗产、其他文化遗产高度富集和集中分布地区和文化景观、历史运河、文化线路等。除了各类法定历史文化资源和历史文化空间以外，历史文化保护专题应尽可能地挖掘区域内的潜在历史文化区域和廊道，对尚未纳入保护体系的大型历史文化空间予以补充性研究和规划管控引导。

3. 优化历史文化专项空间统筹

包括统筹非物质文化遗产及其赋存环境空间、地上与地下历史文化空间、文化遗产与基础设施保障空间布局等。

（1）统筹非物质文化遗产及其赋存环境空间，包括为非物质文化遗产提供物质空间载体；结合公共空间设置非物质文化遗产的传承展示地，为传统戏曲、传统手工艺等非遗提供活动生产与表演展示的场所空间，等等。

（2）统筹协调地上地下空间保护利用，包括协调大遗址地上地下空间环境与功能，落实“先考古、后出让”政策，在保障大遗址地下空间安全的基础上，合理规划地上功能布局，开展与大遗址保护相协调的保护利用活动；提出地下防灾工程、地铁及其他工程选线选址严格避让地下文物的要求；划定地下文物埋藏区，提出地下文物埋藏区避免对地下文物造成过度扰动和破坏的专门性要求；科学利用地下空间进行遗址展示宣传，优化遗址区地下空间展陈等功能布局，等等。

（3）优化文化遗产与基础设施保障空间布局，包括加强与蓝绿空间融合，鼓励将历史河湖水系、护城河、历史漕渠等纳入城市水体保护线（蓝线），具有文化内涵的山体、园林等纳入城市绿线，加强历史文化遗产与城市绿地、水生态的协同保护；引导道路交通配置，结合文化遗产、文化线路保护利用展示的需要，提出交通优化建议；协调市政公用设施，使之符合历史文化遗存本体及其环境管理要求；优化城市公共空间，加强历史文化与城市公共空间的联系，建立与城市特色文化空间紧密结合的公共服务设施体系，等等。

五、基于高质量发展导向的产业空间引导

（一）总体导引

合理引导产业空间布局，促进产业经济高质量发展是国土空间规划的重要任务。在市县国土空间总体规划中一般要开展产业空间相关专题研究，作为国土空间规划的重要支撑。产业空间专题应在梳理产业发展和空间布局现状的基础上，提出市县产业发展的目标和策略，进而从总体布局、园区引导、空间管控和低效用地盘活等多个方面引导产业空间布局。开展专题研究的目的和作用主要是优化产业空间布局、提升产业利用效率、促进产业转型升级、为产业经济高质量发展提供坚强空间支撑和要素保障等（见图 3-9）。

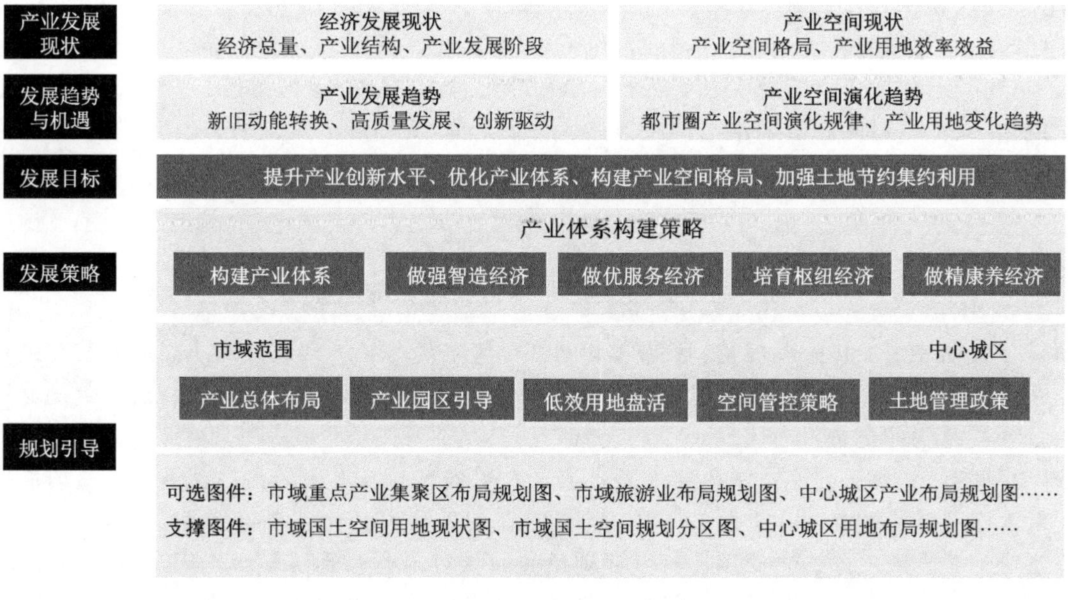

图 3-9　产业专题研究技术路线示意图

（二）产业空间专题研究的主要内容

产业空间专题研究一般包括以下内容：

（1）基础研究。重点关注市县产业经济发展现状和产业空间现状两方面内容，在统

一底图底数中通常包含产业用地资料，也可以通过市县工信部门或园区主体进一步收集主导产业、企业名录和产值、用地效率效益等方面的资料。近年来，以工商企业数据为代表的大数据对规划研究工作起到重要的支撑作用，可以辅助分析产业空间布局、产业用地效率效益等。

（2）规划研究。一般包含产业体系构建策略和产业空间引导两项研究内容。产业体系构建策略包含总体策略、产业创新发展策略和构建产业体系相关内容。产业空间引导一般分为市域和中心城区两个层次，包括产业空间布局、产业园区引导、低效产业用地盘活等方面的规划引导及配套政策。

（三）产业空间专题研究的思路方法

1. 梳理分析产业发展现状和空间布局

（1）分析市县产业发展现状。对市县的产业发展水平、工业化发展阶段、主导产业发展情况等进行综合分析，为下一步判断市县产业发展方向打好基础。

第一，判断产业综合发展水平，可以采用地区生产总值、人均地区生产总值、三次产业结构等指标，通过与区域其他市县的比较来评估市县产业经济发展总体情况。第二，判断工业化阶段，可以采用钱纳里工业化阶段理论、配第-克拉克定理、库兹涅茨假说和产业结构偏离度等理论模型判断市县工业化阶段和产业结构未来演变方向。第三，研究市县特色主导产业，可通过区位商法确定市县的主导产业，再对主导产业发展的情况进行具体分析，如产业形成历史、产业前景等，最终判断该产业未来的发展或转型方向。根据市县产业发展特点，还可以对其产业创新、高新技术产业等情况进行分析。

【专栏】产业发展水平分析相关理论模型

钱纳里工业化阶段理论：根据人均 GDP，将不发达经济到成熟工业经济的整个变化过程划分为三个阶段六个时期，从任何一个发展阶段向更高一个阶段的跃进都是通过产业结构转化来推动的。

配第-克拉克定理：随着经济的发展、人均国民收入水平的提高，第一产业国民收入和劳动力的相对比重逐渐下降；第二产业国民收入和劳动力的相对比重上升，经济进一步发展；第三产业国民收入和劳动力的相对比重也开始上升。

库兹涅茨假说：库兹涅茨提出了经济发展与收入分配状况关系的倒 U 形曲线假说，即在经济发展过程开始的时候，尤其是在国民人均收入从最低上升到中等水平时，收入分配状况先趋于恶化，继而随着经济发展，逐步改善，最后达到比较公平的收入分配状况，呈颠倒过来的 U 型。

产业结构偏离度：指各产业增加值的比重与相应的劳动力比重的差异程度。计算方法为各产业增加值的比重和就业比重之比与 1 的差，用公式表示为：GDP 的产业构成百分比/就业的产业构成百分比–1。若某一产业的结构偏离度为正，即产业比重高于就业比重，说明该行业相对劳动生产率较高，存在劳动力转入的可能，反之存在劳动力转出的可能。

（2）分析市县产业空间布局。首先，判断产业总体格局，可以通过产业园区和工业用地现状分布情况分析全域或中心城区产业布局情况，绘制产业园区或工业用地现状分布图，也可以用工商企业数据作为补充辅助分析，分别判断工业、服务业、农业发展的现状格局。如大都市圈周边的市县往往会遵循都市圈空间布局的基本规律形成产业发展带、资源型城市产业分布围绕矿产开发点等。其次，可以通过梳理各个产业园区现状主导产业判断不同产业的集聚趋势，以及是否存在同质化等问题。

（3）分析市县产业用地效率。在土地调查数据基础上对市县低效产业用地进行评价，结合现场调研、园区经济统计数据、工商企业大数据等进行综合判断。首先通过土地调查等数据识别用地是否属于闲置工业用地，同时分析已批工业用地是否开展建设或投资是否达标、是否存在企业停产等现象；其次对于非闲置工业用地，可以从建筑状况、土地使用效率和效益、环境品质、政策管理要求等维度进行综合评价，在评价过程中结合市县实际情况，识别低效产业用地（见表3-4）。

表3-4　低效产业用地评价建议标准示例

一级指标	二级指标	建议标准
土地使用效率	建筑强度（综合容积率/建筑密度/建筑系数）	综合容积率低于0.6或建筑系数低于30%
建筑状况	建设年代	2000年及以前
	建筑结构	单层简易结构
	建筑质量	建筑质量B、C、D级
环境品质	环境品质	差
	基础设施配套	市政、消防设施严重滞后
土地使用效益	土地产出	地均工业产值（收入）低于2000万元/hm^2或地均税收低于120万元/hm^2
与政策、管理要求的符合度	产业政策	在国家和地方的禁止、限制类产业目录内
	安全环保要求	不符合工业污染物排放标准能耗和水耗要求，不符合防火、卫生安全防护要求

2. 制定产业空间发展目标和策略

在梳理产业发展和空间布局现状的基础上，综合论证提出市县产业发展的定位与策略。将市县自身资源禀赋与产业未来发展趋势相结合，可以提出市县产业体系优化方向，如新兴产业培育、主导产业壮大等多维度，在国土空间规划中只需参考市县相关产业专项规划，提出方向性建议。在此基础上，遵循产业用地节约集约利用的原则，再提出产业空间优化的目标和策略。

3. 分析产业用地空间需求

在确定产业规划方向之前，需要对市县产业发展需求进行判断。在规划实践中，通常采用产值预测法对产业用地需求进行预测，具体方法是首先按照市县产业发展的主要方向和导向，估算规划期产业发展的总体规模，如从地区生产总值细分出主要产业的产值，再根据不同产业的用地效率对用地规模进行预测，进而得出不同产业的用地规模，以便下一步在空间方案中予以落实。不同类型的产业用地效率有所不同，技术密集型产业、高附加值环节或某些特殊产业，如智能汽车制造、消费品制造、烟草制造等地均产值较高，通常能够达到 2 亿元/hm^2 以上，而一些劳动密集型产业和初级加工制造业的地均产值相对较低，通常在 1 亿元/hm^2 以下。在进行产值预测的时候，可以根据未来地区产业发展规划选取适合的地均产值指标进行估算。

4. 合理引导产业空间布局

市县国土空间总体规划中的产业空间布局引导主要包括总体布局引导、园区引导、空间管控和低效用地盘活等方面，在明确空间引导的基础上，也要探索相应的配套政策机制，确保产业空间政策的落地实施。

产业总体布局引导：在进行总体布局引导时，需要遵循产业空间布局的一般规律，不同的产业类型对空间的需求不同，适宜布局的位置也不同（见表 3-5）。在研究产业布局的时候，可以在产业区位论的理论基础上对特定产业进行进一步研究，如装备制造等资本密集型产业，以大型企业为核心，更适合在离城市有一定距离的园区集聚；而如食品加工、轻纺等劳动密集型产业，以及数字信息、文化创意等知识密集型产业，则更适合布局在离城市较近的区域。最终在规划中形成产业布局引导思路并绘制产业空间布局规划图，对市县产业的总体发展格局进行空间落位，表达工业用地布局并标识重要的产业园区，如有必要也可以分不同产业进行图纸绘制，如工业用地布局规划图、旅游业布局规划图等。

表 3-5　不同产业的空间需求导向一览表

产业分布模式	园区集聚型工业	相对分散型轻工业	都市集聚型新兴产业	全域布局型农文旅产业
产业类型	装备制造、生物	传统制造（食品加工、竹木加工、新型轻纺、新型建材、精细化工）	数字信息、文化创意	现代农业、旅游业、健康养生业
要素集聚类型	资本密集型	劳动密集型	知识密集型	劳动密集型
分布规律	以大型工业企业为核心，工业分布高度集中	以中小型企业为主，工业呈分散分布	与创新资源和消费市场相伴分布	伴随着全域农业和生态文旅资源分布
自然资源需求	●	●●	●	●●●
地形条件需求	●●●	●●	●	●
集中用地需求	●●●	●●	●	●
人口资源需求	●●	●●●	●●	●●

续表

产业分布模式	园区集聚型工业	相对分散型轻工业	都市集聚型新兴产业	全域布局型农文旅产业
交通便利需求	●●	●●	●●	●
创新资源需求	●●	●	●●●	●
旅游资源需求	●	●	●	●●●

● 代表空间指向性一般　　●● 代表空间指向性较高　　●●● 代表空间指向性非常高

产业园区引导： 对全域范围内的产业园区做出分级分类引导，包括园区的主导产业方向、发展规模和用地范围、用地构成类型、园区的整合策略等。注意园区引导要符合产业总体布局的导向，同时合理引导产业功能与居住、商业等城市服务类功能的协同关系，兼顾产城融合的要求。

产业空间管控： 市县国土空间总体规划中需要对产业用地进行类别管控，结合市县自身发展定位和管理需求，某些地区会采用工业用地控制（保护）线的方式进行规划和管理。划定工业用地控制（保护）线时，遵循确定产业用地规模、确定产业用地方案、统筹划定工业用地控制线的步骤。在划定过程中，一是要注意与国土空间规划其他控制线相协调，二是要注意相关配套实施政策的制定。

低效产业用地提质增效： 在前期对低效产业用地的识别和评价基础上，从处理闲置关停企业用地、整合零散用地、提升产业用地单位产出、促进产业换代升级等多个方面提出盘活低效产业用地的策略方向和配套政策（见图 3-10）。

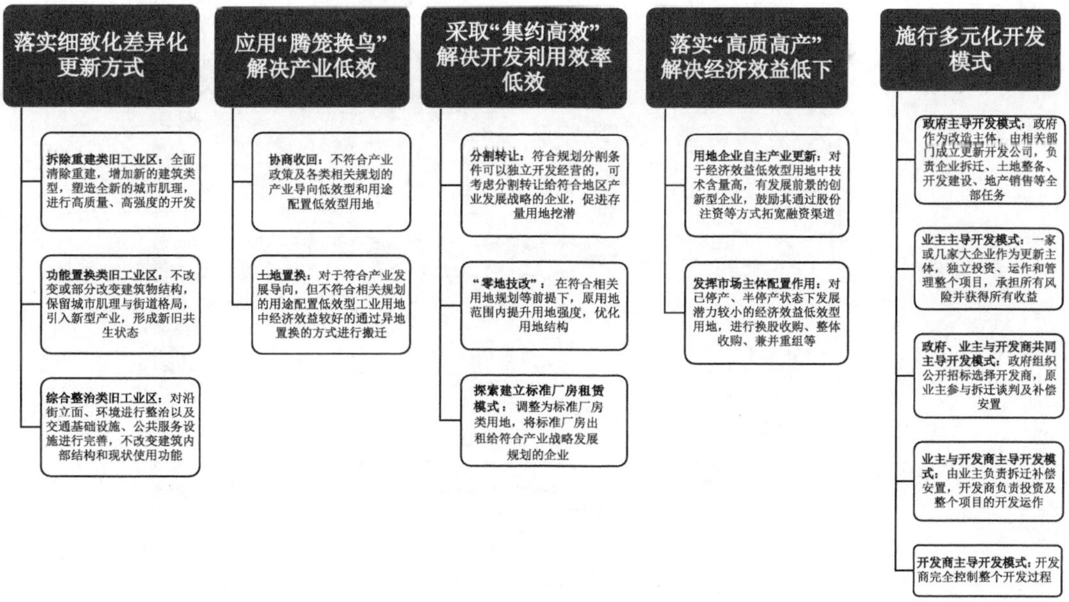

图 3-10　某城市低效产业用地提质增效策略示例

六、基于新型城镇化导向的城镇村体系布局引导

（一）总体导引

2019 年，我国常住人口城镇化率首次突破 60%，城镇成为人口和经济的主要载体。《中华人民共和国国民经济和社会发展第十四个五年规划和 2035 年远景目标纲要》提出，坚持走中国特色新型城镇化道路，深入推进以人为核心的新型城镇化战略，以城市群、都市圈为依托促进大中小城市和小城镇协调联动、特色化发展，使更多人民群众享有更高品质的城市生活。

推进以人为核心的新型城镇化是市县国土空间总体规划的重要内容。人口是影响国土空间规划的重要因素，人口既是国土空间规划的推动者，也是国土空间规划的享用者。人口规模、流动方向与分布格局是各类空间资源有效配置的依据。人口城镇化研究是国土空间规划编制的基础支撑，研判人口规模、人口结构、人口分布以及人口流动的现状特征及发展趋势，基于人口城镇化客观规律，预测规划期末的人口规模、人口城镇化率等，作为土地、水等资源要素配置的重要依据和城镇村空间规划布局的重要基础，同时强化人口结构研究，通过分析不同人群的需求支撑公共服务设施、市政基础设施等配置策略（见图 3-11）。

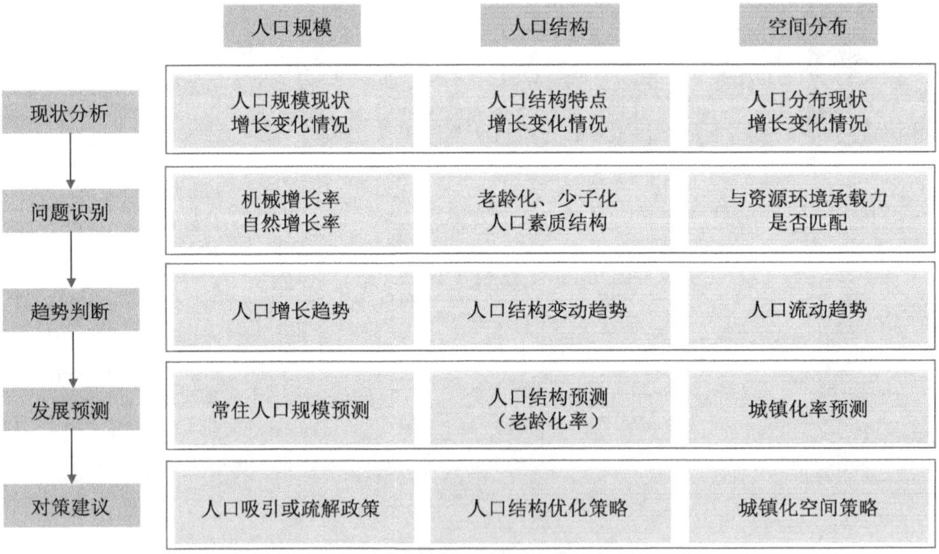

图 3-11　人口城镇化研究技术路线示意图

（二）人口城镇化现状分析

1. 人口规模

人口规模指一个城市在一定期限内的人口数量。常用的人口统计指标包括户籍人口、

常住人口、实际管理服务人口、暂住人口等，具体内涵和数据来源（见表 3-6）。

表 3-6 主要人口统计指标内涵及数据来源

	内涵	数据来源
户籍人口	公民依照《中华人民共和国户口登记条例》（1958 年 1 月 9 日起实施），已在其经常居住地的户籍管理机关登记了常住户口的人。这类人口不管其是否外出，也不管外出时间长短，只要在某地注册有常住户口，则为该地区的户籍人口	一般是通过公安部门的经常性统计月报或年报取得的。在观察某地人口的历史沿革及变动过程时，通常采用这类数据
常住人口	指实际经常居住在某地区一定时间（指半年以上）的人口。按人口普查和抽样调查规定，主要包括：①除离开本地半年以上（不包括在国外工作或学习的人）的全部常住本地的户籍人口；②户口在外地，但在本地居住半年以上者，或离开户口地半年以上而调查时在本地居住的人口；③调查时居住在本地，但在任何地方都没有登记常住户口，如手持户口迁移证、出生证、退伍证、劳改劳教释放证等尚未办理常住户口的人，即所谓“口袋户口”的人	一般是通过统计部门、城市统计年鉴获取的。此外，国家统计局每 10 年进行一次全国人口普查，这是获取权威常住人口数据的重要渠道
流动人口	人户分离人口中不包括市辖区内人户分离的人口。市辖区内人户分离的人口是指一个直辖市或地级市所辖区内和区与区之间，居住地和户口登记地不在同一乡镇街道的人口。 流动人口一般包括寄居人口、暂住人口、旅客登记人口和在途人口。在建筑和运输部门做临时工的外地民工，进城经商、办企业、就学或从事各种第三产业劳动的外地人口，探亲访友人员，来自外地参加各种会议、展览、购货、旅游的人员，都构成了流动人口	通过公安部门的经常性统计月报或年报取得。国家统计局每 10 年进行一次全国人口普查中的人户分离人口
实际管理服务人口	指需要本市提供交通、市政、商业等城市基本服务以及行政管理的城市实有人口，除城市常住人口外，还包括出差、旅游、就医等短期停留人口。只要是需要城市提供基本服务及行政管理的实有人口，都应纳入实际管理服务人口的范畴	在实际工作中，实有人口管理属公安机关事权，重在加强人口登记管理，预防违法犯罪，主要以入户调查为手段 从数据获取手段来看，目前大数据技术虽然存在缺失老人儿童、用户重复统计、设备覆盖率影响人口总规模计算结果等不足，但当前仍是对实际管理服务人口特征捕捉最及时、覆盖最全面的突破性手段
暂住人口	指离开常住户口所在地，到其他的城市、乡镇暂住三日以上的人口	通过公安部门的经常性统计取得
城镇人口	居住在城镇范围内的全部常住人口	一般是通过统计部门、城市统计年鉴获取的。此外，国家统计局每 10 年进行一次全国人口普查，这是获取权威常住人口数据的重要渠道
乡村人口	除城镇人口以外的全部常住人口	一般是通过统计部门、城市统计年鉴获取的。此外，国家统计局每 10 年进行一次全国人口普查，这是获取权威常住人口数据的重要渠道

一般通过纵向分析和横向对比分析，对城市人口发展现状水平作出基本判断。纵向分析，是指收集一定时期内的同口径人口统计数据，分析人口规模变化情况，得出人口规模的变化趋势是增长、减少或平稳，如果出现异常点，可以重点分析异常点出

现的原因，如统计口径变化导致数据出现异常。横向分析，是指收集周边或同类型、同等级城市的同口径人口数据进行横向对比，判断人口规模所处的水平，这也是判断城市在区域中地位的一个重要依据。无论是纵向分析还是横向分析，通常采用常住人口数据，常住人口比户籍人口更能反映一座城市人口规模和人口集聚能力的真实水平。

除了常住人口，城市实际管理服务人口也是一座城市人口集聚能力的体现，特别是对于超大城市、大城市而言，实际管理人口往往远超常住人口。北京、上海等城市已率先提出相关要求，如北京城市总体规划提出，构建面向城市实际服务人口的服务管理全覆盖体系，在常住人口 2300 万人控制规模的基础上，考虑城市实际服务人口的合理需求和安全保障。上海城市总体规划也提出应对包括常住人口、半年以下暂住人口、跨市域通勤人口、短期游客等在内的实际服务人口的需求，预留公共服务设施和基础设施的保障能力。因此，建立完善关于城市实际管理服务人口的研究框架，在当下具有重要的理论和实践意义。

2. 人口结构

人口结构一般指人口构成，反映一定地区、一定时点人口总体内部各种不同质的规定性数量比例关系。根据人口的不同特征，可划分为自然构成和社会构成两类。自然构成是依人口的生理属性来划分的，主要有性别结构与年龄结构；社会构成是依人口的社会经济属性来划分的，包括人口的受教育程度结构、民族结构（主要针对少数民族地区）、就业结构等。了解人口变动的趋势与规律，对于进行人口预测、配置资源要素、制定人口政策和社会经济政策等具有重要的意义（见表 3-7）。

表 3-7　主要人口结构指标内涵及在规划中的应用

	内涵	在规划中的应用
年龄结构	一定时点、一定地区各个年龄组人口在总人口中所占的比重或百分比。包括：①现有人口中育龄人口与非育龄人口比例；②劳动年龄人口与非劳动年龄人口比例；③少年儿童人口与老年人口比例，等等	人口年龄结构是过去几十年甚至上百年自然增长和人口迁移变动综合作用的结果，又是今后人口再生产变动的基础和起点。它不仅对未来人口发展的类型、速度和趋势有重大影响，而且对今后的社会经济发展也将产生一定的作用。例如，判断老龄化程度，国际上通常的看法是当一个国家或地区 60 岁以上老年人口占人口总数的 10%，或 65 岁以上老年人口占人口总数的 7%，即意味着这个国家或地区的人口处于老龄化社会。此外还有抚养比，即人口中非劳动年龄人口与劳动年龄人口的百分比；老年人口或少年儿童抚养比，即老年人口或少年儿童人口与劳动年龄人口之比；老少比，即指人口中老人与少年儿童人口的百分比。结合以上指标，可以判断人口的年龄结构是处于年轻型、成年型还是老年型，预判未来可能出现的问题并提前通过规划，如增加养老设施等，予以应对

续表

	内涵	在规划中的应用
就业结构	就业结构是指社会劳动力在国民经济各部门、各行业、各地区、各领域的分布、构成和联系。按照不同的分布方式，就业结构可分为就业的部门结构、就业的城乡结构、就业的所有制结构、就业的地区结构、就业的知识结构以及就业的性别结构、职业结构、技术结构等。根据一定的规律和法则，就业结构还可划分成不同层次，比如宏观就业结构、中观就业结构和微观就业结构	一般规划中常用的包括三次产业就业人口比例和行业就业人口比例。在规划中，可以通过就业人口的空间分布，分析就业空间分布特征和演化规律，为城市功能区组织和产业格局规划提供支撑
受教育程度结构	不同受教育水平的人口规模占总人口的比重，文化程度从大类上可分为研究生、大学本科（简称：本科）、大学专科和专科学校、中等专业学校（简称：中专）或中等技术学校（简称：中技）、技工学校、高中、初中、小学、文盲或半文盲	在规划中用来判断人口素质水平，通过受教育程度结构，可以计算出识字率、文盲率、就学率、每十万人口中各种文化程度人口数、人口的平均受教育年限、每百万人口中从事研究与开发的科学家与工程师人口数、每万职工中技术人员所占比重等

3. 人口城镇化

人口城镇化是指农村人口转变为城镇人口、农业人口转变为非农业人口的过程，它是社会生产力发展到一定阶段的产物。对一个城市人口城镇化的分析，可以从城镇化水平、城镇化动力、城镇化格局等方面入手。

城镇化率是反映人口城镇化水平的关键指标。城镇化率有两个口径，一是户籍人口城镇化率，即城镇户籍人口占户籍人口的比重；二是常住人口城镇化率，即城镇常住人口占常住人口的比重。在规划编制中，通常采用常住人口城镇化率进行分析。综合现状城镇化率与城镇化率年均增长百分点，可判断所处的城镇化阶段。通过与全国、全省与省内同等级其他城市对比，可以判断人口城镇化发展水平是领先还是滞后于区域平均水平。

城镇化动力可以理解为吸引人口向该城市集聚的主要原因。通常最主要的动力是工业化和第三产业的发展，提供就业岗位吸引人口向城市集聚。由于不同的城市主导产业、产业结构都具有差异性，在专题研究中，可以结合产业研究判断城市城镇化的核心动力，比如工业拉动、服务业拉动、旅游业拉动等。

城镇化空间格局为大中小城市、城镇，即中心城区、县城、各城镇以及各种功能区在空间上的分布。从空间形态上看，通常可以总结为点轴结构、网络结构，或单中心结构、双中心结构等。

4. 人口空间分布

人口空间分布是人口城镇化分析的重要内容之一，指特定时点人口在地理空间上的分布状态，是人口发展过程在空间上的表现形式。人口空间分布与区域自然地理条件和社会经济因素相互作用。通常分析常住人口、城镇人口、乡村人口、旅游人口等空间分布及变化趋势，为城镇等级规模结构、公共服务设施配套、用地布局优化等提供依据。

（三）人口城镇化趋势研判

1. 人口增长惯性

由于人口变化具有一定的惯性，根据历年人口的变化趋势，比如人口是持续增加或持续减少，作为判断下一阶段人口变化趋势的重要依据。可以从自然增长和机械增长两个角度分析。

自然增长指人口再生产的变化量，通常以一年内城市人口的自然增加数与总人口数（或期中人数）之比的千分率来表示。自然增长率的高低与城市人口的年龄构成、育龄妇女的生育率、初育年龄、人民生活水平、文化水平、传统观念和习俗、医疗卫生条件以及国家人口政策有密切关系。

机械增长是指由于人口迁移所形成的变化量，即一定时期内迁入城市的人口与迁出城市的人口的净差值。机械增长的速度用机械增长率来表示，即一年内城市机械增长的人口数与年平均人数（或期中人数）之比的千分率。机械增长率高低与城市经济发展速度、城市的建设水平以及城市发展方针密切相关。

2. 人口城镇化阶段

城镇化所处的阶段也是人口变化趋势的重要判断依据。美国学者诺瑟姆根据各国城市化发展情况提出的“S”曲线被广泛接受。当城镇化率缓升至 10%时，城镇化处于初始启动向逐步提速阶段转化；当达到 30%时，城镇化呈加速发展态势；当达到 50%时，城镇化处于迅速变化之中，一般也表现为发展最快的阶段；当达到 70%时，城镇化处于较高水平，并逐步趋向平稳发展。因此，可以根据目前城市的城镇化率，判断未来一段时期内的城镇化率增长情况。

3. 人口流动趋势

今后较长一个时期，我国人口流动还将比较活跃，依旧是影响城市人口规模与结构变化的主要因素。在空间上，体现为人口向优势区域集中，包括城乡人口流动，即人口从乡村向城市流动；城城人口流动，即城镇人口向发达地区和更高等级的城市流动。基于人口流动的客观规律，可以判断未来人口变化趋势，常用的分析视角包括：一是城市人口流入流出现状，判断是流入地区还是流出地区；二是城市在区域中的地位，如经济总量、人均收入、行政级别等与周边主要城市形成的势能差；三是分析城市的产业结构特征、产业发展潜力，判断未来就业吸纳能力；四是关注是否有高校、职业学校、企业职工基地等吸引外来人口的重大项目。此外，对于旅游城市，可以分析旅游人口流入流出情况，作为未来人口预测及设施配置的重要依据（见图 3-12）。

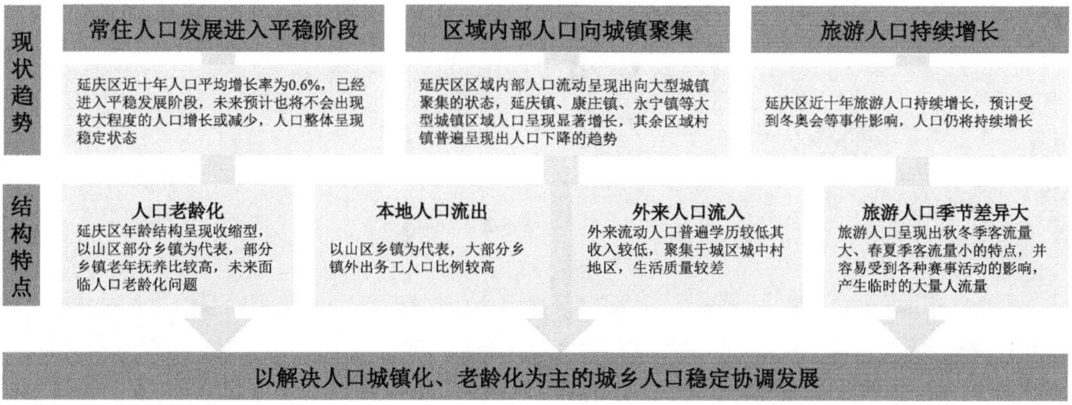

图3-12　北京市延庆区人口流动趋势分析示意图

4. 人口政策因素

政策也是影响城市人口变化的重要因素。一般可以从三个维度分析人口政策：一是国家人口政策，主要影响人口自然增长率，如全面放开三孩生育政策以后，地方是否有出台鼓励生育的政策；二是户籍政策，如是否全面放开落户门槛；三是人才引进政策；四是国家城市发展方针政策，如“控制大城市规模，合理发展中等城市，积极发展小城市”等，对城市人口变化也会产生一定影响；五是主体功能区，主体功能区为人口在国土空间上有序转移、合理配置提供了依据。原则上，生态和农业两个安全保障区域的人口应该减负，以向外疏解为主，而城市化地区将继续发挥人口流入的吸纳地作用。因此，城市所处的主体功能区也可以作为判断未来人口增长趋势的依据之一。

（四）人口城镇化预测

1. 常住人口规模预测

预测常住人口发展规模，要在了解分析人口现状、历年人口变化、人口政策、城市产业发展情况的基础上，预判人口未来变化趋势，科学合理地确定规模期末的城市人口规模。中国城市类型多，人口发展又各有特点，而各地有关人口资料的完备程度不同，估算城市人口发展规模的方法不能强求一致，可以某种方法为主，辅以其他方法校核。一般可先用资源环境承载力预测法判断人口承载力上限，然后采用综合增长率法、时间序列法、劳动力需求法等多种方法预测，通过取多方法预测结果，综合判断规划期末常住人口规模。需要指出的是，无论采取何种方法来估算人口规模，其结果都是一个控制性数字，重在规模量级的正确性，而不是具体数字的精确性。除上述方法外，实际城市人口规模的确定往往还会综合考虑用地发展门槛、最佳效益规模以及区域范围内的城市等级规模等因素。

【专栏】常住人口规模预测方法

1. 水资源承载力法

根据可供水资源总量的限制，选取适宜的人均用水标准进行人口规模预测，按下式计算：

$$P_t=W_t/w_t$$

式中，P_t为预测目标年末人口规模；W_t为预测目标年可供水量；w_t为预测目标年人均用水量。

2. 综合增长率法

人口规模预测的常见方法之一，利用以往的人口增长率预测规划期末人口规模，适合经济发展稳定、人口增长率变化不大的城市。计算公式如下：

$$P_t=P_0[1+(m+k)]^n$$

式中，P_t为预测目标年末人口规模；P_0为预测基准年人口规模；m为人口年均自然增长率，k为人口年均机械增长率，$m+k$即为年平均综合增长率；n为预测年限。

该预测方法的关键是要科学合理确定 m、k。人口增长率不可能一直保持不变。自然增长率需要特别注意人口基数、老龄化程度、人口生育率对自然增长率的影响，人口结构逐步趋于老龄化，人口自然增长的速度将会越来越慢。此外，需要注意社会经济发展等因素也会对人口机械变动产生影响。建议按预见的趋势，分近期、中期、远期分别设置增长率进行测算。

3. 时间序列法

增长曲线模型用来描述变量随时间变化的规律性，这种预测模型需要利用历史数据，对一个城市的人口发展变化进行分析并找出规律性，用最符合人口增长趋势的曲线模型进行拟合，预测规划期城市人口规模。常见的有线性回归法、移动平均法、指数平滑法等，适用于发展趋势变化不大的城市。具体计算方法见表 3-8。

表 3-8　时间序列法主要预测方程及适用情景

时间序列法	回归方程	计算方法	适用情景
一元线性回归法	$Y=aX+b$	按照两个变量 X、Y 的现有数据，把 X、Y 作为已知数，根据回归方程寻求合理的 a、b，确定回归曲线；再把 a、b 作为已知数来确定 X、Y 的未来演变	在短时期内精度最好，但对于中长期外推预测，由于置信区间在扩大，误差较大，尤其在转折时期函数形式发生变化后，误差更大。一元线性回归法一般适用于人口数据变动平稳、直线趋势较明显的预测
多元回归法	$Y=aX^n+bX^{n-1}+\cdots+dX+c$	利用最小二乘法估计偏回归系数	该方法考虑了人口发展与社会经济的密切关系，通过探索它们之间的关系来间接推算人口走势，比较符合实际；缺点是人口与社会经济变量之间的关系并非直接的关系，而且各变量之间又相互关联，选择最佳的指标、模型都比较困难

续表

时间序列法	回归方程	计算方法	适用情景
移动平均法	$F_t=W_1A_{t-1}+W_2A_{t-2}+\cdots+W_nA_{t-n}$	F_t为第 t 期的人口规模；W_1为第 t-1 期人口规模的权重；W_2为第 t-2 期人口规模的权重；W_n为第 t-n 期人口规模的权重；A_{t-n}为第 t-n 期的人口规模；n 为预测的时期数；$W_1+W_2+\cdots+W_n=1$	移动平均法是将一定历史时期的人口规模数据根据近期数据对预测值影响较大，而远期数据对预测值影响较小的事实，把平均数逐期移动。移动平均法分为一次移动平均预测法和二次移动平均预测法。二次移动平均预测法是在经过一次移动平均形成新序列的基础上再做一次移动平均，利用移动平均滞后偏差的规律建立直线趋势预测模型；一次移动平均预测法适用于实际数据没有明显周期变化和趋势变化的情况，人口发展趋势与过去相同的情形下的人口预测。二次移动平均预测法补充了一次移动平均预测法的不足。在实际应用移动平均法时，移动平均项数 n 的选择十分关键，它取决于预测目标和实际数据的变化规律。如果 n 值（周期）选择较大，则预测的结果较小；反之，预测值较大。在选择 n 值时，要通过多个 n 值进行试算比较而定，哪个 n 值引起的预测误差小就采用哪个。与该种预测方法接近的还有指数平滑预测法
指数平滑法	一次指数平滑 $S_t=ay_{t-1}+(1-a)S_{t-1}$	y_{t+1}为第 t+1 期的预测值，即本期（t 期）的平滑值 S_t；y_t为第 t 期的实际值；y_t为第 t 期的预测值，即上期（t-1 期）的平滑值 S_{t-1}	预测成功的关键是 a 的选择，a 的大小规定了在新预测值中新数据和原预测值所占的比重。a 值愈大，新数据所占比重就愈大，原预测值所占比重就愈小；反之亦然。从其方法原理上可见，指数平滑法适用于历史人口数据较少、人口发展趋势与过去相同的情况下的人口预测

4. 劳动力需求法

通过未来一定时期内经济发展对劳动力的需求来预测人口规模的方法。计算公式为

$$P_n=P_0\times[1+E_L*Y/\beta]\times(K_0/K_n)$$

式中，P_n为规划期末人口规模，P_0为规划基期人口规模；n 为规划年限；E_L为劳动贡献率；Y 为经济增长率；β 为劳动力产出弹性系数；K_0为规划基期劳动力系数；K_n为规划期末劳动力系数。

需要收集至少 5 年连续的国内生产总值。科学合理确定 Y、β、E_L、K_0/K_n。

5. 经济相关分析法

通过建立城市人口与经济总量之间的相对关系预测未来人口规模。计算公式为

$$P_n=P_0(1+v')^n$$

式中，$v'=V/K$；P_n为规划期末人口规模，P_0为规划基期人口规模；n 为规划年限；v' 为规划期内的人口增长平均速度，V 为规划期内的经济增长平均速度，K 为经济增长的人口弹性系数。

需要收集至少5年连续的人口和国内生产总值数据，并确定平衡增长速度；根据人口和经济增长平均速度确定 K 值；确定规划期内的经济增长平均速度，得到规划期内的人口增长平均速度。代入计算公式，预测规划期末人口规模。

2. 城镇化率预测

城镇化率常指城镇人口占全部人口的百分比。由于城镇化是一种比较复杂的社会现象，要适时准确地测算未来某一个时点的城镇化率并非易事。在规划中，常见的主要预测方法有联合国法、经济因素相关分析预测法、时间趋势外推法等。

【专栏】城镇化率预测方法

1. 联合国法

联合国法是用来定期预测世界各国、各地区城镇人口比重时常用的方法。其主要做法是根据已知的两次人口调查的城镇人口和乡村人口数，一般取最近的两次人口普查数据，通过建立城市人口与经济总量之间的相对关系预测未来人口规模，求取城乡人口增长率差。假设城乡人口增长率差在预测期保持不变，外推求得预测期末的城镇人口比重。预测模型为

$$\frac{PU(i)}{1-PU(i)}=\frac{PU(1)}{1-PU(1)}\times \mathrm{e}^{kt}$$

式中，$PU(i)$为 i 时的城镇人口比重；$PU(1)$为前一次人口普查时的城镇人口比重；t 为距离前一次人口普查时的年数；K 为城乡人口增长率差。

$$K=\ln\frac{PU(2)\times[1-PU(1)]}{PU(1)\times[1-PU(2)]}\div n$$

式中，K 为城乡人口增长率差；$PU(1)$为前一次人口普查的城镇人口比重；$PU(2)$为后一次人口普查的城镇人口比重；n 为两次普查间的年数。

2. 经济因素相关分析预测法

城镇化与经济发展水平之间具有紧密的内在关系。用经济发展水平的某项指标与城镇化之间的拟合关系，预测规划期末的城镇人口比重。

3. 时间趋势外推法

以综合变量时间为自变量来模拟预测。适合历史资料比较长、发展比较平稳的地区。模型一般形式为

$$Y_t=f(t)$$

式中，Y_t 为第 t 年的城镇化率；$f(t)$为关于时间的函数。常用的趋势外推预测模型有多项式模型、指数模型、幂函数模型和逻辑斯蒂模型等。

（五）城镇化模式与空间应对

1. 基于主体功能区的人口城镇化策略

根据人口城镇化的特征和客观规律，结合主体功能区要求，在专题研究中可以提出差异化的人口政策和城镇化空间策略，合理引导人口城镇化的梯次转移。

城市化发展区重点加强人口集聚，以核心城市为核心，以次级城市为主体，以城镇、特色点状乡村组团作为节点，引导人口分级集中，形成城乡功能、交通、设施、服务深度融合的网络化连绵发展区；更强调聚焦县域城乡融合发展，以县城作为县域公共服务中心和产业服务中心，按照空间圈层逐步延伸拓展城市功能，与乡村功能衔接融合，形成城镇-村一体的“圈层+点轴”空间发展区。

农产品主产区需重点推进以县城为重要载体的城镇化建设，引导人口向城市、县城和重点镇集聚，实现人口就地、就近城镇化。强化农业生产功能要求，考虑现代农业生产的规模化特征，以更加集约的组团式镇村空间作为节点，以高效的交通路网和物流通道为连接线，形成相对均衡均质的城镇村空间布局模式。

重点生态功能区结合国家出台的转移指导、就业培训、生态移民、对口支援移民等相关政策，以多种方式积极推动人口迁出，实现人口的异地城镇化，以生态空间为基底，保证自然保护地或重要生态区的完整性，进一步预留生态系统空间廊道，以匹配生态要求和合理服务半径作为城镇村空间布局的优先原则，以高度集约的交通路网为连接线，形成“大分散小集聚”的分级城镇村空间布局模式。

2. 优化城镇村体系布局和分类调控

城镇村体系是一定区域范围内由城市、县、镇（乡）和村所共同组成的居民点等级序列体系。根据人口城镇化的现状、客观判断人口流动特征与趋势，结合人口及城镇化率预测结果，确定符合地区发展阶段、等级规模梯次分明、职能特色鲜明的城镇村体系，加强城市对于区域发展的中心带动作用，优化村镇体系，提出对城市、县城、城镇的差异化发展指引。在县域居民点体系中还需要确定村庄迁并原则、方向和措施，以有效整合城乡空间。

根据不同城市所处的发展阶段，可以分为重构型、扩张型、稳定型和收缩型四种类型。**重构型城市**，处于城镇化后期，需严格控制开发强度和新增城市建设用地，以盘活存量用地为主。现状已经是重构型城市的，按照零增长、减量化、优存量的资源配置方式；即将进入重构型城市的，按照微增长、优结构的资源配置方式。**扩张型城市**，处于城镇化中期快速增长阶段，作为承载未来人口和产业集聚的主要增量空间，适当提高国土开发强度，扩大建设用地供给；提高城市建设用地节约集约利用水平，确保城市建设用地增幅小于城市人口增幅；适当加大城镇弹性发展区面积的比重，并预控部分战略留白空间。**稳定型城市**，处于城镇化初期或中期相对稳定增长的阶段。未来应适度扩大城镇建设用地供给，保障人口增长、公共服务完善和一定产业发展的需求，预留部分城镇弹性发展区。**收缩型城市**，资源枯竭型城市，未来应积极推进城市和国有工矿（煤矿）棚户区以及林区棚户区改造，稳步推进工矿废弃地复垦利用，加大生态修复和国土整治力度。重点生态功能区核心地区的城镇，未来应严格控制开发强度，形成“点上开发、面上保护”的空间布局。

根据县城所处的主体功能区和发展阶段，分类引导县城发展方向。一是加快发展大城市周边县城，支持位于城市群和都市圈范围内的县城融入邻近大城市建设发展，主动承接人口、产业、功能特别是一般性制造业、区域性物流基地、专业市场、过度集中的公共服务资源疏解转移，强化快速交通连接，发展成为与邻近大城市通勤便捷、功能互补、产业配套的卫星县城。二是积极培育专业功能县城，支持具有资源、交通等优势的县城发挥专业特长，培育发展特色经济和支柱产业，强化产业平台支撑，提高就业吸纳能力，发展成为先进制造、商贸流通、文化旅游等专业功能县城。支持边境县城完善基础设施，强化公共服务和边境贸易等功能，提升人口集聚能力和守边固边能力。三是合理发展农产品主产区县城，推动位于农产品主产区内的县城集聚发展农村二三产业，延长农业产业链条，做优做强农产品加工业和农业生产性服务业，更多吸纳县域内农业转移人口，为有效服务“三农”、保障粮食安全提供支撑。四是有序发展重点生态功能区县城，推动位于重点生态功能区内的县城逐步有序承接生态地区超载人口转移，完善财政转移支付制度，增强公共服务供给能力，发展适宜产业和清洁能源，为保护修复生态环境、筑牢生态安全屏障提供支撑。五是引导人口流失县城转型发展，结合城镇发展变化态势，推动人口流失县城严控城镇建设用地增量、盘活存量，促进人口和公共服务资源适度集中，加强民生保障和救助扶助，有序引导人口向邻近的经济发展优势区域转移，支持有条件的资源枯竭县城培育接续替代产业。

根据城镇规模、区位特征、产业结构和未来发展潜力，对城镇提出分类分级发展指引。首先，确定重点镇（也叫作中心城镇），重点镇一般具有镇域规模较大、人口达到一定规模、区位优势明显、经济发展潜力大、配套设施较完善等特点，是联系城乡经济的纽带、统筹城乡发展的重要载体。其次，根据城镇的专业化特点，分为不同类型，如卫星城、工矿镇、交通镇、旅游镇、军事镇等。根据城镇发展分类明确城镇主体功能指导要求，可对一些重点城镇发展提出定位引导，提出建设用地限制性要求，对用地规模提出指引建议等。

3. 以人为核心优化市政基础设施和公共服务设施配置

以人口规模作为配置基础设施和公共服务设施的重要依据。2020年印发的《中共中央 国务院关于新时代加快完善社会主义市场经济体制的意见》提出建立健全统一开放的要素市场，“推动公共资源由按城市行政等级配置向按实际服务管理人口规模配置转变”。按常住人口规模配置公共服务设施、市政设施已成为共识，一般根据规划期末人口规模预测结果和城镇规模等级结构，参考国家及地方公共服务设施规划标准，明确城乡教育、医疗、养老、文化、体育等公共服务设施配置标准和布局原则，支撑市域公共服务体系构建。同时，结合中心城区常住人口规模预测结果和各类设施人均用地标准，可预测各类公共服务设施用地需求。市政基础设施规划中对设施规模需求的预测，往往也采用人均指标法，根据人口规模预测结果，确定相应的人均指标，预测规划期末的用水需求量、污水排放量、用电需求量、垃圾处理量、用气需求量等，并依此确定给排水、能源、环卫等市政基础设施配置标准和布局。需要注意的是，对于外来人口较多的城市，需要考虑城市实际管理服务人口，以实际服务人口来配置公共服务设施和市政设施。对于旅游城市，还需要考虑旅游人口，保障旅游高峰时期的水、电、气等市政设施供应能力。

重视人口结构、分布和时空行为特征分析，在此基础上精准化配置公共服务设施。单纯把人口作为一个整体来提供均衡划一的公共服务设施并不合理，人口结构的研究可用以支撑公共服务设施配置响应人口的差异化内在需求。随着人群对公共服务设施的需求逐渐多样化和精细化，各城市可结合城市特色、发展实际情况和人口偏好等进一步明确各类公共服务设施的细分类型（李亚洲等，2022）。例如，老龄化程度高的城市，可适当提高养老设施的建设标准和保障用地供给。另一方面，不同人群的分布和时空行为特征也在很大程度上影响着公共设施配置，需要基于上述规律研究精准化配置公共服务设施。

七、基于城乡统筹与乡村振兴导向的乡村空间引导

（一）总体导引

“三农”问题是关系我国国计民生的根本性问题。中央一号文件显示，20 年来我国乡村发展思路已经从解决农民增收、农业技术现代化、农村环境改善等“单项问题”转变为以“乡村振兴战略”为抓手全面促进乡村发展与现代化的综合性目标。随着我国城镇化率迈过 50%的转折点（当前已经超过 65%），城乡融合发展成为我国城乡关系的新常态，城乡要素的深度交融与渗透正在全面影响我国乡村社会发展形态，对乡村空间也产生了深刻的改变。

国土空间规划体系中，乡村空间是指城镇空间之外的整体空间，是一个融合生态、农业、村落人居的复合功能区。在市县国土空间总体规划中，乡村空间优化需要在深入回应城乡融合与全面乡村振兴战略的同时，落实上级国土空间规划提出的“三线”管控要求，支撑市县域生态环境保护、农业产业发展与人居环境提升的综合目标。市县国土空间总体规划中的乡村空间优化主要是细化三类空间布局，包括乡村生态空间优化、乡村产业空间（重点是农业产业）优化、村庄体系布局优化，并提出村庄分区分类引导与管控（见图 3-13）。

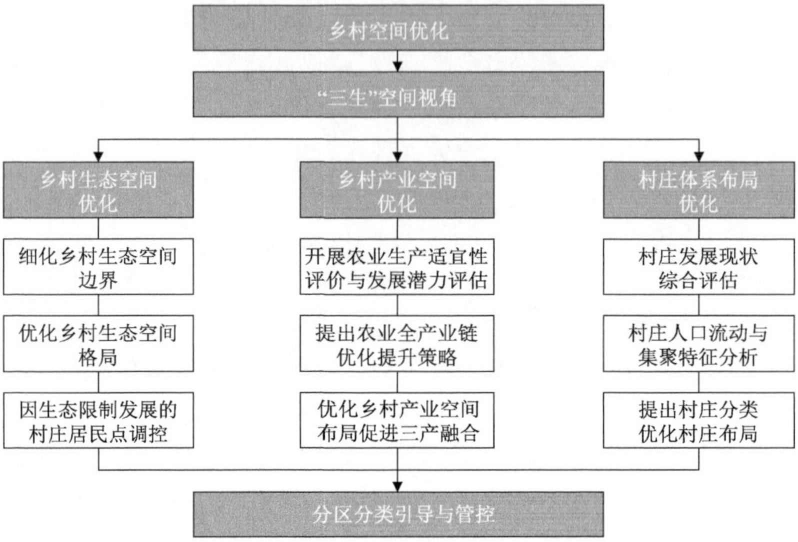

图 3-13　乡村空间引导的技术路线示意图

（二）乡村生态空间优化

1. 细化乡村生态空间边界指引

结合“双评价”进一步细化识别乡村生态空间要素。除了生态红线之外，进一步梳理主要山体、连片的生态林、公益林、重要水体空间、草地、荒漠等其他生态要素与村庄居民点（自然村落）的关系，提出结合后续乡镇、村庄规划细化乡村生态空间边界划定的要求。

2. 优化乡村生态空间格局指引

从绿色发展、减碳增汇、保护生物多样性等角度，提出优化乡村生态空间要素的指引要求。例如，在村庄用地布局中，打通或连通被割裂的生态廊道、补充生态斑块，构建更加完善的乡村生态空间格局；提出乡村生态空间中人类活动的管控要求，比如逐步实施生态修复、适度控制人类大规模的农业活动，部分地区可以结合生态承载力融合部分农业生产功能，如林下经济、生态牧业、生态渔业等。

3. 因生态限制发展的村庄居民点调控指引

结合生态空间边界的细化，提出因生态保护而限制发展的乡村片区与村庄居民点，对于与生态保护要求冲突较大的地区，或者生态要素会明显影响村庄居民点安全性的村庄居民点及农宅，需要在尊重村民意愿的前提下，提出逐步引导搬迁的策略。

（三）乡村产业空间优化

乡村产业空间布局优化的基本原则是：以保障农业为根本，优化粮食生产功能区和重要农产品生产保护区，促进农业全产业链布局和一二三产业融合发展。县域乡村生产布局的优化思路包含三个步骤：一是开展农业适宜性评价，提出当地特色农业空间布局优化方案；二是结合地方乡村产业发展特色，提出农业全产业链优化策略；三是提出农业空间布局优化思路，重点协调农业全产业链在城乡空间的布局关系。

1. 开展农业生产适宜性评价与发展潜力评估

（1）开展农业生产适宜性评价

结合“双评价”，进一步提炼农业生产适宜性区域。重点考虑降水、海拔、坡度（25度以上坡度不适宜粮食种植）、地势平坦度等要素对农业耕作的影响，结合当地实际种植情况，获得农业生产适宜性评价结果。综合来看，农业生产适宜性较高的地区与城镇建设适宜地区往往高度重叠，都是人类活动较为频繁的地区。

（2）分析农业结构变化情况

分析地区农业发展水平和农林用地变化情况，重点关注农业产业结构变化及其原因。一是分析农业种植种类的变化，例如，部分地区农业种植向蔬菜种植、林果种植转变，大幅提升了农业附加值，并形成地方农业主导产业；二是梳理农业发展的约束性条件，例如，部分地区因水资源局限，导致需要更精细化调整种植结构，并实施节水技术；三是关注农业适度规模化程度，促进农业种植的连片度与规模化双提升，是农业空间优化的主要方向。

（3）开展农业发展潜力评估

从农业全产业链环节入手，对地区农业发展条件进行诊断。

种植环节：分析农业种植的核心制约条件，如水资源、土壤条件、地形特征等；对地方优势农业类型与发展潜力进行分析，也包括农产品的区域优势度和市场认可度等；对本地农业的规模化、标准化、专业化水平进行评估，提出农业规模化种植的引导方向。

加工环节：分析判断本地农业关联性加工产业的能力与潜力，重点评估农业加工产业对于促进农产品价值提升的作用；判断县域内拓展农产品加工产业的空间，评估农产品加工产业未来的发展潜力，鼓励本地农产品与更大区域的产业链衔接。

支撑体系环节：系统分析本地农业服务体系完善程度，重点关注地方冷链物流、电商服务、科技支撑等方面的基础与发展问题，提出相应的解决思路；同时在农产品后端的文化创意、体验经济、产品再创造等方面考虑可行性，丰富和提升农产品价值。

2. 提出农业全产业链优化提升策略

结合地方农业发展基础，立足产业链系统整合与创新发展思路，提出农业全产业链发展提升策略，优化农业产业结构（见图3-14）。具体包括：

（1）加强前端农业种植和研发技术，特别关注地方农业“制种研发”、特色农产品研发技术的水平，可提出与相关科研院所开展技术研发合作，探索“试验田”等方式，提升当地农产品前端研发。探索生态农业、有机农业、绿色农业发展的可能性与农业生产标准的制定等。同时大力提高农业的规模化、科技化、机械化水平。

（2）巩固中端农产品加工链条，聚焦本地农业需求，鼓励并支持符合当地农产品的加工产业环节，通过培育或引入优质农产品加工企业，完善初级加工、链接精深加工、培育特色加工。同时积极思考新时代农产品加工环节的新业态形式，如中央厨房、农产品包装、绿色农产品加工等产业形式，提出适合本地农产品加工产业的路径。

（3）延伸后端农业特色服务体系，实现多向延展。一方面是完善农产品服务环节，如在电商物流、冷链物流、产业联盟等方面，提高对本地农产品的推广；另一方面重点培育地方特色农业与休闲服务产业的融合发展，如休闲农业、创意农业、农事体验等，提升地方农产品价值。

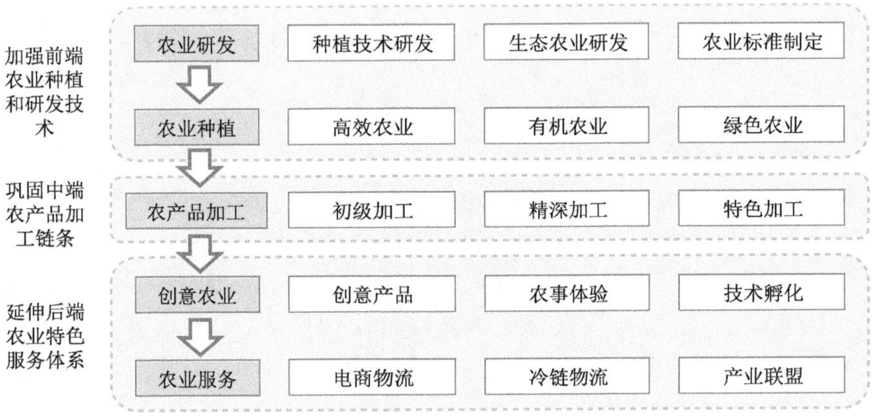

图 3-14　农业全产业链要素整合与发展思路示意图

3. 优化乡村产业空间布局，促进三产融合

要促进农业现代化、优化乡村空间布局，核心思路是实现农业产业要素的重组，提高农业生产效率，提升农业生产价值。一是结合农用地整理，提倡农业种植的适度规模化，鼓励符合农业连片种植的基地建设；二是结合县域空间合理布局农产品加工服务空间，立足农业产业园区实现种植—加工—仓储—物流等农业全产业链布局，促进产业联动与集群发展；三是打造覆盖全域的“点线面”结合的农业服务体系，通过硬件软件配合，在县—镇—村不同层面布局农业产业服务空间。

【专栏】贵州省 M 县现代农业发展策略与空间布局

贵州省 M 县是典型的农业大县，特色突出，形成了茶、稻、果、烟四大品牌。尤其是茶产业发展突出，被称为“中国第一茶县”。结合地方发展基础，M 县近年来以创建国家农业高新技术产业示范区为目标，高质量推动农业现代化发展。具体内容包括：

1. 围绕“四新一高”要求，培育新品种，引进新技术，发展新模式，形成新业态，实现高效益

提高农业基础设施水利化、机械化、信息化和农业产业组织化、规模化、标准化、

品牌化、市场化水平，构建农业全产业链、价值链、供应链。同时促进三次产业融合，持续推进农业与文化、旅游、康养等产业融合，发展休闲农业、体验农业、观光农业等业态，提高农产品经济效益。在空间布局方面，突出优势、突出特色，注重坝区、林区、山区“三区”协调发展，构建“一核五区六园多节点”现代农业总体格局，建成一批规模化、标准化、专业化种植基地，完善农业服务体系，推动农业产业高质量发展。

2. 延伸农业后端与服务环节，提升农产品价值，构建现代农业全产业链

完善支撑服务体系，重点做强电商服务、冷链物流等服务支撑体系；同时发展创意农业产品，融入文化、创意、体验等要素，丰富和提升农产品价值。同时，围绕M县茶产业的优势，提出“做优茶品质、做大茶企业、做强茶品牌”思路，全力建设“中国茶业第一强县”。大力提升茶叶标准化生产能力、茶产品精深加工能力、茶叶出口创汇能力，推动M县茶产业从茶苗繁育、茶园种植、茶叶加工等优势环节，逐渐向后端包装、保鲜、市场、展销、文化、旅游的完整茶产业链延伸，做“有故事、有味道、有内涵、有文化”的“四有好茶”（见图3-15）。

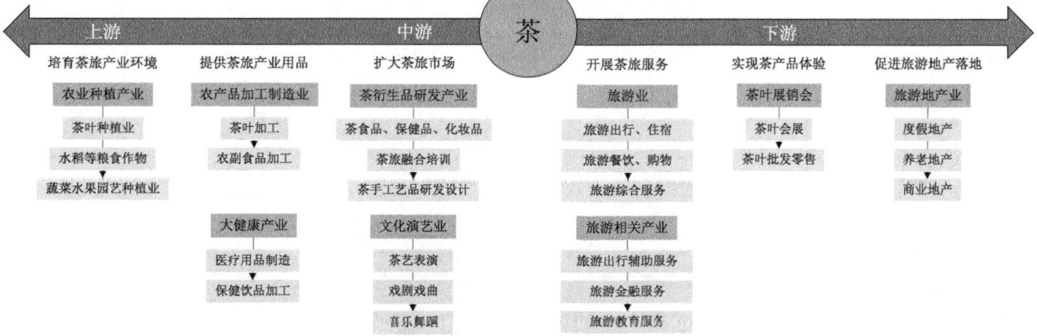

图3-15　M县茶产业发展思路

（四）村庄体系布局优化

村庄是农民生产生活的重要载体，也是市县域农业空间的重要组成部分。国土空间规划编制过程中要统筹县域城乡发展，全面推进乡村振兴，优化村庄体系布局，从而指导编制实用性村庄规划。因此，开展村庄体系布局优化是对县域乡村生活空间的合理安排，是市县国土空间总体规划中的专项内容，目的是提升国土空间规划在乡村地区的导控深度，保障国土空间规划落地实施与全域“一张图”，为村庄规划提供编制依据。

村庄体系布局优化的内容包括：对村庄发展现状进行综合评估；分析预测村庄人口流动与集聚特征；结合多因子分析提出村庄分类方案，明确村庄发展定位；提出村庄分类引导基本策略，包括产业方向、设施配置、管控要求等。

1. 村庄发展现状综合评估

当前我国农村地区正在呈现更为多元复杂的发展态势，一方面人口的空心化、老龄化特征持续加剧，产业发展动力严重不足、农地保护要求日益提升，农宅建设空置浪费与退出动力不足、文化资源特色日渐衰落等现象越发明显；同时城乡融合发展背景下，对乡村价值认知的提升以及多元市场动力的出现，又给村庄发展带来了更多发展需求与用地不确定性。因此，深度分析村庄发展现状、多视角辨别村庄发展条件，是形成村庄体系布局优化的关键。

村庄发展现状综合评估以行政村为主体，一些地区因村庄分布过于分散，评估精度需要考虑到自然村组层面。评估内容包括村庄基本信息、区域交通、地形地貌、特色资源、人口社会、经济产业、土地利用情况、村庄建设水平与风貌、设施建设水平、主要限制要素等（见表 3-7）。通过多种要素的综合评估，对于村庄发展的优势、劣势、机会、潜力等方面进行综合对比，从而形成对村庄发展重点地区、潜力地区、一般地区的基本判断，为村庄分类提供基础依据。

表 3-7　村庄发展现状评估主要内容

评估内容	评估重点内容
村庄基本信息	村庄名称、位置、村界
区域交通	周边道路交通情况、村庄可达性、交通出行便利度等
地形地貌	平原、丘陵、山地分布情况，高程、坡度情况、重要生态限制条件，等等
特色资源	生态资源、文化资源、景观资源等
人口社会	户籍人口、常住人口、旅游人口、村组个数、家族分布、人口流动等
经济产业	人均收入、集体收入、村庄内三次产业、特色产业等
土地利用情况	“三调”现状底图、现状核实修正图等
村庄建设水平与风貌	村落布局、建筑质量、建筑风貌、建设水平等
设施建设水平	公共服务设施、基础设施、农田水利设施等
主要限制要素	生态红线、地质灾害红线等

2. 村庄人口流动与集聚特征分析

人口变化是村庄发展中最核心的影响要素。在城乡融合大背景下，乡村人口流动趋势呈现多元复杂的情况，例如城乡人口的双向流动、周期性人口分布与集聚、人口双栖与居住地选择差异等，会带来村庄发展需求的巨大变化。因此，未来村庄布局优化应以“人”的基本流动特征为依据，以“人”的全生命周期需求为导向，优化配置资源、土地、设施、项目等支撑要素，更精准地实现村庄布局优化调整。

人口流动与集聚特征分析方面，除了采用传统人口统计数据之外，可以增加若干其他数据进行综合校验，例如补充大数据监测、手机信令数据、调查问卷、义务教育人口调查、住房购房调查、用水用电量调查、医保人口调查、疫情人口监测调查等，完善对乡村人口不同时间分布情况、分布特征的细化分析，从而对未来集聚的趋势形成更准确的判断。通过村庄现状综合评估与人口流动趋势特征，预判未来人口聚集特征，并形成区域人口时空分布格局。

3. 提出村庄分类、优化村庄布局

尊重区域发展、城乡发展规律，引导乡村建设空间，优化市县域村庄布局。参照2018年9月中共中央 国务院印发《乡村振兴战略规划（2018—2022年）》中对村庄的四大分类要求，即集聚提升类、城郊融合类、特色保护类、搬迁撤并类，结合地方发展特征，进一步细化市、县域村庄分类。在市级国土空间规划中，村庄分类按照国家要求的四大类即可，必要时可结合地方需求适度细化，并与县级村庄发展分类进行校核统一。在县级国土空间规划中，村庄分类需结合地方发展进行细化，从而实现对村庄发展的精细指导（见图3-16）。

（1）集聚提升类村庄。集聚提升类村庄是指现有人口规模较大、主导产业相对明确，并对周边有一定带动能力，未来有人口聚集潜力的村庄。其中，可以根据人口规模、村庄发展条件对集聚提升类村庄进行细化，对于区位交通优势较好、产业发展潜力较好、人口吸引力较大的村庄，可以进一步划定为集聚发展型；其他村庄人口相对稳定、仍然会长期保留为村庄形态的可被进一步划定为一般保留型村庄。

（2）城郊融合类村庄。城郊融合类村庄是指位于城镇开发边界以内和周边地区的村庄。其中，位于城市开发边界以内、未来面临城镇化的村庄可进一步划定为城镇化型，未来作为城市发展的一部分；位于城市周边区域，距离城区较近且交通方便、与城市功能互动频繁的村庄可进一步划定为城郊型，未来考虑与城市功能一体化发展。

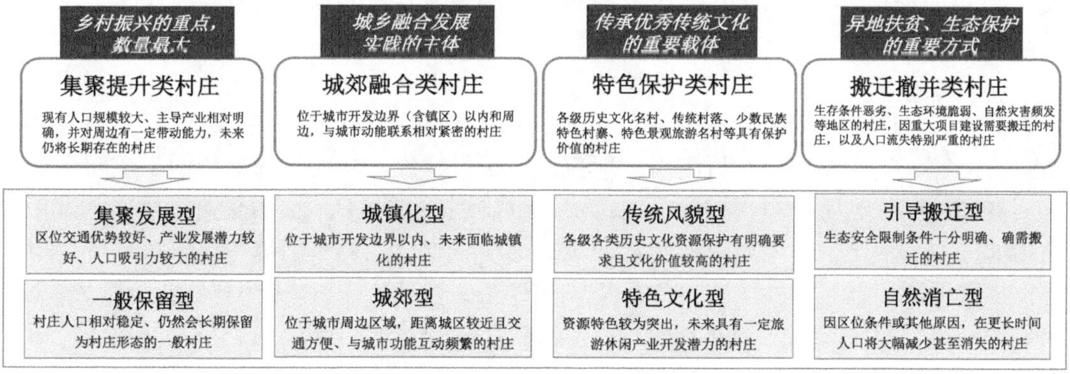

图3-16　村庄细化分类示意图

（3）特色保护类村庄。特色保护发展类村庄是指各级历史文化名村、传统村落、少数民族特色村寨、历史文化资源和特色景观较为突出、具有一定旅游潜力和保护价值的村庄。其中，对于各级各类历史文化资源保护有明确要求且文化价值较高的村庄，可作为传统风貌型村庄；而对于资源特色较为突出，未来具有一定旅游休闲产业开发潜力的村庄，可作为特色文化型村庄。

（4）搬迁撤并类村庄。搬迁撤并类村庄是指生存条件恶劣、生态环境脆弱、自然灾害频发、人口流失特别严重或因重大项目建设需要搬迁的村庄。其中，对于生态安全限制条件十分明确、确需搬迁的村庄，可进一步作为引导搬迁型村庄；而对于因区位条件或其他原因，在更长时间人口将大幅减少甚至消失的村庄，可进一步作为自然消亡型村庄。

（五）分区分类引导与管控

1. 乡村分区引导

对于市县域广大乡村地区而言，乡村发展具有一定的差异性需求，可以结合地区发展实际情况划定一些特殊发展区，或者针对一些情况相似的地区形成连片发展区，单独进行规划指引。例如，大部分市县城区（城镇开发边界）周边地区都是城乡功能紧密关联、城乡空间深度融合的地区，可以在市县城区周边划定城乡融合发展区，提出村庄与城市融合发展的特殊要求，引导产业空间、道路交通、相关设施等要素的一体化配置与布局。部分市县域空间内具有一定的重要生态保护地区或特殊政策实施地区（如水库移民搬迁区），可以结合这类重点地区提出村庄整体减量化和逐步引导搬迁的管控要求。部分市县城区的乡镇、村庄数量众多，发展基础条件相似，也可以考虑进行连片发展引导。还可以针对市县域内一些具有特殊资源的地区，结合周边乡镇村庄划定一定的特殊发展区，提出规划引导。

2. 村庄分类引导与管控

村庄分类引导与管控是对村庄发展的基本引导，是从宏观层面判断村庄未来发展前景，细化内容还需通过村庄规划进行研究。

市级村庄分类引导与管控，强调整体引导、上下联动。主要内容包括：根据村庄发展分类明确村庄主体功能指导要求，可对一些重点村庄发展提出定位引导，提出各类村庄建设用地限制性要求，对村庄用地规模提出指引建议，从而指导县级国土空间规划。

县级村庄分类引导与管控，应在落实上位规划的要求下，更加强调对村庄发展指引的精细化与落地化。主要内容包括：初步提出村庄定位；初步估算村庄人口规模量级；提出村庄发展用地条件（即提出村庄集体建设用地增减要求）；提出村庄建设管控要求；引导不同类型村庄设施配置基本要求；提出村庄建筑风貌引导要求；以及其他在村庄层面需要重点管控与引导的内容。

其中，针对四大类（八小类）村庄的引导要点如下（见表 3-8）。集聚提升类村庄要进行产业功能拓展，引导人才集聚，打造产业联动模式，推进现代农业生产基地化，构建市场购销体系。激发村庄业态发展，吸引多元化人口到农村，促进外来消费。城郊融合类村庄要以“促进城乡融合，构建互促型城乡格局”为目标，综合研究村庄布局和城市发展的关系，实现空间资源整合。特色保护类村庄应编制村庄风貌规划，对地域环境、空间格局、传统建筑、历史环境要素、乡土文化以及自然和田园景观等提出具体保护要求与措施。搬迁撤并类村庄需明确村庄的迁建方案、实施时序和安置标准。

表 3-8　村庄分类引导要点

村庄分类引导要点	村庄发展定位	村庄人口规模量级	村庄产业发展引导	村庄发展用地条件	村庄建设管控要求	村庄设施配置要求	村庄风貌引导要求
集聚提升类村庄	明确村庄在周边区域层面的角色定位	结合实际情况测算人口集聚能力	结合村庄资源提出村庄产业定位与思路，重点关注农业产业链延伸	保留一定的用地发展规模，适度增加产业发展用地	重点提出村庄宅基地和产业用地建设管控要求	结合镇村体系和乡村生活圈服务半径提出设施配置模式	保持干净协调的乡村风貌
城郊融合类村庄	围绕与城区关系提出发展定位	人口规模一般会有所提升	城乡产业联动发展，重点考虑都市农业等服务产业发展潜力	结合城镇化测算，保留用地发展规模，适度增加产业发展用地	与城区空间的协调与一体化考虑	与城区一体化配置、梳理，实现城乡生活圈	提炼现代美丽乡村元素特征
特色保护类村庄	突出村庄特色资源	结合实际情况测算	突出特色资源下的村庄产业发展机会	适度保留村庄用地需求，预留部分产业发展用地	结合村庄保护要求提出村庄建设管控	在一般性设施之外，满足特色产业发展需求	引导具有地方独特性的风貌打造
搬迁撤并类村庄	明确村庄搬迁的时序与计划	预测人口搬迁或缩减的时序变化	弱化村庄产业发展引导	用地规模进行逐步缩减	对村庄用地进行严格管控，禁止新增	弱化村庄设施配置，近期保障民生设施	禁止私搭乱建

参考文献

福州市自然资源和规划局. 2021. 《福州市国土空间总体规划（2021-2035 年）》（草案）公示！[EB/OL]. (2021-08-21)[2024-06-06]. https://mp.weixin.qq.com/s?__biz=MzI0NDg2MjA3NQ==&mid=2247499247&idx=1&sn=fd04f6a050cce8b06ddff056db4d382d&chksm=e955e0fbde2269ede91b36a76a666449031a0362abc7f37fc5446a6902839800b14301e88a3c&scene=27.

规划司. 2017. 国土资源部关于印发《自然生态空间用途管制办法（试行）》的通知[EB/OL]. (2017-03-24)[2024-06-06]. https://www.mnr.gov.cn/gk/tzgg/201704/t20170424_1992172.html.

国际古迹遗址理事会中国国家委员会. 2015. 中国文物古迹保护准则(2015 年修订)[M]. 北京：文物出版社.

李亚洲, 张佶, 毕瑜, 等. 2022. “人口—设施”精准匹配下的公共服务设施配置策略[J]. 规划师, 38(6): 64-69+87.

彭宜钟. 2010. 产业结构理论综述[J].北方经济, (24): 33-35.

苏州市自然资源和空间规划局. 2020. 苏州历史文化名城保护专项规划（2035）[S/OL]. (2020-10-16)[2024-06-06]. https://www.163.com/dy/article/FP39E1RK0535B3HJ.html.

武廷海, 周文生, 卢庆强, 等. 2019. 国土空间规划体系下的“双评价”研究[J]. 城市与区域规划研究, 11(2): 5-15.

习近平. 2020. 建设中国特色中国风格中国气派的考古学 更好认识源远流长博大精深的中华文明[J].

奋斗, (23): 4-9.
新华社. 2015. 中共中央 国务院关于加快推进生态文明建设的意见[EB/OL]. (2015-05-05)[2024-06-06]. https://www.gov.cn/gongbao/content/2015/content_2864050.htm.
新华社. 2017. 中共中央 国务院关于对《北京城市总体规划（2016年—2035年）》的批复[EB/OL]. (2017-09-27)[2024-06-06]. https://www.gov.cn/zhengce/2017-09/27/content_5227992.htm.
新华社. 2018. 中共中央办公厅 国务院办公厅印发《关于加强文物保护利用改革的若干意见》[EB/OL]. (2018-10-08)[2024-06-06]. https://www.gov.cn/zhengce/2018-10/08/content_5328558.htm.
新华社. 2019. 中共中央 国务院关于建立国土空间规划体系并监督实施的若干意见 [EB/OL]. (2019-05-23)[2024-06-06]. https://www.gov.cn/zhengce/2019-05/23/content_5394187.htm.
新华社. 2021. 中共中央办公厅 国务院办公厅印发《关于在城乡建设中加强历史文化保护传承的意见》[EB/OL]. (2021-09-03)[2024-06-06]. https://www.gov.cn/gongbao/content/2021/content_5637945.htm.
新华社. 2022. 中共中央办公厅 国务院办公厅印发《关于推进以县城为重要载体的城镇化建设的意见》[EB/OL]. (2022-05-06)[2024-06-06]. https://www.gov.cn/gongbao/content/2022/content_5690990.htm.
自然资源部. 2019. 自然资源部关于全面开展国土空间规划工作的通知 [EB/OL]. (2019-05-28) [2024-06-06]. https://www.gov.cn/xinwen/2019-06/02/content_5396857.htm.
自然资源部, 国家文物局. 2021. 自然资源部 国家文物局关于在国土空间规划编制和实施中加强历史文化遗产保护管理的指导意见[EB/OL]. (2021-03-08)[2024-06-06]. https://www.gov.cn/zhengce/zhengceku/2021-03/18/content_5593637.htm.
Knaapen J P, Scheffer M, Harms B. 1992. Estimating habitat isolation in landscape planning[J]. Landscape and Urban Planning, 23(1): 1-16.

思 考 题

（1）市县国土空间总体规划中的发展定位、目标与战略研究如何开展？研究重点是什么？

（2）市县国土空间总体规划中生态空间保护与碳汇功能提升的重点有哪些？

（3）市县国土空间总体规划中历史文化资源保护与历史文化空间塑造的重点有哪些？

（4）当前我国人口发展、城镇化模式对市县国土空间总体规划的影响是什么？

（5）城乡统筹与乡村振兴战略如何在市县国土空间总体规划中体现？

第四章　重大专题研究（下）

导读：本章为重大专题研究下半部分，重点阐述空间资源保护利用、专项空间要素配置方面的相关重大专题研究技术要点，具体包括建设用地节约集约利用、国土综合整治、城乡公共服务体系、综合交通体系、市政基础设施支撑体系、综合防灾体系等内容。

一、内容框架和知识点导引

本章（下半部分）重点阐述空间资源保护利用、专项空间要素配置方面的相关重大专题研究技术要点，具体包括建设用地节约集约利用、国土综合整治、城乡公共服务体系、综合交通体系、市政基础设施支撑体系、综合防灾体系等内容。

在系列重大专题研究基础上，立足整体性、系统性思维，以国土空间开发、保护、利用、修复为主题主线，提炼总结和精准研判涉及国土空间安全、空间布局、空间效率、空间品质、空间协同等方面的重大战略性问题，明确本轮规划的战略定位与发展目标，综合评价国土空间发展基础条件与核心问题短板，梳理研判城市发展未来趋势和风险挑战，在此基础上理清本轮市县国土空间总体规划需要解决的重点问题、核心任务与关键突破口，为后续综合方案整合与编制奠定坚实基础。

二、基于高质量发展导向的建设用地节约集约利用

（一）总体导引

人多地少是我国的基本国情。随着工业化、城镇化快速推进，建设用地急剧扩张，用地供需矛盾十分突出。为了确保国家粮食安全和社会经济可持续发展，2004 年国务院印发《关于深化改革严格土地管理的决定》（国发〔2004〕28 号），首次提出强化节约和集约用地政策，明确要求建设用地要严格控制增量，积极盘活存量，把节约用地放在首位，重点在盘活存量上下功夫。为切实保护耕地，大力促进节约集约用地，2008 年国务院印发《关于促进节约集约用地的通知》（国发〔2008〕3 号），提出充分发挥市场配置土地资源基础性作用，健全节约集约用地长效机制，全面落实节约集约用地责任，探索走出一条土地节约集约利用新路子。2008 年起，国土资源部先后部署在全国范围内开展了开发区（园区）土地集约利用评价、国土资源节约集约模范县（市）创建、城市建设用地节约集约利用评价、建设项目节地评价等针对不同范围、不同尺度的评价工作。2012 年，国土资源部印发《关于大力推进节约集约用地制度建设的意见》（国土资发〔2012〕47 号），深入贯彻落实最严格的节约用地制度，实施节约优先战略。2014 年，国土资源部发布《节约集约利用土地规定》（国土资源部令第 61 号），2019 年进行了修订，提出

通过规模引导、布局优化、标准控制、市场配置、盘活利用等手段，促进节约土地、减量用地、提升用地强度、低效废弃地再利用、土地利用结构和布局优化和土地利用效率提高。

进入新发展阶段，推进生态优先、节约集约、绿色低碳发展成为必然选择。编制市县国土空间总体规划，要适应存量发展时代的要求，准确把握高质量发展内涵，深刻理解新时期的新矛盾，在优化城乡建设用地结构布局、强化建设项目用地标准控制、科学配置有限的新增建设用地的基础上，全面梳理存量建设用地资源，建立存量建设用地挖潜倒逼机制、增存挂钩机制，多措并举推进存量建设用地盘活利用，为经济社会可持续发展和人的全面发展提供用地支撑。

该专题研究应与已开展的开发区（园区）土地集约利用评价①、自然资源节约集约示范县（市）创建②、城市建设用地节约集约利用评价③等专项工作成果衔接，开展建设用地节约集约利用分析评价，掌握该市县节约集约用地整体水平和存在的问题。基于此分析产业用地现状，识别城镇低效用地范围，分析测算各类建设用地潜力，为规划方案中建设用地结构调整、布局优化、提质增效、减量安排提供基础，并提出促进建设用地节约集约利用的实施路径和保障措施。

（二）建设用地节约集约利用分析评价

1. 建设用地节约集约利用评价

市县国土空间总体规划编制过程中，一般可以从土地利用效率、土地资源利用效益、土地管理绩效和专项工作成效等方面，开展节约集约利用分析评价。在评价中可以应用已有开发区（园区）土地集约利用评价、城市建设用地节约集约利用评价等成果。

土地利用效率。可分析规划实施以来人均城乡建设用地面积、人均城镇建设用地面积等指标的变化，重点比较原规划基期、规划期末两个时点；市级总规可与全省平均水平、省内各市或其他同等城市做横向比较，县级总规可与全市平均水平、市内各县区做横向比较。

资源利用效益。可分析规划实施以来全域地均 GDP④、地均固定资产投资强度的变化，重点分析原规划基期、规划期末两个时点；市级可与全省平均水平、省内各市或其他同等城市做横向比较，县级总规可与全市平均水平、市内各县区做横向比较。如有数据，可分析单位工业产值的地耗、水耗、能耗的变化趋势，并且做全省各市、全市各县区横向比较。

涉及开发区（园区）的市县，可结合开发区（园区）土地集约利用评价成果，重点

---

① 具体评价内容和工作流程详见《开发区土地集约利用评价规程（2014 年度试行）》。

② 具体评价内容和工作流程详见《自然资源部关于认定自然资源节约集约示范县（市）的通知》等相关文件。

③ 具体评价内容和工作流程详见《建设用地节约集约利用评价规程》（TD/T 1018—2024）、《国土资源部关于部署开展全国城市建设用地节约集约利用评价工作的通知》（国土资函〔2014〕210 号）等相关文件。

④ 地均 GDP 即为该市县当年全域 GDP 与全域建设用地的比值，地均固定资产投资强度、地均税收的计算口径同。

分析规划实施以来土地利用强度变化，即综合容积率、工业用地容积率、建筑密度、工业用地建筑系数，以及土地利用效益变化，即地均固定资产投资强度、地均税收等指标变化趋势，并就某一时点（如规划期末）与全国（东部、中部、西部、东北部）、省（自治区、直辖市）内经济技术开发区、高新技术产业开发区、综合保税区、出口加工区等同类型开发区（园区）做横向比较。

土地管理绩效。重点分析市县批而未用土地面积、土地批供率①，闲置土地面积、闲置土地处置率，可进行省内或市内横向比较，或者分析市县批而未用土地、闲置土地面积占全省、全市的比重。

专项工作成效。重点梳理规划期内市县开展城乡建设用地增减挂钩、城镇低效用地再开发②、“三旧”改造、工矿废弃地复垦再利用等专项工作的情况，分析实施面积、范围、取得的成效及存在的问题等。

调控策略。通过上述分析，对该市县的建设用地节约集约利用水平做总述，得出总体结论，包括自身水平、变化趋势、横向比较水平。针对不同类型的城市，提出针对性的建设用地配置要求和提升策略，为规划指标分配提供决策支撑。①节约集约利用水平高但趋势变化较为波动或无明显改善的，可合理配置新增建设用地指标，同时注重城镇低效用地再开发，提升利用效益；②节约集约利用水平不高但趋势为越来越集约，可适度安排新增建设用地，同时注重存量建设用地挖潜，消化闲置土地、批而未用土地；③节约集约利用水平不高且趋势变化较为波动或无明显改善，闲置土地、批而未用土地面积大，以挖潜存量建设用地为主、慎重安排新增建设用地。

针对人均城镇建设用地面积高于国家或省级标准的市县，可以提出规划引导，结合市县的地理区位、城镇人口规模、人口增减变化趋势等因素，现有人口在现状人均城镇建设用地面积基础上规划按照一定比例下调，新增人口严格按照国家或省级标准执行。人均城镇建设用地面积低于国家或省级标准的市县，结合市县地理区位和发展定位、城镇人口增减变化趋势等因素，在现状人均城镇建设用地面积基础上规划可适当上浮。针对地均GDP、地均固定资产投资强度、地均税收低于全省或全市平均水平的市县，综合考虑城市发展定位和发展目标、产业转型升级等因素，在现状基础上规划按照一定比例提高。地均固定资产投资强度、地均税收低于国家或省级标准的市县，参照国家、省级标准调控。针对有批而未用土地、闲置土地的市县，按照《自然资源部关于健全建设用地“增存挂钩”机制的通知》（自然资规〔2018〕1号）、《自然资源部关于2020年土地利用计划管理的通知》（自然资发〔2020〕91号）的相关要求，逐步消化。

---

①土地批供率即依据自然资源部土地市场动态监测系统数据，近5~10年供应建设用地与近5~10年征转审批建设用地的比值。

②城镇低效用地再开发导向和要求，参见《自然资源部关于开展低效用地再开发试点工作的通知》（自然资发〔2023〕171号）。

【专栏】2010~2018年度国家级开发区土地集约利用评价情况

2010~2018年期间，全国国家级开发区容积率提升较为明显，工业用地综合容积率有所提升，2017年后趋于稳定。建筑密度、工业用地建筑系数均有所提升，且提升幅度基本一致，2018年后逐渐趋稳。2010~2018年期间，全国国家级开发区工业用地固定资产投入强度提高明显，接近翻一番；综合地均税收先增后减，工业用地地均税收整体呈现小幅增长，2016~2017年工业用地地均税收低于综合地均税收，2018年后工业用地地均税收实现反超（见图4-1）。

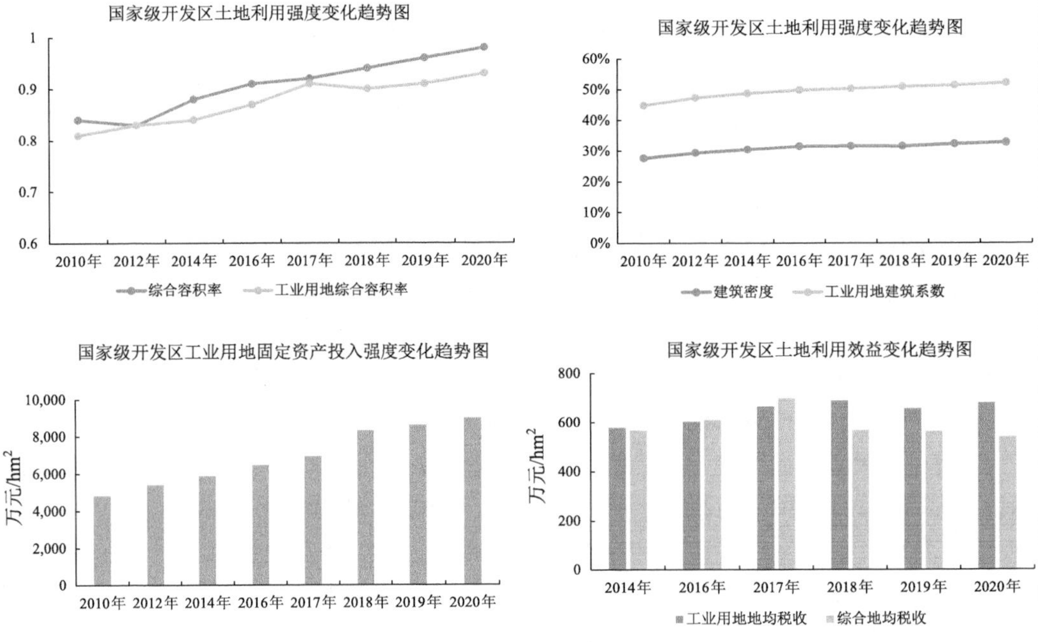

图4-1　国家级开发区土地利用强度和效益综合分析图

数据来源：自然资源部发布的2010、2012、2014、2016~2020年度国家级开发区土地集约利用评价情况通报

2. 产业用地现状分析

产业用地包括工业用地、物流仓储用地和商业服务业用地，是建设用地的重要组成部分。关注建设用地的节约集约利用，应优先关注产业用地的现状利用状况。一般可以从规模、结构、空间分布、形态、供应状况对产业用地进行全面分析，针对不同城市的产业用地特征，提出不同的节约集约利用重点和挖潜利用策略。

用地规模。主要分析工业用地、物流仓储用地、商业服务业用地的总规模，进行全省或全市横向比较。

用地结构。可以分析产业用地占城乡建设用地的比例。进一步细化，分析城镇建设用地中产业用地占比、村庄建设用地中产业用地占比，工业用地、物流仓储用地、商业服务业用地分别占产业用地的比例，产业用地中国有权属、集体权属的占比等。

用地空间分布与形态。主要分析宗地平均面积、空间集聚状态（如集中分布、大分散小集中、组团式、破碎化等）、在开发区（园区）或产业集聚区内的集中分布状况。

产业用地供应状况。可选取近 10 年或 20 年时间段，计算每五年的平均供地数量，总结工业用地、物流仓储用地、商业服务业用地的供应面积与供应结构变化趋势，如可总结为产业用地供应先紧后松、先松后紧、持续增长但增幅减小、先增后减趋于平稳等特征，为判断未来产业用地供给提供支撑。

用地结构、空间分布与形态的分析结论，可以为市县中心城区国土空间用地结构调整、开发区（园区）整合、空间结构调整与布局优化等规划方案的形成提供依据；用地供应状况的分析结论，可以为新增建设用地时序安排、不同区县之间的指标调剂提供依据。

（三）城镇低效用地认定和识别

根据《关于深入推进城镇低效用地再开发的指导意见（试行）》（国土资发〔2016〕147 号），建设用地中布局散乱、利用粗放、用途不合理、建筑危旧、权属清晰的城镇存量建设用地即为城镇低效用地。国家产业政策规定的禁止类、淘汰类产业用地，不符合安全生产和环保要求的用地，“退二进三”产业用地，布局散乱、设施落后，规划确定改造的老城区、城中村、棚户区、老工业区等可纳入城镇低效用地再开发范围。当前，我国低效用地认定主要针对城镇建设用地，尚未明确村庄建设用地中低效用地的范围、认定标准和要求。

在规划研究中，确定城镇低效用地可采取“直接认定+定量识别”的办法。

1. 直接认定

综合考虑土地开发强度、安全生产、环保等因素，衔接工业企业环保整治、园区优化整合等工作，结合城镇低效用地调查专项成果，将存在企业已搬迁、企业停工停产、环保和安全整治关停、低于合同约定、内部空闲等情形的，直接认定为城镇低效用地。

2. 定量识别和评价

考虑产业用地的投入产出水平、与城市的功能匹配程度、基础设施配套水平等因素，从物质空间品质、经济效益、民生设施和人居环境等方面，选取相应的指标和权重构建综合评价模型，进一步识别城镇低效用地，为全面推进城镇低效用地提质增效提供基础支撑（见表 4-1）。就用地类型来说，城镇低效用地包括低效居住用地、低效公共管理与公共服务用地、低效工矿用地、低效商业服务业用地、其他低效用地（插花地、边角地、夹心地等）。

评价过程中应对各评价指标进行标准化处理，加权计算土地利用集约度分值。结合市县实际，对不同用地类型的土地利用集约度分值进行区段划分，确定过度利用、集约利用、中度利用、低度利用四种类型的标准，如集约度分值低于 60 分，或者分值排名位于后 1/5 的，可认定为低度利用。属于低度利用类型的，则可识别为城镇低效用地。

以上述两类城镇低效用地为基础，考虑分布集中连片程度、再开发成本、宗地区位和土地价值等因素，划分再开发利用重点区域，为城市更新的规模确定、区域选择、类型划分、时序安排等提供决策支撑依据。

表 4-1　城镇低效用地识别评价要素一览表（参考）

用地类型	评价类型	评价内容
低效居住用地	建设强度	综合容积率
		建筑密度
	承载力	人口密度
	配套完备度	基础设施完备度
		生活服务设施完备度
	用地结构	绿地率
	区位条件	城市门户、城市核心区
低效公共管理与公共服务用地	建设强度	综合容积率
		建筑密度
	配套完备度	基础设施完备度
	用地结构	绿地率
	区位条件	城市门户、城市核心区
	现状情况	搬迁或者考虑搬迁
低效工矿用地	建设强度	综合容积率
		建筑密度
	投产效益	单位用地固定资产总额
		单位用地工业总产值
	国家产业政策规定的禁止类、淘汰类产业	—
	区位条件	城市门户、城市核心区
低效商业服务业用地	建设强度	综合容积率
		建筑密度
	配套完备度	基础设施完备度
	地价实现度	商业地价实现水平
	承载力	单位用地从业职工数
	产出效益	单位用地营业额
	区位条件	城市门户、城市核心区
其他低效用地	建设强度	综合容积率
		建设密度
	配套完备度	基础设施完备度
	规划确定改造与否	—
	建设情况与城市发展方向是否相符	—
	现状情况	搬迁或者考虑搬迁
	区位条件	城市门户、城市核心区

注：参考《城市建设用地节约集约利用评价技术指南（试行）》制定

（四）城镇低效用地盘活与提质增效潜力分析

基于上述建设用地节约集约利用分析评价、城镇低效用地认定和识别，开展建设用地存量盘活与提质增效潜力分析，为规划建设用地结构调整、布局优化和建设用地减量化提供决策支撑。一般来说可以从再利用潜力、减量潜力、提质增效潜力三个方面分析。

1. 再利用潜力

再利用潜力指基于各项土地管理专项工作、土地专项整治行动，未来可盘活利用的建设用地面积。包括以下两种情形：

（1）批而未供、供而未用土地，即已完成农用地转用征收但未供应、已办理土地供应手续或已取得土地使用权证但实际未建设的土地，是未来开发建设重要的用地来源。该部分潜力一般从自然资源部土地市场动态监测与监管系统提取一定时期内的批而未供土地等数据，并结合市县“一张图”管理系统提取农转用数据、土地供应数据等综合分析确定面积。其中，批而未供、供而未用 5 年以上的，可优先安排再利用。

（2）闲置土地，即超过国有建设用地使用权有偿使用合同或者划拨决定书约定、规定的动工开发日期满 1 年未动工开发的国有建设用地，或已动工开发但开发建设用地面积、投资额度不达标形成的用地。该部分潜力一般从市县规划和自然资源管理部门收集数据，并结合规划基数核定面积，可作为建设用地再开发空间。

2. 减量潜力

（1）规划安排拟取缔、长期整治的县级、乡镇级工业园区（产业集聚区）内的现状城镇建设用地。该部分潜力一般参考市县拟定的工业园区优化整合方案来确定，需要考虑园区撤并后企业是否需要搬迁安置，如有土地利用效益好、产出水平高的企业可搬迁至其他开发区（园区），则计算再利用潜力时应扣除搬迁企业拟安置用地面积，可作为建设用地再开发空间或调整置换至其他区域使用。其中，已完成企业搬迁、厂房拆除的，可优先安排再利用。

（2）违法用地，包括但不限于自然资源部组织开展的农村乱占耕地建房问题整治、违建别墅问题清查整治确定拟拆除的建设用地，以及土地督察、卫片执法监察等认定的新增非农建设违法拟拆除的建设用地等。该部分潜力一般从市县规划和自然资源管理部门收集数据，并结合规划基数核定面积，可作为建设用地减量的区域。

（3）功能或布局不符合管控要求的土地，如生态保护红线、重要的河湖蓝线、其他生态环境脆弱、自然灾害频发区域等特殊管控范围内确需搬迁腾退的现状建设用地。该部分潜力结合生态保护红线划定、重要的生态空间管控要求和相关专项行动确定面积，可作为建设用地减量的区域。

3. 提质增效潜力

（1）直接开发潜力。主要指企业已搬迁、企业停工停产、企业因环保和安全整治关停、内部空闲等情形直接认定的城镇低效用地。规划期内可通过收储、收回等方式盘活再利用的潜力。该部分潜力可从市县规划和自然资源管理部门收集城镇低效用地调查专项成果获取。企业已搬迁、内部空闲地优先安排再利用；停工停产、整治关停的企业，做好搬迁安置补偿后安排再开发。

（2）强度潜力。主要指已建成建设用地中，拟通过提高土地利用强度、土地投入产出强度、土地承载力、设施配套完备度等方式实现土地提质增效，现状水平与提升后水平差值换算形成的建设用地面积，可与本专题第三小节中“定量识别和评价”形成的城镇低效用地相对应。工业用地一般指容积率、建筑系数、固定资产投资强度、地均税收等指标，在现状值基础上提升一定幅度达到国家（省级）标准或理想值；居住用地、公共管理与公共服务用地、商业服务业用地一般指容积率、建筑密度、土地承载力、设施完备度等指标，在现状值基础上提升一定幅度达到理想值。

（3）结构潜力。主要指已建成建设用地中，拟通过城镇低效用地再开发等专项工作，调整国土空间用地结构形成的潜力。涉及几种情形：①结合城市更新行动，根据国土空间布局优化需要，征得原土地使用权人同意，工业用地转为居住用地、商业服务业用地、公共管理与公共服务用地或研发等用地类型，完善开发区（园区）或产业集聚区的配套服务功能。②结合相关专项整治行动，原批准用途为工业用地，未经批准实际使用用途为居住用地、商业服务业用地等的，商户搬迁后原厂房恢复工业用地或研发用地；工业用地配套设施超标准的，拟拆除部分设施恢复为工业用地。

（五）促进建设用地节约集约利用的保障措施

1. 明确建设用地盘活利用路径

基于上述建设用地潜力分析结果，探索针对不同类型的建设用地盘活再利用的实施路径。①针对再利用潜力，实行“规划引导－计划管控－出让指导－批后监管－执法监察－资源督察”的闭环实施路径，依托专项工作，有序推进批而未用土地、闲置土地处置。②针对减量潜力，依托专项整治工作，倒逼违法用地消化，积极推进取缔园区企业搬迁和土地复垦。③针对提质增效潜力，盘活途径有三种：一是企业自行改造。保留原土地用途，提高容积率，不增收土地价款；改变土地用途，补交土地出让金。二是政府主导改造或政府收储。国有建设用地收回或收储进入土地二级市场，产生收益在政府与企业之间分成；集体土地征收或复垦，收益分成或指标交易。三是政府与企业联合改造，依托专项行动，探索“腾笼换鸟”“退二优二”“退二进三”等。④探索村庄建设用地盘活利用路径。结合农村土地制度改革试点、农村宅基地“三权分置”，有序开展农村宅基地、集体产业用地、工矿废弃地以及其他类型村庄建设用地盘活利用，提升使用效益和集约化水平。积极引导空闲宅基地自愿有偿退出，统筹安排城乡建设用地增减挂钩试点，通过集体经营性建设用地入市、宅基地流转等方式，对村内空闲宅基地、闲置农房、零星产业用地进行统筹再利用，打通农村资产盘活路径，支撑乡村振兴。

2. 加强土地市场动态监测与监管

对建设用地审批和供应后的开发情况实行全程监管，对节约集约用地情况进行监督，在用地审批、土地供应和土地使用等环节加强用地准入条件、功能分区、用地规模、用地标准、投入产出强度等方面的监察。

3. 强化建设用地节约利用考核

将土地节约集约利用的目标和政策措施纳入地方经济社会发展总体框架、相关规划和领导干部责任考核、部门目标责任考核等考核评价体系。重点考核下级行政单元批而未供土地、供而未用土地、闲置土地处置任务完成情况，城镇低效用地尤其是产业用地再开发情况等。

三、基于全域统筹的国土综合整治

（一）总体导引

我国国土综合整治工作起源于西周时期井田制，现代意义上的土地整治开始于20世纪90年代的土地整理，先后经历了4个阶段，分别是探索起步阶段（1986~1997年，以农用地整理为主）、发展壮大阶段（1998~2007年，以农用地整理为主，试点建设用地整理）、综合发展阶段（2008~2018年，“田水路林村”土地综合整治）、全面推进阶段（2019年至今，国土综合整治）。2019年以前开展的土地综合整治在保护耕地和永久基本农田、优化城乡建设用地资源配置、支持脱贫攻坚、服务经济社会发展等方面发挥了重要作用。

2018年9月，中共中央、国务院印发了《乡村振兴战略规划（2018—2022年）》，提出“加强乡村生态保护与修复”，明确要求“加快国土综合整治，实施农村土地综合整治重大行动，推进农用地和低效建设用地整理以及历史遗留损毁土地复垦。”2019年12月，自然资源部印发《关于开展全域土地综合整治试点工作的通知》（自然资发〔2019〕194号），要求试点以乡镇为基本实施单元，整体推进农用地整理、建设用地整理和乡村生态保护修复，优化生产、生活、生态空间格局，促进耕地保护和土地节约集约利用。2024年8月，自然资源部发布《关于学习运用“千万工程”经验深入推进全域土地综合整治工作的意见》（自然资发〔2024〕149号），明确以县域为统筹单元，由县级人民政府依据国土空间规划明确的土地整治目标、任务和空间安排等，选择确有实施需求并具备实施条件的乡镇开展全域土地综合整治。

【专栏】国土综合整治发展历程

第一阶段：探索起步（1986~1997年）。该阶段土地管理重点为耕地数量保护。整治类型以农用地整理为主，借鉴国外土地整理经验，开展实践探索。

第二阶段：发展壮大（1998~2007年）。该阶段土地管理重点为耕地数量质量保护并重，开始关注建设用地节约集约利用。整治类型以农用地整理为主，试点建设用地整理，探索农用地整理与村庄整理的结合，土地整治进入全面推进时期。

第三阶段：综合发展（2008~2018 年）。该阶段土地管理重点为耕地数量质量生态"三位一体"保护，全面推进建设用地节约集约利用。土地整治从单纯农用地整理向农用地整理与村庄整理相结合的综合整治转变，以实施土地整治重大工程、示范省建设和高标准农田建设为重点，探索国土综合整治，推动了土地整治工作全面、协调、可持续发展。整治类型包括"田水路林村"综合整治、高标准农田建设、城乡建设用地增减挂钩和工矿废弃地复垦再利用等。

第四阶段：全面推进（2019 年至今）。该阶段从土地资源管理向自然资源管理转变，以山水林田湖草沙生命共同体理念为指导，按照新时代国土空间治理体系和治理能力现代化的要求，探索国土综合整治与国土生态修复相结合，目前正在全国范围内推行全域土地综合整治试点工作。

国土综合整治是采用综合措施对某一空间范围内（区域、流域）的土地进行开发、整理、复垦的全部活动，是土地综合整治的升级版，既包括对国土空间结构、布局的优化，对国土空间效率、品质和整体功能的提升，也包括对国土空间治理效能和治理环境的提升。新时期国土综合整治不仅是一个手段、一项举措，更是一个综合实施平台，通过探索"土地整治+""+土地整治"，为深化农业供给侧结构性改革、全面推进乡村振兴、促进城乡融合发展提供重要支撑。

根据自然资源部 2020 年 9 月印发的《市级国土空间总体规划编制指南（试行）》，国土综合整治应以乡村振兴为目标，结合村庄布局优化要求，推进乡村地区田水路林村全要素综合整治。针对水土流失、土地沙化和土壤退化等问题，提出农用地综合整治、低效建设用地整治等综合整治目标、重点区域和重大工程，建设美丽乡村。该专题应开展国土空间开发利用现状分析，评述以往土地综合整治工作，识别影响国土空间开发保护的核心问题，基于此测算不同类型的国土综合整治潜力。与省级或市级国土综合整治与生态修复专项规划成果、已开展的全域土地综合整治试点等专项工作衔接，落实省级或市级国土空间生态修复专项规划的传导要求，如规划目标和重要指标、整治重点区域和重大工程等内容和相关要求，服务于落实本级国土空间总体规划对国土空间的结构、布局、权属调整优化的内容和要求。县级总规应在市级总规对国土综合整治传导要求基础上，进一步与本级国土空间总体规划提出的目标任务衔接，细化整治分区，确定整治重点项目，探索国土综合整治工作实施保障措施。

（二）现状评述与问题分析

1. 现状分析

国土综合整治工作的对象为全域国土空间。鉴于生态空间、城镇空间已在相关专题中分析，本专题以农业空间为研究对象。重点分析耕地、园地、林地的数量结构、集中连片情况，以及近十年数量、质量和空间分布变化情况，增加的来源和减少的去向；农田基础设施建设情况、水资源匹配情况、高标准农田建设情况；村庄建设用地内部生产生活生态用地的结构、空间形态、闲置情况、“一户多宅”情况及宅基地超标准占用情况等。

2. 工作基础评述

分析近十年已开展的土地整治专项工作，包括但不限于城乡建设用地增减挂钩、高标准农田建设、农用地整理、建设用地整理、土地复垦等整治类型，已完成验收的土地整治项目用地规模、分布区域，取得的成效以及存在的问题。

3. 问题识别

基于现状分析，梳理识别影响国土空间开发保护的核心问题。农业空间重点识别农用地破碎化和质量退化、景观连通性差、生境质量低下等问题，并初步确定问题区域的范围、程度；分析村庄周边生态破坏、土地压占和损毁、人居环境恶化等问题，并初步确定问题区域的范围、程度。

（三）整治潜力分析与测算

以国土变更调查数据为基础，参考地理国情调查监测数据、自然资源管理数据（包括但不限于农转用审批、土地供应、新增耕地入库、城镇低效用地再开发、工矿废弃地复垦再利用、矿山地质环境恢复治理、城乡建设用地增减挂钩、增存挂钩等）、耕地后备资源调查数据、耕地质量等别更新评价数据等，分类开展高标准农田建设、全域土地综合整治、低效林园草地整治、土地复垦、矿山复垦等类型的整治潜力分析。

基于潜力大小、整治范围集中连片程度，划分潜力等级。采用四象限法将潜力划分为4个等级，Ⅰ级潜力大、集中连片程度高；Ⅱ级潜力大、集中连片程度相对较低；Ⅲ级潜力较小、集中连片程度较高；Ⅳ级潜力较小、集中连片程度较低。

1. 高标准农田建设新增耕地潜力

高标准农田建设包括新建和改造提升，该部分潜力主要针对新建高标准农田。潜力分析测算要以国土变更调查数据为基础，扣除已实施高标准农田建设的范围，选定耕地和永久基本农田分布相对集中的区域，测算线性地物的占比（农田中的田坎、沟渠、农村道路等线性地物占所选定区域全部农用地的比例）。通常，假定未来建成的高标准农田线性地物占比按照设计经验值控制，经测算的线性地物占比高于该地区高标准农田设计经验值的部分换算的面积，以及农田范围内的园地、坑塘水面等零星地物面积，可以作为未来新增耕地潜力。高标准农田建设通过田块归并、生产路和田间道配套、田坎沟渠优化，“缺什么，补什么”，提高有效耕地面积、提高耕地质量、优化农田布局。

2. 村庄建设用地整治潜力

该部分潜力分析测算要以国土变更调查数据为基础开展分析，以空闲宅基地、闲置农房、“一户多宅”、户均面积远超省控制标准的宅基地、农村乱占耕地建房拟拆除村庄建设用地以及分布零散且有集中意愿的工业用地作为整治对象，结合农民意愿、整治成本效益等因素，综合确定村庄建设用地整治潜力。一般情况，村庄建设用地整治纳入全域土地综合整治范畴。

3. 低效林园草地整治潜力

该部分潜力分析测算要以国土变更调查数据为基础，提取工程恢复的园地、林地、草地、农业设施建设用地等地类，视情况开展植被覆盖度（归一化植被指数）、林分结构、郁闭度、森林蓄积量等分析，二者叠加初步梳理确定低效利用区域，包括植被覆盖度低、林分结构单一、郁闭度低、森林蓄积量相对较低的林地、园地、草地，开展调研，结合农民经营状况和恢复意愿，综合确定低效林园草地整治潜力。

4. 土地复垦潜力

该部分潜力分析测算要衔接市县村庄布局专项规划成果，以国土变更调查数据为基础，将村庄分类中确定为搬迁腾退的村庄，以及功能或布局不符合管控要求的土地，如生态保护红线、重要的河湖蓝线、其他生态环境脆弱、自然灾害频发区域等特殊管控范围内确需搬迁腾退的现状村庄建设用地，作为整治对象。结合村庄所在区位，因地制宜安排土地复垦，宜耕则耕、宜林则林，确定复垦后的恢复方向，测算土地复垦补充耕地潜力、补充林地潜力和补充草地潜力。

5. 矿山复垦潜力

该部分潜力分析测算要衔接市县矿产资源规划成果，以国土变更调查数据为基础，与生态保护红线、城镇开发边界相衔接，将生态保护红线范围内、城镇开发边界外矿业权灭失，停采禁采矿山，废弃砖瓦窑等作为整治对象。结合采矿用地分布区位、开采方式、破坏程度等因素，因地制宜确定复垦后的恢复方向，宜耕则耕、宜林则林、宜草则草，测算矿山复垦补充耕地潜力、补充林地潜力和补充草地潜力。

（四）整治分区划定及对策

1. 国土综合整治分区划定

国土综合整治分区是为落实国土综合整治战略和目标、引导开展整治活动而划分的整治方向相对统一的区域。国土综合整治分区根据不同区域自然条件、经济社会条件、国土开发利用特点等，设定不同的土地整治目标策略与重点，为落实上级国土空间规划提出的国土综合整治任务提供指引，为各下级行政单元实施差异化土地整治提供指导。

分区原则：①相对一致性原则。将具备相似自然地理条件和土地利用类型，在经济水平、农业种植结构和整治措施等方面具有相似性的区域划入同一个整治分区。②综合分析与主导因素相结合的原则。综合考虑区位、地貌特征、整治类型等因素，突出主导因素，反映土地整治的核心目的和作用。③地域共轭性原则。分区划定，既强调自然地域系统间的共轭关系和联系特征，又保证一定级别行政单元的相对完整性。

分区思路：采用定性与定量分析相结合的方法，因地制宜、发挥优势、突出特色、协调发展，考虑自然条件、资源禀赋、区域经济社会发展状况、国土利用结构、区位条件、识别的问题分布集中情况、土地整治方向大致相似性特征等多个因素，并与省级或市级国土空间生态修复专项规划的整治修复分区相衔接，划分国土综合整治分区。分区的命名一般为区位+地形地貌+整治类型或重点，如某某山地生态保育区、某某方位山地丘陵整治区、某某方位浅山整治区、某某方位平原综合整治区、某某方位平原整治区，或某某流域土地综合整治区等。

2. 国土综合整治策略

农业空间主要实施全域土地综合整治，推进农用地整治、村庄建设用地整治、乡村生态保护修复工作，提高农用地生态保护水平和农业综合生产能力，提升村庄建设用地节约集约利用水平。全域土地综合整治应紧紧围绕识别的问题，提出更加多样化的措施，不应仅考虑工程措施，还应考虑生物措施、耕种措施、智能化管理措施等。

村庄建设用地整治应着眼于结构和布局的调整，以村内空闲宅基地、闲置土地、零星分布废弃土地和低效产业用地为主要整治对象，不搞大拆大建，服务于乡村产业落地和“住有所居”的新要求。同时注重改善农田周边生境，提高农田生态系统生物多样性。

针对不同类型的村庄，相应的整治策略也不同。集聚提升类村庄，以高标准农田建设、全域土地综合整治、低效园林草地整治为主，重点解决土地破碎化、土地利用效率低下等问题，补充耕地、提高农用地质量、增加农村产业用地，支撑乡村产业发展；城郊融合类村庄，以推进村庄建设用地整治为主，重点解决资源配置不合理、功能不完善等问题，着力优化国土空间结构和布局，提升土地利用效益。搬迁撤并类村庄，以土地复垦、低效园林草地整治为主，重点解决改善农村生态环境、补充耕地（林地）数量等问题，提升生态系统稳定性和完整性。

（五）整治目标任务与重点区域

1. 国土综合整治目标确定

以促进耕地三位一体”保护，林地草地湿地全面保护，建设用地节约集约利用，生产、生活、生态空间格局优化为前提，与上位国土空间生态修复专项规划、全域土地综合整治、城镇低效用地再开发、农村人居环境整治等专项工作充分衔接，围绕耕地数量质量提升、低效林草地整治、建设用地减量、工矿废弃地复垦、农村人居环境改善等方面，研究提出国土综合整治至 2025 年、2035 年的具体目标，确定调控指标，列明约束性和预期性指标属性。

2. 国土综合整治任务提出

在国土空间总体规划编制中，国土综合整治任务包括农用地整治和建设用地整治。农用地整治重点开展全域土地综合整治、高标准农田建设、耕地提质改造、低效园林草地整治、工程恢复园地林地草地整理等，着力增加有效耕地面积、提升耕地质量、促进耕地集中连片保护、优化耕林草布局和质量、改善农田生态系统质量。建设用地整治重点开展全域土地综合整治、土地复垦、矿山复垦等，着力统筹布局住宅建设、产业发展、公共服务设施、基础设施等各类建设用地，促进工业用地空间整合、村庄建设用地结构优化、建设用地利用效率和效益提升、城乡建设用地结构调整。

3. 国土综合整治重点区域划分

衔接上位国土空间生态修复专项规划确定的国土综合整治重点区域，落实本级国土空间总体规划确定的国土空间开发保护格局、现代农业产业发展要求，以整治潜力为依据，结合整治类型，参照河流、交通等线性地物以及开发区（园区）边界、城镇开发边界、自然保护区边界、行政边界等重要功能边界，考虑潜力规模大、分布较为集中、类型丰富等特点，划定整治重点区域，同一整治重点区域内可以有一种或多种整治类型。

（六）整治工程与重点项目

1. 重大工程确定

落实省级或市级国土空间生态修复专项规划确定的国土综合整治重大工程，衔接林业发展五年规划、自然资源保护和利用五年规划等，以重点区域为指引，进一步细化确定重大工程名称、范围。市级总规明确重大工程涉及的乡镇，县级总规明确重大工程涉及的村庄。

2. 重点项目确定

重点项目的提出应落实省级或市级国土空间生态修复专项规划确定的国土综合整治重大工程和重点区域，衔接林业发展五年规划、自然资源保护利用五年规划等，细化重大工程的任务和要求，明确提出不同整治类型的重点项目。细化制定重点项目列表，明确项目名称、建设规模、重点任务、实施时序、涉及区域等。

重点项目的安排应遵循以下原则：①符合国家、省关于土地综合整治和生态修复的相关要求；②土地整治基础条件好，具备一定规模，分布相对集中；③整治潜力较大；④预期综合效益明显，具有较强示范意义；⑤项目实施区域具备较好的群众基础；⑥近年农业、水利、自然资源、发展和改革、林草等部门未实施过重大工程或重点项目。

四、基于生活圈构建的城乡公共服务体系

（一）总体导引

公共服务设施是为城市、乡村或一定范围内的居民提供基本的公共管理、公共文化、教育、体育、医疗卫生和社会福利等服务的、不以营利为目的公益性公共设施。公共服务设施规划是落实“以人民为中心”的核心思想，建设全年龄段人群友好健康城市，实现城乡高质量发展、营造高品质生活的重要保障，是国土空间规划作为公共政策和治理工具的重要体现，是国土空间规划中必不可少的内容之一。

在市县国土空间总体规划中，公共服务设施规划是在城乡空间布局结构优化基础上进行要素配置的重要内容。该部分核心编制要求是根据全域常住人口的总量和结构特征，提出公共服务中心体系，明确分级分区配置内容和标准，划分不同尺度的城乡生活圈，根据人群需求补齐公共服务设施短板（见图 4-2）。

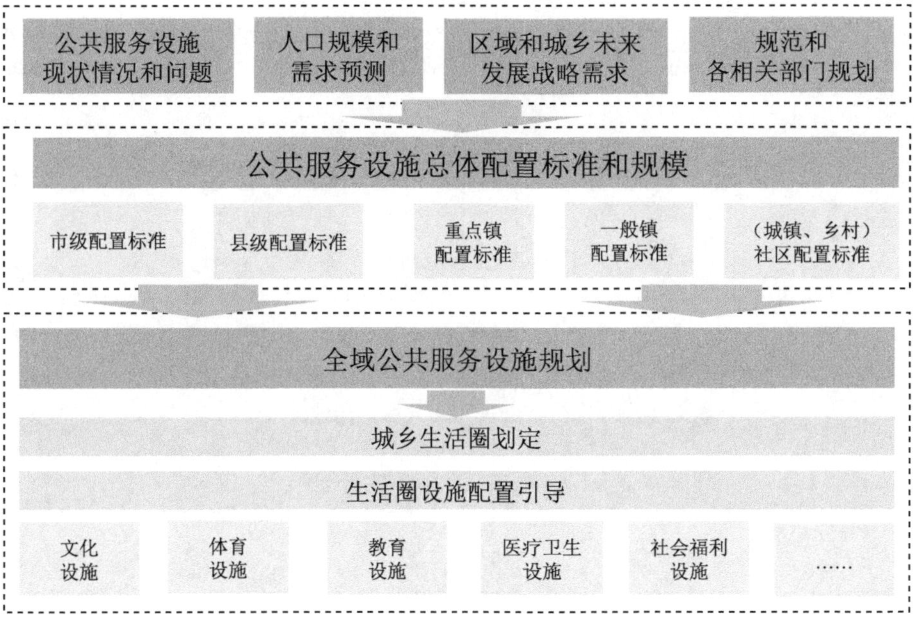

图 4-2　公共服务设施规划技术框架图

（二）城乡公共服务设施的类型与分级

1. 公共服务设施的类型

市县国土空间总体规划中的公共服务设施规划主要侧重公益型公共服务设施规划，对应 2023 年 11 月自然资源部印发的《国土空间调查、规划、用途管制用地用海分类指南》中“公共管理与公共服务用地”分类开展，主要包括机关团体、科研、文化、教育、体育、卫生、社会福利等机构和设施（见图 4-3），其中不包括农村社区服务设施和城镇社区服务设施。农村社区服务设施和城镇社区服务设施分别纳入农村宅基地和城镇住宅用地规划考虑；市场型公共服务设施在国土空间总体规划中纳入商业服务业用地规划考虑；某些针对特殊群体的公益型服务设施纳入其他用地规划考虑，如宗教设施纳入特殊用地规划考虑。

城市文化活动设施包括图书与展览、文化活动设施，具体分类见表 4-2；城市教育设施应包括高等教育、中等职业教育、中小学、幼儿园、其他教育设施五大类，具体分类见表 4-3；城市体育设施包括体育场馆和体育训练设施，具体分类见表 4-4；城市医疗卫生设施包括医院、公共卫生和基层医疗卫生设施，具体分类见表 4-5；社会福利设施包括老年人社会福利、儿童社会福利、残疾人社会福利和其他社会福利设施，具体分类见表4-6。

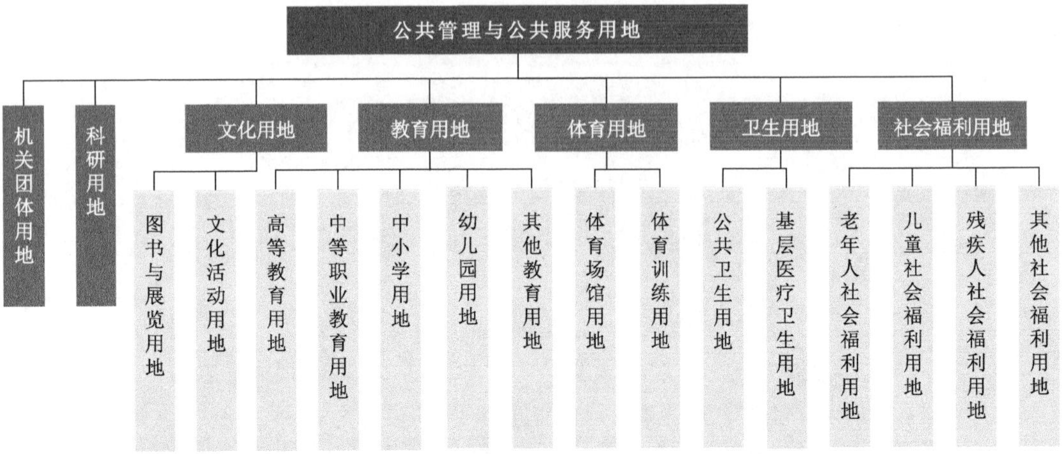

图 4-3　公共管理与公共服务用地分类

表 4-2　城市文化活动设施分类

设施分类	设施类型
图书与展览设施	指公共图书馆、博物馆、科技馆、公共美术馆、纪念馆、规划建设展览馆等设施
文化活动设施	指文化馆（群众艺术馆）、文化站、工人文化宫、青少年宫（青少年活动中心）、妇女儿童活动中心（儿童活动中心）、老年活动中心、综合文化活动中心、公共剧场等设施

表 4-3　城市教育设施分类

设施分类	设施类型
高等教育设施	指大学、学院、高等职业学校、高等专科学校、成人高校等高等学校，包括军事院校
中等职业教育设施	指普通中等专业学校、成人中等专业学校、职业高中、技工学校等，不包括附属于普通中学内的职业高中
中小学设施	指小学、初级中学、高级中学、九年一贯制学校、完全中学、十二年一贯制学校，包括职业初中、成人中小学、附属于普通中学内的职业高中
幼儿园设施	指幼儿园
其他教育设施	指除以上之外的教育设施，包括特殊教育学校、专门学校（工读学校）

表 4-4　城市体育设施分类

设施分类	设施类型
体育场馆设施	指室内外体育运动设施，包括体育场馆、游泳场馆、大中型多功能运动场地、全民健身中心等
体育训练设施	指为体育运动专设的训练基地

表 4-5　城市医疗卫生设施分类

设施分类	设施类型
医院	指综合医院、中医医院、中西医结合医院、民族医医院、各类专科医院、护理院等
公共卫生设施	指疾病预防控制中心、妇幼保健院、急救中心（站）、采供血设施等
基层医疗卫生设施	指社区卫生服务中心、乡镇（街道）卫生院等，不包括社区卫生服务站、农村卫生服务站、村卫生室、门诊部、诊所（医务室）等

表 4-6　城市社会福利设施分类

设施分类	设施类型
老年人社会福利设施	指为老年人提供居住、康复、保健等服务的养老院、敬老院、养护院等机构养老设施
儿童社会福利设施	指为孤儿、农村留守儿童、困境儿童等特殊儿童群体提供居住、抚养、照护等服务的儿童福利院、孤儿院、未成年人救助保护中心等设施
残疾人社会福利设施	指为残疾人提供居住、康复、护养等服务的残疾人福利院、残疾人康复中心、残疾人综合服务中心等设施
其他社会福利设施	指除以上之外的社会福利设施用地，包括救助管理站等设施

城镇、乡集镇、村/组社区生活圈公共服务设施具体分类见表 4-7、表 4-8、表 4-9。

表 4-7　城镇社区生活圈公共服务设施分类

设施分类		设施名称
社区服务	健康管理	卫生服务中心、门诊部、工疗康体服务中心、社区卫生服务站
	为老服务	养老院、老年养护院、老年人日间照料中心、综合为老服务中心
	终身教育	初中、小学、幼儿园、学龄前儿童养育托管中心、托儿所
	文化活动	文化活动中心（含青少年、老年活动中心）、文化活动站（含青少年、老年活动站）、文化展示馆
	体育健身	大型多功能运动场地、中型多功能运动场地、小型多功能运动（球类）场地、室外综合健身场地（含老年户外活动场地）、体育馆（场地）或全民健身中心、小型体育公园、健身步道
	商业服务	商场、餐饮设施、菜市场或生鲜超市、银行营业网点、电信营业网点、邮政营业网点、社区商业网点、健身房、社区食堂、生活服务站
	行政管理	社区服务中心（街镇级）、街道办事处、司法所、社区服务站、派出所
就业引导		社区就业服务中心

表 4-8　乡集镇社区生活圈公共服务设施分类

设施分类		设施名称
社区服务	健康管理	乡镇卫生院、卫生服务站
	为老服务	养老院、老年活动室、老年人日间照料中心
	终身教育	高中、初中、小学、幼儿园

续表

设施分类		设施名称
社区服务	文化活动	乡镇文化活动中心、文化活动室
	体育健身	乡镇体育中心、室外综合健身场地
	行政管理	—
就业引导		农业服务中心、集贸市场、职业技术教育与技能培训中心

表 4-9　村/组社区生活圈公共服务设施分类

设施分类		设施名称
社区服务	健康管理	村卫生室
	为老服务	老年活动室、村级幸福院、老年人日间照料中心
	终身教育	村幼儿园、乡村小规模学校
	文化活动	文化活动室、农家书屋、红白喜事大厅、特色民俗活动点
	体育健身	健身广场
	商业服务	菜市场、邮政营业场所
	行政管理	村委会、村务室

2. 公共服务设施的分级

在国土空间规划中进行公共服务设施配置，需要对应规划的两个层次，对市域和中心城区两个层次公共服务设施的配置原则、标准、规模和空间布局进行规划指引。市域层面应结合市域镇村体系规划、实际管理服务人口的特征和需求，依据相关规范，明确市、区和社区等各级城乡公共服务设施配置标准和布局原则，强调发挥资源和资金的最大效益，强调服务设施的城乡统筹，同时避免重复建设、过度建设；中心城区层面应结合中心城区综合方案规划，一方面重点明确各类城市级的大型公共设施配置标准和用地布局，另一方面完善社区生活圈，明确社区各类公共服务设施的建设规模和用地布局要求，综合确定中心城区公共服务设施用地总量、结构比例和空间布局。

按照城市规模、行政管理级别、服务人口和半径范围，城乡公共服务设施一般分为市级、区级、社区级（城镇社区、乡村社区）等，部分城市可根据需要设立区域级、片区级等级别。根据生活圈划分，城镇社区可细分为“15min 生活圈”“5~10min 生活圈”两个层级，乡村社区可细分为“乡集镇”“村/组”两个层级（见表 4-10）。

表 4-10　我国城市公共服务设施分级

级别	服务人口
市级	根据不同市的规模确定
区级	一般 20 万~30 万人
片区级（可根据情况设立）	一般 5 万~20 万人

续表

级别		服务人口
城镇社区	15min 生活圈	对应街道办事处、镇政府管理人口
	5~10min 生活圈	对应居委会管理人口
乡村社区	乡集镇	对应乡集镇管理人口
	村/组	对应行政村、自然村人口

（三）城乡公共服务设施规划的理念、原则与要求

1. 基于生活圈的城乡公共服务设施规划理念

2018 年 7 月，住建部发布新版《城市居住区规划设计标准（GB 50180—2018）》，首次将生活圈应用到居住区分级控制中，并对不同级生活圈下各类公共服务设施配置标准提出要求。自然资源部组织制定的《社区生活圈规划技术指南》也于 2021 年 7 月 1 日起在全国推广实施，其在《城市居住区规划设计标准（GB 50180—2018）》基础上，完善社区服务、日常出行、生态休闲等方面基础保障型服务要素的配置要求，并补充就业引导、住房改善、公共安全等方面的基础保障型服务要素。《社区生活圈规划技术指南》作为行业标准，重点阐述了社区生活圈规划的总体原则、城镇社区生活圈及乡村社区生活圈的规划指引、差异引导和实施要求等。

“生活圈”的概念起源于日本，生活圈可以有不同的划分方式，例如以职能划分，分为满足居民最基本需求的社区生活圈，满足购物、休闲等生活需求的基础生活圈，包含通勤行为的通勤生活圈等；以时间划分，分为 15min 生活圈、30min 生活圈、1 日生活圈等；还有以空间划分，分为社区（居住小区）生活圈、居住组团生活圈，以及工作地的生活圈等。

生活圈作为空间单元，在国土空间规划中是实施层面的重要抓手，也是规划体检评估的重要对象。国土空间总体规划层面重在布局引导，以补齐服务要素短板、契合社会发展趋势为导向。市级国土空间总体规划宜充分对接城市“多中心、网格化”的空间格局，提出城镇与乡村社区生活圈的发展目标、配置标准和布局要求；县级国土空间总体规划要突出乡村社区生活圈的发展要求和布局引导。对更大空间尺度的生活圈的划分，可以地理学中的“时距”为依据，构建社区级以上的市县域多级生活圈体系，进而在各级生活圈内配置相应等级的公共服务设施。

【专栏】某市全域生活圈体系规划示例

以生活圈为基础组织村镇公共服务设施配置。各等级服务中心以其服务半径为界限相互交织、重叠，组成服务网络，形成适合居民生活的生活圈服务体系。根据居民对不同等级服务功能的需求程度、出行限制可将生活圈分为四个等级，如表 4-11 所示。

表 4-11　生活圈体系分级特征表

生活圈	参考交通方式	参考出行时间/min	等效服务半径/km	最大服务面积/km^2	服务单元
基本生活圈	步行	15	0.5~1	3	村镇社区/行政村
一次生活圈	步行	30~60	2~3	30	中心村/镇
二次生活圈	自行车	30	4~8	300	中心村/镇
三次生活圈	机动车	30	20~25	2000	中心镇/县城

2. 城乡公共服务设施规划的基本原则

（1）坚持以人民为中心。应围绕城乡居民美好生活需要，坚持保基本和提品质统筹兼顾，在补齐民生短板、确保均衡布局、满足便捷使用的同时，主动适应未来发展趋势，引领全年龄段不同人群的全面发展，激发城市活力，不断提高人民群众的获得感、幸福感、安全感。

（2）坚持公平共享、弹性包容。应尊重每个人的生存权和发展权，均等提供公共服务保障，实现财富与空间资源的公平分配，促进社会公平正义和阶层融合，实现全民全时全域幸福；着力缩小城乡之间和地区之间的公共服务差距，推动公共服务资源向农村、巩固脱贫攻坚成果地区等倾斜，提高公共服务的均等化水平。

（3）坚持集约共享、绿色开放。在当前资源约束趋紧的背景下，应统筹考虑各级各类公共服务设施布局，将同级别的公共服务设施相对集中布置，不同层级的同类设施布局时充分考虑空间分布的均衡性，在满足使用功能互不干扰的情况下推进各类资源的开放共享和复合利用，避免资源浪费；倡导绿色出行模式，鼓励公共服务设施布局与轨道交通站点、公交枢纽、慢行系统的有效衔接；倡导低碳技术应用，增强城市和社区韧性，实现服务设施空间的动态适应与弹性预留，提高对各类灾害和突发事件的事先预防、应急响应和灾后修复的能力。

（4）坚持因地制宜、合理配置。应充分考虑设施配置与服务的城乡人口规模、服务范围相匹配，充分考虑地理特征、地域文化、民族特色等影响，加强分类引导、差异管控、特色塑造和有序实施，建立配套齐全、功能完善、布局合理、使用便利的公共服务设施体系。

3. 城乡公共服务设施规划的要求

（1）对于人本需求的精细化响应。对人群需求进行细分，根据不同人群的心理特性、行为特性、经济水平和审美感知，以及对公共服务设施的提升需求，提供差异化的设施供给。在服务城乡常住人口的基础上，跳出户籍制度和行政边界的约束，考虑面向高质量人才、城乡双栖人群、国际化流动人口等需求的设施配置；在满足人群基本需求的基础上，进一步满足人群的高端需求，预留高等级设施的发展空间。

（2）促进公共服务设施向智能化发展。注重与新一代信息技术的耦合，运用人工智能技术、多媒体技术、5G技术等提升公共服务设施品质和智能化水平，满足人民的公共需求；构建面向未来的生活场景，运用智能化手段，改善服务要素的空间布局和服务效能；利用信息化智能平台多方式识别公众对城市空间的意象感受与需求表达，实现城市管理与决策的智慧化和精细化。

（3）探索存量背景下的差异化配置方法。针对未来城市中的更新地区和老旧小区等，依托空间挖潜和功能转换等方式补短板，改善品质，推动已有公共服务设施在数量、分布、供给内容、使用方式上完善优化提升。

（4）满足精神需求，体现文化脉络。深入挖掘城乡自然山水环境、历史风貌资源、乡土文化特征，注重文脉保护传承、场所营造和环境提升，在公共服务设施中充分反映城市的文化脉络、人文精神和时代印记，融入对不同居民的人文关怀和包容、对历史文化的承载，以及对未来美好生活的向往，营造居民对城市、对社区的归属感、认同感和自豪感。

（5）促进协同治理，鼓励共建共治共享。推动医养结合、文体结合、体教结合等趋势，促进不同部门之间的协同治理；运用多种方式促进全过程、分阶段、多方式的公众深度参与；在城乡搭建综合服务平台，鼓励公益组织、社会企业、集体经济组织和物业公司等参与公共服务设施的建设、运营和管理。

（四）城乡公共服务设施配置标准规范和特色化要求

本节介绍城镇和乡村公共服务设施配置的国家标准规范，并进一步介绍针对多元群体需求的特色化配置原则和思路，在实践中还应注意衔接各地发布的城乡公共服务设施配置地方标准和规范。值得强调的是，传统的公共服务设施配置标准一般根据“千人指标”和“服务半径”计算设施供给，这种方法虽然易于操作，但其计算结果往往并不符合城乡居民对公共服务设施的实际需求。近年来，国家和地方发布了《社区生活圈规划技术指南》、《城市“15分钟生活圈”建设技术指南》（DB34/T 4712—2024）等新规范，形成了以社区生活圈为单元优化公共服务设施配置的新范式，更加契合人民群众日益增长的公共服务需求。

1. 城镇公共服务设施配置标准及要求

现阶段城镇公共服务设施规划和配置，可依据的标准规范有《社区生活圈规划技术指南》（TD/T 1062—2021）以及《城市居住区规划设计标准》（GB 50180—2018），同时未正式发布的《城市公共服务设施规划标准》（GB 50442）也可作为工作参考（表4-12）。

表4-12　国家关于城镇公共服务设施配置标准的规范清单

颁布年份	标准编号	标准名称
2008	GB 50442—2008	《城市公共设施规划规范》
2018（未发布）	GB 50442	《城市公共服务设施规划标准（修订）》
2018	GB 50180—2018	《城市居住区规划设计标准》
2021	TD/T 1062—2021	《社区生活圈规划技术指南》

2. 乡村公共服务设施配置标准及要求

现阶段乡村公共服务设施规划和配置，可依据的标准规范有《社区生活圈规划技术指南》（TD/T 1062—2021）以及《乡村公共服务设施规划标准》（CECS 354—2013）。规划期内有条件成为建制镇的乡驻地的公共服务设施规划，可参照城镇公共服务设施配置标准执行（见表 4-13）。

表 4-13　国家关于乡村公共服务设施配置标准的规范清单

颁布年份	标准编号	标准名称
2007	GB 50188—2007	《镇规划标准》
2013	CECS 354—2013	《乡村公共服务设施规划标准》
2021	TD/T 1062—2021	《社区生活圈规划技术指南》

3. 基于人本需求的特色化公共服务设施配置

经济发展到一定水平之后，人民生活水平不断提高，对公共服务的多样化需求也不断增长，原有的公共服务设施已难满足多元化社会群体的特色化、差异化的需求。

城镇公共服务设施规划，应关注与城镇人口结构发展趋势匹配的人群，并兼顾社会公平分布广泛的弱势人群，以及与未来高品质生活图景重叠度高的人群。例如，具有较强社会经济意义的老年人群，对国家未来发展意义重大的低幼人群，代表城市竞争力、社会经济活力和发展动力的创新人群等应作为典型代表性人群，分析其公共服务需求，进行精细化的配置。不同市县可结合地方不同的人口结构开展差异化的分析和配置。

乡村公共服务设施规划，要考虑乡村自身发展条件和特征，如人口结构、收入水平、公共管理、地域环境和产业导向等方面。从规划变化趋势和人口结构看，农村人口结构往往具有极端性，留守在农村的往往是老、幼、妇等特殊人群，其人口特征决定了乡村需求最大的主要是养老、教育、医疗等设施。因此乡村公共服务设施规划要考虑极端人口结构带来的极端化需求，以及乡村地区交通条件、人口流失的情况，可采用更加灵活地适应乡村复杂环境的供给模式，打破“固定式供给”模式，创新社会保障管理体制。

（五）全域城乡公共服务设施规划流程和要点

1. 公共服务设施现状情况研究

分析城乡各类公共服务设施配置的现状情况和问题，包括城乡公共服务设施总量、人均公共服务设施面积、设施覆盖范围、设施空间布局、设施服务质量等方面，重点分析与全国和地方规范要求的匹配度（规范匹配）、与城乡不同类型人群需求的匹配度（供需匹配）、与原规划战略目标的匹配度（战略匹配）等，研判未来需提升的重点方向。

2. 城乡公共服务设施配置标准和规模

以预测的人口规模及城镇体系规划为基础，根据区域和城乡未来发展的战略需求、公共服务设施规范要求和各专业系统有关部门的规定（见表4-14）、城乡不同人群的需求等确定公共服务设施总体配置的标准和规模，确定从市—县—重点镇——一般镇—村（社区）分级配置的标准和规模。

表4-14　公共服务设施人均规划建设用地指标

用地指标	城市人口/万人						
	20以下	20～50	50～100	100～300	300～500	500～1000	1000以上
人均规划建设用地指标/（m²/人）	4.0		4.2			4.1	

注：表中人均规划建设用地指标适用于公共文化设施、教育设施（不含高等教育设施）、公共体育设施、医疗卫生设施和社会福利设施。

【专栏】全域医疗卫生设施体系规划内容示例——延庆区国土空间规划

创新医疗设施供给模式，提升医疗服务能力。优先保障公立医疗，提升综合医院、专科医院、妇幼保健院的服务能力，推进三级甲等医院建设。引进社会医疗机构，推动医疗服务与旅游、体育赛事、训练康复、高品质养老产业结合，构建与居民健康需求相匹配、体系完整、分工明确、功能互补的全生命周期卫生服务体系。

完善基础公共卫生服务体系，每个乡镇、街道配套建设1所社区卫生服务中心，并兼顾门诊医疗和急救服务需求。社区级（村级）医疗卫生服务实现全覆盖。完善院前医疗急救服务体系。到2035年，全区千人医疗卫生机构床位数提高到6床左右。

3. 全域公共服务设施配置引导

统筹配置城乡基本公共服务设施，构建城乡一体、均衡配置的基本公共服务体系，强化基层公共服务设施建设和资源配置。以30~40min“城镇生活圈”和复合共享的15min城乡社区基本公共服务圈为重点，促进公共服务设施全域均衡共享。其中，中心城区和县城的设施配置重点表达服务于区域的重要设施类型，镇、村庄设施配置应在发展潜力评价基础上，科学合理地识别具有中心服务职能的镇、村庄，划定生活圈范围并提出设施配置引导。流程上首先进行各级各类设施数量的测算，明确新增或改扩建的设施数量；其次在布局上结合现状分析进行查缺补漏，结合城市空间布局和人口分布特征，确定新增、改扩建设施的空间布局。

4. 全域公共服务设施配置方案验证

对照各级各类公共服务设施配置标准和规划目标，对公共服务设施规划方案进行验证和优化完善，直至满足各级生活圈建设标准和要求、各级各类设施满足不同人群使用需求。

（六）全域城乡公共服务设施配置技术方法

本节重点说明公共服务设施配置流程中可用的技术方法，主要包括人群结构特征分析模型、基于可达性和承载量分配的公共服务设施评估模型和基于集合覆盖模型的村庄设施选点优化模型（见图4-4）。在具体实践中，可根据实际需求灵活选择分析方法和工具，分析尺度、数据精度亦可根据不同的应用场景灵活选择。

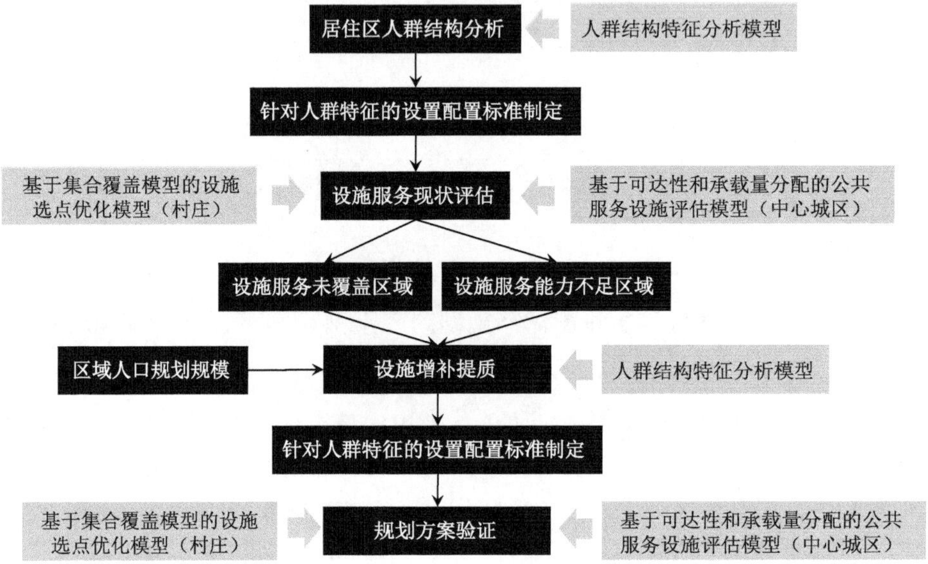

图4-4　公共服务设施配置的技术路线示意图

（1）人群结构特征分析模型。在进行公共服务设施的分析与优化配置之前，需要明确各类公共服务设施的需求量。基于交通可达性的缓冲区分析可以判断居民点能否在规定的出行距离内抵达其需要的公共服务设施点，但因为存在着设施提供的服务供给量低于周边居民需求量的供不应求的问题，设施可达并不能保证居民的需求得到满足，因此必须对居民对公共服务设施的需求量进行定量分析。在公共服务设施需求量的核算上充分考虑各个居民点人口结构的差异，以统计数据为基准，同时结合手机信令等大数据对居民点的人口结构特征进行分类。之后结合不同人群对公共服务设施使用需求的偏好，测算更为精准合理的公共服务设施需求量。例如，在北京市未来科学城某研究项目中，通过手机信令数据，识别创新园区内的创新人群，并结合创新人群的时空分布特征，识别创新人群的居住空间分布，作为后续针对创新人群配置公共服务设施的基础数据。

（2）基于可达性和承载量分配的公共服务设施评估模型。公共服务设施的服务能力评估包括两个层面：可达性和承载量。前者主要评估每一处居民点能否在规定的出行距离内抵达其需要的公共服务设施点，后者则从供需定量分析的角度来考察某一处居民点能否从其可达范围内的公共服务设施中获得足够的服务承载量。如果可达性不达标，在不考虑交通条件改善的情况下，主要通过在不达标的居民点周围增设公共服务设施来改善；而承载力不达标的问题除了增设设施外，也可以通过对周边已有的设施进行服务规模扩容来缓解。

设施服务能力评估的结果呈现为城市空间中不同居民点对于公共服务设施的满足状况分布图。在城市空间底图上，叠加居住用地地块，同时标注出各个居住地块在公共服务设施覆盖评估中的状态，包括已达标、公共服务设施不可达以及设施服务量不足，其中设施服务量不足的具体数值亦可以定量标识出来。对应的公共服务设施点同时也在一张图上呈现，并标注各个设施点服务承载规模的分配状态。该模型可以在不同的情景下使用，例如输入现状的居民点和设施点数据以分析公共服务设施的服务能力现状，或者输入修改后的设施点数据以模拟分析公共服务设施提质优化的效果。

【专栏】针对不同人群需求的公共服务设施现状评估示例
——某市小学服务现状评估

结合小学空间分布、居住用地上小学适龄人口数量等分析小学服务现状覆盖情况。计算某市各社区单元中，小学步行 10min 范围覆盖居住用地内小学适龄人口占各社区单元内小学适龄总人口的比例，以评估小学空间服务覆盖能力（见图 4-5）。

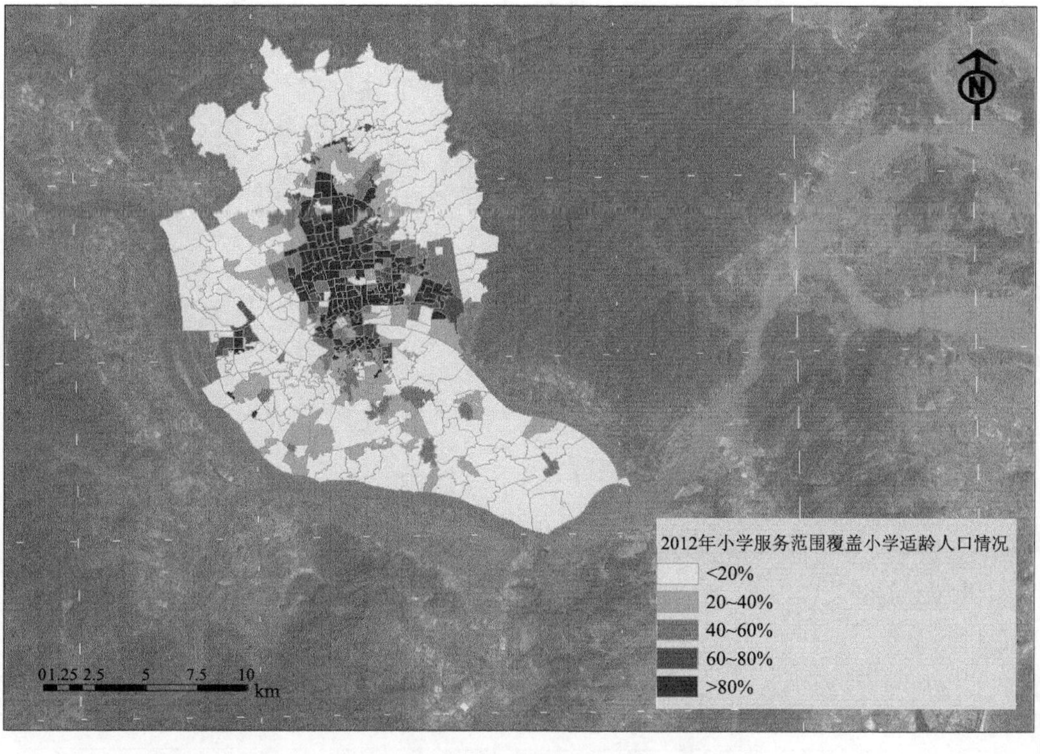

图 4-5 某市小学服务范围覆盖小学适龄人口情况分析

（3）基于集合覆盖模型的设施选点优化模型。村庄区域的人口分布与城市建成区有很大的区别，呈现出一种离散化的空间格局。村庄的数量多且单个村庄的居民人口规模小，可以将空间上邻近的若干个村庄作为一个组合进行公共服务配置，以提高设施的利用效率。基于集合覆盖模型的村庄设施选点优化模型从优化配置的角度分析如何对村庄点进行适当的分组，形成村庄生活圈群落，以最大化公共服务设施的服务效率。集合覆盖模型可以从所有村庄中找到一组合适的中心村，满足所有村庄均能在规定时间内到达中心村，并且使得中心村的数量尽可能少，以提高公共服务设施的服务效率（Lin and Yu, 2011）。

【专栏】基于集合覆盖模型的设施选点优化模型及乡村生活圈体系构建示例

在配置过程中，假定现状所有乡村居民点均可作为社区生活圈服务中心，构建网络模型，计算各等级生活圈下居民点可到达的服务中心建设备选点，并记录每条路径的通行成本，运用集合覆盖模型，从现有的居民点中挑选出保证覆盖率 100%且总通行成本最低的点，作为乡村生活圈服务中心点，在此基础上勾绘出全局范围的生活圈网络（见图 4-6）。

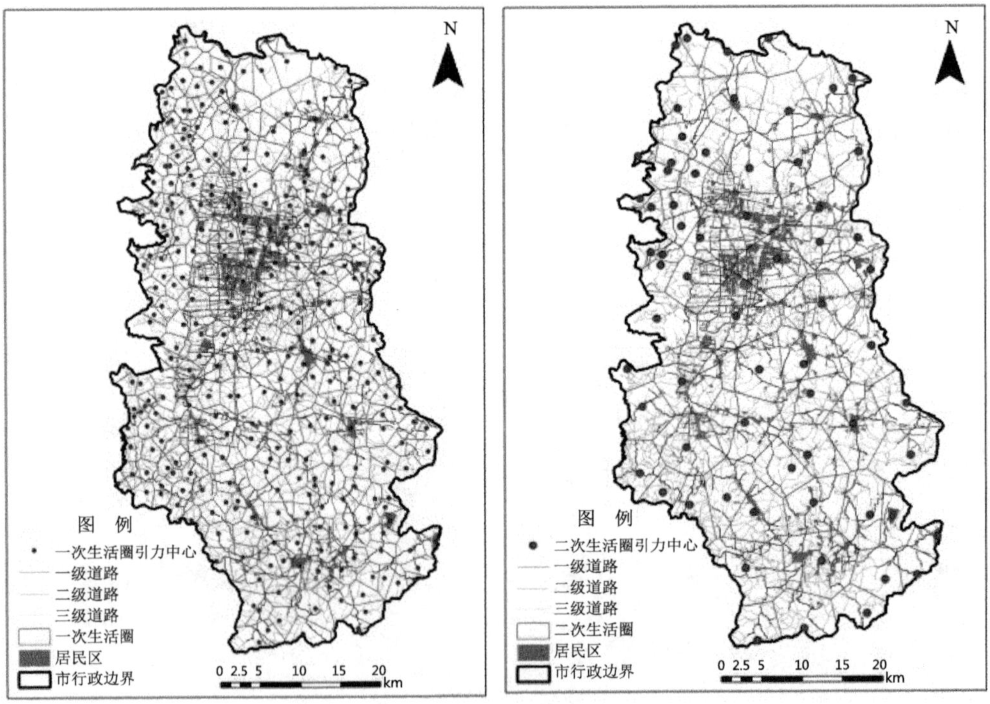

图 4-6　某市一次/二次生活圈构建示意图

资料来源：清华同衡，农村公共服务设施空间配置关键技术研究课题

五、基于全域一体化的综合交通体系

（一）总体导引

交通是城市融入区域和支撑经济社会正常运转的基础要素，是影响城市形态塑造和空间发展的重要因素。纵观城市的发展史，交通系统对城市空间和功能布局起到了重要的支撑和引导作用。同时，交通也是空间治理的重要政策工具之一，因而必须成为有机融入空间规划中的重要内容（杨东援，2019）。国家层面出台了《交通强国建设纲要》（中共中央、国务院2019年9月印发实施）和《国家综合立体交通网规划纲要》（中共中央、国务院2021年2月印发），为全国和各级城市的交通体系发展设定了总纲和总图，提出了“人享其行、物优其流”的发展目标。建设现代化高质量综合立体交通网，需要适当规模的国土空间来保障。在市县国土空间总体规划这类综合性、长期性的规划层面，能否合理谋划交通发展格局、科学制定交通发展战略对于城市未来的功能布局、健康运转和有效治理将产生重大影响。

城市综合交通是城市中的各种交通形式构成的系统。从地域关系上，城市综合交通大致可分为城市对外交通和城市交通两大部分。城市对外交通泛指本城市与其他城市间的交通，以及城市行政区域范围内的中心城区与周边城镇、乡村间的交通，主要交通形式有公路、铁路、航空和水运等（建设部城市交通工程技术中心，2007）。城市交通是指城市内的交通，包括城市道路交通、城市轨道交通和水上交通等。

市县国土空间总体规划框架下的综合交通体系，其内涵相较于传统城市综合交通领域，范围更广阔、结构更完整、层次更丰富，且与用地结合更加紧密。在综合交通体系方案编制过程中，应深刻剖析该市县历史与现状交通发展成因与状况，科学预测未来交通发展需求，明确交通发展目标、策略与主要交通发展模式。统筹协调区域、市域与城乡交通体系，全面布局城市内部交通与铁路、公路、航空、水运及配套枢纽场站等市域其他交通要素，构建内外一体、衔接便捷的城乡综合交通体系和骨架网络，预留主要廊道和设施建设空间，与全域国土空间开发和保护格局相协调，促进交通与用地一体化高效发展。综合交通体系与区域协同发展格局、生态保护空间格局、乡村振兴农业发展格局以及底线约束密不可分，应在此基础上，分级分类建立市县国土空间规划中综合交通体系的纵向横向管控、传导与实施机制，充分发挥国土空间总体规划的约束指导作用。

市县域综合交通体系规划可参考的规范、标准主要有《城市综合交通体系规划标准》（GB/T 51328—2018）、《城市对外交通规划规范》（GB 50925—2013）以及各地的国土空间规划编制导则。

交通专题研究的技术流程包括对城市的交通系统发展现状和既有规划进行系统性评估、结合新的形势要求对未来的发展趋势进行预判、在分析未来可能情景的基础上选择适合当地的交通发展战略和发展目标、结合战略目标提出交通系统构建的发展策略以及保障措施等。因交通与空间紧密不可分，在规划研究的每个阶段，都应与空间规划的研究互相衔接、同步开展（见图4-7）。

（二）交通发展现状和问题评估

分析交通发展现状，具体包括分析对外交通系统和联系特征、全域交通系统建设情况、市（县）域内部出行特征、交通发展阶段，相关分析要聚焦现状存在的问题。

1. 城市对外交通系统和联系特征分析

城市对外交通系统分析包括分析铁路、公路及其出入口、水路、航空等运输线路及枢纽的等级、建设规模、近年来的运行情况和存在问题，研判现有的对外交通设施是否能满足城市经济社会发展的需要、是否与城市的布局相协调（比如过境交通问题等）、是否起到对相关产业的促进作用（如枢纽经济、道口经济、航空经济等），上位规划的区域交通走廊与该中心城区布局是否协调，过境线路有没有建设空间，等等。城市对外联系特征可以通过交通线路流量统计、迁徙大数据等方式获取，以判断城市的主要联系方向、发展趋势及与对外交通系统的匹配性。

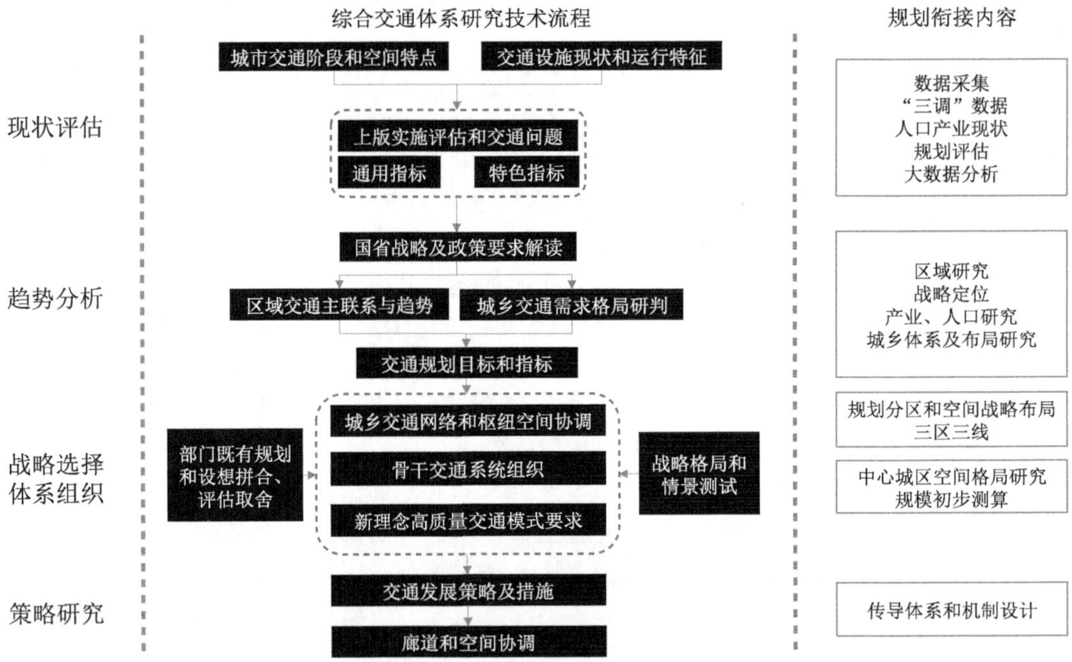

图 4-7　综合交通体系规划研究技术路线

需要指出的是，新时期区域经济一体化的发展趋势对区域交通一体化的要求越来越高，因此，应打破对外交通与城市交通、对外交通各子系统之间行政体制的藩篱，从区域协调发展的角度对交通设施进行统筹布局。

2. 全域交通系统建设情况分析

分析全域交通系统建设情况，要梳理包括各类交通基础设施的建设现状，分析既有交通体系对城市发展的支撑作用、存在的问题，以便有针对性地制定规划策略。在市县域层面，除了上述对外交通系统分析中提到的公铁水空等主要交通设施外，还可将下层级（县级或乡镇）的城乡公交、客货运场站等重大设施纳入总体分析，通过网络密度、覆盖范围等分析方法，研究其与城乡格局的协调性和适应性；在中心城区层面，包括道路网、重要公交场站（枢纽、场站、轨道交通设施等）、主要公共停车设施等，分析其布局是否合理、规模容量是否适用等。

其中，重点关注道路网（包括市域内城镇的道路和城镇间的公路）结构与城镇体系布局是否吻合，局部路段或节点是否存在突出的交通问题，城乡间的路网衔接是否合理、顺畅；分析各级交通枢纽的布局与城市功能布局的关系，对于不同规模的城市，注意其枢纽布局的模式存在差别（徐循初，2007）、中心城区及城乡的客货运服务（包括城乡客运班线、城乡公交、物流快递等）发展水平和场站保障、重要公交走廊（包括轨道交通）线路和站点的布局与土地开发的协调性等相关内容。

3. 城区交通特征分析

交通出行活动是交通规划的基础，社会经济特征不同的地区，交通出行特征也不尽相同，需要具体问题具体分析（见表 4-15）。交通出行特征分析的主要内容包括交通发展阶段、城区居民的出行规模和方式结构、平均出行距离和通勤时间、城区的主要交通走廊和节点（机动车、公共交通、慢行交通等不同方式）等，由此总结出中心城区的主要出行特征。通过常用的分析方法，包括居民出行调查、手机信令分析等，获取该城市不同人群的日常出行特征，作为判断规划期出行特征的基础。对于未来的出行特征还需要在用地空间结构、出行方式结构等方面进行综合研判。

表 4-15　不同交通发展阶段的交通发展目标与关注问题（孔令斌，2009）

交通发展的阶段	交通发展目标	交通关注的主要问题
机动交通初期城市扩张阶段	支持城市社会经济发展，满足交通需求	交通系统扩展、改造，混合交通
机动化下的城市结构调整与公共交通发展阶段	支持城市社会经济正常运行，交通优先和交通引导	交通网络节点调整、公共交通发展、交通优先、交通拥堵
城市交通福利化，以管理为主的交通发展阶段	支持城市社会经济正常运行，交通公平	交通拥堵、交通公平、交通需求管理政策、交通福利

（三）交通发展趋势分析

我国处于城镇化中后期发展阶段，城市交通需求仍在不断增长，而且随着城市的扩张和生活水平的提高、技术的进步，交通出行特征显示出阶段差异性，从慢行交通方式主导到通勤距离加大、出行方式机动化（王振坡等，2016），再到未来交通方式的更加多元化趋势，对城市交通的建设空间提出了新的要求。规划中需要对交通发展的趋势和挑战进行研判。结合空间规划的开发规模和功能定位，分析内容包括出行需求总量、平均出行距离、可能的出行方式结构以及未来动静态交通设施可拓展的空间。

【专栏】交通需求量化分析方法简介

依托多源数据和用地规划方案，可利用交通需求预测的模型方法初步估算未来的交通需求，对空间方案起到一定的支撑作用。在国土空间规划的阶段，土地利用尚有较大的不确定性，应采用简化的模型方法，定性定量相结合地对未来交通需求进行分析。在此简要介绍一种粗略估算的方法。

1. 基于人口岗位的出行OD分析

在利用手机信令数据开展现状和规划人口岗位分析（参照人口专题部分，此处不再赘述）的基础上进行出行需求的预测。

（1）出行量测算

首先将人口进行分类，一般分为常住人口、一般流动人口、旅游流动人口，根据不同人口类型，采用不同出行率，测算出行总量。而后，根据现状OD及类似城市经验，确定不同类型人口内外部出行比例，得到全城区内外部出行比例，进而得到内部出行量以及外部出行量。

（2）对外交通OD分布

结合现状OD、研究区域所处区位、总体规划目标定位、产业联系等，确定对外联系小区，采用距离、人口、经济引力模型，并根据实际情况进行修正，确定研究区域与各外部小区联系强度比例。最终结合对外出行量，测算研究区域与各外部小区OD出行量。

（3）城区内部OD分布

结合总体规划空间结构及用地布局，确定交通小区（一般情况下，结合国土空间总体规划中的用地组团划分交通分析区）。根据各交通小区人口、岗位规模，分析各小区交通生成量。通过平衡各小区居住、就业、办公比例，确定区内交通和区外交通比例。进而确定各小区内部出行量以及区间出行量。采用重力模型法，利用TransCAD、PTV Visum等软件，形成各小区OD矩阵（含区内出行量）。

2. 情景供需测算

参照现状出行结构，考虑内外部出行比例，设定高、中、低多情景出行方式，得到不同场景不同方式OD矩阵，并利用相关软件进行需求测算。在定性定量分析的基础上制定出行结构目标，引导居民出行方式。

计算方法还可参考城市交通规划相关教材，以及《国土空间规划背景下的交通大数据分析技术》（杨东援，同济大学出版社，2022）等。

（四）交通发展目标和战略研判

1. 综合交通发展目标的制定

“安全、舒适、便捷、经济、高效、宜游、低碳、智慧”等是常用的交通目标，可选择该城市交通系统需重点关注的方面来制定，通过设施规模、交通方式结构、空间布局密度、服务覆盖率等指标加以衡量。交通规划目标和指标应相互呼应，目标设置和指标选取应充分尊重城市交通发展规律，体现城市的发展特征和发展愿景。

2. 综合交通发展战略的制定

综合交通发展战略是在预判城市未来交通发展趋势的基础上，整体把握城市交通发展的方向，针对结构性、长远性的战略方向提出发展引导。总结国内外大城市近年来交通发展战略的制定，有以下趋势值得关注：一是“人本”思维，从关注交通设施到关注人的出行；二是交通与土地利用的良性互动，从关注交通系统的构建到关注交通与土地功能的协同，特别是构建以公共交通为导向的城市土地开发（TOD）模式；三是绿色低碳交通，从关注机动车的通行效率到关注综合交通体系的效率，并在减碳方面提出具体要求。

根据城市战略、城市特点等实际情况，从不同层面研究城市综合交通发展战略。区域层面应重点考虑城市的区位和资源禀赋，落实国家和省级层面提出的规划和发展要求，提升城市综合交通枢纽地位，带动区域发展；市域层面应重点考虑市域交通与城镇、生态、农业等空间的融合发展，从城乡一体化的视角优化交通设施布局，完善交通网络，增强中心城市（县城）的区域辐射与带动力；中心城区层面应重点考虑该城市的主导交通方式，引导绿色交通体系的构建，全面统筹重大交通设施布局与城市发展，提高城市交通运行效率，保障城市功能发挥，彰显城市特色。

（五）交通规划策略研究

交通规划策略是在城市交通发展阶段、重点问题、发展目标研究的基础上，结合战略路径的选择，制定出符合城市特点的交通应对措施。由于交通发展策略的制定更多结合规划和城市实际情况，难以一概而论，应从交通系统的综合性、交通与城市功能的协调、交通活动中人的体验的角度，结合实际情况制定。

1. 高铁和枢纽时代城市综合交通发展策略

我国高速铁路网、城际铁路网快速发展，几乎所有的城市都将纳入快速交通网络。高（快）速铁路压缩了城市之间的通行时间，改变了人们的城际出行模式。高（快）速铁路枢纽布局带动了经济产业区域性重组，推动了城市空间结构的调整。在交通策略方面，要思考高铁站点选址与城市空间的协调关系，统筹考虑高铁站及周边地区开发；加强城际铁路与城市内部交通的衔接，优化交通集散，构建以高铁站为核心的“门到门”便捷交通体系和运行机制（段进，2016）。

2. 公交优先引领城市发展的协同发展策略

“公交优先”已成为我国城市发展的共识，但是真正落到实处，尚需要在城市建设的多个层面协同发力，特别是国土空间规划的阶段，从城市空间布局上构建公交优先引领的城市发展格局，对于城市未来的空间拓展和功能组织具有关键性的意义。公共交通导向型（包括轨道交通、常规公交等多种形式）的规划包含三个层面：一是宏观层面根据城市规模等特征因地制宜地选择适合的公交发展模式，构建多层次、一体化的公交网络体系，以公交走廊引导城市空间形态，引导城市紧凑发展，提高走廊沿线开发强度，从走廊沿线视角推动职住平衡；二是中观层面构建多网融合的公共交通系统，优化交通衔接，以公交枢纽实现城市中心体系的锚固，通过集约型运输与功能中心的匹配促进城市交通系统的良性发展；三是微观层面结合公交节点特征合理安排土地开发，围绕站点建设公交社区，实施综合开发。

3. 机动化交通的理性认识和需求引导策略

机动化在不同国家和地区、不同城市和不同阶段都有不同的表现，这种不同主要在于占主流的机动化交通方式的不同，包括摩托车化、小汽车化、公共汽车化、轨道化等不同形式（杨涛，2020）。随着人民生活水平的不断提升，城市的机动化是必然趋势，但纵观改革开放后数十年来的城市交通发展，在我国城市有限的城市道路资源约束条件下，依赖小汽车实现城市交通的高效、安全运行基本没有可能性。城市交通系统的根本目的是实现人和物在城市的高效、便捷和安全移动，必须采取集约化、高效率的发展模式，关注人的可移动性，构建以步行、非机动车和公共交通为主体的综合交通体系，通过精细化的交通需求管理措施，加强对小汽车的使用管控，确保绿色、集约化交通方式相对于小汽车有更高的发展优先级，将有限空间资源的配给更多地向公共交通与步行、非机动车交通方式倾斜。

4. 可持续人性化的城市道路体系构建策略

改善城市道路网体系，应从偏重增加机动车的路网容量，转向侧重提升人的全方位出行服务品质。在城市道路网规划中区分“街”和“道”的功能，“道”以实现机动交通通行的功能为主，“街”更加面向人的服务，满足人们驻足交往的需求。协调骨架路网与城市空间布局的关系，科学布局客流主通道和车流主通道，协调不同类型道路与城市组团的关系；加密道路网络，根据不同片区的功能选择合适的道路网密度和宽度，满足多元化的交通需求；在城市界面以人活动为主的区域实施“窄马路、密路网、小街区”的布局模式，塑造步行和公共空间友好的街道空间。

5. 面向“双碳”目标的城市低碳化交通策略

交通领域是碳排放的重点领域之一，城市交通的减碳是实现“双碳”目标的重点之一，也是国土空间规划角度促进“碳中和”的重要手段。总结国际上推进城市交通减碳的策略和路径，主要有以下三方面（余柳，2021）：一是分阶段推动交通电气化转型，构建“新能源汽车规模化使用+绿色能源供应”的零碳交通能源体系；二是促进交通结构优化，打造“紧凑型城市形态+绿色出行”的低碳生活模式；三是引领法规、标准、科技创新，为实现城市交通碳中和提供全方位的保障。

（六）市县域交通体系布局规划

在城市特点和上述的问题、趋势、目标、策略研究的基础上，开展对综合交通体系空间布局的研究。因后续还应编制城市综合交通规划或交通专项规划，国土空间规划中的综合交通体系布局主要体现交通与国土空间的协调和引导作用，为未来的发展预留空间，故应视当地的情况做好与专业部门既有规划的衔接。

市县域交通体系布局规划的主要内容包括明确综合交通系统发展目标与策略，协调和优化综合交通网络，预留主要交通场站与交通廊道（线位），预控重大交通设施建设空间，增强区域、市县域、城乡之间的交通服务能力。

在市县国土空间总体规划编制过程中，综合交通体系规划除了规划和自然资源主管部门外，还涉及交通运输、公路、铁路、航空、航道、住建和发改等相关部门，应坚持部门协同的工作方式，做好与各个相关单位的基础工作对接与规划方案统筹。为保障规划有效实施，应提出对交通类专项规划的指引，明确专项规划的编制清单，相关专项规划应在国土空间总体规划的指导约束下编制，落实相关约束性指标。

市县域交通体系包括铁路、公路、航空、水运、管道五种交通运输方式及其枢纽场站。铁路、公路、航空及水运从运输功能上分为客运与货运，管道通常用于开展货物运输。五种运输方式的优劣势对比如下表 4-16 所示。

表 4-16　五种运输方式的优劣势对比表（冯玥和李海波，2020）

运输方式	优势	劣势
铁路	能耗低、经济性适中、时效性适中、环保性好、安全性好	便捷性一般
公路	经济性适中、时效性好、便捷性好	能耗高、环保性差、安全性差
航空	时效性好、安全性好	能耗高、经济性差、环保性差、便捷性一般
水运	能耗低、经济性好、环保性好、安全性好	时效性差、便捷性差
管道[①]	能耗低、经济性好、时效性好、环保性好、安全性好	便捷性一般

应加强铁路、公路、航空、水运及管道多种运输通道一体化运营和无缝化衔接，促进空铁、空铁公、铁水等多式联运，推动公路转铁路、公路转水运等绿色化、集约化运输方式发展。在枢纽周边配套综合服务区及多式联运场站设施。

1. 铁路系统布局

统筹城市轨道网络，梳理、整合市县域内国家铁路系统，通常包括干线铁路、城际铁路、市域（郊）铁路等多层次轨道系统，部分市县还会发展特殊制式、特定用途的轨道设施，如山地旅游轨道等。根据国家、省市级相关规划，明确干线铁路运输通道以及

① 管道除广泛用于石油、天然气的长距离运输外，还可短距离运输矿石、煤炭、建材、化学品和粮食等，因大部分管道都被其所有者用来运输自有产品，在本节交通体系布局中，将不展开论述。

主要枢纽布局。根据城市自身功能定位与市县域所处的区域空间地理格局，按需谋划城际铁路与市域（郊）铁路，多维度辐射区域腹地城市，加强市县域内各个组团与中心城区之间的轨道联系。基于合理的轨道级配，实现各制式轨道枢纽与客货运场站“互联互通、功能互补、资源共享”一体化服务。

2. 公路系统布局

畅通市县域对外公路网络体系，着力打通区域交界地带断头路，构建高速公路、城际与城市快速路等多层次区域高（快）速骨架公路网。推进现状交通负荷较大的高速公路与国省干道扩能改建和对外干线公路新通道的规划，完善公路客货运枢纽及连接通道。在科学预测公路客货运输需求的基础上，谋划干线公路的提升补短工程。统筹城镇发展空间、旅游、产业基地规划，在市县域内扩大普通国省干线对乡镇、产业基地、旅游景区、枢纽节点的连通和覆盖，利用既有县乡道路改造提升或可按需加密，有序推进公路节点升级改造工作。

3. 航空设施布局

民用航空机场分为公共运输机场和通用机场。公共运输机场是指可以供运输旅客或者货物的民用航空器起飞、降落、滑行、停放以及进行其他活动使用的划定区域，根据我国《民用机场飞行区技术标准》（MH 5001—2021），飞行区根据拟使用该飞行区飞机的特性按指标Ⅰ和指标Ⅱ进行分级，指标Ⅰ采用数字 1、2、3、4 进行划分，指标Ⅱ采用字母 A、B、C、D、E、F 进行划分。通用航空的用途包括开展飞行员培训、空中巡查、防林护林、喷洒农药等作业飞行，以及应急救援、商务包机、空中摄影、景点观光、空中表演等民生活动。根据国家、省级民用航空发展相关规划以及市县级城市格局与土地利用规划，完善航空体系，构建布局合理、等级适度的民用航空机场以及配套设施，配套设施包括候机楼区、地面运输区、客货运场站及联外交通等。

应构建高效便捷的机场集疏运交通体系，完善轨道（按需配置）及路网系统衔接规划和布局，与周边高等级交通廊道快速连接，形成市县门户型综合客货运枢纽，并实现机场与城市重要功能节点及交通枢纽的快速联系。

4. 水运设施布局

水运主要采用船舶进行客货运输，货运中主要承担大数量、长距离运输，是干线运输的主要形式。在内河及沿海，水运也常采用小型运输工具进行旅客运输接驳。在市县级水运设施布局中，应落实国家及省市等上位规划，结合产业发展与用地布局，充分发挥现状水运优势，补齐水运短板，着力构建现代化综合性水运体系。对外推动通达、顺畅的水路运输通道建设，对内结合产业发展以及旅游规划加强水网衔接，提高航道等级，突破闸坝妨碍，提升水网通行能力。打造布局合理、集约高效的水运港口（码头）体系，完善港区（码头）布局，明确港区（码头）功能，强化港口（码头）辐射水平。

5. 城乡一体化的考虑

加强城乡交通基础道路网络规划，建设外通内联的城乡交通骨干通道，加强城市道路、干线公路、农村公路、渡口码头之间的衔接，强化市县乡村之间的交通联系。大力推进农村公路建设，促进农村公路“建管养运”一体化发展。布局市－县－乡（镇）分层级的公共客货运输体系，县域层面研究城乡公交一体化的可能性。加快完善城乡运输站场建设，科学规划和建设标准适宜、经济实用的农村客货运站点，并保障建设用地，加强共建共享。

6. 交通基础设施布局的统筹

在国土空间规划面向全域空间资源管控的要求下，交通基础设施规划布局的复杂性提高，需要从技术、管理、实施等方面进行多层次的统筹。从全域来看城市的交通系统，市县域交通体系往往也是省级乃至国家交通体系的组成部分，市县的交通发展需满足服务全局的要求；同时，市县域的交通系统也涉及多部门的事权，空间管控、建设、管养常常分属于多个部门，如国土空间的规划管控、土地征用一般由自然资源局及相关部门主导，建设或管养由中国国家铁路集团有限公司或地方的铁路投资公司（铁路）、公路局或交通局（公路）、交通局或相关专业职能部门（水运、航空）等、园林绿化局（绿道、步道等）、城投或建设局、城管执法局等主导城市交通基础设施建设的部门，故面向城市国土空间总体规划的综合交通系统布局规划需要综合梳理上位规划中对该地区的重大交通线网或设施布局和相关部门的发展设想、城市发展新战略对交通体系的新要求等研究综合交通体系布局，统筹交通与生态、空间、城乡等要素，统筹交通系统内尽量共用走廊、共建共享促进集约发展。

具体操作上，首先需要梳理各类上位规划中对该市县的交通设施布局及要求，其次对接交通相关部门已经开展的规划研究，梳理已建、在建和拟建设施，协调和城乡开发格局的关系，在此基础上结合对未来主导交通流向的研判，构建全域一体的骨架网络和枢纽场站体系。

对于铁路、国省干线等区域性的线性基础设施，主要协调线位走向与城乡的用地关系，尽量形成综合性的廊道，避免对开发地块的无序切割；对于铁路站点、公路出入口等布局，应协调国土空间开发，促进交通节点带动城乡开发，便捷人民群众的日常出行；交通方式间还需加强衔接，促进客运转换的无缝换乘、货运转换的多式联运，预留相应的配套设施空间。同理，港口城市的港城关系也需要根据城市的实际发展需求开展布局和集疏运系统的研究。

随着城镇空间的拓展，铁路、国省干线、高速公路等区域性交通设施的过境交通和分割城市空间的问题也会显现，需要重点研究重大交通设施外迁和衔接的问题。通常采用多方案比选的方式，对各种调整方式的优劣势和空间再利用进行多视角的分析，综合推荐相对较优的空间布局方案。最后通过多方衔接和协调，形成与区域格局、城乡空间开发相协调的综合交通体系布局。

（七）中心城区交通体系布局规划

明确中心城区交通基础设施的规模和网络化布局要求，主要包括道路交通、公共交通（含轨道）、行人与非机动车交通、停车与加油加气站、客运枢纽、货运设施等，旨在为构建城市高效、安全、便捷、绿色的综合交通客、货运输网络提供空间保障。

1. 道路交通系统

根据市县中心城区空间结构及用地布局，统筹规划城市快速路、城市主干路、城市次干路、城市支路，形成对外快速畅达、内部窄路密网的路网格局。城市道路网的布局应尊重城市格局特征，应以现有道路系统为基础，综合考虑城市空间拓展和城市更新的空间发展需求；道路网所提供的通行能力与城市开发强度要相互协调。道路空间应集约使用，优先满足行人、自行车和公共交通路权要求。

城市干线道路（城市快速路及主干路）主要承担城市中长距离的机动化出行需求，参照住房和城乡建设部《城市综合交通体系规划标准》（GB/T 51328—2018），城市道路红线宽度（快速路包括辅路），规划人口规模 50 万及以上的城市不应超过 70m，20 万~50 万的城市不应超过 55m，20 万以下的城市不应超过 40m；城市快速路设计速度为 60~100km/h，城市主干路设计速度为 40~60km/h。城市次干路基本道路红线宽度为 20~35m，双向 2~4 车道，设计速度为 30~50km/h。城市支路（I 级）基本道路红线宽度为 14~20m。城市集中建设区内规划建设用地上，规划城市道路与交通设施用地面积应占城市规划建设总用地面积的 15%～25%，且人均道路与交通设施面积不应小于 $12m^2$。

2. 公共交通系统

在市县国土空间总体规划中，各级别城市应构建与自身社会经济发展水平相适应的多层次、多样化、有竞争力的城市公共交通系统。应根据人口与岗位分布情况，按需规划以快线公交为骨架，干线公交为主体，其他公交方式为补充的多层次、一体化城市公交体系。规划或修建轨道交通（含虚拟轨道交通）的城市，公共汽（电）车网络应根据轨道交通网络的规划建设与开通情况，及时进行相应规划调整。城际铁路、城际公交、城乡客运班线、镇村公交应接入城市的各级公共交通走廊，且与城市客运枢纽相衔接。公共交通走廊应在国土空间规划内容中予以明确体现。

城市公共汽（电）车场站包括首末站、停车场及保养场，应根据服务需求、车种、车辆数量、服务半径和用地条件，在城市集中建设区内均衡布局。轨道交通车辆段及其他场站应统筹考虑线路走向及周边用地，以节约用地为原则，适当布局，鼓励车辆基地资源共享。

3. 行人与非机动车交通

在市县国土空间总体规划中，应高度重视城市行人与非机动车交通（慢行交通）系统发展，特别是行人、自行车通道与场站以及相应的景观绿道建设，营造和谐、绿色的城市交通环境。慢行系统发展应遵循以人为本的原则，保证慢行空间的优先级及完整慢行路权，不同等级的市政道路需满足人行道、非机动车道最小宽度要求。对于非机动车集中停放需求区，应规划相应规模的路外非机动车专用停车场站。

绿道系统规划中，应以绿道为主要通道形式，连接市域范围内的郊野公园、森林公园、城市公园、社区公园、街头绿地等绿色生态空间，构建不同层次的绿道网络与服务驿站，打造独具地方特色的绿色休闲体系。

4. 机动车停车与公共加油加气站

通过规划手段与方法，将停车供给与需求维持在适度平衡状态，满足市民刚性停车需求，调节市民出行停车需求，逐步实现从“充分满足需求”到“停车需求管理”的思维转变。

通过停车设施布局的战略性调整，制定停车管理分区，差别化引导城市动态交通分布。典型分区如：控制发展区，控制机动车停车泊位的供给比例；适度发展区，通过配建泊位适度满足停车需求；自由发展区，主要是城市外延组团，可充分满足停车需求。

应构建以停车配建为主、路外公共停车为辅、路内停车为补充的停车供应方式结构，城市公共停车场提供的停车位可占城市机动车停车位供给总量的10%~15%，路内停车位规模不应大于城市机动车停车位供应总量的5%。

公共加油加气站及充换电站设施，应充分适应当今及未来的交通载运工具发展需求。参照住房和城乡建设部《城市综合交通体系规划标准》（GB/T 51328—2018），其服务半径分别宜为1～2km、2.5～4km，宜沿城市主、次干路设置，其选址、规模应符合国家、行业现行相关规范标准要求。

5. 城市货运交通

城市货运交通包括生产性货运交通与生活性货运交通。生产性货物集聚区域宜设置生产性货运中心，选址与规模应按照生产组织特征、货物属性、货运量确定。选址宜依托工业用地或仓储物流用地设置。生活性货运交通包括城市应急、救援品储备中心，生活性货运集散点以及城市货运配送网络。生产性货运中心、生活性货物集散点不应设置在居住用地内。

6. 特色交通系统

典型特色交通系统包括水上客运交通系统、旅游观光轨道系统等。特色交通系统可以带动所属区域及周边经济、旅游、交通发展，可根据空间格局、特色产业、发展定位、经济水平等综合考量，按需规划与发展。

（八）市县域交通体系规划管控

在国土空间规划体系下，综合交通体系规划与传统交通规划的显著差异是对全域设施布局的管控，故还应加强对全市县域交通体系规划管控和传导的研究。

1. 指标体系构建

市县国土空间总体规划交通指标体系构建应遵循系统性、规范性、针对性及可操作性原则。系统性原则是指指标项的设置应考虑综合交通系统各子系统，提出全方位发展要求；规范性原则是指指标的选取要落实规划编制规范等指导性和法定文件所提出的指标要求，并落实上位规划所提出的指标；针对性原则是指不同层级国土空间规划的编制重点指导意义不同，市县级总规要落实国家和省级战略和目标，明确市县交通设施布局，侧重实施性；可操作性原则体现为指标的可量化，若指标无法获取则失去意义，各项指标应有明确的指标测算方法和与之对应的量化分析手段（见表 4-17）。

表 4-17　市县级交通规划体系基本指标表

目标	指标	单位	指标属性
绿色品质	道路与交通设施占建设用地比例	%	约束性
	市县域交通场站规模	m^2	预期性
	中心城区交通场站规模	m^2	预期性
	公共交通占全方式出行比例	%	预期性
	公共交通机动化出行分担率	%	预期性
	集中建设区道路网密度	km/km^2	预期性
	人均道路与交通设施面积	m^2/人	约束性
	慢行网络密度	km/km^2	预期性
	绿道总长度	km	预期性
	轨道交通里程	km	预期性
	绿色出行比例	%	预期性
高效便捷	轨道站点 800m 人口覆盖率	%	预期性
	公交站点 500m 人口覆盖率	%	预期性
	到周边地市最短交通时间	h	预期性
服务均衡	公路网密度	km/km^2	预期性
	县城高速公路通达率（针对市级）	%	预期性
	市级枢纽与区县枢纽间直达联络通道数（针对市级）	条	预期性
	4A 级及以上等级旅游景区高速公路覆盖率	%	预期性
	铁路网密度	km/km^2	预期性
	高铁城际站对市中心及郊区县覆盖率	%	预期性
	高等级航道规模	km	预期性
	建制村通客车率	%	预期性
	建制村通硬化路率	%	预期性
安全可靠	万车死亡率	人/万车	预期性
	平均通勤时间	min	预期性
	城区干线公交线路平均运营速度	km/h	预期性
	高峰期城市干道平均车速	km/h	预期性

市县国土空间总体规划层面，一般包括市县域和城镇发展重点地区两个空间层次。市县域侧重对全域国土空间格局优化和结构性控制，突出统筹协调。城镇发展重点地区侧重功能布局、用地结构和空间形态优化。

在国家相关规划编制指南的基础上，各市县可因地制宜从绿色品质、高效便捷、服务均衡及安全可靠等多个维度建立市县国土空间总体规划交通专项指标体系，例如道路与交通设施占建设用地比例、市县域交通场站规模、中心城区交通场站规模、公交站点500m人口覆盖率、公路网密度、建制村通硬化路率等，其中道路与交通设施占建设用地比例为约束性指标，其他指标可为预期性指标。

2. 线型和面型管控内容

市县国土空间总体规划层面，线型空间管控内容包括高速公路、国省干道、铁路、航道、运输管道等对外交通廊道控制线，以及城市内部的城市道路、轨道交通等控制线。面型管控内容包括市县域机场、港口、铁路客货运站、公路客货运站等交通枢纽控制边界，以及城市内部的公共交通枢纽、停车场站、货运设施等控制边界。应依据相关标准规范结合交通廊道控制要求和交通用地指标要求，对线型和面型设施在空间上进行预留。部分交通设施项目选址暂不确定的，可示意落图，列出重点建设项目清单，列入清单即视同符合规划，规划实施过程中实行预留指标台账管理、实时核销。

3. 交通规划协同传导机制

市县国土空间总体规划由市县级总规和自然资源部门牵头组织编制，其中交通规划工作需由交通运输部门、公路部门和发改部门等相关单位配合完成，各部门在规划编制过程中应给予充分支持，提供相关资料、给出合理建议，保证国土空间规划的落地性。

基于国土空间规划实施管控体系，国土空间规划的指标、控制线、定性管控要求三类传导内容，应分别从规划编制、审查、实施三个阶段，落实横向向交通专项规划、纵向向下一层级国土空间规划传导，通过明确规划编制—审查—实施三个阶段的管控要求，以确保市县国土空间总体规划交通板块相关内容在横向、纵向规划及实施全过程中的落实。

（九）注意事项

1. 研究视角需要扩大到全域和区域的视野，注重交通与空间的协调

在国土空间规划下，交通规划的重点也从原来的城市交通拓展至城乡甚至全域，需要对不同区域的规划对象特点差异有充分的把握，也需要协调不同管理部门的诉求，将市县级城市交通体系发展和交通空间布局围绕全域空间展开，提升综合交通体系的地位与服务引领作用，做好省市县乡纵向与同级别不同政府部门的横向协调，才会最大化发挥国土空间规划下综合交通体系的作用。

2. 综合交通体系要与市县城市发展定位充分契合

综合交通体系既要充分服务于区域与城市发展，又要适当引领其空间格局优化。不同的城市发展定位，需要配置不同方式、等级与规模的交通基础设施，例如，内陆国际门户型城市，会注重发展航空、货运铁路等交通模式；区域型门户枢纽城市，会注重发展客运铁路与公路；沿海物流城市，会注重发展港口运输、铁水联运等交通模式。在研究确定特定市县城市交通发展战略、模式与空间资源配置时，要准确把握城市发展定位，充分支撑并引领城市未来发展。

3. 做好交通基础设施空间弹性预留

在市县国土空间总体规划编制与成果制作过程中，除中心城区的主要交通基础设施用地能够基本确定外，其他区域的新规划轨道、公路、中小场站等交通设施边界较难明确，应在专项规划或深化方案设计时进一步校核。因此，在总体规划阶段，要充分预留上述交通基础设施空间，为后续专项规划或深化方案设计预留充分的优化、调整空间。

六、基于集约高效导向的市政基础设施支撑体系

（一）总体导引

城乡基础设施是城乡赖以生存和持续发展的支撑体系，市政基础设施规划是国土空间总体规划的主要编制内容之一。市政基础设施主要包括城市能源供应、给水排水、邮政通信、环境卫生等工程设施。城市能源供应系统由城市电力、燃气、供热工程组成，共同承担城市节能、高效、卫生、方便、可靠的能源供给；城市给水排水系统承担城市各类用水、排水防涝、治污环保的职能；邮政通信系统承担城市内外各种信息交流、物品传递等职能；城市环境卫生系统承担处理污废物、洁净环境等职能。

1. 规划编制内容与规划衔接

市政基础设施规划要落实总体规划编制要求，并统筹协调专项规划及上下级相关规划内容。规划内容包括市县域与中心城区两个层面，市县域层面按照区域统筹、设施共享的原则，提出市县域资源分配、重大市政基础设施的布局及廊道控制要求；中心城区层面预测各类设施需求总量，确定各类设施的建设规模和标准、重大设施布局以及重要线性工程网络（见图 4-8）。

市政基础设施规划应立足市政系统现状，依据国土空间总体规划设定的发展目标与方向，确定市政基础设施的建设目标，完善系统布局，支撑总体规划空间布局方案。市政基础设施需求预测及空间布局，基于总体空间布局方案进行合理配置，形成各专业系统方案，反馈给总体空间布局规划方案进行统筹调整和完善，并在此基础上理顺市政基础设施布局。

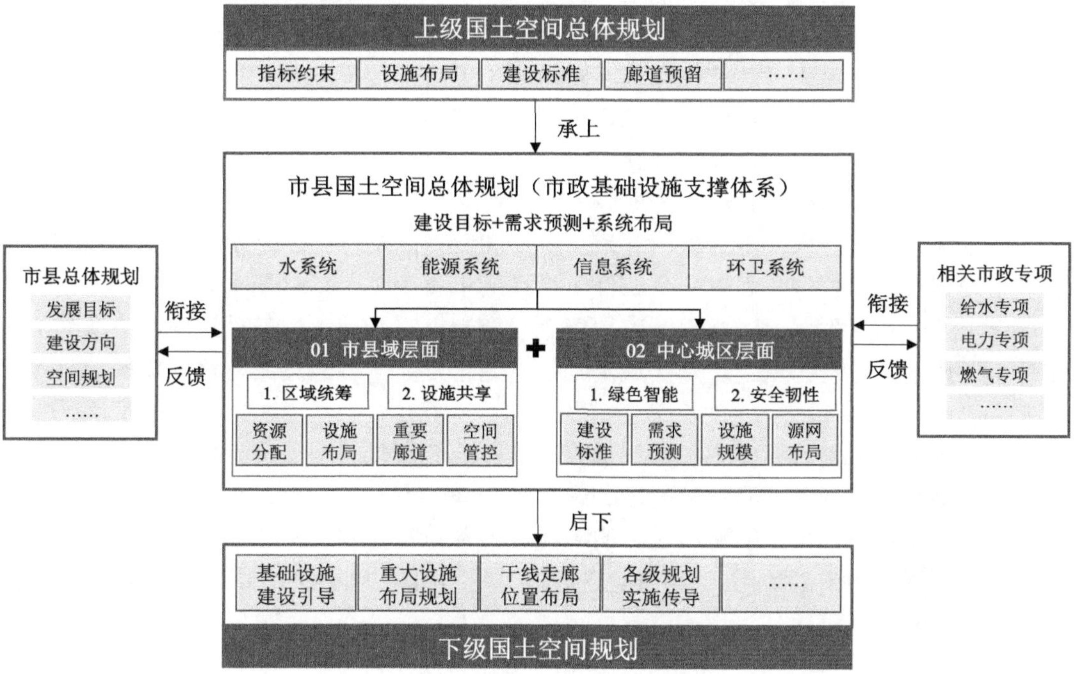

图 4-8　市政基础设施支撑体系规划总体引导图

同时，做好承上启下的纵向传导及统筹协调的横向衔接，保障规划有效实施。纵向传导主要指落实上位规划的指导约束，加强对下级规划指导；横向衔接需强化与同级各类基础设施专项规划及专业主管部门的沟通衔接，专项规划包括能源供应系统、给水排水系统等，专业部门包括水利局、住建局、电力公司、发展和改革委、通信公司等相关部门。

2. 规划编制成果

编制成果包含专题研究、文本、图纸和说明书四部分。专题研究主要针对城市存在的复杂问题进行深入研究，为编制相关的专业规划提供技术支持，研究题目和研究内容视城市的具体情况而定，应根据城市面临的突出矛盾，有针对性地进行专题研究。文本以条文形式表述规划原则、目标、标准、空间布局和建设引导措施等，文字要准确精练。图纸可以合并为多张市县域重大基础设施规划图、中心城区市政基础设施规划图、重大市政廊道布局图，图纸比例与总体规划其他图纸一致。说明书是对规划文本各项条款的阐释、说明和补充。

（二）市政基础设施发展趋势

随着城镇化水平的提升，市政基础设施的建设需求由基本保障转变为品质提升，注重解决人民日益增长的需求与市政基础设施配套不完善、不均衡之间的矛盾。规划建设理念也逐渐转变，引导市政基础设施向综合化、智能化、绿色低碳化的方向发展，市政基础设施支撑体系结合国土空间规划的编制，应满足未来市政基础设施建设需求。

在市政基础设施建设过程中，长期存在系统性差、专业各自为政、缺乏沟通等问题，不利于城市整体开发和近远期衔接。随着国家一系列政策的出台，市政设施越来越受到关注，建设理念更加先进，建设标准不断提高。市政基础设施系统打破专业壁垒，按照水系统、能源系统、环卫系统等形成多个综合系统，实现专业之间的融合，同时融入低碳生态、集约高效、安全可靠等理念要求，纳入海绵城市、清洁取暖、综合管廊等新措施，全面实现市政基础设施综合发展。

城乡水系统涉及水资源开发、利用、保护和管理的全过程，是实施水安全战略、落实城市规划目标和任务、促进水系统健康循环的重要手段。新时期水系统总体规划将供水、污水处理和再生利用、雨水等工程规划综合起来，合理布局基础设施，协调解决城市供水、排水、内涝等问题，是区域基础设施综合发展、资源集约与水环境保护有效的技术手段。

应对气候变化、目标碳中和，加快推进能源的低碳化转型已成全球共识。未来能源系统更加侧重于宏观上能源总量的控制、能源结构的调整，在省、市县国土空间总体规划中进行依次传导，确定能源结构，明确能源消费总量控制目标和能源结构调整方向。引导城市能源结构向清洁化、低碳化方向提高，提出清洁能源利用比重、可再生能源占一次能源供应的比例等目标，构建绿色智能的电力系统、安全可靠的燃气系统、多元化的清洁供热系统。规划应将电力、供热和燃气等能源设施的规划纳入能源整体系统中考虑，对节能和减排的目标进行有效地落实。

环卫系统是营造优美生活环境与维护安全社会秩序的重点工程，与水系统、能源系统构成城乡基础设施重要网络。环卫系统建设应基于“减量化、资源化、无害化”的基本原则，围绕垃圾分类工作，重点解决目前我国多数城市面临的减量化无进展、资源化水平低、无害化水平不高与环卫设施处置能力不足、布局不合理等突出短板问题，突破减量化瓶颈，打通资源化渠道，巩固无害化成果，目标建成系统完善的固废分类收运、处置和循环利用体系。

（三）市政基础设施规划编制流程

现状评估及问题识别。重点研究市（县）域基础设施建设水平、保障能力、各类供给指标等内容，并研究市县域基础设施存在的问题，分析问题成因。

目标确定。按照集约高效、智能绿色、安全可靠等发展目标要求，转变市政基础设施规划建设传统粗放的发展模式，提升基础设施服务水平。在具体目标确定上，应统筹国家标准要求、当地市县实际发展情况，因地制宜地确定市政基础设施各项发展指标，并在此基础上，提出市政基础设施的规划原则和策略。

各类负荷预测。分析现状各类市政负荷情况，结合城市用地、人口、产业等规划情况，科学预测负荷需求。预测方法应根据负荷特点合理选择。

设施布局。结合负荷预测，根据各市政系统建设需求，对市政基础设施进行合理布局。

重大管线确定。应明确区域性输水管线（渠道）、原水管道、重大截污干管、排水渠道、输气管线、电力线路等的布局。并对这类廊道进行空间管控。

新型基础设施统筹与空间预留。新型基础设施是以新发展理念为引领，以技术创新为驱动，以信息网络为基础，面向高质量发展需要，提供数字转型、智能升级、融合创新等服务的基础设施体系，包括信息基础设施、融合基础设施和创新基础设施三方面内容。新型基础设施的规划建设也需要从总体规划层面进行顶层设计和统筹安排，并预留发展建设空间。

（四）市政基础设施系统布局规划

1. 构建新型能源系统

新型能源系统的规划应该包括现状用能情况及能源结构分析；能源需求预测；确定城市能源发展目标和能源消耗控制目标；制定能源供需平衡方案；在充分挖掘可利用资源的基础上，合理确定能源结构；制定能源发展策略；引导消费端的能源结构转型；明确重大可再生能源生产空间，等等。

通过科学合理的预测，确定城市能源消费总量和能源消费强度控制要求，并结合碳达峰和碳中和要求，制定碳排放总量和碳排放强度控制目标。能源需求预测可采用多种方法进行测算，常用方法包括能源消耗增长率法、单位产值单耗预测法、人均能耗预测法等。碳排放总量和碳排放强度目标应在可行低碳降碳的路径下，通过适当能源消耗情景分析确定。

充分挖掘城市区域能源及内部可利用资源禀赋，合理优化能源供应结构，提高可再生能源利用比例，引导城市能源结构向清洁化、低碳化方向转变。分析本地可再生资源情况，包括太阳能、风能、生物质能、地热能、潮汐能、工业余热、城市余热等，结合区域的电网、热网、天然气网、核能资源、氢能资源，综合确定可再生能源利用比例，并协调对接“三线”划定，确定城市可再生能源的生产空间（见图 4-9 和表 4-18）。

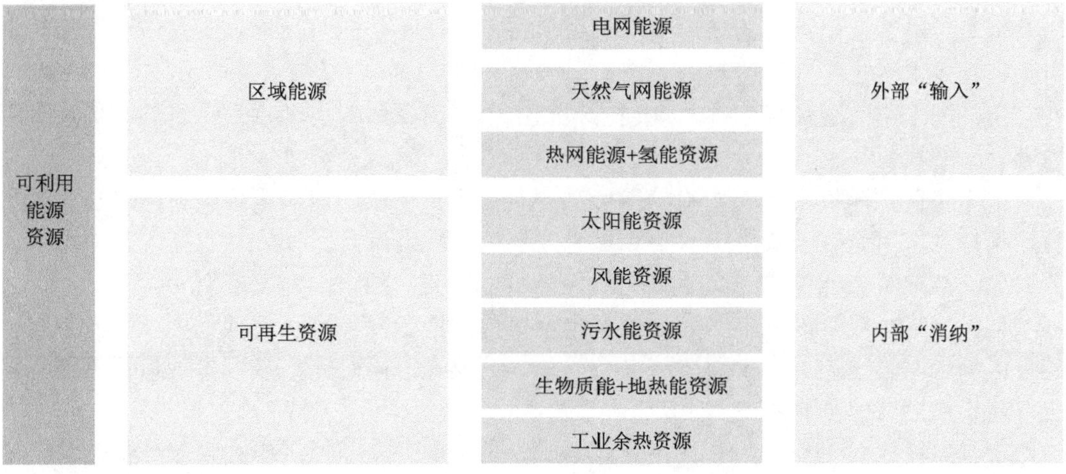

图 4-9　可利用能源资源分析研究图

表 4-18　能源系统指标体系样例表

指标名称	单位	现状 2022 年	2025 年	2035 年	类型
单位 GDP 能耗	吨标准煤/万元	0.71	≤0.6	≤0.6	约束性
清洁能源占能源消费比重	%	—	15	20	约束性
供电可靠性	%	99.99	99.99	99.99	预期性
清洁能源供热率	%	50	60	90	约束性
可再生能源供热率	%	10	15	30	预期性
天然气覆盖率	%	60	70	90	预期性

构建新型的城市能源系统，建设新型的电力系统、供热系统、燃气系统等。推进新型电力系统建设，支撑高比例的新能源广泛接入，实现大电网、大电源与分布式系统兼容互补。推进源网荷储一体化建设。推进供热系统的新型能源替代，采用可再生能源、清洁能源等，实现供热系统的清洁化低碳化。根据本地条件，因地制宜发展生物质制气、氢气等新型燃气供给系统。

基于能源消耗控制目标和碳排放目标，提出工业、建筑、交通等领域的能源策略。提高现有工业的节能水平，促进工业工艺革新与技术进步，发展低碳型工业产业。在建筑领域，逐步淘汰化石能源，实施建筑节能，改变用能结构；在交通领域，发展低碳交通，推广电动车和氢燃料汽车替代。

（1）建设新型电力设施

市县域电力系统应实现坚强可靠电力供给系统的构建。统筹区域电网，建设电网对外联系通道，保障电力的输入及输出。结合市县域土地资源，在不影响生态环境的前提下，对可再生能源进行开发利用。有序开展全市县域可再生能源发电设施建设，并建设应对可再生能源发电接入的新型电网系统。在市县国土空间总体规划中，应对区域的可再生资源发电等进行开发边界的划定。

市县国土空间总体规划电力规划应包括电力负荷预测、电源规划、设施布局规划等内容。

电力负荷预测可采用人均用电指标法、负荷增长率法、建设用地负荷密度法进行测算。指标选取可结合现状用电水平和未来发展情况综合确定。在未来负荷需求上，应充分考虑清洁取暖电能替代、交通电能替代等用电趋势，预留电力发展空间。

电源规划一般以区域电网为电源，本地可再生能源发电实现就地利用或并入电网。建设区域电网输送通道，实现清洁电源的跨区域输送。同时充分挖掘本地可再生能源发电，建设源网荷储分布式电网。

市县城区应对 110kV 及以上的电力设施进行布局规划。城区电力设施应根据负荷分布、供电要求，选择比较接近负荷中心的位置作为变电站选址，以便减少电网投资和网损。同时结合综合管廊布局，靠近主干道路便于出线。设施选址选择应满足防洪、抗震、防地质灾害等要求，与道路、河流等的距离应满足相关规定。城市变电站的建筑外形、建筑风格应与周围环境、景观市容风貌相协调。

（2）低碳清洁供热系统

供热系统规划应提出清洁能源供热率、可再生能源供热率等指标，通过目标的约束，提高区域清洁能源供热率。城乡供热体系主要以减少环境污染及能源消耗为目标，供热规划的内容除应涵盖传统供热规划的主要内容外，还需要考虑实现供暖清洁化。结合当地政策及资源情况，因地制宜，对各种供热形式进行技术经济性论证，确定适应的清洁供暖形式，实现对既有非清洁供暖面积的改造，构建清洁化的供热体系。

市县国土空间总体规划供热规划应包括供热热源规划、热负荷预测、设施布局规划等内容。

发展清洁低碳热源。因地制宜开发利用电厂余热、工业余热、光热、浅层地热、水体热能、垃圾发电余热等，综合考虑燃气、储能等清洁能源为补充，形成绿色低碳、多元互补的清洁能源供热体系。

热负荷计算包括采暖（制冷）热负荷和生活热水热负荷，宜采用建筑面积指标法并结合节能标准进行计算。

在设施布局上，结合可再生能源利用，推进供热设施集中式和分布式灵活布置。设施应综合考虑多种能源的接入和分配，统筹储能需求，建设综合能源利用设施，实现多能融合。

（3）安全可靠燃气系统

建设因地制宜、点面结合、多元化的供气体系。统筹区域供气管线，逐步实现供气干线的全覆盖。在靠近管道燃气的区域，加快管道天然气建设，实现管道气入户。在乡镇建成区、人口相对密集的镇村，可通过 LNG（液化天然气）、CNG（压缩天然气）等气源点状供气，逐步提高天然气覆盖面、用气水平，加速推动乡镇能源结构优化。

市县国土空间总体规划燃气规划应包括气源规划、用气量预测、设施布局规划等内容。

城区应建设多气源保障可靠、全覆盖的燃气供应体系。可采用的燃气气源包括管道天然气、LNG、CNG、液化石油气、生物质气、煤层气等多种气源。

居民生活用气量应采用人均指标法预测，商业用气量应采用分类建筑面积指标法预测，工业用气量根据实际需求预测，交通用气量可根据当地汽车种类、数量等统计数据进行确定。

天然气场站宜布局在城区外相对独立的安全地带，场站选址应符合相关规范要求。高中压调压站设置避开居住区和商业区及人员密集区。储配设施可根据负荷变化、管网布局和调峰要求等因素综合确定，宜设在城镇主管网附近。

2. 生态安全水系统

城乡水系统包含水源协调、给水供给、污水处理及再生利用四个子系统，需统筹安排、综合布局各项要素，综合解决城乡水系统问题，规划内容包括用水量预测、水源规划、重大输水干线、给水污水处理设施布局等。

现阶段城乡水系统规划可依据的标准规范主要有《城市给水工程规划规范》（GB 50282—2016）、《城市排水工程规划规范》（GB 50318—2017）、《镇（乡）村给水工程规划规范》(CJJ/T 246—2016)、《镇(乡)村排水工程技术规程》(CJJ 124—2008)以及《海绵城市建设技术指南》(2014 年 10 月正式发布)。用水量、污水量预测可参考规范相应指标及计算方法，设施及输水管网的系统布局结合现状情况依据规范进行设置。

用水量预测应结合现状水平，参考标准、规划等要求，一般城市采用城市综合用水量指标法、乡镇采用人均综合用水量指标法进行预测(见表 4-19 和表 4-20)，规划目标选取公共供水普及率。供水系统建设需实现水资源高效利用和设施均等布局，设施共建共享，提高供水效率。水源选择应遵循先地表水、后地下水的基本原则，水源集中、地形平坦、城镇建设区集中的区域，考虑建设区域一体化供水系统，分散供水系统亦要考虑规模效益，提升设施的辐射能力，形成分片集中供水系统。

表 4-19　城市综合用水量指标表　　单位：万 m^3/(万人·d)

区域	城市规模						
	超大城市(P≥1000)	特大城市(500≤P＜1000)	大城市		中等城市(50≤P＜100)	小城市	
			Ⅰ型(300≤P＜500)	Ⅱ型(100≤P＜300)		Ⅰ型(20≤P＜50)	Ⅱ型(P＜20)
一区	0.50~0.80	0.50~0.75	0.45~0.75	0.40~0.70	0.35~0.65	0.30~0.60	0.25~0.55
二区	0.40~0.60	0.40~0.60	0.35~0.55	0.30~0.55	0.25~0.50	0.20~0.45	0.15~0.40
三区	—	—	—	0.30~0.50	0.25~0.45	0.20~0.40	0.15~0.35

注：1. 一区包括：湖北、湖南、江西、浙江、福建、广东、广西、海南、上海、江苏、安徽；二区包括：重庆、四川、贵州、云南、黑龙江、吉林、辽宁、北京、天津、河北、山西、河南、山东、宁夏、陕西、内蒙古河套以东和甘肃黄河以东地区；三区包括：新疆、青海、西藏、内蒙古河套以西和甘肃黄河以西地区。

2. 本指标已包括管网漏失水量。

3. P 为城区常住人口，单位：万人。

表 4-20　乡镇人均综合用水量指标表

区域	镇(乡)村核心区/[L/(人·d)]	镇(乡)村核心外/[L/(人·d)]
一区	120~350	100~260
二区	100~250	70~200
三区	70~200	60~160

注：1. 表中为规划期最高日用水量指标，已包括管网漏失水量及未预见水量。

2. 有特殊情况的镇区，应根据用水实际情况，增减用水量指标。

3. 一区包括：湖北、湖南、江西、浙江、福建、广东、广西、海南、上海、江苏、安徽、重庆；二区包括：四川、贵州、云南、黑龙江、吉林、辽宁、北京、天津、河北、山西、河南、山东、宁夏、陕西、内蒙古河套以东和甘肃黄河以东的地区；三区包括：新疆、青海、西藏、内蒙古河套以西和甘肃黄河以西的地区。

污水量预测应根据给水需求量予以确定，污水设施布局应根据城市地形、水体情况、污水类型、污水再生利用形式等因素综合考虑，并统筹加强城乡各级污水设施建设，实现有效治理，并加强再生水的循环利用。规划目标选取城乡污水处理率，污水设施建设基于“集散结合、适当集中”的原则，有条件的中心城区污水设施可辐射处理周边乡镇污水、乡镇设施可辐射处理周边农村污水等模式。污水与再生利用系统需加强污水处理的全过程管控，实现污水全收集、全处理，推进再生水资源利用，结合污水处理厂同步建设再生水水厂，再生水用于河道补水、城市绿化浇洒杂用水及工业低质用水。

雨水系统结合海绵城市，源头减排，径流控制，保留自然的调蓄空间，加强排涝河渠、泵站等设施建设，明确雨水管道建设标准，提高城市排水防涝能力。加强水系统的智慧化管理水平，给水管网减少漏损，有效节约水资源，雨污水管网减少混接错接、跑冒滴漏，实现污水处理的提质增效。

3. 智慧通信基础设施

为了支撑和促进城市向网络化、数字化、智能化发展升级，面向未来智慧城市要求开展新型智慧通信基础设施规划意义重大。并由于通信技术发展迅速，通信设施规划应具备一定的弹性和前瞻性。在市县国土空间总体规划中，智慧通信基础设施主要包括通信需求预测、通信局所布局规划、城市数据中心设施布局规划、通信基站设施布局原则确定等内容。

通信局所布局规划应对二类局站，包括电信枢纽楼、电信生产楼等设施进行布局。按照“全业务、大容量、少局址”的技术原则，并应满足多家运营企业共建共享的要求。城市电信用户密集区的二类局站覆盖半径不宜超过3km，非密集区二类局站覆盖半径不宜超过5km。

数据中心作为智慧城市建设的核心要素，为5G、物联网、人工智能、VR/AR等新一代信息技术和应用快速演进提供支撑。但从城市的管理来看，未来的数据处理将呈现一种扁平化的特点。即在城市级的数据中心更加集中集约，而在下一级中更多的是边缘化的近端处理需求。因此在设施布局上，计算和数据中心一般分两个层级设置。第一层级是面向城市级别应用的超算中心和存储数据中心，支撑城市级别计算和存储服务。需预留相对独立的建设用地，选址尽量靠近城市中心，并保障电力可靠供给。按照城市需求，可设置1～2座数据中心。第二层级服务于网格化的近端数据处理需求，主要面向城市安防、智能监控、无人驾驶、城市运行态势感知等，可分布式布局，采用模块化建设方式。一般可预留建筑面积500~1000m^2，建议结合街区级的服务中心等设施建设。

相比于4G网络，5G采用更宽的无线频谱，更大规模的多入多出（MIMO）新技术，也由于这些特点，5G基站密布点相比4G等基站，频率更高，覆盖面更小。在市县国土空间总体规划中，5G基站规划主要确定基站的布局原则，应采用分场景覆盖、宏微基站协同、景观化设置等原则。具体的设置方式和布局可在下一层规划设计中实现。

4. 绿色循环环卫系统

城乡环卫系统基于“减量化、资源化、无害化”的基本原则，建成系统完善的固废分类收运、处置和循环利用体系。环卫系统规划包括各类垃圾产生量预测、垃圾处理处置方式及目标确定、大型环卫设施布局规划等。

现阶段城乡环卫系统规划可依据的标准规范主要有《城市环境卫生设施规划规范》（GB 50337—2018）、《环境卫生技术规范》（GB 51260—2017）及《环境卫生设施设置标准》(CJJ 27—2012)。垃圾量预测可参考规范相应指标及计算方法，各类环卫设施系统布局及用地规模结合现状情况依据规范进行设置。

垃圾产量一般采用人均指标法进行预测，规划目标选取垃圾无害化处理率，城乡垃圾处理处置方式一般遵循“村收集、镇转运、市县处理”的模式，全市层面统筹布置包括生活垃圾处理厂、大型垃圾转运站等环卫设施。优先建设集垃圾焚烧、餐厨垃圾资源化利用、再生资源回收利用、污泥处置、医疗有害垃圾处置于一体的循环经济产业园，实现用地选址的规模效率，减少邻避影响。为避免未来大型环卫设施的选址困难，应在总规阶段考虑预留相应用地指标。

城区环卫系统应加强资源化回收再利用，全面实施生活垃圾分类收集，推进生活垃圾源头登记排放系统建设，提高生活垃圾源头的资源化、减量化。加强收集转运设施系统布局，并提出垃圾分类、资源再生利用等方面引导建议。鼓励建设综合型环卫设施，即建设集垃圾收集与转运、环卫停车、再生资源分拣、环卫工人休息等多功能的环卫设施，提升用地价值。

（五）市政设施及重大廊道布局管控

1. 市政设施布局管控

市政基础设施建设坚持网络化、复合化、绿色化、智能化，强调安全韧性，提高市政基础设施对城市运营的保障能力和服务水平。规划需明确给水、污水、电力、供热、燃气、通信、环卫等各类设施的规模和标准，确定市政设施和重要线性工程的布局，提出海绵城市、综合管廊的建设要求。

市政设施布局考虑系统性、全局性，首先从各专业需求分级配置，如供电设施、污水处理设施在城区层面结合周边乡镇按需配置，而区域性能源设施、垃圾处理等环卫设施则全市县层面统筹考虑，其次要具有前瞻性，预留邻避设施用地，以应对城市发展的不确定性，减少远期选址难度。

存在环境污染的市政设施如污水处理厂、垃圾处理厂等，在考虑设施功能需求前提下应尽量远离居住用地、学校、健康服务设施等“敏感类”用地，可结合绿地、工业等低敏用地进行布局，并应严格按照相关规范标准或参考设施建设经验，控制设施周边的安全距离，控制矛盾与影响。

2. 重大廊道布局管控

重大设施廊道包括区域性输水管线（渠道）、原水管道、电力线路廊道、输气管线等。这类廊道一方面有保护需求，避免因建设活动或其他因素对管线造成破坏，另一方面易燃易爆或易导致灾害发生的管线，需要控制安全防护距离，保障周边生命财产安全。因此需对这类线性廊道进行确定，并在市县国土空间总体规划中进行空间管控。

重大设施廊道线位根据各专业系统的规划建设需求确定基本的走向，以协调对接“三线”划定为前提，统筹各类基本要素包括生态保护红线、水利、交通、建筑等的关系，协调各类边界和设施的关系，综合确定各类设施管廊廊道空间，并明确相应管控要求。

在廊道选线上一般遵循以下原则，选线选址尽量避开生态保护区及基本农田；尽量与其他廊道同一路由，集约利用廊道空间；避开对管线有不利影响的设施；应综合考虑城市景观风貌等的要求；应预留一定的弹性空间，为未来城市发展留足余地。

区域性输水管线（渠道）、原水管道管控：区域性输水管线（渠道）原则上按照当地法规或管理要求确定保护范围。原水管道一般按照管道两侧各5m划定保护范围。

电力线路廊道管控：一般按照以下管控范围进行控制，1000（750）kV架空线路电力走廊宽度90～110m；500kV架空线路电力走廊宽度60～75m；220kV架空线路电力走廊宽度30～40m；110kV架空线路电力走廊宽度20～25m；35kV架空线路电力走廊宽度15～20m。

输气管线管控：输气管线4.0MPa以下可以参照《城镇燃气设计规范》（GB 50028—2006）进行防护控制，4.0MPa以上的长输管线防护距离与管道的管径和压力大小有关，在不同等级地区进行安全评估后确定。一般长输管线不应穿越城市建成区，城市建设区地下燃气管道输配压力不应大于4.0MPa。

其他重大设施廊道管控：可根据各市县实际情况，从保护和安全防护两个维度综合确定廊道的管控要求。

七、基于安全韧性理念的综合防灾体系

（一）总体导引

我国是世界上自然灾害最为严重的国家之一，灾害种类多，分布地域广，发生频率高，造成损失重。近年来，党中央国务院将综合防灾和安全韧性城市建设放在更加突出位置，要求统筹发展和安全，坚持以防为主、防抗救相结合，坚持常态减灾和非常态救灾相统一。

综合防灾与安全韧性城市建设规划作为编制市县国土空间总体规划的重要内容，应贯彻落实国家对防灾减灾救灾工作的相关要求，强化风险意识，提升城乡抵御灾害的综合能力。在灾害风险评估基础上，以防抗救为编制主线，建立安全空间体系建设、强化应急保障基础设施的可靠性建设、统筹应急服务设施布局规划。同时，将安全韧性城市建设的冗余性、多样性和适应性等理念融入规划方案，为推进安全韧性城市建设建立基础空间框架。

在市域层面，防灾规划重点是建立综合防灾空间体系，并针对面临的主要灾害风险，提出空间应对和工程应对措施；在中心城区层面，重点对防灾设施、救援设施进行空间布局，应体现集约用地、功能集成的理念，体现综合、韧性的理念。

（二）安全空间体系构建

根据灾害风险评估结论，结合经济社会发展及城镇体系规划，划定防灾分区，配置核心防灾救灾设施，建立国土空间安全防灾空间格局。

1. 市县域综合防灾分区与策略指引

市县域层面综合防灾分区划分的目的是制定不同分区防灾策略，引导各区县防灾救灾体系符合全域安全发展要求，同时为优化配置全域应急资源提供支撑。划定原则一般根据致灾因子和救灾水平等要素的差异性，原则上以县级行政区为基本单元。中心城区层面防灾分区划分的目的是指导城市用地建设，形成主动应对灾害的空间格局，引导应急服务设施科学配置。划分防灾分区应考虑以下因素：水体或山体等天然界限、工程建设和应急状态的行政事权管理单元。

2. 重点灾害空间分级管控

根据灾害风险评估确定的高中低不同等级风险区结果，提出差异化国土空间规划管控要求，强化底线管控，科学避灾减灾，引导国土空间安全布局。划示重点灾害风险区，提出加强重点灾害防护空间管控要求，主要包括优化防洪排涝通道、划定洪涝风险控制线、划定地质灾害重点防治区和开展重大治理工程、加强抗震薄弱环节加固改造、预留一定应急用地和大型危险品仓储用地等具体措施。

根据灾害风险评估结论，优化城乡空间格局，合理避让高风险区域，有序管控中风险区域，科学利用低风险区域。高风险区域范围内应严格管控新增城乡建设用地，在空间上不能与城镇开发边界有冲突，现状建筑房屋根据功能、现状质量，分时序采取搬迁避让；中风险区应通过强化各类灾害隐患的监测预警建设、推进工程灾害危险评价机制建设、加固改造隐患建筑工程、建设标准化灾害防御治理设施和应急救援设施等措施，提高区域抵御灾害能力；低风险区域宜规划建设城镇重要功能组团，为建设临时应急设施预留空间。

受一种或多种灾害影响的高风险相对集中的区域，应实施减量发展的策略，为国土空间总体格局提供支撑，引导人口、产业和用地的科学布局。受地震构造、地质条件、地形地貌影响等因素的影响，地震灾害、地质灾害或洪灾发生的可能性较高、对城乡建设影响较大的区域，不应作为城镇发展的主要拓展方向，并应控制人口发展规模，提高城乡空间安全性。

3. 综合应急交通体系

综合应急交通体系是依托城市公路、铁路、航道及航空系统建立的，保障灾后救援力量进入、救援物资运送以及必要的人员跨区域疏散的高可靠性交通体系。

综合应急交通体系规划主要考虑致灾因子和区域救援力量分布情况，分散设置多个救援出入口，规划水、陆、空相互衔接的应急通道。大城市及以上规模城市应按城市组团分别设置救援出入口，每个组团灾时仍可有效通行的救援出入口不应小于 4 个，其他城市不应少于 2 个。城市救援出入口应与城市内应急通道及重要交通设施连接，形成有较高冗余度的应急交通走廊，保障对内救援和对外疏散可有效实施。

4. 综合应急救援体系

全域层面规划内容包括应急指挥中心、应急救援队伍和应急物资储备库等设施的总体布局思路和方案中心城区层面应落实各类应急救援设施的空间位置。

城市应急指挥中心布局应按照相互备份的原则规划至少 2 处应急指挥中心。应急指挥中心宜位于不同灾害影响区，按照遭遇特大灾害时不会同时破坏的要求确定。应急救援队伍主要指综合性消防救援队伍和专业应急救援队伍，全域层面应制定应急救援队伍布局策略，与应急指挥中心一起形成全域应急指挥救援网络。全域应急物资储备应建立以综合救灾物资储备库为主、专业救灾物资储备库为补充的救灾物资保障网，两类应急物资储备库也可以整合功能，一并实施。

（三）应急保障基础设施规划

大灾发生后，城市基础设施系统可能会受到不同程度的破坏，这将影响灾后救援活动和民众基本生活。规划应从提高可靠性和冗余性的角度，提出基础设施系统应急保障措施。

1. 应急供水

应急供水设施是为保障城市基本运行所需建立的供水系统，在灾害发生后为救灾活动提供必要的用水以及维持居民低水准的生活，包括应急净水配水设施和移动应急供水设施。应急净水配水设施在市政供水设施的基础上进行建设，在布局上应满足灾后救援避难设施和集中居住区的应急供水需求，采取以地下水利用为主、地表水为辅、移动应急供水设施为补充的供水方式。其建（构）筑物和管网的建设标准应高于各类灾害的设防标准，一般仅在灾时启用。

2. 应急供电

应急供电设备系统具有较高的可靠性，可以维持城市基本电力供应。应急供电设施依托城市电网，一般包括应急变电站、输配电线路，应急供电系统宜按照不小于 50% 的正常生活用电负荷进行建设，设施建设标准应高于各类灾害的设防标准。城市核心救灾设施应配备移动式应急供电设施，作为应急供电网络的补充并在应对巨灾中发挥作用。

3. 应急通信

应急通信设施由城市枢纽电信所、通信线路和移动通信设备构成。城市枢纽电信所、通信线路依托城市通信网络，涉及的重要设备应建设双重供应保障系统，提高灾时的可靠性。重要救灾机构和疏散场所宜采用多种传输手段配合，发挥卫星、微波等无线传输通信方式的作用，并配备一定数量的应急通信设施。

（四）应急服务设施规划

在中心城区层面确定应急服务设施的空间布局，应急服务设施包括但不限于应急避难场所、消防站和应急医疗设施。

1. 应急避难场所

根据应急过程中不同避难阶段和避难需求，可以将应急避难场所分为紧急、固定、中心避难场所三级，其中紧急避难场所一般在控制性详细规划阶段进行布局。

固定避难场所是用于避难人员固定避难和进行集中性救援的避难场所，中心避难场所是在固定避难场所功能的基础上，具备救灾指挥、物资储备和应急医疗等功能的长期固定避难场所。固定避难场所应结合公园、绿地、学校和体育场馆等设施进行建设，服务半径为2~3km，规划布局应满足常住人口的灾时需求。

2. 消防站

消防站包括普通消防站、特勤消防站和战勤保障消防站。普通消防站分为一级普通消防站、二级普通消防站和小型普通消防站。

普通消防站是城市扑救火灾和处置灾害事故的主体，地级及地级以上城市以及经济较发达的县级城市应设特勤站和战勤保障站。一级普通消防站的辖区面积不宜大于$7km^2$，设立一级站确有困难的情况下，可设立二级普通消防站和小型普通消防站，辖区面积的上限要求分别为$4km^2$和$2km^2$。战勤保障站不宜单独划分辖区面积。

3. 应急医疗设施

应急医疗设施一般由承担应急医疗任务的各级各类医院、社区医院和避难场所临时医疗设施构成。一般情况下，应急医疗设施按照灾时重伤员规模进行规划布局，估算比例不宜低于城市常住人口的2%。总体布局应靠近居住区，交通便利。

参考文献

北京市煤气热力工程设计院有限公司. 2015. GB/T 51098—2015 城镇燃气规划规范[S]. 北京: 中国建筑工业出版社.

戴慎志. 2015.城市综合防灾规划: 第2版[M]. 上海: 中国建筑工业出版社.

段进. 2016. 高铁时代的空间规划[M]. 南京: 东南大学出版社.

冯玥, 李海波. 2020. 水路、公路和铁路运输方式的优势比较[J]. 水运管理, 42(04): 1-2+12.

国土资源部. 2010. 开发区土地集约利用评价规程[S/OL]. (2010-09-21)[2024-06-06]. https://hbba.sacinfo.org.cn/stdDetail/a8a6ceb284766bd297128e6d8c60467e.

国务院办公厅. 2016. 国务院办公厅关于促进通用航空业发展的指导意见[EB/OL].（2016-05-13）[2024-06-06]. https://www.gov.cn/zhengce/zhengceku/2016-05/17/content_5074120.htm.

黄弘, 李瑞奇, 范维澄, 等. 2018. 安全韧性城市特征分析及对雄安新区安全发展的启示[J]. 中国安全生产科学技术, 14(07): 5-11.
建设部城市交通工程技术中心. 2007. 城市规划资料集第十分册 城市交通与城市道路[M]. 北京：中国建筑工业出版社.
孔令斌. 2009. 城市发展与交通规划[M]. 北京：人民交通出版社.
孔令斌. 2019. 新空间规划背景下的城市交通规划[J]. 城市交通, 17(4): 8-10.
清华大学中国新型城镇化研究院. 2019. 走以人民为中心的城镇化中国道路——中国城镇化大势与对策研究[M]. 北京：清华大学出版社.
上海市规划和自然资源局. 2021. 关于印发《上海市乡村社区生活圈规划导则（试行）》的通知[EB/OL]. (2021-12-02)[2024-06-06]. https://ghzyj.sh.gov.cn/nw2431/20230608/99f94d224e824e2d8b99c797659506a9.html.
王振坡, 李锦, 程浩岩. 2016. 我国大城市居民出行特征演变与交通发展研究[J]. 城市, (8): 73-79.
徐循初. 2007. 城市道路与交通规划（下册）[M]. 北京：中国建筑工业出版社.
杨东援. 2019. 融入空间规划体系的综合交通规划[EB/OL]. (2019-05-29)[2024-06-06]. https://mp.weixin.qq.com/s/aDSwBHj-qypqJrmUQems2g.
杨涛. 2020. 新大城市综合交通体系发展策略与规划实务[M]. 北京：科学出版社.
余柳. 2021. 国际视角下城市交通碳中和策略与路径研究[J]. 城市交通, 19(5): 19-25.
袁周, 刘田, 邵磊. 2019. 北京市肢残人对一刻钟社区服务圈的无障碍需求与满意度研究[J]. 规划师, 35（4）: 25-31.
张孝奎. 2018. 防灾减灾视角下的城市空间布局规划研究——以唐山市为例[J]. 灾害学, 33(01): 89-95.
张孝奎, 魏樊, 冯立超, 等. 2022. 国土空间规划视角下滨海城市韧性防潮体系构建研究——以福州滨海新城核心区为例[J]. 灾害学, 37(4): 52-56.
中国城市规划设计研究院. 2014. GB/T 50293—2014 城市电力规划规范[S]. 北京：中国建筑工业出版社.
中国城市规划设计研究院. 2018. GB/T 51328—2018 城市综合交通体系规划标准[S]. 北京：中国建筑工业出版社.
周燕珉, 王春彧. 2020. 老旧小区的适老化改造有哪些要点[J]. 中国社会工作, (14): 16.
自然资源部. 2021. TD/T 1062—2021 社区生活圈规划技术指南[S]. 北京：地质出版社.
邹亮, 陈志芬, 谢映霞, 等. 2016. 城市防灾规划丛书 第一分册 城市综合防灾规划[M]. 北京：中国建筑工业出版社.
Lin W , Yu T. 2011. Spatial allocation of public service facility in rural area: A case study in Linzhou, Henan Province[C]//2011 International Conference on Remote Sensing, Environment and Transportation Engineering. IEEE, 2487-2489.

思　考　题

（1）社区生活圈空间边界如何划定？如何针对不同人群特征实现精准高效的公共服务设施配建？

（2）在公共服务设施规划中如何更好地与特定人群如老年人群、低幼人群、创新人群的需求相匹配？

（3）在全域公共服务设施规划中，在乡镇层面应按多少分钟出行距离布局生活圈比较合适？

（4）市县国土空间总体规划下的交通体系规划与传统城市综合交通体系规划的相同点以及不同点是什么？

（5）绿色、生态、可持续的交通发展理念如何在综合交通体系规划中充分体现与运用？

（6）油库、危险化学品仓库等危险化学品重大危险源在市县国土空间总体规划中的应对措施是什么？

（7）灾害风险评估与消防站、应急避难场所等设施布局之间有什么逻辑关系？

第五章　分类空间规划和底线管控

导读："三区三线"是国土空间规划的核心内容，也是市县国土空间开发保护格局的基本骨架，具有纲举目张的结构性导控作用。立足主体功能区战略细化落实要求，针对生态空间、农业空间和城镇空间，以及生态保护红线、永久基本农田控制线和城镇开发边界的分区分类管控，是国土空间规划的重中之重。此外，新时期下应重视对历史文化与魅力空间及历史文化保护线、防灾安全空间与各类安全底线的管控，形成对"三区三线"已有体系的有益补充和完善。为突出规划重点，本章从整个规划编制体系中抽取出本板块内容，对分类空间发展策略、底线和分区管控内容方法体系进行针对性、系统性阐述。

一、内容框架和知识点导引

本章重点阐述分类空间规划和底线管控内容，在重大专题研究基础上，重点解决各类空间落地和分类安排，重点对生态空间、农业空间、城镇空间、历史文化与魅力空间等各类空间布局要点、空间底线划定、内部层次与结构关系、不同空间管控重点与布局要求进行阐述，为下一章的空间规划综合方案打好基础。

从大体类型来看，市县域国土空间主要包括生态空间、农业空间、城镇空间，以及历史文化与魅力空间等（见图 5-1）。城镇空间是指以承载城镇经济、社会、政治、文化、生态等要素为主的功能空间；农业空间是指以农业生产、农村生活为主的功能空间；生态空间是指具有自然属性，以提供生态系统服务或生态产品为主的功能空间；历史文化与魅力空间是指具有重要历史文化遗产保护传承价值和人居特色吸引力的功能空间。其中城镇空间、农业空间、生态空间就是通常说的"三区"，它们相互不重叠，构成市县域国土空间格局的基础底板框架。历史文化与魅力空间基于文化保护传承和特色塑造的价值导向，有重点针对性识别和进行规划管控的特定功能空间，与"三区"往往存在叠合关系，需要加强复合管控。

市县域国土空间底线主要包括永久基本农田、生态保护红线、城镇开发边界、历史文化保护线，以及面向安全保障的其他控制线。其中永久基本农田是指为保障国家粮食安全，按照一定时期人口和经济社会发展对农产品的需求，依法确定不得擅自占用或改变用途、实施特殊保护的耕地。生态保护红线是指在生态空间范围内具有特殊重要生态功能，必须强制性严格保护的区域。城镇开发边界是指在国土空间规划中划定的，一定时期内因城镇发展需要，可以集中进行城镇开发建设，完善城镇功能、提升空间品质的区域边界，涉及城市、建制镇以及各类开发区等（张兵等，2018）。其中，永久基本农田、生态保护红线、城镇开发边界就是通常说的"三线"，它们边界不交叉。除"三线"外，各地应结合自身情况因地制宜研究划定历史文化保护线、重要海洋控制线，以及面向安全保障的其他控制线，如洪涝风险控制线、重要林草湿地控制线（公益林、基本草原、重要湿地）、重要矿产资源开发控制线等。其中农业空间和生态空间在主导功能等级和开发保护管控力度上具有梯度层级性，永久基本农田、生态保护红线分别是这两类空间里最重要的核心管控对象，规划管控刚性最强，而空间底线以外的地区在规划管控中，往往会分级分类给予更多的弹性和自由空间，以便应对不确定环境和需求。

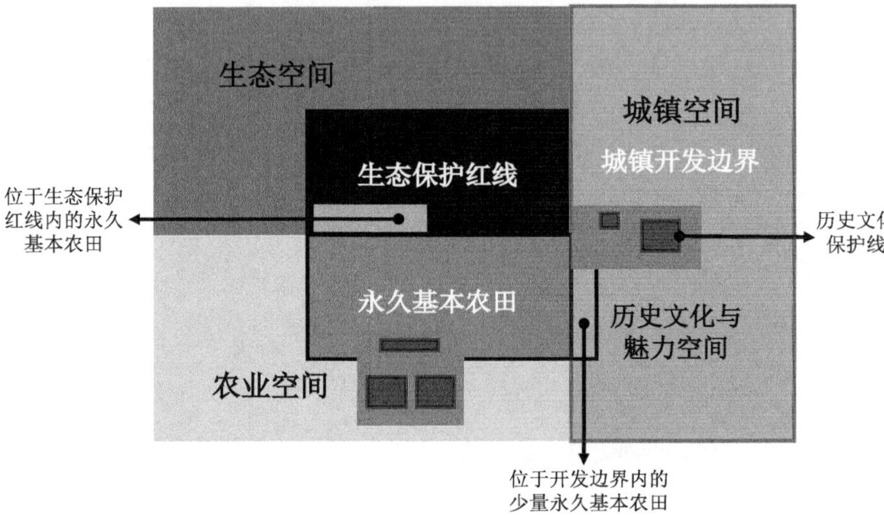

图 5-1　四大分类空间与空间底线关系示意图

市县域分类空间规划和底线管控应遵循以下基本思路：一是坚持底线思维，保护优先。以资源环境承载能力评价和国土空间开发适宜性评价为基础，科学有序统筹布局生态、农业、城镇、历史文化和魅力等功能空间，强化底线约束，优先保障生态安全、粮食安全、国土安全和文化安全。二是推进主体功能区战略细化落实，各市县应根据主体功能区优化细化情况，合理研究划定市县规划分区，分解落实相关约束性指标规模，制定针对性国土空间用途管制规则，推动主体功能区战略在国土空间规划中逐级传导落地。三是坚持多规合一，协调落实。按照统一底图、统一标准、统一规划、统一平台要求，科学划定落实各条控制线，做到不交叉不重叠不冲突。四是统筹推进，分类管控。坚持陆海统筹、上下联动、区域协调，根据各地不同的自然资源禀赋和经济社会发展实际，充分考虑不同主体功能区下的差异化特定要求，针对各类功能空间和各条控制线，建立健全分类管控机制。

在分类空间和底线管控规划成果方面，应提交的核心图件包括市（县）域国土空间控制线规划图、市（县）域生态系统保护规划图、市（县）域农业空间规划图、市（县）域城镇体系规划图、市（县）域历史文化保护规划图、市（县）域魅力空间体系规划图等。可根据实际意图和需求，灵活增补其他相关图件。

此外，值得强调的是，随着全球气候变化和各类突发灾害事件的频发，如何统筹发展与安全，提升城市应对灾害事件的安全韧性和应急响应能力，也是国土空间规划的重要任务。在市县国土空间总体规划中，应在合理开展灾害风险评估的基础上，科学划定灾害风险分区和安全底线，优化城市空间的安全布局，确定各分区主要灾害风险以及放置设施配置要求，高标准建设城市生命线系统。例如，应对城市洪涝灾害频发的问题，统筹研究划定洪涝风险控制线并制定空间管制规则，保障防洪排涝系统的完整性和通达性，确保洪水蓄滞和行泄顺畅安全。

二、生态空间规划和底线管控

生态文明建设是中国特色社会主义事业的重要内容，在国家生态文明建设的重要时期，生态安全已被纳入总体国家安全观范畴。科学和合理的生态安全体系不仅是实现绿色发展、人与自然和谐的重要空间战略，还是进一步细化空间分类分区管治的重要基础。在市县国土空间总体规划中，以区域生态安全格局构建和优化策略为引导，以维护区域生态安全和生物多样性为目标，统筹衔接区域自然保护地体系建设和生态保护红线评估调整工作，明确生态空间分区；结合各类生态空间类型、主导生态服务功能、生态敏感性和脆弱性特征等，合理确定生态空间内规划和现状生产建设活动管控要求。

（一）生态保护目标和指标体系设定

以区域生态安全格局构建和优化策略为引导，综合考虑区域内生态重要和生态敏感地区的生态保护和建设需要，提出维护区域生态安全和生物多样性的生态保护目标和指标体系。生态保护指标体系主要包括生态保护红线面积或生态保护红线面积占国土面积的比例，该指标应为约束性指标要求。另外，可结合区域生态本底特征以及生态保护和建设需求，以本地指示性物种种类、重要生物物种种数保护率等作为建议性指标。

应注意加强生态保护指标与生态安全格局、生态保护红线之间的双向匹配校核。一方面应基于双评价分析、生态安全格局构建要求和生态保护红线划定规则，结合上位要求，综合研究论证确定生态保护目标和指标体系；另一方面通过格局优化和底线划定确保生态保护目标和指标有效落地。

（二）生态安全格局构建与优化

基于双评价和相关分析模型，综合识别生态片区、生态廊道和生态节点，统筹山、水、林、田、湖、草、沙、海等要素，构建层次结构明确、空间联系紧密、海陆统筹协调且强化提升本底功能的生态安全格局。在整体生态安全格局基础上，针对不同生态片区、廊道、节点等面临的不同问题及生态保护重点任务，分别提出有针对性的生态保护格局优化策略（见图 5-2）。

市县域生态安全格局是全域生态空间分区与管控、生态保护红线划定的基本依据，通过细分划定生态保护区和生态控制区，实现对市县域生态空间的分级分类管控。其中生态保护红线（即生态保护区）是生态安全格局中生态功能最为突出、作用最为显著、管控最为严格的区域（见附彩图 4）。

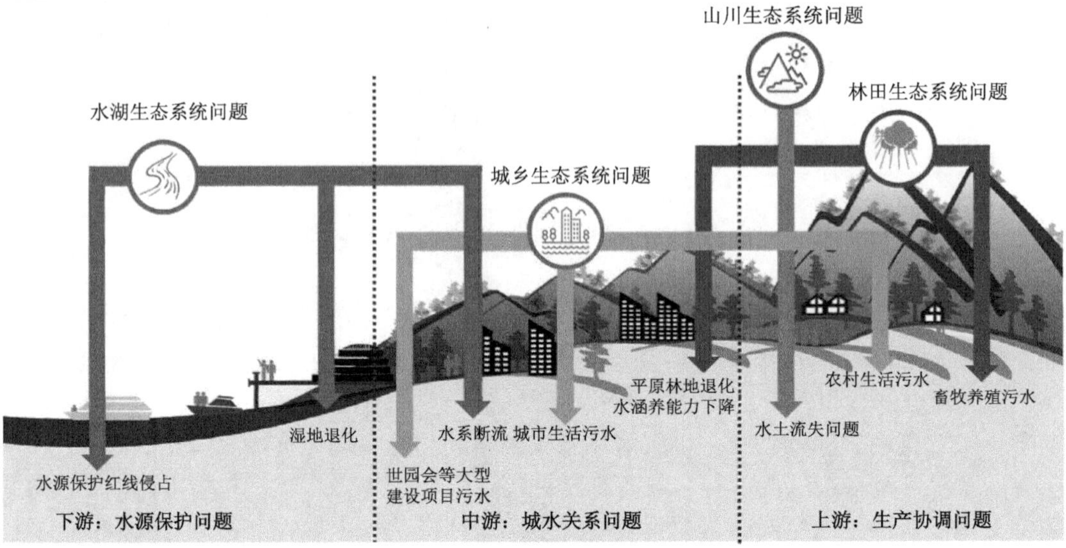

图 5-2 生态系统优化引领下的国土空间规划示意图

（1）生态片区优化。生态片区结合区域本底条件和主导生态功能，可包括生物多样性保护功能区、水源涵养功能区、水土保持功能区、城镇发展区、生态农业建设区以及其他生态问题治理与修复区，等等。各生态片区结合片区主导生态功能、现状生态环境问题和生态环境保护要求，提出片区优化策略。

以生物多样性保护功能区为例，以生物多样性保护为主导生态功能，主要分布在深山区和天然植被大面积保存的地区，生态条件优越，生物种类繁多，有大量珍稀、特有和古老的生物种类，生物多样性维护功能突出。以保育好区域原生森林生态系统，强化森林生态系统的生物多样性保护功能为目的，侧重对山地自然生态系统的保护和恢复，关注生态公益林建设，突出以天然林为主体的生态网络建设和生境保护与修复。

以水源涵养功能区为例，围绕水系、湖库、水源等重点对象，以区域水文系统的恢复提升为工作重点，水源涵养功能区优化策略需侧重山区水源涵养林建设，保护好源头水；优化人工林结构，促进自然演替；强化河谷地区植被恢复，提升水源涵养功能。

以水土保持功能区为例，主要分布于浅山、丘陵地区，重点考虑水土保持功能和水土流失问题，以保护、改良与合理利用水土资源，维护和提高土地生产力为目的，根据自然本底基础，优化策略需侧重提出生物、工程等水土保持措施，特别针对水土流失严重区域，结合地形地貌，强化边坡、沟壑等水土流失易发区的工程措施。

（2）生态廊道优化。生态廊道基于廊道类型包括河流水系廊道、山系廊道、重要交通绿廊以及海岸带等。生态廊道优化需结合廊道类型和生物多样性保护需要、人居环境提升需要等综合提出廊道建设和优化策略。

河流廊道建设优先保障河流防洪体系建设要求，促进河流生态自我修复。优化河流廊道内湿地建设，推进重点湿地公园建设，建立从污染源到湿地到河道的污染消纳体系。结合沿河通风廊道建设要求，保障区内绿地率和植被绿量，控制通风口地区的热岛效应，提升河流廊道综合效益。

生态绿廊依托山体、重要交通等构建区域生态绿廊体系，强化生态连通性。划入廊道内的山体保护范围强化山体与植被保护，进一步加强森林植被保育，对已形成破坏的山体开展山体生态修复和植被修复。基于廊道总体控制走向，结合城镇内的绿地体系建设，构建完整的生态廊道体系，增强破碎化生境之间的生态连通性。

涉海的市县还需对海岸带提出基于海陆统筹的海岸带生态保护和建设的引导要求。

（3）生态节点优化。生态节点优化包括自然保护地和其他生态节点的生态建设和保护。自然保护地强化生态建设，提高基础设施水平，完善以国家公园为主体的自然保护地体系，优化生态保护重点区域，实施生态保育和生态重建工程，推动自然生态系统修复，提高节点生态安全水平，禁止各种破坏自然资源和产生环境污染的开发建设活动，维护生物多样性。

其他生态节点依据森林公园、湿地公园、饮用水源保护区等的建设管理，提高基础设施建设水平。加强饮用水源地生态保护，保障水源安全；加快推进森林公园、湿地公园、风景名胜区、生态防护林等建设方式，完善以国家公园为主体的自然保护地体系，提高生态节点的生态安全水平。结合用地情况，统筹山体、水系等形成公园绿地，构建区域次级生态节点，实施生态重建工程。加强节点内山体保护与山体修复，特别是对已呈现破碎化的山体。结合廊道建设强化生物迁徙跳板作用，推动生物多样性保护功能不断优化。

（三）生态保护红线评估调整

衔接区域生态保护评估工作成果，对各类生态保护红线按照保护类型、自然属性、生态价值、管理目标等进行梳理、归类和说明，并明确各类生态保护红线的管控要求。

生态保护红线评估调整方法。2019年，中共中央办公厅、国务院办公厅印发《关于在国土空间规划中统筹划定落实三条控制线的指导意见》，立足国土空间规划实践，对生态保护红线划定与管理进行总体部署，提升生态保护红线的实施成效。同年，自然资源部办公厅、生态环境部办公厅联合印发《关于开展生态保护红线评估工作的函》（自然资办函〔2019〕1125号），部署开展生态保护红线评估工作，科学评估生态保护红线划定情况，调整完善划定成果。

生态保护红线应坚持“应划尽划”原则，优先划入具有重要水源涵养、生物多样性维护、水土保持、防风固沙、海岸防护等功能的生态功能极重要区域，生态极敏感脆弱的水土流失、沙漠化、石漠化、海岸侵蚀等区域，以及其他经评估目前虽然不能确定但具有潜在重要生态价值的区域。生态保护红线调整工作应遵循“保护优先、突出重点；总量稳定、局部优化；科学客观、实事求是；严格要求、协同推进”的基本要求。对自然保护地进行调整优化，评估调整后的自然保护地应划入生态保护红线；自然保护地发生调整的，生态保护红线相应调整。

生态保护红线评估调整工作主要包含四个步骤：第一，以国土空间生态重要性评价为基础，形成生态保护红线划定初步范围。基于“双评价”工作识别确定生态保护极重要区域，以评估得到的生态保护极重要区域、禁止开发区为基础形成生态保护红线划定初步范围。第二，统筹自然保护地体系建设和生态保护红线划定。根据自然保护地调整、晋升和新建情况，更新调整生态保护红线划定成果。第三，生态保护红线评估。包括重要功能区和敏感区补充、边界一致性、应划尽划、矛盾冲突统筹以及与其他控制线交叠分析、海陆生态保护红线统筹工作。第四，多方衔接协调与校验定线。充分与相邻行政区域生态保护红线划定结果进行衔接和协调，采取上下结合的方式广泛征求各市县级政府意见，修改完善后达成一致意见，确定生态保护红线边界方案，并按相关要求推进上报审核流程。

强化生态保护红线管理要求。严格落实2019年中共中央办公厅、国务院办公厅印发的《关于在国土空间规划中统筹划定落实三条控制线的指导意见》和《自然资源部 生态环境部 国家林业和草原局关于加强生态保护红线管理的通知（试行）》（自然资发〔2022〕142 号）的相关要求，规范管控对生态功能不造成破坏的有限人为活动。生态保护红线内自然保护地核心保护区外，禁止开发性、生产性建设活动，在符合法律法规的前提下，仅允许以下对生态功能不造成破坏的有限人为活动（详见专栏）。生态保护红线内自然保护区、风景名胜区、饮用水水源保护区等区域，依照法律法规执行。

【专栏】生态保护红线评估调整技术方法和流程

一、以国土空间生态重要性评价为基础，形成生态保护红线划定初步范围

基于水源涵养、生物多样性维护、水土保持、防风固沙等因素开展生态服务功能重要性评价，基于水土流失、土地沙化、石漠化、盐渍化等因素开展生态环境敏感性评价，在此基础上确定生态功能极重要和生态环境极敏感区。将生态功能极重要区和生态环境极敏感脆弱区进行叠加，明确生态保护极重要区域。以评估得到的生态保护极重要区域、禁止开发区为基础形成生态保护红线划定初步范围。

二、统筹自然保护地建设和生态保护红线划定

统筹衔接自然保护地体系建设，根据自然保护地调整、晋升和新建情况，将自然保护地划定结果纳入生态保护红线中。

三、生态保护红线评估

1. 边界一致性分析

分析生态保护红线与山脉、河流、林线、雪线、流域分界线、生态系统分布界线、地块边界的一致性，对于不一致的情况说明原因。

2. 应划尽划分析

衔接资源环境承载能力评价和国土空间开发适宜性评价中生态功能重要性评估和生态环境敏感性评估结果，将生态功能重要性评价等级为高和生态敏感性评价等级为高的区域叠加，同时分析各级禁止开发区域以及其他有必要实施严格保护的区域，综合判断生态保护红线与实际生态状况的相符性，进一步分析有必要实施严格保护的区域划入生态保护红线的情况。

3. 矛盾冲突分析

核实生态保护红线内的耕地、人工商品林、林粮间作、基本草原、承包草原、镇

村、基础设施、合法矿业权、战略性矿产资源区域、国家规划矿区、规划开采油气田、海域海岛使用、海岛原住民生产生活设施等情况。为保护生态系统完整性和稳定性，识别需要保留到生态保护红线内的地块情况以及需要解决矛盾冲突的地块情况。

4. 其他重要控制线的交叉重叠分析

识别生态保护红线和永久基本农田、城镇开发边界的交叉重叠情况，分析交叉重叠面积和空间分布情况。为保护生态系统完整性和稳定性，识别需要保留到生态保护红线内的区域情况以及需要解决各类控制线矛盾冲突的区域情况。

5. 海陆生态保护红线统筹分析

综合考虑所在陆、海区域生态系统完整性和连通性，全面衔接陆域生态红线与海洋生态红线，突出海洋生态保护，聚焦重要河口、重要滨海湿地、红树林、珊瑚礁、海草床、珍稀物种分布区、重要砂质岸线及邻近海域、自然景观及历史文化遗迹的陆海衔接与保护。

四、多方衔接协调与校验定线

充分与相邻行政区域生态保护红线划定结果进行衔接与协调，开展跨区域技术对接，确保生态保护红线空间连续，实现跨区域生态系统整体保护。采取上下结合的方式开展技术对接，广泛征求各市县级政府意见，修改完善后达成一致意见，确定生态保护红线边界。

【专栏】生态保护红线内有限人为活动指引

（1）管护巡护、保护执法、科学研究、调查监测、测绘导航、防灾减灾救灾、军事国防、疫情防控等活动及相关的必要设施修筑。

（2）原住居民和其他合法权益主体，允许在不扩大现有建设用地、用海用岛、耕地、水产养殖规模和放牧强度（符合草畜平衡管理规定）的前提下，开展种植、放牧、捕捞、养殖（不包括投礁型海洋牧场、围海养殖）等活动，修筑生产生活设施。

（3）经依法批准的考古调查发掘、古生物化石调查发掘、标本采集和文物保护活动。

（4）按规定对人工商品林进行抚育采伐，或以提升森林质量、优化栖息地、建设生物防火隔离带等为目的的树种更新，依法开展的竹林采伐经营。

（5）不破坏生态功能的适度参观旅游、科普宣教及符合相关规划的配套性服务设施和相关的必要公共设施建设及维护。

（6）必须且无法避让、符合县级以上国土空间规划的线性基础设施、通讯和防洪、供水设施建设和船舶航行、航道疏浚清淤等活动；已有的合法水利、交通运输等设施运行维护改造。

（7）地质调查与矿产资源勘查开采，包括：基础地质调查和战略性矿产资源远景调查等公益性工作；铀矿勘查开采活动，可办理矿业权登记；已依法设立的油气探矿权继续勘查活动，可办理探矿权延续、变更（不含扩大勘查区块范围）、保留、注销，当发现可供开采油气资源并探明储量时，可将开采拟占用的地表或海域范围依照国家相关规定调出生态保护红线；已依法设立的油气采矿权不扩大用地用海范围，继续开采，可办理采矿权延续、变更（不含扩大矿区范围）、注销；已依法设立的矿泉水和地热采矿权，在不超出已经核定的生产规模、不新增生产设施的前提下继续开采，可办理采矿权延续、变更（不含扩大矿区范围）、注销；已依法设立和新立铬、铜、镍、锂、钴、锆、钾盐、（中）重稀土矿等战略性矿产探矿权开展勘查活动，可办理探矿权登记，因国家战略需要开展开采活动的，可办理采矿权登记。上述勘查开采活动，应落实减缓生态环境影响措施，严格执行绿色勘查、开采及矿山环境生态修复相关要求。

（8）依据县级以上国土空间规划和生态保护修复专项规划开展的生态修复。

（9）根据我国相关法律法规和与邻国签署的国界管理制度协定（条约）开展的边界边境通视道清理以及界务工程的修建、维护和拆除工作。

（10）法律法规规定允许的其他人为活动。

开展上述活动时禁止新增填海造地和新增围海。上述活动涉及利用无居民海岛的，原则上仅允许按照相关规定对海岛自然岸线、表面积、岛体、植被改变轻微的低影响利用方式。

资料来源：《自然资源部 生态环境部 国家林业和草原局关于加强生态保护红线管理的通知（试行）》（自然资发〔2022〕142 号）

（四）生态空间分区与管控

市县国土空间总体规划中的生态空间分区包括生态保护区和生态控制区。

1. 生态保护区

生态保护区是具有特殊重要生态功能或生态敏感脆弱、必须强制性严格保护的陆地和海洋自然区域，包括陆域生态保护红线、海洋生态保护红线集中划定的区域。生态保护区执行生态保护红线的管控要求。

2. 生态控制区

生态控制区是除生态保护红线外，需要予以保留原貌、强化生态保育和生态建设、限制开发建设的陆地和海洋自然区域。以生态安全格局为引导，将陆域重要生态廊道和未纳入生态保护区的各类公园、重要湿地、极小种群生境、重要城市公园等生态节点以及基于生态评价识别的生态服务功能重要区和生态敏感、脆弱区，与永久基本农田、城市开发边界以及其他各类分区进行统筹，划定陆域生态控制区；将海域未纳入海洋生态保护红线的海岸带自然岸线、红树林、重要砂质岸线和沙源保护海域、珊瑚礁、海草床、渔业功能区和海岛等划入海域生态控制区。为更好地对生态控制区实施差异化的管控，可结合生态安全格局结构组成、生态功能属性等划分二级生态控制区。

生态控制区原则上按照限制开发区域的要求管理，限制不符合区域功能定位的开发建设活动。其中，各类公园、湿地、自然岸线、各类保护海域和海岛等不同生态要素和生态空间执行相关法律法规中的管控要求；对于基于生态评价划入生态控制区的区域，可结合地方实际，对规划和现状生产建设活动做出相应管控要求，以防止对生态功能重要区、生态敏感和脆弱区的污染和破坏。

（五）自然保护地体系建设与完善

自然保护地体系建设是守护自然生态，保育自然资源，保护生物多样性与地质地貌景观多样性，维护自然生态系统健康稳定，提高生态系统服务功能；服务社会，提供优质生态产品，提供科研、教育、体验、游憩等公共服务；维持人与自然和谐共生并永续发展的重要工作。

自然保护地按照生态价值和保护强度高低依次分为国家公园、自然保护区和自然公园。其中，国家公园是指由国家批准设立并主导管理，边界清晰，以保护具有国家代表性的大面积自然生态系统为主要目的，实现自然资源科学保护和合理利用的特定陆地或海洋区域。自然保护区为保护典型的自然生态系统、珍稀濒危野生动植物种的天然集中分布区、有特殊意义的自然遗迹的区域，具有较大面积，确保主要保护对象安全，维持和恢复珍稀濒危野生动植物种群数量及赖以生存的栖息环境。自然公园为保护重要的自然生态系统、自然遗迹和自然景观，具有生态、观赏、文化和科学价值，可持续利用的区域，确保森林、海洋、湿地、水域、冰川、草原、生物等珍贵自然资源，以及所承载的景观、地质地貌和文化多样性得到有效保护，包括森林公园、地质公园、海洋公园、湿地公园等各类自然公园。

在市县国土空间总体规划中，需要衔接区域自然保护地体系中重要的自然生态系统、自然遗迹、自然景观及其所承载的自然资源、生态功能和文化价值等，明确自然保护地主要类型，对各类自然保护地按照自然属性、生态价值和管理目标进行梳理、归类，列表说明自然保护地名称、自然属性、保护类型、保护等级、重要生态属性等。

（六）生态修复

国土空间生态修复是指为实现国土空间格局优化、生态系统健康稳定和生态功能提升的目标，按照山水林田湖草沙生命共同体理念，对长期受到高强度开发建设、不合理利用和自然灾害等影响造成生态系统严重受损退化、生态功能失调和生态产品供给能力下降的区域，采取工程和非工程等综合措施，对国土空间生态系统进行生态恢复、生态整治、生态重建、生态康复的过程和有意识的活动，其对象是受损生态系统，目的是维护国土空间生态系统的整体平衡和可持续发展（吴次芳等，2019）。

编制市级总规，需要衔接省级或市级国土空间生态修复专项规划成果，落实上位国土空间总体规划提出的生态修复目标任务和引导要求，落实上位国土空间生态修复专项规划的传导要求，如规划目标和重要指标、生态修复重点区域和重大工程等。坚持山水林田湖草沙生命共同体理念，按照陆海统筹的原则，针对生态功能退化、生物多样性减少、水土污染、洪涝灾害、地质灾害等问题区域，明确生态修复的目标、重点区域和重大工程，维护生态系统，改善生态功能，服务于落实本级国土空间总体规划对生态系统健康、生态功能质量、生态要素价值的内容和要求。县级总规应在市级总规对生态修复传导要求基础上，进一步与本级国土空间总体规划提出的目标任务衔接，细化生态修复分区，进一步提出分区修复策略，细化确定生态修复重点项目。

1. 生态修复目标与任务

立足落实国家和区域重大战略部署、国民经济和社会发展规划的目标任务以及市县国土空间总体规划确定的城市发展定位、2035 年规划目标，衔接落实省级或市级国土空间生态修复专项规划和林地、湿地等相关专项规划，以促进生态网络连通性和生态系统质量提升、生态服务功能完善为前提，以山水林田湖草沙一体化保护修复为主线，引领国土空间生态修复。围绕山水林田湖草沙一体化保护修复、林地草地生态修复、湿地与水域生态修复、海洋生态修复等方面，研究提出生态保护修复至 2025 年、2035 年的具体目标，确定调控指标，列明约束性和预期性指标属性。衔接落实省级或市级国土空间生态修复专项规划确定的任务，以全域生态修复总体格局和 2035 年整治修复目标为依据，统筹安排确定分区、分类、分阶段生态修复任务。

2. 生态修复分区与策略

以国土空间生态安全格局为指引，结合区域生态安全屏障、区域重大战略的生态支撑区和重要生态治理区，衔接落实省级国土空间规划或省级国土空间生态修复专项规划划定的生态修复分区。以气温、降水、地形地貌、流域分区、生态系统类型等自然地理格局为基础，以重点流域和区域为基础单元，突出自然地理和生态系统的完整性和连通性，结合区县、乡镇行政边界，划定生态修复分区。如北京市依据全市 3 大空间（生态空间、农业空间、城镇空间）自然本底和生态问题差异，以 5 类主导功能类型（水源涵养、水土保持、生物多样性维护、农业生产与人居环境建设）为基础，划定 5 个一级生态修复分区，分别是在生态空间内划分北部山区水源涵养功能提升区、西北部山区水土保持综合防治区、山区生物多样性保护修复区，在农业空间内划分平原田林生态修复与优化引导区，在城镇空间内划分平原生态修复与人居环境品质提升区。进一步结合自然资源类型、生态系统受损退化程度及生态保护修复目标的差异等，细化为 18 个二级生态修复分区（北京市规划和自然资源委员会，2022）。

针对不同分区，提出差异化的生态修复策略：①以生态空间为主的修复分区，主要针对水土流失、土地沙化、自然岸线受损、矿山生态破坏、生物多样性降低、生境破碎等问题，围绕山、水、林、草、湿等自然生态资源，开展重要生态廊道建设、基础生态网络连通、核心生境修复、生物多样性维护、河湖湿地修复、森林草原休养生息等工作，提出保育保护、自然恢复、辅助修复、生态重塑等措施。②以农业空间为主的修复分区，主要针对农用地破碎化和退化、景观连通性差、生境质量低下等问题的分布范围、程度，重点分析村庄周边生态破坏、土地压占和损毁、人居环境恶化等问题，实施农田生态修复，构建生态廊道和生态缓冲带，改善农田周边生境，提高农田生态系统生物多样性；实施全域土地综合整治，提高农用地生态保护水平和农业综合生产能力、村庄建设用地节约集约利用水平。③以城镇空间为主的修复分区，主要针对城镇内部及周边山体和河湖水系生态破坏问题、城市内外蓝绿网络连通性问题、城市内涝和热岛效应，以及城市周边矿山生态破坏、土地损毁等问题，开展城市生态修复，加快采煤塌陷区治理，修复提升城市特色风貌，重塑人文景观。

3. 生态修复重点区域

以省级或市级国土空间生态修复专项规划确定的生态修复分区和重点区域为基础，依据识别的关键生态问题，确定生态修复分区下的陆域和海域生态修复重点区域，从保育保护、自然恢复、辅助修复、生态重塑、综合整治等方面确定各生态修复区域的生态修复策略。生态空间内，位于生态保护红线、基础生态屏障、核心源地和重要生态廊道、关键生态节点（山体、河流、湖泊、水库、河口、海岸、矿区等）的，生态管控区域内属于其他未划入生态保护红线的生态系统服务重要性高、生态敏感性高或生态系统恢复力弱的，应优先划入生态修复重点区域。

4. 生态修复工程与重点项目

在生态修复分区的基础上，以重点区域为指引，根据生态问题的严重性、修复治理的紧迫性以及生态系统的退化程度和恢复能力，在生态修复重点区域科学布置重点工程，确定工程类型、实施范围、建设时序、目标任务、投资需求、预期效益等内容。

重点项目的提出应落实上位生态修复专项规划确定的生态修复重大工程和重点区域，衔接林业发展五年规划、水系连通规划、湿地保护规划、海洋发展五年规划等，细化重大工程的任务和要求，考虑预期综合效益明显、具有较强示范意义、实施区域群众基础好等因素，制定生态修复重点项目列表，明确项目名称、修复类型、建设规模、重点任务、实施时序、涉及区域等。

三、农业空间规划和底线管控

（一）总体导引

“食为政首，谷为民命”。粮食安全始终是关系我国国民经济发展、社会稳定和国家自立的重大战略问题。尤其在全球气候变化加剧、国际形势动荡的背景下，粮食安全与耕地保护更是被提到前所未有的高度。藏粮于地、藏粮于技成为我国确保粮食综合生产能力的基本战略，不仅要保证耕地面积，更要提升耕地质量。

【专栏】近年来党和国家对于粮食安全的相关要求

2021 年，在中央农村工作会议上，习近平总书记强调，保障好初级产品供给是一个重大战略性问题，中国人的饭碗任何时候都要牢牢端在自己手中，饭碗主要装中国粮。18亿亩耕地必须实至名归，农田就是农田，而且必须是良田。要实打实地调整结构，扩种大豆和油料。要真正落实"菜篮子"市长负责制，确保猪肉、蔬菜等农副产品供给安全。时任总理李克强在国务院常务会议上提出，要毫不放松抓好粮食和重要农产品生产供应，严格落实地方粮食安全主体责任，下大力气抓好粮食生产，稳定粮食播种面积；要落实藏粮于地、藏粮于技战略，加强耕地保护和质量建设。会议强调，要保障农业生产稳中有进，确保2022年粮食产量稳定在1.3万亿斤以上。

2021年，中央一号文件指出，要加快推进我国农业现代化，优化农业生产布局。提升粮食和重要农产品供给保障能力，打好种业翻身仗，坚决守住18亿亩耕地红线，强化现代农业科技和物质装备支撑，构建现代乡村产业体系，推进农业绿色发展，推进现代农业经营体系建设。

2022年，中央一号文件提出，全力抓好粮食生产和重要农产品供给，稳定粮食播种面积和产量，大力实施大豆和油料产能提升工程，保障菜篮子产品供给，合理保障农民种粮收益，统筹做好重要农产品调控。在落实"长牙齿"的耕地保护硬措施基础上，完成高标准农田建设阶段任务，推进种源等农业关键核心技术攻关，提升农机装备研发水平并加快发展设施农业。

农业空间是指以农业生产、农村生活为主要功能的国土空间，包括耕地、园地、草地、其他农用地等承载农林牧副渔等农业生产环节的用地，也包括农村宅基地和其他农村建设用地。永久基本农田作为保障国家粮食安全和重要农产品供给、实施永久特殊保护的耕地，更是农业空间的重要组成部分。因此，农业空间规划与管控是市县国土空间总体规划布局中尤为关注的内容。

农业空间规划相关的编制内容主要包括：在明确农业生产最大合理规模和适宜空间的基础上，提出国土空间优化导向；保障农业发展空间，优化农业（畜牧业）生产空间布局，引导布局都市农业，提高就近粮食保障能力和蔬菜自给率，重点保护集中连片的优质耕地、草地，明确具备整治潜力的区域，以及生态退耕、耕地补充的区域；沿海城市要合理安排集约化海水养殖和现代化海洋牧场空间布局；在强化资源环境底线约束、推进生态优先、绿色发展的前提下，落实上位国土空间规划确定的永久基本农田等。

因此，农业空间规划注重三个方面的内容：一是加强耕地保护与保障国家粮食安全，落实上位规划下达的耕地保有量、永久基本农田保护面积等目标要求，提出市县域耕地资源保护利用策略，制定耕地保护与优化调整方案；二是划定永久基本农田，优化永久基本农田布局，明确永久基本农田目标，划定永久基本农田储备区；三是细化农业空间分区，提出不同类型农业空间的管控要求和利用指引。

（二）加强耕地保护与保障粮食安全

新中国成立以来，党中央始终将保障粮食安全放在重要战略地位，就耕地保护出台了一系列政策文件。回顾我国耕地保护制度演变过程，大概经历了四个阶段，发生了四个转变。从强调耕地的数量保护到数量、质量、生态"三位一体"保护转变，从耕地总量平衡到耕地“占补平衡”[1]，从“占一补一”到“占一补一”“占优补优”“先补后占”“以补定占”转变，从县域平衡向以县域平衡为主、省域总量动态平衡转变，耕地管控要求不断从严从紧，为夯实粮食安全根基做好支撑。

【专栏】耕地保护发展历程

第一阶段 强调数量保护，提出耕地总量动态平衡（1986~1997年）

1986年中共中央 国务院印发《关于加强土地管理、制止乱占耕地的通知》（中发〔1986〕7号），提出“十分珍惜和合理利用每寸土地，切实保护耕地”的基本国策。1986年颁布《中华人民共和国土地管理法》，强调切实保护耕地、制止乱占耕地等内容。

1997年中共中央 国务院印发《关于进一步加强土地管理切实保护耕地的通知》（中发〔1997〕11号），首次提出“耕地总量动态平衡”的要求，本地耕地总量只能增加，不能减少，并努力提高耕地质量。实行占用耕地与开发、复垦挂钩，严格控制各类建设占用耕地。

第二阶段 强调耕地数量、质量保护，建立耕地占补平衡制度（1998~2003年）

1998年修订《中华人民共和国土地管理法》，提出国家实行占用耕地补偿制度。非农业建设经批准占用耕地的，按照“占多少，垦多少”的原则，由占用耕地的单位负责开垦与所占用耕地的数量和质量相当的耕地。

1999年国土资源部印发《关于切实做好耕地占补平衡工作的通知》（国土资发〔1999〕39号），提出耕地占补平衡实行“先补后占”。

2001年国土资源部印发《关于进一步加强和改进耕地占补平衡工作的通知》（国土资发〔2001〕374号），提出“占一补一”的要求，切实落实耕地占补平衡。

2003年国土资源部印发《关于进一步采取措施落实严格保护耕地制度的通知》（国土资发〔2003〕388号），要求全面落实建设占用耕地补充制度。

第三阶段 强化耕地数量、质量保护，“升级”耕地占补平衡制度（2004~2016年）

2004年国务院印发《关于深化改革严格土地管理的决定》（国发〔2004〕28号），要求补充耕地的数量、质量实行按等级折算，防止占多补少、占优补劣。

2012年国土资源部印发《关于提升耕地保护水平全面加强耕地质量建设与管理的通知》（国土资发〔2012〕108号），要求严控建设用地占用优质耕地，严格执行耕地占补平衡政策规定。全面实行“先补后占”政策，积极探索“以补定占”机制，实现补充耕地与占用耕地数量和产能双平衡。

2014年国土资源部印发《关于强化管控落实最严格耕地保护制度的通知》（国土资发〔2014〕18号），要求严格执行以补定占、先补后占规定。强化土地用途管制，全面落实耕地数量和质量保护战略任务。

---

① 关于新时期耕地占补平衡的内涵和要求，参见《自然资源部 农业农村部关于改革完善耕地占补平衡管理的通知》（自然资发〔2024〕204号）

2016 年国土资源部印发《关于补足耕地数量与提升耕地质量相结合落实占补平衡的指导意见》(国土资规〔2016〕8 号),提出提质改造与补改结合并重,要求耕地占一补一、占优补优、占水田补水田”。

第四阶段 强化耕地数量、质量、生态保护,改进耕地占补平衡制度(2017 年至今)

2017 年中共中央 国务院印发《关于加强耕地保护和改进占补平衡的意见》(中发〔2017〕4 号),要求严格永久基本农田划定和保护,提出着力加强耕地数量、质量、生态“三位一体”保护,探索补充耕地国家统筹,实行跨地区补充耕地的利益调节等。

2017 年国土资源部印发《关于改进管理方式切实落实耕地占补平衡的通知》(国土资规〔2017〕13 号),提出改进耕地占补平衡管理,建立以数量为基础、产能为核心的占补新机制,通过“算大账”的方式,落实占一补一、占优补优、占水田补水田。以县(市、区)为单位,建立新增耕地数量、新增水田和新增粮食产能 3 类指标储备库,实行分类管理、分别使用。

2020 年国务院办公厅印发《关于坚决制止耕地“非农化”行为的通知》(国办发明电〔2020〕24 号)、《关于防止耕地“非粮化”稳定粮食生产的意见》(国办发〔2020〕44 号),提出制止耕地“非农化”的六个“严禁”,严格落实耕地保护责任,进一步强化耕地和永久基本农田的利用方式和种植结构管理。

2021 年自然资源部、农业农村部、国家林业和草原局联合印发《关于严格耕地用途管制有关问题的通知》(自然资发〔2021〕166 号),提出严格管控一般耕地转为其他农用地,对耕地转为其他农用地及农业设施建设用地实行年度“进出平衡”①,补足同等数量、质量的可以长期稳定利用的耕地。严格永久基本农田占用与补划,改进和规范建设占用耕地占补平衡。

2024 年中共中央办公厅 国务院办公厅印发《关于加强耕地保护提升耕地质量完善占补平衡的意见》,提出改革占补平衡管理方式、完善占补平衡落实机制。同年,自然资源部下发《自然资源部 农业农村部关于改革完善耕地占补平衡管理的通知》(自然资发〔2024〕204 号),进一步明确了新时期耕地占补平衡的规定和要求。

1. 加强耕地数量、质量、生态“三位一体”保护

要坚持落实最严格的耕地保护制度和最严格的节约用地制度,加强耕地数量、质量、生态“三位一体”保护,构建“保护有力、集约高效、监管严格”的永久基本农田保护新格局,牢牢守住耕地红线。严守耕地和永久基本农田红线,坚决遏制耕地“非农化”,防止耕地“非粮化”。严格控制非农建设占用耕地,从严控制一般耕地转为其他农用地,明确耕地利用优先序,确保主要粮食作物生产面积不减少。提出耕地质量保护与提升措施,如实行藏粮于地、藏粮于技战略,推进建设占用耕地耕作层土壤剥离再利用,积极

① “进出平衡”在此文件中被首次提出,在《自然资源部 农业农村部关于改革完善耕地占补平衡管理的通知》(自然资发〔2024〕204 号)中已将其并入“占补平衡”,全文同。

开展全域土地综合整治和高标准农田建设，实行秸秆还田，推行水肥一体化智能灌溉技术，提高耕地综合生产能力；提出农田生态系统保护和修复策略，如实施化肥减量增效措施，控制农业面源污染，保证粮食健康产能不降低。强化农田生态系统构建与保护（李超等，2022），坚持"山水林田湖草沙生命共同体"理念，将耕地放到更大的自然地理格局、农田生态系统层面予以保护。完善田间基础设施，提升耕地的生物多样性和农田生态系统稳定性。

2. 强化耕地保护与布局优化调整

基本内容。市县国土空间规划中，耕地保护与优化调整主要包括：一是严格落实上位规划确定的耕地保护目标任务；二是评估、核实三调现状耕地，将不稳定耕地图斑、不符合保护要求的其他类型耕地调出，并举证说明；三是优化耕地布局，识别与划定耕地储备潜力地区、耕地补划整治区域；四是提出耕地保护管控要求。

基本原则和策略。一是坚持从严保护，坚持底线思维。坚守土地性质不改变、耕地红线不突破、粮食生产能力不降低、农民利益不受损四条底线。二是坚持问题导向，实事求是。摸查耕地变化情况，分析原因，实事求是提出合理化保护与优化策略。三是坚持分类引导，科学务实。细化耕地与永久基本农田保护策略，分类引导，科学务实地提出保护与优化方案。

调整方案。遵循"应保尽保、应划尽划"原则，纳入耕地保护目标的必须是现状耕地，以 2020 年国土变更调查成果为基础，2021 年恢复的耕地经认定后可纳入耕地保护目标。尽可能将现状稳定耕地①纳入耕地保护目标，符合国家核减规则②的，需要说明理由并提供举证材料（见图 5-3）。

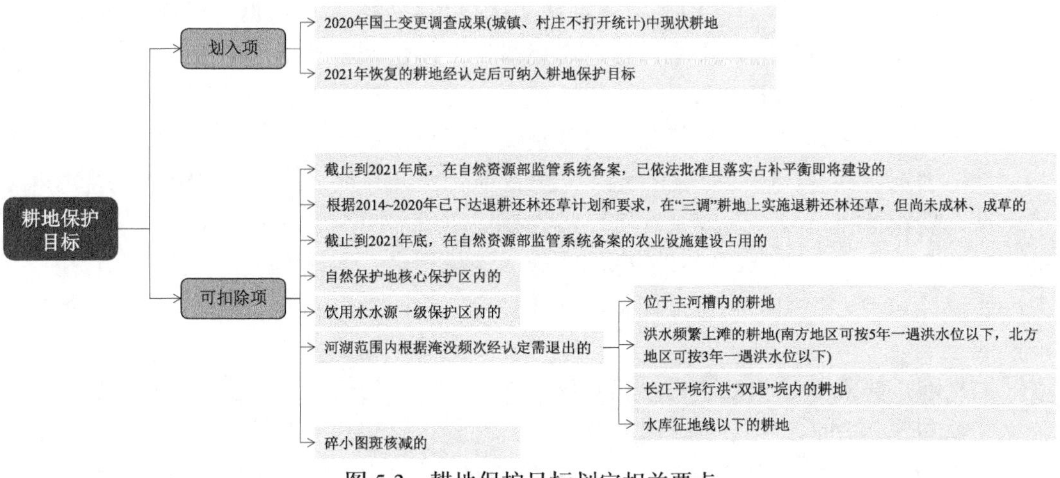

图 5-3　耕地保护目标划定相关要点

① 目前以第三次全国国土调查和自然资源部、省级自然资源部门下发的稳定耕地图斑为基础进行核算，未来按照国家最新规则要求确定稳定耕地基数。第三次全国国土调查简称"三调"。

② 根据 2020、2021 年自然资源部陆续出台的耕地与永久基本农田划定规则，对符合国家要求的若干类耕地可进行调出。详见《自然资源部关于在全国开展"三区三线"划定工作的函》（自然资函〔2022〕47 号）等文件要求。

一是论证耕地“占补平衡”方案。从严控制非农建设占用耕地，尤其是稳定耕地。与“双评价”确定的农业适宜性评价成果相衔接，并与生态保护红线、城镇开发边界划定成果相协调，按照“以补定占、先补后占、占优补优”的要求，探索多层次补充耕地渠道，实行以县区平衡为主、市内调剂为辅、省域平衡为补充。提出耕地补充来源，实行“补改结合、提质增效”，如高标准农田建设、全域土地综合整治、低效林园草地整理、工程恢复地类整理，确保稳定耕地得到有效保护。

二是提出耕地“进出平衡”方案。为确保可长期稳定利用的耕地总体稳定，需根据本级政府承担的耕地保护目标，对转为其他类型农用地及农业设施建设用地的耕地，实行年度“进出平衡”。“进出平衡”补充耕地的来源一般包括林地、草地、园地、农业设施建设用地。与“双评价”确定的农业适宜性评价成果相衔接，并与生态保护红线、城镇开发边界划定成果相协调，综合考虑确定耕地“进出平衡”来源，确保耕地保护任务严格落实到位。“进出平衡”应优先在县域范围内落实。

三是划定土地综合整治与耕地补划区域。重点可以通过高标准农田建设和全域土地综合整治，增加耕地面积，储备补充耕地；在市县耕地保护目标完成的前提下，可尽量保留地方特色农业生产空间。

3. 耕地保护与优化过程中的注意事项

（1）耕地保护需以现状为基础，真实反映地方耕地水平。以国土变更调查成果为基础进行现状核查，切实摸清地方耕地利用现状，包括种植结构、数量、质量、空间分布等，重点判断各类农用地近十年以来的变化情况与相关原因，科学判断耕地保护与优化的必要性与可行性。

（2）要因地制宜，针对耕地变化的不同原因提出科学应对。根据自然资源部关于“三调”成果发布的官方消息，在非农建设占用耕地严格落实占补平衡的情况下，耕地减少的主要原因是农业结构调整和国土绿化。结合市县现实情况来看，导致耕地变化的原因比较复杂，主要包括以下三种情况，需分别提出应对措施。

一是因退耕还林、国土绿化等导致大量耕地转变为林地。例如，2010 年以来河北某平原县大规模植树造林，造成大量耕地转为林地，耕地面积下降近 10%。规划编制中应进一步结合地方实际需求，综合考虑已实施“退耕还林”区域的生态价值和粮食生产能力、耕地补充潜力、农田生态系统整体性和稳定性等因素，多方案比选，提出耕地优化调整的建议。

二是因市县农业结构调整带来的农林用地相互转换与耕地面积变化。在受国际粮食价格影响和新型农业经营主体崛起的背景下，部分市县现代农业发展带来了农业产业结构的重大调整，从传统农粮种植向附加值更高的“经济作物”转变，耕地“非粮化”倾向明显，大量耕地转为园地（茶园、果园、药园、其他园地等）或种植其他经济作物。如贵州省某县在过去 10 年大力发展茶产业，茶园面积增加一倍以上，成为地方特色农业支柱与百姓增收的支撑。规划编制时需关注因此类农业结构调整而导致的耕地变化，深入评估耕种条件与转化价值，结合耕地“三位一体”保护要求，探讨耕地调整与使用模式。

三是建设用地的占用，如重大基础设施建设、城镇建设和产业发展引起的扩张，以及农村宅基地建设和乡村产业发展等，部分耕地后备资源紧缺的市县更多依靠异地补充耕地完成占补平衡，导致本市县耕地面积有所下降。同时，未来各类建设仍不可避免会占用部分耕地。规划编制时，应充分识别建设占用耕地的合法性、合理性。对于占用耕地无合法用地手续的，应根据自然资源部门管理规定追溯，确有需要及时拆除，可以恢复耕作层的按耕地保护并安排耕种；对于不可避免确需占用耕地的，应按照“以补定占、先补后占、占优补优”的要求，划定耕地补充整治区域。

【专栏】改进和规范建设占用耕地占补平衡原则

非农业建设占用耕地，必须严格落实“先补后占”和“占一补一、占优补优、占水田补水田”，积极拓宽补充耕地途径，补充可以长期稳定利用的耕地。

1. 在符合生态保护要求的前提下，通过组织实施土地综合整治及高标准农田建设等，经验收能长期稳定利用的新增耕地，可用于占补平衡。

2. 积极支持在可以垦造耕地的荒山荒坡上种植果树、林木，发展林果业，同时，将在平原地区原地类为耕地上种植果树、植树造林的地块逐步退出，恢复耕地属性。其中，第二次全国土地调查不是耕地的，新增耕地可用于占补平衡。

3. 除少数特殊紧急的国家重点项目并经自然资源部同意外，一律不得以“先占后补”承诺方式落实耕地“占补平衡”责任。经同意以承诺方式落实耕地“占补平衡”的，必须按期兑现承诺。到期未兑现承诺的，直接从补充耕地储备库中扣减。

4. 垦造的林地、园地等非耕地，不得作为补充耕地用于“占补平衡”。城乡建设用地增减挂钩实施中，必须做到复垦补充耕地与建新占用耕地数量相等、质量相当。

5. 对违法违规占用耕地从事非农业建设的，先冻结储备库中违法用地所在地的补充耕地指标，拆除复耕后解除冻结；经查处后，符合条件可以补办用地手续的，直接扣减储备库内同等数量、质量的补充耕地指标，用于“占补平衡”。

6. 县域范围内难以落实耕地“占补平衡”的，省级自然资源主管部门要加大补充耕地指标省域内统筹力度，保障重点建设项目及时落地。

（三）划定永久基本农田保护红线

1. 永久基本农田的定义

永久基本农田是为保障国家粮食安全，按照一定时期人口和经济社会发展对农产品的需求，依法确定不得擅自占用或改变用途、实施特殊保护的耕地，特别是保障稻谷、小麦、玉米三大谷物的种植面积。永久基本农田保护区是指为了对永久基本农田实行特殊保护而依据土地利用总体规划和依照法定程序确定的特定保护区域。

【专栏】永久基本农田划定要求

《中华人民共和国土地管理法》（2019 年修订）指出“永久基本农田应当落实到地块，纳入国家永久基本农田数据库严格管理”，首次将国家永久基本农田数据库建设纳入法律范畴，体现了党中央、国务院对加强耕地保护，特别是永久基本农田保护，确保国家粮食安全的高度重视。根据《中华人民共和国土地管理法》第三十三条规定，国家实行永久基本农田保护制度。下列耕地应根据土地利用总体规划为永久基本农田，实行严格保护。

（1）经国务院农业农村主管部门或者县级以上地方人民政府批准确定的粮、棉、油、糖等重要农产品生产基地内的耕地；

（2）有良好的水利与水土保持设施的耕地，正在实施改造计划以及可以改造的中、低产田和已建成的高标准农田；

（3）蔬菜生产基地；

（4）农业科研、教学试验田；

（5）国务院规定应当划为永久基本农田的其他耕地。

各省、自治区、直辖市划定的永久基本农田一般应当占本行政区域内耕地的百分之八十以上，具体比例由国务院根据各省、自治区、直辖市耕地实际情况规定。

2. 永久基本农田保护目标设定

永久基本农田划定应遵循“划足划实、量质并重；优化布局、总体稳定；实事求是、应划尽划；划优不划劣、划近不划远”的原则。根据国家对于“三区三线”划定的最新要求，永久基本农田原则上应在纳入耕地保护目标的可长期稳定利用耕地上划定。将达到质量要求的耕地按比例依法划入，具体比例由国务院根据各省（自治区、直辖市）耕地实际情况确定，并由省（自治区、直辖市）确定市、县（市、区）划定比例。

【专栏】永久性基本农田划定规则（参考）

按照 2022 年 4 月 29 日自然资源部下发的《关于在全国开展“三区三线”划定工作的函》（自然资函〔2022〕47 号），结合市县实际，考虑各省份可长期稳定利用耕地与原永久基本农田保护目标的差异，区分 3 种类型设定永久基本农田保护目标。

类型一：对于可长期稳定利用耕地低于原永久基本农田保护目标的省份，划入永久基本农田的可长期稳定利用耕地不得低于现状可长期稳定利用耕地的 90%。

类型二：对于可长期稳定利用耕地高于原永久基本农田保护目标但不超过原保护目标 10%的省份，允许低于原保护目标，但划入永久基本农田的可长期稳定利用耕地不得低于现状可长期稳定利用耕地的 90%。

类型三：对于可长期稳定利用耕地高于原永久基本农田保护目标且超过原保护目标10%的省份，在原永久基本农田保护目标的基础上，根据国家需要适当增加保护任务，但原则上不超过现状可长期稳定利用耕地的90%。

注：划定比例=划入永久基本农田的耕地面积/2020年度国土变更调查的长期稳定利用耕地面积。划定比例未达到规定的，难以通过省级审批。

3. 永久基本农田的划定内容要求

永久基本农田是市县国土空间总体规划统筹划定的“三条控制线”中最重要的一条线。规划应以“双评价”成果为基础，按照永久基本农田保护目标，明确永久基本农田的数量、范围、边界。市级总规应明确永久基本农田保护目标、管控要求，将永久基本农田保护面积分解至各县（市、区），统筹各县（市、区）划定永久基本农田，确定永久基本农田的空间范围，明确管控要求，并将永久基本农田保护面积分解至各乡镇。

4. 永久基本农田核实整改与优化调整

根据自然资源部下发的规则要求，编制市县国土空间总体规划时，市县要统筹推进永久基本农田核实整改与优化调整工作。具体规则包括：以原土地利用总体规划确定的永久基本农田为基础，在明确基本农田保护任务（目标）的基础上，将现状永久基本农田中非耕地、不稳定耕地等根据规则实事求是调出，在稳定利用耕地中补足。原永久基本农田范围内的可长期稳定利用耕地布局保持总体稳定。

永久基本农田核实整改与优化调整的具体工作流程如下。

一是前期分析。各市县要结合国、省（自治区、直辖市）下发的永久基本农田图斑，分析本地区规划拟保留、必须调出和根据保护任务需补足的永久基本农田面积与位置。

二是核实确认。以自然资源部、省自然资源管理部门下发的图斑作为依据，通过与最新卫星遥感影像进行比对或外业核实，对基础图斑与现状情况进行核对。详细说明永久基本农田范围内各类用地结构和分布情况，重点说明其中不稳定利用耕地情况，包括坡度25度以上耕地、污染耕地、河道耕地、湖区耕地、林区耕地、牧区耕地、沙荒耕地、石漠化耕地、盐碱耕地等。

三是方案编制。根据各市县确定的永久基本农田保护目标任务，结合核实确认情况，编制优化方案。具体规则包括：规划拟保留的永久基本农田情况、拟调出永久基本农田情况、补划永久基本农田情况。同步需按标准完成县级数据库更新与完善。

四是逐级检查。县级要利用永久基本农田数据质检软件进行自查；市级对县级方案进行论证，重点对拟调出永久基本农田图斑进行逐一核实；省级负责成果检查。自然资源部运用信息化手段进行集中复核，复核通过的纳入国土空间基础信息平台，形成“一张图”。

【专栏】原永久基本农田可调出情形[1]

原永久基本农田范围内的可长期稳定利用耕地布局保持总体稳定。属于以下情形的原永久基本农田范围内的可长期稳定利用耕地，在说明理由并提供举证材料后，可调出原永久基本农田：

（1）以土壤污染详查结果为依据，土壤环境质量类别划分成果中划定为严格管控类的耕地，且无法恢复治理的。

（2）近期拟实施的省级及以上能源、交通、水利等重点建设项目选址确实难以避让，且已明确具体选址和规模，用地已统筹纳入国土空间规划“一张图”拟占用的（举证材料需明确项目名称、规模、批准文件并附项目矢量数据）。

（3）经依法批准的原土地利用总体规划和城市总体规划明确的建设用地范围，经一致性处理后纳入国土空间规划“一张图”的。

（4）《全国矿产资源规划（2021—2025 年）》确定战略性矿产中的铀、铬、铜、镍、锂、钴、锆、钾盐、（中）重稀土矿开采确实难以避让，且已依法设采矿权露天采矿的。

【专栏】永久基本农田核实整改调整补足规则[2]

1.规划拟保留永久基本农田的情况：

原永久基本农田范围内的现状稳定耕地，原则上实施严格保护，不得占用，布局保持稳定；难以或不宜长期稳定利用的耕地一般不划入永久基本农田，但位于原永久基本农田范围内，且难以退耕的口粮田等特殊情况，经充分调查举证，允许继续保留（以村为单位，举证本村范围内是否首先将可长期稳定利用耕地全部划为永久基本农田，如有可长期稳定利用耕地未划入而难以或不宜长期稳定利用耕地划入的，举证不通过）[3]。

2.拟补划永久基本农田的情况：

（1）原永久基本农田范围外、已纳入耕地保护目标的可长期稳定利用耕地，优先划入永久基本农田，实施严格保护。此外，优先将农业“两区”耕地、原基本农田范围之外的稳定耕地、已实施高标准农田的耕地、集中连片的优质耕地等纳入永久基本农田补划范围。

（2）依据永久基本农田保护任务，在长期稳定利用耕地中，按照以下质量优先序，调整补足永久基本农田：①未划入永久基本农田的已建和在建高标准农田；②有良好水利与水土保持设施的集中连片优质耕地；③土地综合整治新增加的耕地；④未划入

① 相关规定参见《自然资源部关于在全国开展“三区三线”划定工作的函》（自然资函〔2022〕47 号）。

② 相关规定参见《自然资源部关于在全国开展“三区三线”划定工作的函》（自然资函〔2022〕47 号）。

③ 资料来源：《自然资源部关于在全国开展“三区三线”划定工作的函》（自然资函〔2022〕47 号）。

永久基本农田的黑土区耕地[1]。

（3）在确保对生态功能不造成明显影响的前提下，可将自然保护地核心保护区外连片分布、图斑不小于5亩（山地、丘陵地区可按不小于3亩）的可长期稳定利用耕地从生态保护红线调出，划为永久基本农田。

划定的永久基本农田在规划实施期间符合占用规则的，可以占用并进行补划，按程序报批。

5. 划定永久基本农田储备区

在划定永久基本农田的基础上，梳理剩余一般耕地，将未划入永久基本农田的已建、在建高标准农田，有良好水土条件、集中连片的优质耕地，土地综合整治新增耕地，未划入永久基本农田的其他土地整理新增耕地，以及经实地踏勘为耕地，作为永久基本农田储备区划定的基础，并与生态保护红线、城镇开发边界划定成果相衔接，与下级行政单元沟通确定永久基本农田储备区。研究提出永久基本农田储备区管理规定，结合以往经验，通常按照一般耕地管理，强化动态管理，加强日常监督。对重大建设项目占用或整改补划的永久基本农田进行补划；对建成的高标准农田，优先纳入永久基本农田储备区；对符合土地综合整治、土地复垦要求的新增耕地，进行补充更新。

（四）明确农业空间管控要求

农业空间是以农业生产、农村生活为主导功能的国土空间，是维护粮食安全、推进乡村振兴、促进城乡高质量发展的重要载体。市县国土空间总体规划编制，应加强农业空间的整体保护、全域整治和分类利用。

整体保护，即在统筹农业生产系统、生态系统和农村人居环境系统整体布局的前提下，按照“大食物观”的新理念，强化耕地、园地、林地、牧草地、养殖水面等资源要素的全面保护，特别是粮食生产功能区、重要的农产品生产保护区和特色农产品优势区等。要严格控制非农建设占用，合理调整农业结构，因地制宜安排种植结构调整。积极探索田长制、林长制、河长制等网格化管理，层层落实保护责任。在完成数量保护的基础上，加强农用地质量建设，开展土壤改良和地力培肥，增加土壤有机质含量，实施耕地轮作休耕，不断提高耕地质量。同时，探索农用地生态价值实现形式，发挥农田景观和生态功能作用。

全域整治，即围绕推进乡村振兴、促进农业产业结构调整、改善农村人居环境、加强乡村基础设施建设的核心目标，以山水林田湖草路村全要素为整治对象，以乡镇为单元，推进全域化、系统化、科学化、精细化国土综合整治，统筹解决耕地碎片化、农业空间布局无序化、农林用地质量低下、农村宅基地空置浪费和农村集体建设用地利用低效化、农村生态质量退化、生态系统受损等难题，适应现代农业规模化、产业化、园区

① 资料来源：《自然资源部空间规划局、耕地保护监督司关于加快推进永久基本农田核实整改补足和城镇开发边界划定工作的函》(自然资空间规划函〔2021〕121号)。

化发展需要，实现乡村宜居、宜业、宜游。不得违背农民意愿进行合村并居、大拆大建，不得以单纯追求节余建设用地和补充耕地等指标交易为目的开展国土综合整治；不得破坏乡村风貌和历史文化文脉，不得在需要重点保护的传统村落搞不符合规定的拆建活动；不得突破生态保护红线管理要求、破坏生态环境砍树挖山填湖、占用耕地搞人造景观；不得借全域土地综合整治变相搞房地产开发。

分类利用，即依据农业空间的适宜性，宜耕则耕、宜林则林、宜养则养、宜草则草。现状种植棉、油、糖、蔬菜等非粮食作物的永久基本农田，可以维持不变，也可以结合市县实际引导向种植粮食作物调整；一般耕地主要用于粮食和棉、油、糖、蔬菜等农产品及饲草饲料生产，在不破坏耕地耕作层且不造成耕地地类改变的前提下，可以适度种植其他农作物。因地制宜探索粮食与非粮食作物间作、轮作、套种，在保障国家粮食安全的同时，更好地满足人民群众日益多样化、健康化、个性化的食物消费需求。农村宅基地在满足居住需要的同时，积极探索经营、旅游等功能。在村民自觉自愿的前提下，逐步引导闲置宅基地和空置农房流转，发展农村新产业新业态。积极引导农村产业用地通过集体经营性建设用地入市、流转等方式盘活利用，提高土地利用效益，支撑乡村产业发展。

结合市县国土空间总体规划用途管制要求，对农业空间进行分区划定，提出用途管制要求。详见第六章第四节第（三）小节“国土空间规划分区与用途管制”。

四、城镇空间规划和底线管控

党的十八大报告指出，要优化国土空间开发格局，深入推进生态文明建设，实现“促进生产空间集约高效、生活空间宜居适度、生态空间山清水秀”的目标要求。中央城市工作会议也指出，要坚持人民城市人民建、人民城市为人民，统筹空间、规模、产业三大结构，统筹规划、建设、管理三大环节，统筹生产、生活、生态三大布局，打造宜居、创新、智慧、绿色、人文、韧性城市。城镇空间以建设用地为主，是以承载城镇经济、社会、政治、文化、生态等要素为主的功能空间，是实现城镇高质量发展和高品质生活、推进人地关系和谐共生的重要空间载体。

城镇空间规划管控首先要落实格局优化，坚持以人民为中心，构建与新型城镇化模式相契合的城镇体系和城镇空间格局；其次要强化底线管控，坚持反向约束与正向约束相结合，统筹划定城镇开发边界；最后要坚持分类引导，对生活空间、生产空间以及重点片区提出差异化特色化引导思路。本部分内容将从“完善城镇体系格局”“划定城镇开发边界”“营造高品质生活空间”“保障高质量产业空间”和“统筹推进重点片区规划”五大方面展开。

（一）稳步推进城镇化，完善城镇体系格局

1. 城镇体系格局内涵及规划任务

城镇体系格局是指在一个相对完整的区域（市域）范围内，由不同职能分工、不同

等级规模联系密切、互相依存的城镇组成的集合（周一星，1995）。在县域层面，开展的是村镇体系研究，是县域以下一定地域内相互联系和协调发展的聚居点群体。这些聚居点在政治、经济、文化、生活等方面是相互联系和彼此依托的。城镇体系规划目的主要是结合国土空间资源保护和开发，协调体系内各城镇之间、城镇与体系之间以及体系与其外部环境之间各种经济、社会等方面的相互联系和分工协同关系，提出规划期人口城镇化水平、城镇空间分布格局、城镇等级规模、城镇职能分工，以合理配置空间资源，科学统筹和安排布局各类配套基础设施。

2. 城镇体系格局规划主要内容

城镇体系的职能结构规划。职能结构是指区域内各城镇村承担功能的空间分布与组合关系。职能包括城镇村本身的性质、特色、地位、作用及发展方向等多个方面。具体而言，职能既可以是综合性功能、又可以是某一方面的专业化功能。职能体系构建需要从规划区域更大范围的全局来认识各类城镇村的定位，选择最有利的职能类型组合作为城镇发展方向，使城镇村体系实现优势互补。

【专栏】城镇体系职能结构划分依据及常见分类

职能划分依据。首先，根据各个城镇的自然条件、资源禀赋、区位优势、人口条件，以及现有经济社会发展基础，确定其主体经济发展优势。其次，根据主体经济优势确定城镇的优势产业部门，明确城镇优势职能，此类部门应具有良好的经济效益和全面带动作用，并作为整个城镇某一阶段经济增长的核心部门。再次，确定与主导优势产业和部门密切关联的产业部门，确定城镇的突出职能。最后，从区域城镇体系内外协作和市场竞争的角度考虑，协调各个城镇的优势职能和突出职能，使之各具特色又搭配合理，既突出城镇自身和所在区域的优势，又避免低水平的职能结构趋同，打造效益高、结构合理的城镇职能体系。

常见职能分类。一是具有多种职能的综合性中心城市。具体又可分为全国中心城市、区域中心城市、市域中心城市和县域中心城市。中心城市的职能具有双重性，即强调专业化职能和作为区域中心的综合性职能，体现在政治、经济、文化等方面。在一些区域还会有一个或若干区域副中心城市，承担部分区域职能。二是某些职能突出的专业化城镇。一般可以分为交通枢纽型、工业型、旅游服务型、商贸型、集贸型、农业服务型等基本职能，小城镇多数具有多职能和兼容性。

城镇体系的等级规模结构。规模指的是各城镇发展的人口规模，规模结构是指不同规模的城镇村在一定地域中的分布、组合状况。在区域城镇化水平目标宏观控制下，根据各城镇的发展条件综合评价结果、城镇职能类型确定人口增长速度，将预测的市域城镇总人口分配到各级城镇；参考各城镇总体规划提出的人口规模数据进行调整平衡，确定城镇体系等级规模方案。规划的城镇体系等级规模结构要体现出城镇位序、数量和规模的合理分布。

城镇体系空间结构规划。空间结构指城镇村体系中的点（如城市与城市）、线（城市与联系通道，主要是交通线）和面（如城市与区域）三要素在空间的复杂组合关系。通常包括“核（心）、圈、区（片）、轴（带、线、廊）、点”等表述。核（心）指中心城市或副中心城市，对市域发展起带动作用。点指重点镇，即交通条件优越、已经具有较强经济实力或发展潜力较好的城镇。圈指都市圈，大城市及以上级别城市周边，以 0.5~1h 通勤距离为半径，培育形成都市圈。区（片）指按照不同的城镇化模式和城镇职能划分城镇密集区。轴（带、线、廊）指沿着交通干线形成的区域产业带和城镇发展轴线，根据主要区域经济联系方向和交通支撑，设计不同等级的城镇发展轴线，连接尽可能多的城镇，特别是高等级的城镇（见附彩图 5）。

基于城镇体系结构进行规划管控。一是根据城镇规模等级结构，合理配置市域内公共服务设施、市政基础设施。二是根据城镇空间结构引导重大资源要素配置，如引导人口向中心城市等重要城镇节点集聚，引导重大交通基础设施沿轴线布局。三是根据城镇职能结构，引导不同的产业项目、配套设施向不同职能的城镇布局。

3. 市域/县域城镇体系规划流程

①回顾现行城镇体系。梳理现行城镇体系、主体功能区规划，分析其与国土空间开发保护格局的匹配程度，以及对未来区域发展形势的适应状况。②评价城镇发展条件。以乡镇或村为基本单元，考虑发展基础和发展形势等因素，进行发展条件评价。③提出城镇体系构想。结合城镇发展条件评价结果，划分城镇等级、职能定位，确定各城镇的发展规模，提出城镇空间结构。各地可根据实际情况进行多方案比选。④加强城镇建设引导。针对不同类型的城镇，配置不同标准的公共服务设施，提出差别化的城镇化路径。⑤需要注意的是，县域城镇体系规划，无论是空间格局、规模等级结构还是职能结构，需要表达到村一级深度。

（二）划定城镇开发边界，严控无序扩张

2015 年中央城市工作会议指出，要坚持集约发展，树立“精明增长”“紧凑城市”理念，科学划定城市开发边界，推动城市发展由外延扩张式向内涵提升式转变。科学划定城镇开发边界是有效防止城市无序蔓延、促进城市集约节约发展、完善城镇功能布局、提升空间品质的重要手段。

1. 城镇开发边界的内涵和内部空间关系

城镇开发边界是在国土空间规划中划定的，一定时期内因城镇发展需要，可以集中进行城镇开发建设，完善城镇功能、提升空间品质的区域边界，涉及城市、建制镇以及各类开发区等。城镇开发边界内部可分为城镇集中建设区、城镇弹性发展区和特别用途区（见图 5-4）。城镇集中建设区是指根据规划城镇建设用地规模，为满足城镇居民生产生活需要，划定的一定时期内允许开展城镇开发和集中建设的地域空间。城镇弹性发展区是指为应对城镇发展的不确定性，在城镇集中建设区外划定的，在满足特定条件下方

可进行城镇开发和集中建设的地域空间。在不突破规划城镇建设用地规模的前提下，城镇建设用地布局可在城镇弹性发展范围内进行调整，同时相应核减城镇集中建设区用地规模。特别用途区是指为完善城镇功能，提升人居环境品质，保持城镇开发边界的完整性，根据规划管理需要划入开发边界内的重点地区，主要包括与城镇关联密切的生态涵养、休闲游憩、防护隔离、自然和历史文化保护等地域空间。

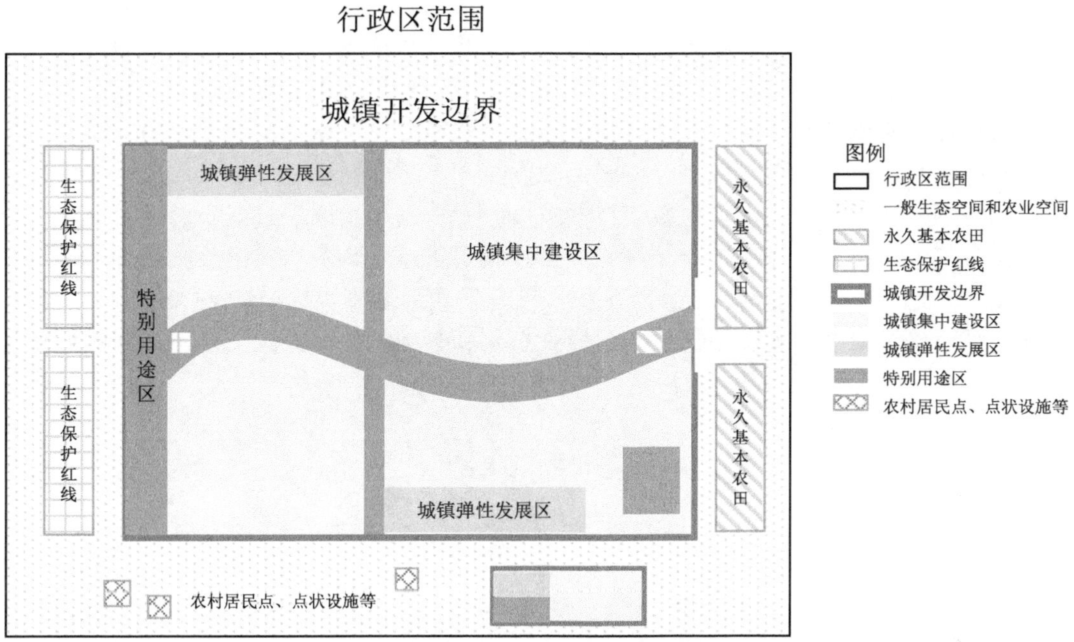

图 5-4　城镇开发边界空间关系示意图

图片来源：《市级国土空间总体规划编制指南（试行）》

2. 城镇开发边界划定的总体要求

按照“自上而下、上下联动”的组织方式，同步推进城镇开发边界划定工作。市级总规应依照上位国土空间规划确定的城镇定位、规模指标等控制性要求，结合地方发展实际，划定市辖区城镇开发边界；统筹提出县人民政府所在地镇（街道）、各类开发区的城镇开发边界指导方案。县级总规应依据市级总规的指导方案，划定县域范围内的城镇开发边界，包括县人民政府所在地镇（街道）、其他建制镇、各类开发区等。

统筹发展与安全，坚持保护优先，在确保粮食安全、生态安全等资源环境底线约束的基础上，划定城镇开发边界，确保“三条控制线”不交叉冲突。守住自然生态安全边界，将“双评价”结果作为划定城镇开发边界的重要基础，根据水资源和其他资源约束底线和利用上限，引导人口、产业和用地的合理规模和布局。

坚持节约集约、紧凑发展，通过划定城镇开发边界，改变以用地规模扩张为主的发展模式，推动城市发展由外延式向内涵提升式转变。基于城镇的发展潜力、用地条件、空间分布特点等科学划定城镇开发边界，体现城镇功能的整体性和开发建设活动的关联性。

因地制宜，基于自然地理格局和城市发展规律，结合当地实际划定城镇开发边界，引导促进城镇空间结构和功能布局优化，避免城镇开发边界碎片化。重视区域协调发展，促进形成多中心、网络化、组团式的空间布局。

3. 城镇开发边界划定的技术路线

城镇开发边界划定的技术路线一般包括基础数据收集、开展评价研究、边界初划、方案协调、边界划定入库 5 个环节（见图 5-5）。基础数据收集与国土空间规划调研工作一并开展，收集经济社会发展、国土空间利用、城乡建设等相关资料。开展评价研究是以“双评价”和城镇发展现状评价为基础对城镇发展定位、城镇发展规模和城镇空间格局等开展研究。边界初划是按照上位国土空间规划下达的城镇开发边界扩展系数等具体要求初步划定城镇集中建设区、城镇弹性发展区和特别用途区。方案协调是指进一步协调与永久基本农田、生态保护红线等的关系，统筹推进永久基本农田核实整改补足和城镇开发边界划定工作。边界划定入库是将城镇开发边界落到实地，充分利用河流、山川、交通基础设施等自然地理和地物边界，便于识别和管理，并作为国土空间规划成果一同汇交入库。

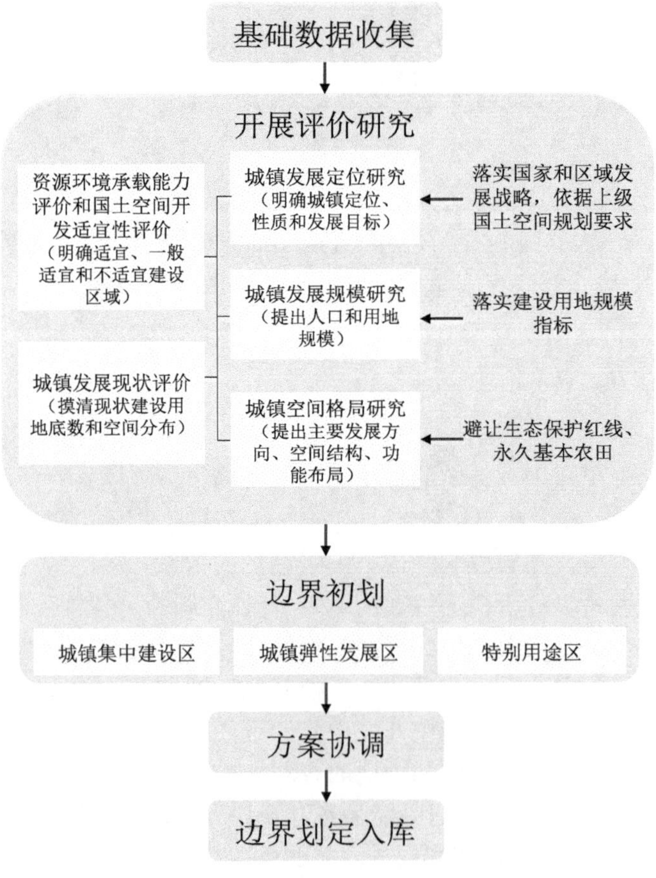

图 5-5　城镇开发边界划定技术路线示意图

4. 城镇开发边界划定的技术流程

城镇开发边界划定的技术流程可以总结为“定容量—定总量—定格局—定边界—定机制”五个步骤（见图5-6）。具体内容为：通过“双评价”确定城镇开发边界的空间范围和城镇建设承载规模的上限；在明确城市发展定位与目标的基础上，运用相关方法对城镇人口规模和城镇建设用地规模进行科学预测，落实上位国土空间规划下达的城镇开发边界扩展系数，合理确定城镇开发边界规模；对城镇发展方向、空间结构和城镇发展潜力格局评价展开研究，遵循城市发展客观规律，确定城镇空间格局；运用智能模拟模型等对城镇建设用地布局方案进行情景模拟分析，合理确定城镇开发边界空间布局；制定城镇开发边界管控具体要求，强化城镇开发边界内的规模管控、格局引导和规划传导。

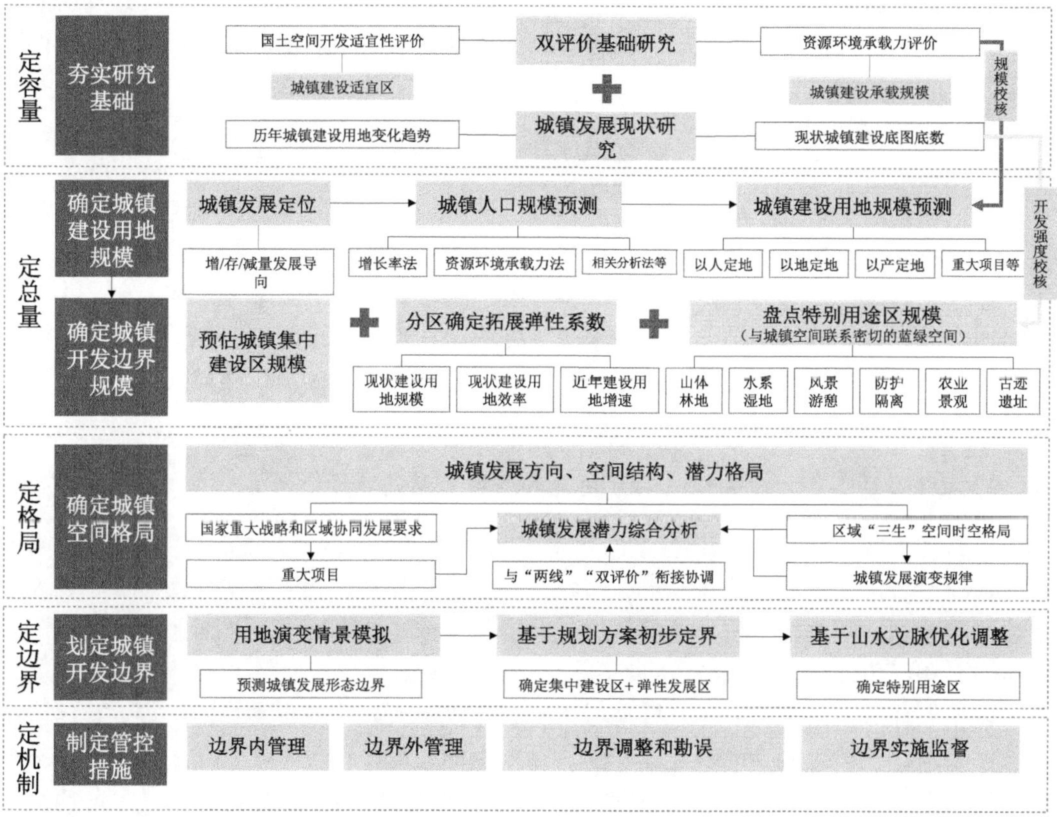

图5-6　城镇开发边界划定技术流程示意图

（三）营造高品质生活空间

党的十八大报告指出，“要按照人口资源环境相均衡、经济社会生态效益相统一的原则，控制开发强度，调整空间结构，促进生产空间集约高效、生活空间宜居适度、生态空间山清水秀”。坚持以人民为中心，推进宜居城市建设，从关注“基本需求”向关注“多元人群全生命周期需求”转变，以提供住房、教育、医疗等高品质服务为主要抓手，增进民生福祉，塑造高品质生活空间，不断提升人民幸福感、获得感和安全感。

1. 以安居为基础，完善住房市场体系和住房保障体系

加强租赁住房土地供应，保障中心城区的低成本居住空间。科学制订土地储备计划，保障租赁住房用地计划，拓展租赁住房建设的土地来源。推动在中心城区利用存量闲置土地和闲置房屋提供政策性住房，提升面向无房常住人口的保障水平。探索支持利用集体建设用地按照规划建设租赁住房，扩大保障性租赁住房供给。面向不同人群需求，分类建设保障性租赁住房，鼓励在就业密集、居住集中的产业园区配建公租房。

优化居住用地空间布局。根据人口流动和分布规律，综合考虑产业与就业分布、公共服务设施布局和居民需求特征等因素，合理调整优化居住用地布局，按照“产城融合”和“职住平衡”的目标，统筹居住和就业，统筹新区与老城，形成布局合理、供需匹配的居住用地空间布局。

2. 以宜居为重点，完善公共服务设施和产业平台配套设施

重点强化地级市中心城区高等级服务设施和区域协同服务能力，推动优质公共资源相对集中布局。推进高校及科研机构、商务服务等功能的品质提升，完善区域级公共文化、体育设施建设，着力提升中心城区重大疫情防控和公共卫生服务水平。

加快提升县级城市基础公共服务水平，完善中心城区综合医院、疾控中心、养老中心、幼儿园、市政管网、市政交通、停车场、充电桩、污水处理设施和产业平台配套设施，提升公共服务质量与覆盖水平。

3. 以乐居为导向，加快现代社区培育和社区生活圈建设

大力推进现代社区培育和社区生活圈建设，按照“15min”“5~10min”两个层级夯实社区基础服务，完善社区养老托育、医疗卫生、文化体育、物流配送、便民商超、家政物业等服务网络和线上平台。提供基层就业援助，依托15min社区生活圈配置社区就业服务中心和绿色低碳出行系统。

以建设儿童友好型和老年友好型城市、青年发展友好型城市为导向，根据社区类型和居民需求，在条件允许的情况下，配置面向不同人群、体现创新性和多样化的服务要素，增加健康管理、为老服务、终身教育、文化活动、体育健身、商业服务等品质提升型服务设施。

塑造宜人空间环境和活动场地，依托各类公园绿地、附属绿地、绿道、小微公共空间等，构建覆盖均衡、点线面相结合的绿色开放空间网络。根据活动类型和人群特征进行设计，营造尺度宜人的活动场地和丰富的活动设施，满足社区文化表演、小型展览与集市等多元化活动需求。

（四）保障高质量产业空间

1. 完善产业功能布局

首先根据产业发展目标和产业体系，确定重点产业的空间布局，在市（县）域和中心城区层面分别形成产业空间布局图，可以按照农业、工业和服务业分别规划产业功能布局，对于部分重点特色产业，如文旅产业、物流产业和高新技术产业等，可以单独进行布局引导。其次，明确全域产业用地的规模和范围，针对重点产业功能区，如创新型园区、工业园区、文化产业园区、物流园区和农业示范园区等进行引导，明确功能区的范围、规模、用地类型、发展方向、产业升级指引等。

2. 按需划定工业用地控制（保护）线

工业用地控制（保护）线是指在市（县）国土空间规划编制过程中，根据市（县）发展需求，为协调工业发展与城镇发展的矛盾，保障工业发展底线，可以选择性划定的控制（保护）线通常在制造业基础好、需要保障产业用地的地区实施。在地方实践中，一般按照“总量控制、分级划定、刚弹结合、政策配套”的原则进行划定和管理。在总量方面，根据市（县）产业发展总量及用地比例要求确定范围面积。一般采用分级划定方式，一级工业控制线（或称红线）主要是为保障市（县）长远发展的工业用地底线，不得作为其他用途，可规定线内工业用地的最低比例，二级工业控制线（或称蓝线）主要是为保障市（县）工业用地总规模，可合理进行弹性调整的控制线。深圳、厦门、惠州等地已经开展工业用地控制（保护）线划定工作并出台相关管理办法，对划定调整程序、划定原则、管控要求、实施监督等方面都做了规定。

3. 优化保障产业用地供给和配置

提出优化保障产业用地供给和配置的举措与政策。在用地保障方面，应优先保障创新产业、高新技术产业和其他市（县）鼓励发展的产业用地，在旅游用地、乡村振兴用地保障方面进行探索。在拓展产业用地来源方面，提倡以多种方式供应国有建设用地使用权，鼓励农村集体经营性用地入市，提出低效产业用地改造提升政策、产业准入政策、闲置土地处置政策等。

【专栏】延庆分区规划中的产业用地优化配置策略

延庆分区规划中提出“降低城乡产业用地比重，提升产业用地效率”的总体思路，具体目标是到2035年全区城乡产业用地占比控制在17%以内。具体举措包括结合产业负面清单，积极推动不符合清单企业的逐步退出，更新利用原有产业用地，建立新增产业准入门槛，以用地效率指标约束新增企业。建立以产业用地效率为核心监管指标的产业退出机制，对全区产业用地效率进行长期跟踪、定期体检，对效率明显降低、发展失速等产业，制定科学的退出机制。

（五）统筹推进重点片区规划

城镇空间中的重点片区主要包括跨界城镇协同发展片区、城市中心区和城市综合交通枢纽地区等。重点片区是承担重要城市功能或者拥有城市战略资源的地区，一般肩负着高质量发展要求和精细化管控要求，其发展应遵循一定的客观规律。在规划过程中，应立足于现状问题和客观规律，从功能引导、强度管控和重大基础设施、公共服务设施配置等方面提出规划要求。

1. 统筹跨界城镇协同片区发展引导

跨界地区是指毗邻行政区域之间的分界线两侧区域。随着区域一体化和同城化等进程不断推进，资源和能源、生态环境、公共服务设施和基础设施、产业空间和邻避设施布局等区域协同问题日益突出，加强对跨界城镇协同片区的空间发展和设施建设指引也成为国土空间规划中的重要内容。

要清晰界定需要进行重点协调和管控的跨界城镇协同片区，主要包括具备区域性战略空间资源和强烈发展动力的跨界地区，如机场地区、高铁站区域、新城新区、产业区、旅游区等。对其功能定位、产业发展定位和发展方向等进行合理引导，确定建设用地规模等约束性指标，强化城镇开发边界管控。

对区域性重大基础设施提出衔接方案和落地管控要求，加强综合交通走廊、区域空港海港、城市快速通道、城际轨道、重大市政走廊、区域邻避设施等共建共享。统筹区域性水资源、矿产资源、旅游资源等自然资源的保护和利用，加强生态环境共保共治，建立开发保护行为的正负面清单。

2. 强化城市中心区功能和开发管控

城市中心区是城市功能的高度集聚区，也是城市空间的核心地区；既是城市第三产业高度集聚的地域，也是为城市及区域提供高等级经济、政治、文化、社会等综合服务的实体空间，还是城市更新的重点区域。

城市中心区的主要功能包括商务职能、生活服务职能、社会服务职能和行政管理职能等生产性服务业，还包括居住职能和交通职能等支撑职能。在功能配置和功能细化方面，强化集聚多元城市功能，容纳多样化的活动。要在城市职能指引下精准判别中心区在区域内的定位和级别，根据中心区及周边地区的自然、文化等资源集聚情况及交通发展条件，充分研究服务区域和人群、企业等服务对象需求，确定服务设施的类型、等级和规模。

城市中心区规划应充分体现功能多样性、开发高强度和空间立体化的特征。在土地利用方面，新的经济形态、产业业态及消费场景等提出了土地混合利用的新需求。在规划中应推进商业与居住、办公、文化等多种功能的融合发展，按照“小街区、密路网”理念和公交引导等模式推进地块功能复合，并对开发强度、建筑密度等指标提出引导。在空间组织方面，加强地上地下空间统筹。利用地下空间重点布局轨道交通、地下通道、停车等交通设施以及市政和综合防灾设施，积极开发地下商业空间，提升中心区的土地利用效率。在中心区更新中，应统筹推进老厂区、街区、老旧小区改造、居住社区建设、既有建筑改造、内涝治理、海绵城市建设和新城建等城市更新项目的落地，形成推动城市高质量发展的综合性、系统性战略行动。

3. 加强城市综合交通枢纽地区发展指引

城市综合交通枢纽地区不仅是立体化综合交通运输体系中的关键节点，也是城市中各类要素交汇流动的重点地区，在多元交通方式整合、站城一体化规划等规划理念引导下日益成为城市功能和空间结构中的重要组成部分。

城市综合交通枢纽地区除了要处理好内部各类人流、物流、资本流、信息流等要素的空间集聚外，还直接影响周边地区的土地利用布局、土地利用性质和开发强度等。而城市综合交通枢纽对周边地区的影响范围和强度也遵循圈层规律。例如，部分学者总结出高铁站场地区“三圈层”的空间结构（见表 5-1），认为枢纽站点地区功能与结构特征基本表现在第一圈层，再过渡到第二圈层，最后在第三圈层服务对象从以“旅客”为主转变为以“城市居民”为主，功能结构也从重点关联站点转变为以其他城市功能为主，据此提出不同圈层特征和规划重点。

表 5-1　高铁站场地区各圈层特征分析（郝之颖，2008）

圈层	第一圈层	第二圈层	第三圈层
距车站距离（km）	0.5~0.8	0.8~1.5	>1.5
功能	交通服务区域	直接拉动区域	间接催化区域
活力	很强	强	边际效应
站场对空间布局的影响	道路、用地布局、功能、地价	功能、人口、投资、地价、房地产	无直接关联
边界界定	邻接地块，边界清晰	周边街坊，边界弱化	不直接体现在用地功能上，边界开放
高度关联的功能	餐饮、住宿、商务、办公、信息、旅游	商务、办公、信息、居住、文化、教育、工业	无直接关联

城市综合交通枢纽地区的规划还应充分考虑到其所处的区位及与其他城市功能区的关系。对于位于城市中心区的综合交通枢纽，要加强与城市公共交通系统的衔接，提升各类要素的流通效率；还应加强枢纽地区的功能复合化开发及景观风貌塑造，塑造提升城市品质的枢纽和重要节点。对于位于城市新区的综合交通枢纽，要发挥其对周边地区要素集聚的带动效应，推动城市功能特别是商务办公、公共服务等功能的集聚，充分发挥枢纽高度可达性对增强地区经济活力和提升土地价值的作用。对于位于城市外围地区的综合交通枢纽，应充分对接城市对外交通和物流集疏运体系，发挥多式联运效应，提高物流效率，并与周边产业、物流功能区实现联动发展。

五、历史文化与魅力空间规划管控

如何保护和传承历史文化，提升国土空间特色、魅力和价值，是市县域国土空间总体规划的重要内容。市县域魅力空间包括特色历史文化空间和特色自然生态空间两大组成部分。特色魅力空间价值的提升需要从两方面路径发力：一是资源整合路径，即通过特色魅力空间整体性组织，在资源识别和价值评估的基础上，全面整合城乡自然魅力资源和人文魅力资源，构建自然与人文融合共生的特色魅力空间格局与感知体系，发挥各类资源要素的组合催化效应；二是品质提升路径，即通过总体城市设计手段，对特色魅力空间格局、风貌体系进行三维形态上的设计管控，进而提升国土空间的整体品质。

历史文化空间的保护传承与活化利用是打造市县域魅力空间体系的重要支撑，规划应坚持保护第一的原则，全面挖掘本地历史文化资源，梳理历史文化遗产保护名录，明确和整合各级各类历史文化遗产的保护范围，统筹划定各类历史文化保护线，提出空间管控和活化利用的思路举措。历史文化空间与特色魅力空间衔接的重点内容是特色资源的保护与发展利用，服务于总体空间价值与质量提升目标；历史文化空间与总体城市设计衔接的重点是各类保护区的针对性风貌管控规则和措施；总体城市设计是打造特色魅力空间的重要手段，是魅力空间规划管控的重要组成部分（见图 5-7）。

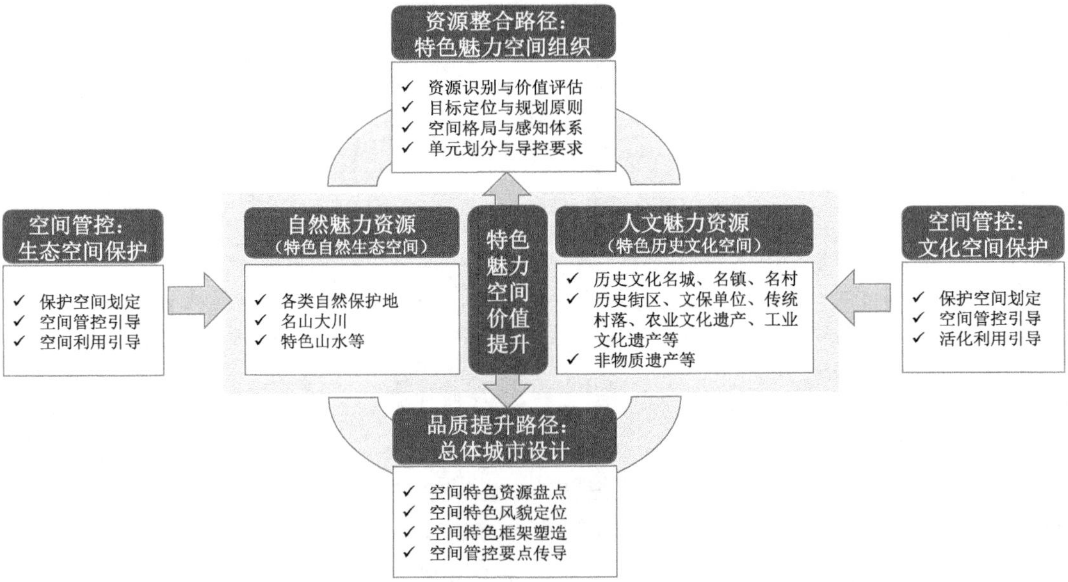

图 5-7 历史文化空间、特色魅力空间与总体城市设计的关系示意图

（一）历史文化空间体系

国土空间兼具自然属性和人文属性，对应生态空间，同样也有“历史文化空间”（武

廷海等，2019）。将文物保护纳入国土空间规划，其前提是文化遗产与自然遗产[①]保护方式从本体保护向历史文化空间管控与引导转型。

1. 历史文化空间的类型

2021 年 3 月自然资源部、国家文物局联合发布的《关于在国土空间规划编制和实施中加强历史文化遗产保护管理的指导意见》中，面向“对历史文化遗产及其整体环境实施严格保护和管控”，提出了两个空间层次的文物保护空间要求，一是“历史文化保护空间（线）”，二是“区域整体保护和活化利用空间”。将历史文化保护空间分为“历史文化保护空间（线）”与“区域整体保护和活化利用空间”，符合文物保护利用自身的现实需求，符合将文物保护管理纳入国土空间规划的实际需要，具备较高的可操作性（见表 5-2 和图 5-8）。

具体而言，在市县国土空间总体规划中，“历史文化保护空间（线）”是指规划中面向保护文物资源本体和周边环境安全，统筹划定的各类法定或潜在的历史文化资源保护范围，包括历史文化保护单位的保护范围和建设控制地带、水下文物保护区、地下文物埋藏区、城市紫线等。对于历史文化保护空间，市县国土空间总体规划需要系统划定各类保护线，并纳入国土空间规划“一张图”管控。

“区域整体保护和活化利用空间”是历史文化价值突出、特色鲜明、需要实施专门规划管控的区域性空间，主要包括：①历史文化资源富集、空间分布集中的地域；②历史格局、历史景观、历史环境整体特色鲜明的地域；③非物质文化遗产高度依存的自然环境和建成环境。对于区域整体保护和活化利用空间，市县国土空间总体规划需要在明确空间范围和保护利用要求的基础上，提出专门性的国土空间管控、空间保障、空间引导要求。

表 5-2　历史文化空间的类型、定义与要求

类型	定义	规划要求
历史文化保护空间（线）	国家、地方性法规和各级空间类规划、文物保护类规划划定的对文物资源本体及其环境实施保护和管控的空间（控制线）	面向保护文物资源本体和环境安全，划定历史文化保护空间（线），提出国土空间管控要求，纳入国土空间规划“一张图”，实施严格保护
区域整体保护和活化利用空间	历史文化资源富集、空间分布集中的地域，以及非物质文化遗产高度依存的自然环境和历史文化空间	面向加强文物资源的区域整体保护和活化利用，提出专门性的国土空间管控、空间保障、空间引导要求

① “自然遗产”的概念出自联合国教育、科学及文化组织通过的《保护世界文化和自然遗产公约》，原指世界遗产的特定类型。国土空间中的“自然遗产”及其具体内容，目前尚没有明确的界定。自然资源部公布的《市级国土空间总体规划编制指南（试行）》，将“自然和文化遗产（处）”作为主要考核指标，在指标解释中，指出自然和文化遗产“一般包括：世界遗产、国家文化公园、风景名胜区、文化生态保护区、历史文化名城名镇名村街区、传统村落、文物保护单位和一般不可移动文物、历史建筑，以及其他经行政认定公布的遗产类型。”可以看出，上述解释中罗列的遗产类型以文化遗产为主，只有世界遗产和风景名胜区部分涉及自然遗产。因此，市县国土空间总体规划中涉及到的自然和文化遗产，应以文化遗产为主，在保护体系和空间管控中对有关自然遗产的内容加以统筹考虑即可。与自然保护有关的主要内容，已经纳入了“自然保护地”体系，并通过生态空间规划和底线管控加以落实。

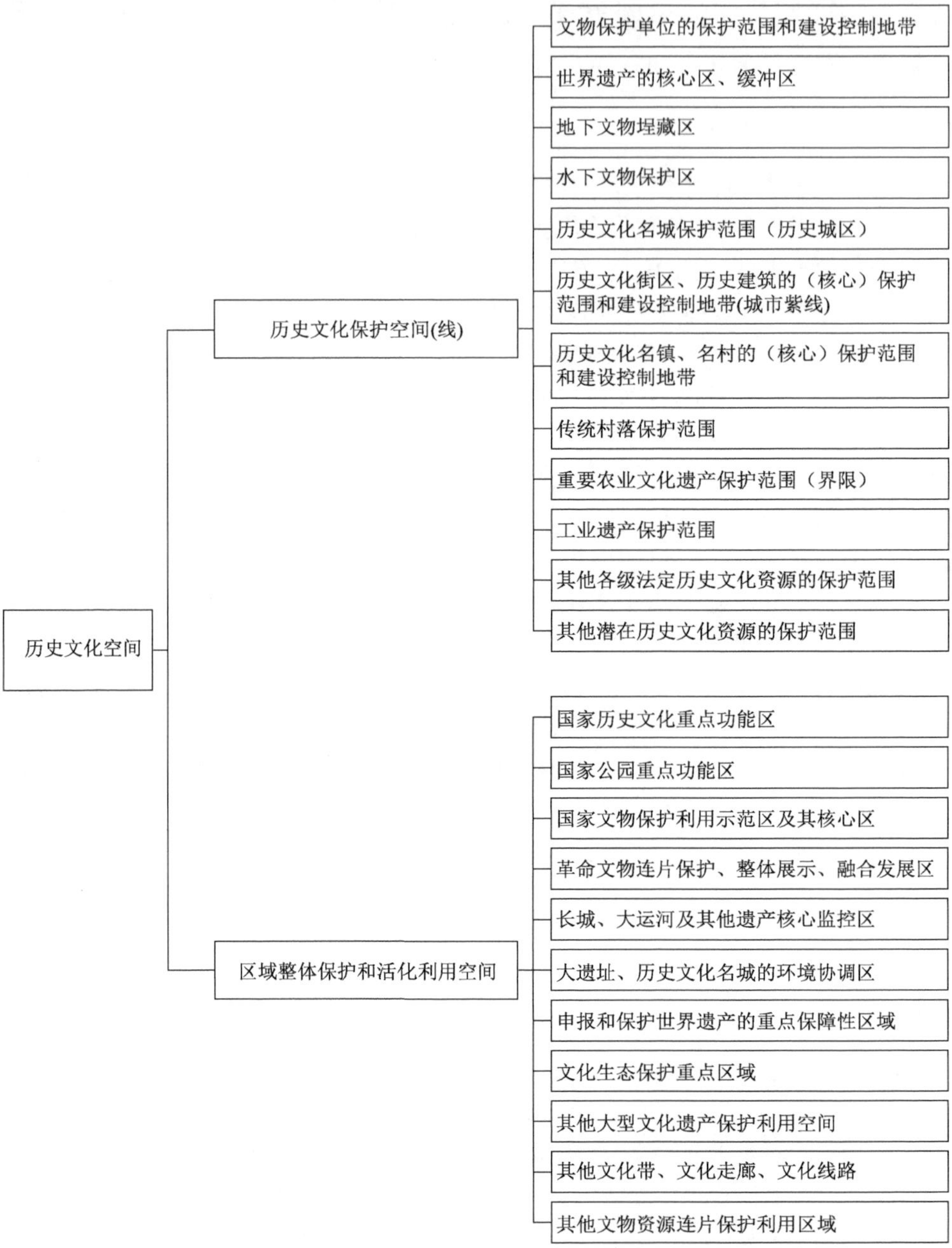

图 5-8　市县国土空间总体规划中的历史文化保护空间体系

2. 历史文化保护空间“一张图”管控

在市县国土空间总体规划中落实各类文化遗产保护范围，统筹划定历史文化保护空间（线），并纳入国土空间规划“一张图”，这是市县国土空间总体规划落实文化遗产保护管理的核心内容。

在国土空间规划的编制实践中，所谓“历史文化保护空间”或“历史文化保护线”，并不是“一条线”，而是由多种不同类型的文物资源及其相应的区划系统综合构成的“历史文化保护空间体系”（见表 5-3）。不同类型的历史文化保护线和保护空间，可能存在着叠压关系，且不同类型的文物保护空间，其管控目标与法律政策框架给定的管控要求也不尽相同。面向建立“一张图”的文物资源整体空间管控，在市级和县级国土空间规划中，需要根据保护体系与保护名录，按照“系统梳理保护体系”“统筹划定保护区划”“综合制定管控规则”的逻辑顺序开展工作。

表 5-3　市县国土空间总体规划中的历史文化保护空间及管控

<table>
<tr><th>资源类型</th><th colspan="2">保护区划</th><th>管控目标</th><th>规划依据</th><th>附加说明</th></tr>
<tr><td rowspan="2">文物保护单位和不可移动文物</td><td colspan="2">保护范围</td><td>对文物保护单位本体及周围一定范围实施重点保护</td><td rowspan="2">文物保护单位保护规划</td><td>可进一步划分重点保护区、一般保护区</td></tr>
<tr><td colspan="2">建设控制地带</td><td>在文物保护单位的保护范围外，为保护文物保护单位的安全、环境、历史风貌对建设项目加以限制</td><td>可根据不同地块的控制力度要求和内容分类划定</td></tr>
<tr><td rowspan="2">世界遗产及预备名录</td><td colspan="2">核心区（又称保护范围/保护边界/遗产区）</td><td>保护所有能够体现遗产突出普遍性价值的元素，并保证其完整性与（或）真实性不受破坏</td><td rowspan="2">文物保护单位保护规划、世界文化遗产管理规划</td><td>无</td></tr>
<tr><td colspan="2">缓冲区（建设控制地带）</td><td>为有效保护申报遗产而划定设立的遗产周围的区域，其使用和开发受到相关法律和/或习惯规定的限制，为遗产增加了保护层</td><td>无</td></tr>
<tr><td>地下文物</td><td colspan="2">地下文物埋藏区</td><td>保护地下文物，包括埋藏在城市地面之下的古文化遗址、古墓葬、古建筑等</td><td>历史文化名城保护规划、大遗址保护规划</td><td>无</td></tr>
<tr><td>水下文物</td><td colspan="2">水下文物保护区</td><td>对水下文物分布较为集中、需要整体保护的水域进行管控</td><td>尚无专门性规划</td><td>无</td></tr>
<tr><td>历史文化名城</td><td colspan="2">保护范围（历史城区）</td><td>保护古城区和老城区，以及历史范围清楚、格局和风貌保存较为完整、需要保护的地区</td><td>历史文化名城保护规划</td><td>无</td></tr>
<tr><td rowspan="2">历史文化街区和历史建筑</td><td rowspan="2">保护范围（城市紫线）</td><td>核心保护范围</td><td>对历史文化街区的核心范围及历史建筑实施重点管控</td><td rowspan="2">历史文化名城保护规划、历史文化街区保护规划</td><td rowspan="2">未列为历史文化街区的历史地段，可参照执行</td></tr>
<tr><td>建设控制地带</td><td>作为保护范围与周边建设区域之间的缓冲区，消除周边地区建设或发展对历史街区、历史建筑造成的压力</td></tr>
<tr><td rowspan="2">历史文化名镇、名村</td><td rowspan="2">保护范围</td><td>核心保护范围</td><td>对历史文化名镇、名村实施重点管控</td><td rowspan="2">历史文化名镇、名村保护规划</td><td>无</td></tr>
<tr><td>建设控制地带</td><td>作为保护范围与周边建设区域之间的缓冲区，消除周边地区建设或发展项目对历史镇、村造成的压力</td><td>无</td></tr>
<tr><td>传统村落</td><td colspan="2">保护范围</td><td>对传统村落应整体进行保护，将村落及与其有重要视觉、文化关联的区域整体加以保护</td><td>传统村落保护发展规划等</td><td>无</td></tr>
<tr><td>重要农业文化遗产</td><td colspan="2">核心保护区域</td><td>对农业文化遗产的核心价值施以整体保护</td><td>农业文化遗产保护与发展规划</td><td>无</td></tr>
<tr><td>工业文化遗产</td><td colspan="2">保护范围</td><td>保持遗产格局、结构、样式和风貌特征，确保核心物项不被破坏</td><td>工业遗产保护与利用规划</td><td>无</td></tr>
</table>

在规划编制过程中，需要对已划定的文物保护范围和建设控制地带进行梳理，进而对规划范围内已有文物保护单位保护规划、世界文化遗产管理规划、大遗址保护规划、历史文化名城保护规划、历史文化名镇名村街区保护规划、传统村落保护发展规划、农业文化遗产保护与发展规划、工业文化遗产保护与利用规划等各类历史文化类规划中关于保护区划定的成果加以整合，并绘制矢量图，形成市（县）域保护区划的综合落地方案（见附彩图7）。对于法规政策明确要求但尚未划定保护区的资源，应敦促相应文物资源的管理部门与国土空间规划制定同步开展保护线划定工作，并将划定成果纳入国土空间规划。

在统筹划定保护区划的基础上，市级和县级国土空间规划应明确各类历史文化保护空间的管控规定，形成与"一张图"相配套的管控导则。对于各类区划发生叠压的情况，应以"从严管控"为基本原则对叠压区域提出管控要求。例如，在历史文化名城的历史城区以内，存在"文物（建筑）、街区（地段）、历史城区（老城）"3个不同层次的保护，具体的保护区划涉及文物保护范围及建设控制地带、历史街区核心保护范围及建设控制地带、历史城区保护范围等多种保护线的叠压，实际情况复杂。

3. 区域整体保护和活化利用空间管控引导

随着我国文物保护利用的政策不断创新，在文物领域产生了国家文化公园、国家文物保护利用示范区、国家文化生态保护示范区等新的文物资源保护利用的实践模式。在大遗址保护利用和历史文化名城保护的实践中，面向遗产、老城与周边大尺度环境的协调，出现了设立"监控区""协调区"的需要。

在空间维度上，这些法律规定、国家政策及国家规划要求划定的历史文化空间，已经超过了传统文物本体保护和空间管控的范畴，经常涉及对区域、次区域国土空间的统筹安排和重点措施的空间落位，因而形成了区域整体保护和活化利用的空间需求。在市县国土空间总体规划中，需要系统梳理和整合辖区内涉及的所有整体保护和活化利用空间规划和空间政策，并加以统筹布局落地安排（见表5-4）。

表5-4　区域整体保护和活化利用空间的内容与要求

内容	要求
国家历史文化重点功能区	作为主体功能区战略的叠加，将传承和弘扬中华优秀传统文化列为本市（县、区）的主体功能之一，重点支撑中华文明标识保护传承展示
国家公园建设重点功能区	根据国家发布的长城、大运河、长征国家文化公园建设方案和黄河国家公园建设有关部署，由各级人民政府划定的落实国家公园建设工程与空间管控的重点区域
国家文物保护利用示范区及其核心区	根据国家文物局创建国家文物保护利用示范区的有关要求，以及地区实施方案划定的支撑文物集中连片保护利用的规划区域和核心区域
革命文物连片保护、整体展示、融合发展区	支撑国家革命文物保护工程，实施革命文物保护利用片区，落实革命文物连片保护、整体展示、文旅融合发展的重点区域
长城、大运河及其他遗产核心监控区	落实《长城保护总体规划》（文化和旅游部、国家文物局2019年1月发布）、《大运河文化保护传承利用规划纲要》（中共中央办公厅、国务院办公厅2019年2月印发）等国家规划，由各级人民政府划定的，对国家大型遗产线路实施国土空间重点监控的关键区域

续表

内容	要求
大遗址、历史文化名城的环境协调区	大遗址保护规划和历史文化名城保护规划中，面向遗址、老城与周边环境协调划定，实施特殊管控引导措施的政策性区域
申报和保护世界遗产的重点保障性区域	面向申报和保护世界遗产，整体保护（潜在的）世界遗产突出普遍性价值元素及其环境需要控制的重要地区
国家文化生态保护重点区域	以非物质文化遗产保护利用为核心目标，由文化生态保护（实验）区总体规划确定的对非物质文化遗产代表性项目及其关联要素、载体实施重点保护的区域
其他大型文化遗产保护利用空间	其他各级国土空间规划和文物保护类规划确定的需要重点保护的潜在大型遗产空间
其他文化带、文化走廊、文化线路	其他各级国土空间规划和文物保护类规划确定的需要重点保护的文化带、文化走廊、文化线路
其他类型的文物资源保护利用重点控制区域	其他各级国土空间规划和文物保护类规划确定的，面向文物资源集中连片保护利用，或文化遗产及其环境整体保护而设立的特殊政策性区域

除了国家规定的区域整体保护和活化利用空间外，在各级国土空间规划的制定和实施过程中，一些地区针对全域文化遗产保护利用进行统筹，在省域、市域、县域层面提出了设立文化带、文化廊道、文化遗产集中连片保护区等新的设想。这些地方性的特色规划要求，也可纳入区域整体保护和活化利用空间体系。

（二）特色魅力空间体系

魅力国土空间是在特定的历史阶段、特定的区域范围、特定的认知水平和供求关系背景下，天然存在或经人工改造（建设）的，为生物栖息繁衍、人类生存发展提供功能保障，并被人类认知和感知到的具有良好价值和吸引力的部分国土空间。魅力国土空间是在新的空间规划体系下对自然生态空间、城乡特色区域、文化承载地区的再次整合与提炼（李巍等，2020）。构建特色魅力空间体系是建设美丽中国的关键举措，是新时代建设高品质国土空间的新要求，是推动人文与自然和谐共生、历史与现代传承交织的有效手段。

在市县国土空间总体规划的编制过程中，构建特色魅力空间体系需要从资源识别与价值评估、目标定位与规划原则、空间格局与感知体系、单元划分与管控要求等方面开展（见表 5-5）。

1. 资源识别与价值评估

针对特色魅力资源的识别及其价值评估，是构建特色魅力空间体系的前期基础工作。

魅力资源可以分为自然魅力资源与人文魅力资源。自然魅力资源包括山水林田湖草沙等要素，以自然魅力资源为核心集聚的空间则为自然魅力空间，如各类自然保护地、名山大川、特色山水等。人文魅力资源包括城镇乡村遗址遗产等要素，以人文魅力资源为核心集聚的空间则为人文魅力空间，如历史文化名城、名镇、名村、遗址、非物质遗产等。二者往往交织叠加存在，呈现丰富多彩的魅力空间。

表 5-5　特色魅力空间体系的内容

<table>
<tr><th colspan="2">工作流程</th><th>主要内容</th><th>核心要点</th></tr>
<tr><td rowspan="2">资源识别与价值评估</td><td>魅力资源识别</td><td>包括以自然保护地为核心的山水林田湖草沙等自然资源要素，以及历史文化名城、名镇、名村、文物、非物质遗产等人文资源要素</td><td rowspan="2">注重客观性、科学性，宜定性分析与定量分析相结合，并通过问卷调查方式广泛征求民意</td></tr>
<tr><td>资源价值评估</td><td>从资源的稀缺程度、现存质量、地域特性、影响范围、价值潜力等方面开展评估</td></tr>
<tr><td rowspan="2">目标定位与规划原则</td><td>目标定位谋划</td><td>聚焦构建美丽国土、彰显地域特色、凝聚市民认同等方面来谋划目标定位</td><td rowspan="2">紧密结合总体规划编制工作，融入总规定位、战略对策、指标体系之中</td></tr>
<tr><td>规划原则确定</td><td>因地制宜原则、保护与利用相结合原则、以人为本原则等</td></tr>
<tr><td rowspan="2">空间格局与感知体系</td><td>空间格局构建</td><td>构建全域整体特色魅力空间结构，确定特色魅力空间的核心区域、次级区域、线性廊道等</td><td rowspan="2">运用城市设计方法开展系统研究推敲</td></tr>
<tr><td>感知体系构建</td><td>以人本视角着手构建感知体系；包括体验路径、眺望系统、城乡风貌等</td></tr>
<tr><td rowspan="2">单元划分与管控传导</td><td>单元划分逻辑</td><td>结合总规管控分区，统筹考虑自然保护地体系、历史文化空间体系、行政区划等要素，划定特色魅力空间单元</td><td rowspan="2">统筹协同其他类型空间来划分单元，定制化管控传导要求及内容</td></tr>
<tr><td>管控传导要求</td><td>针对不同单元的特征，定制化管控要素及传导要求</td></tr>
</table>

针对特色魅力资源的评估，则需要从资源的稀缺程度、现存质量、地域特性、影响范围、价值潜力等多方面开展评估。而且无论是对于特色魅力资源的识别，还是价值评估，都需要注重客观性、科学性，宜定性分析与定量分析相结合，并通过问卷调查方式广泛征求民意。

2. 目标定位与规划原则

目标定位与规划原则，是开展特色魅力空间体系编制的方向性指引。

特色魅力空间的目标定位，需要在资源识别与价值评估的基础上，围绕构建美丽国土、彰显地域特色、凝聚市民认同等方面的诉求来谋划。表达应简洁、有特色、并符合地方实际，同时，要紧密结合总体规划编制的其他板块内容，融入总规的总体目标定位之中，或通过总规的指标体系、战略对策来体现。

另外，在编制研究的过程中，要注重因地制宜原则，最大化彰显本地独特的魅力；要注重保护与利用相结合原则，保护好自然与人文的魅力资源的同时，通过合理利用努力使其释放更大的价值；要注重以人为本原则，以人民的需求为出发点，构建特色魅力空间体系。

3. 空间格局与感知体系

构建空间格局与感知体系，是特色魅力空间体系部分的重点工作内容。

首先要构建全域整体的特色魅力空间格局，包括覆盖全域的魅力空间结构，确定特色魅力空间的核心集聚区域、次级集聚区域，以及联系各个集聚区的线性廊道等；其次，还要从以人为本的视角出发，构建特色魅力空间的感知体系，包括可进入的体验路径、视线的眺望系统、协调的城乡风貌，等等。

构建空间格局与塑造感知体系的核心要点，就是要运用城市设计方法开展系统研究推敲：在市/县域层面运用城市设计方法，强化生态、农业和城镇空间的全域全要素整体统筹，优化市/县域的整体空间秩序。在中心城区层面运用城市设计方法，整体统筹、协调各类空间资源的布局与利用，合理组织开放空间体系与特色景观风貌系统，提升城市空间品质与活力，分区分级提出城市形态导控要求。

4. 单元划分与管控要求

单元划分与管控要求，是落实传导总规意图的关键环节。

特色魅力空间的单元划分，宜结合总规管控分区，统筹考虑自然保护地体系、历史文化空间体系、行政区划等要素来划定，尽量与各行政主体、管理主体相一致。另外，针对不同单元的内涵特征，以及在空间格局中的定位，来定制化设置管控要素及传导要求。核心目的是管控核心要素及空间并有效向下传导。

【专栏】《市级国土空间总体规划编制指南（试行）》中的相关内容

3.6 保护自然与历史文化，塑造具有地域特色的城乡风貌

加强自然和历史文化资源的保护，运用城市设计方法，优化空间形态，突显本地特色优势。

（1）挖掘本地历史文化资源，梳理市域历史文化遗产保护名录，明确和整合各级文物保护单位、历史文化名城名镇名村、历史城区、历史文化街区、传统村落、历史建筑等历史文化遗存的保护范围，统筹划定包括城市紫线在内的各类历史文化保护线。保护历史性城市景观和文化景观，针对历史文化和自然景观资源富集、空间分布集中的地域和廊道，明确整体保护和促进活化利用的空间要求。

（2）提出全域山水人文格局的空间形态引导和管控原则，对滨水地区（河口、海岸）、山麓地区等城市特色景观地区提出有针对性的管控要求。

（3）明确空间形态重点管控地区，提出开发强度分区和容积率、密度等控制指标，以及高度、风貌、天际线等空间形态控制要求。明确有景观价值的制高点、山水轴线、视线通廊等，严格控制新建超高层建筑。

（4）对乡村地区分类分区提出特色保护、风貌塑造和高度控制等空间形态管控要求，发挥田野的生态、景观和空间间隔作用，营造体现地域特色的田园风光。

（三）总体城市设计

《市级国土空间总体规划编制指南（试行）》中明确指出：将城市设计贯穿规划全过程。基于人与自然和谐共生的原则，研究市域生产、生活、生态的总体功能关系，优化开发保护的约束性条件和管控边界，协调城镇乡村与山水林田湖草海等自然环境的布局

关系，塑造具有特色和比较优势的市域国土空间总体格局和空间形态。基于本地自然和人文禀赋，加强自然与历史文化遗产保护，研究城市开敞空间系统、重要廊道和节点、天际轮廓线等空间秩序控制引导方案，提高国土空间的舒适性、艺术性，提升国土空间品质和价值。

【专栏】《国土空间规划城市设计指南》（TD/T 1065—2021）中的相关内容

5 总体规划中城市设计方法的运用

5.3 市/县域层面

在市/县域层面运用城市设计方法，强化生态、农业和城镇空间的全域全要素整体统筹，优化市/县域的整体空间秩序。

a）统筹整体空间格局。落实宏观规划中自然山水环境与历史文化要素方面的相关要求，协调城镇乡村与山水林田湖草沙的整体空间关系，对优化空间结构和空间形态提出框架性导控建议。

b）提出大尺度开放空间的导控要求。梳理并划定市县全域尺度开放空间，结合形态与功能对结构性绿地、水体等提出布局建议，辅助规划形成组织有序、结构清晰、功能完善的绿色开放空间网络。

c）明确全域全要素的空间特色。根据市/县域自然山水、历史文化、都市发展等资源禀赋，结合规划明确的市/县性质、发展定位、功能布局、制约条件，并结合公众意愿等，总结市/县域整体特色风貌，提出需重点保护的特色空间、特色要素及其框架性导控要求。

5.4 中心城区层面

在中心城区层面运用城市设计方法，整体统筹、协调各类空间资源的布局与利用，合理组织开放空间体系与特色景观风貌系统，提升城市空间品质与活力，分区分级提出城市形态导控要求。

a）确立城市空间特色。细化落实宏观规划中关于城市特色的相关要求，明确自然环境、历史人文等特色内容在城市空间中的落位。对城市中心、空间轴带和功能布局等内容分别进行梳理，确定城市特色空间结构并提出城市功能布局优化建议，对城市特色空间提出结构性导控要求。

b）提出空间秩序的框架。明确重要视线廊道及其导控要求，对城市高度、街区尺度、城市天际线、城市色彩等内容进行有序组织，并提出结构性导控要求。

c）明确开放空间与设施品质提升措施。组织多层级、多类型的开放空间体系及其联系脉络，提出拟采取的规划政策和管控措施，提升公共服务设施及市政基础设施的集约复合性与美观实用性。

d）划定城市设计重点控制区。根据城市空间结构、特色风貌等影响因素，划定城市设计一般控制区和重点控制区。在有条件的市/县中心城区可对重点控制区进一步进行精细化设计。

在市县国土空间总体规划编制中的总体城市设计部分工作，与专项编制总体城市设计不同，不需要面面俱到，而是从市域、中心城区两个层面，围绕“空间特色资源盘点”“空间特色风貌定位”“空间特色框架塑造”“空间管控要点传导”等方面开展。

1. 空间特色资源盘点

空间特色资源盘点是总体城市设计开展的基础，其梳理与识别方法与前文“历史文化与魅力空间”的识别工作方法类似（具体见第五章第一节和第二节部分）。特别指出的是，在总体城市设计研究工作开展过程中，还需要从人的视角，即主观体验的层面，对空间特色资源进行叠加分析研判。而盘点与分析的目的，是梳理可依托利用的特色资源，解析需要破解的关键瓶颈问题，也就是找到优势与机遇所依，明确短板与挑战所在，从而为下一步确定特色风貌定位、塑造特色空间框架奠定基础，找准突破口。

2. 空间特色风貌定位

空间特色风貌定位是对城市自然山水、人文风貌、经济产业、空间格局、城市面貌等多方面的提炼与总结。城市特色风貌是一个城市的本色，是明显区别于其他城市的主要个性。控制好一个城市的特色风貌，有助于从根本上避免千城一面。

将特色风貌定位纳入城市综合目标定位，也可以更加全面清晰地描述城市未来发展愿景。总体城市设计的风貌定位是对城市目标定位的有益支撑。在国土空间总体规划注重面向全域层面、主导功能管控、底线保护思维的同时，也需要总体城市设计来应对国土空间人文内涵和环境风貌特色营造等方面的问题。

空间特色风貌定位的提炼需要紧扣自然山水、历史人文等要素的独特性，以概括写意的精炼语言加以描述。这与城市性质定位需要缜密精确的描述语言不同，风貌的提炼可以更加诗意地概括。例如，在华北的某城市总体城市设计中，根据城市的自然山水、空间格局、文化内涵等特色资源，将风貌定位总结提炼为“燕山南麓的绿水青山之城、古邑新风的文化精粹之城、舒适魅力的人本活力之城”，有效补充了总规内容，丰满了城市的愿景描述。

3. 空间特色框架塑造

空间特色框架是指城市特色要素空间分布的整体性、连续性、体验性结构特点。空间框架是总体城市设计主要内容的落脚点，通过空间框架来引导城市核心空间的发展，并为下一层次的规划设计提供多样化的可能。其与总规中心城区用地布局切入角度不同，总规用地布局主要考虑用地规模、功能分区、交通联系、公共服务设施等方面内容；而城市设计空间框架则更多从山水格局、三维空间、环境品质、空间特色等角度考虑。二者相辅相成，总规方案是空间框架的基础，空间框架是总规方案另一种视角解读。在编制过程中，二者互相影响，最终形成统一的共识（见图 5-9）。

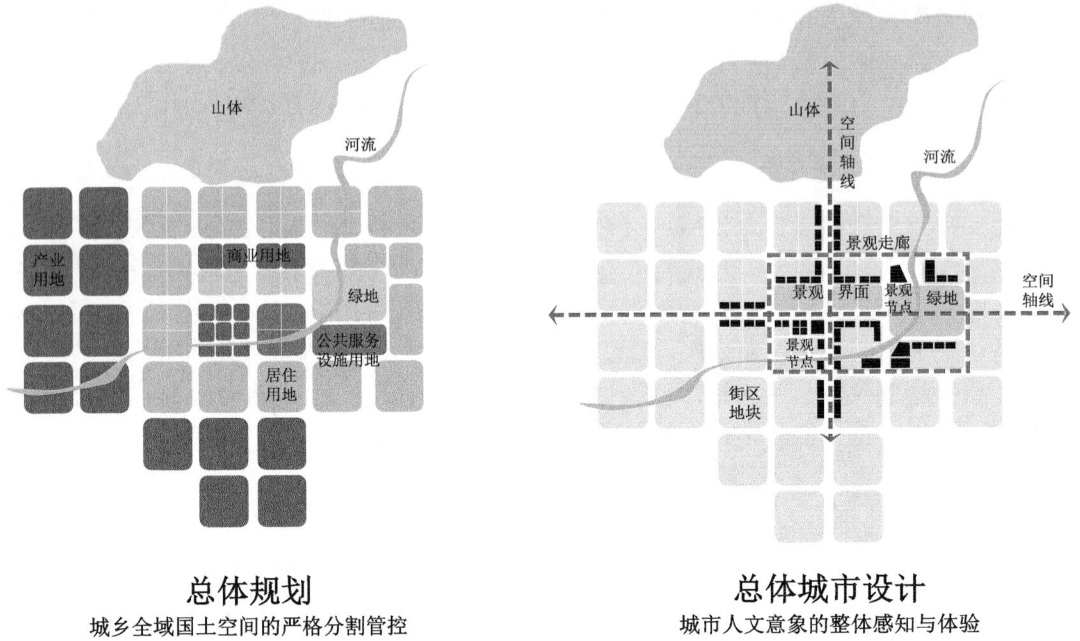

图 5-9　空间特色框架与总规用地方案示意图对比

在塑造空间特色框架的过程中，首先要形成一个整体层面的空间特色框架。例如，在西部某高原城市总体城市设计项目实践中，根据其区位——青藏高原与黄土高原交界、“海藏咽喉”、大美青海第一站的特点，以及山水格局——南山积雪、北山红崖、九曲湟水、变化万千的特点，提出了“黄金川水谷地，十字城市格局”的空间特色框架（见图 5-10）。在华北某平原城市的总体城市设计中，根据其城与湖休戚相关的演变历程——城依水生、水映城秀、东面新城拓展、西面古城湿地等特点，提出“一顷湖水半城拥，东华西悠各不同”的空间特色框架（见图 5-11）。

图 5-10　西部某高原城市空间特色框架：黄金川水谷地，十字城市格局

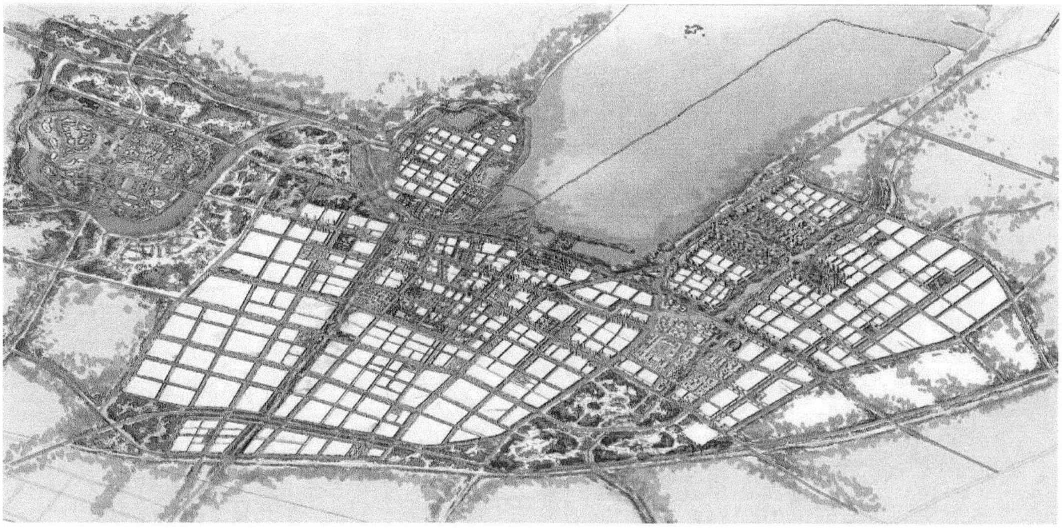

图 5-11　华北某平原城市空间特色框架：一顷湖水半城拥，东华西悠各不同

4. 空间管控要点传导

空间管控要点传导是总体城市设计内容实施的抓手。一方面，可以通过划定各类要素的管控分区来传导，如重点控制区与一般控制区、风貌分区、高度分区等；另一方面，也可以通过导则的形式来进一步加强关键内容的管控与传导，如在重点控制区增加单元导则，对公共空间、地标、轴线等要素做进一步明确；当然，也可以通过其他方式方法落实管控意图，如将管控内容融入其他专题或专章，等等。

需要注意的是，总体城市设计确定并向下传导的空间特色框架，关注的是大山水格局关系、城市的开放空间体系、人本体验的尺度原则等，以原则性、结构性要求为主。具体可以通过总体结构、生态格局、特色分区、景观视廊、城市街道、开放空间、滨水空间、尺度、天际线、风格与色彩、文化与传承等多个方面来落实传导要求，制定每个方面的原则与要求，而非绘制具象细节方案。在控制空间特色框架的同时，要为下一阶段的规划设计留有足够演绎变化的弹性可能。

参考文献

北京市规划和自然资源委员会. 2022. 北京市国土空间生态修复规划（2021 年—2035 年）[S/OL]. (2022-06-03)[2024-06-06]. https://www.beijing.gov.cn/zhengce/zfwj/zfwj2016/szfwj/202206/W020220602627614477147.pdf.

国务院. 2011. 基本农田保护条例[S/OL]. (2011-01-08)[2024-06-06]. https://flk.npc.gov.cn/detail2.html?ZmY4MDgwODE2ZjNjYmIzYzAxNmY0MGY2YjgxNzBlODg.

国务院. 2019. 关于促进乡村产业振兴的指导意见 [EB/OL]. (2019-06-17)[2024-06-06]. https://www.gov.cn/gongbao/content/2019/content_5407659.htm.

国务院办公厅. 2019. 关于切实加强高标准农田建设提升国家粮食安全保障能力的意见[EB/OL]. (2019-11-13)[2024-06-06]. https://www.gov.cn/zhengce/zhengceku/2019-11/21/content_5454205.htm.

郝之颖. 2008. 高速铁路站场地区空间规划[J]. 城市交通, 6(5): 48-52.
李超, 程锋, 郧文聚. 2022. 耕地生态建设与保护问题探讨[J]. 中国土地, (3): 30-32.
李巍, 杨承兴, 王录仓, 等. 2020. 魅力国土空间：重塑区域特色的国土空间规划策略[J]. 自然资源学报, 35(3): 501-512.
居者. 2021. 苏州历史文化名城保护专项规划（2035）[S/OL]. (2021-10-16)[2024-06-06]. https://www.163.com/dy/article/FP39E1RK0535B3HJ.html.
吴次芳, 肖武, 曹宇, 等. 2019. 国土空间生态修复[M]. 北京: 地质出版社.
武廷海, 周文生, 卢庆强, 等. 2019. 国土空间规划体系下的“双评价”研究[J]. 城市与区域规划研究, 11(2): 5-15.
新华社. 2017. 中共中央办公厅 国务院办公厅印发《关于划定并严守生态保护红线的若干意见》[EB/OL]. (2017-02-07)[2024-06-06]. https://www.gov.cn/zhengce/2017-02/07/content_5166291.htm.
阳建强. 2015. 城市规划与设计: 第 2 版[M]. 南京: 东南大学出版社.
张兵, 林永新, 刘宛, 等. 2018. 城镇开发边界与国家空间治理——划定城镇开发边界的思想基础[J]. 城市规划学刊, （4）: 16-23.
周一星. 1995. 城市地理学[M]. 北京: 商务印书馆.
自然资源部. 2022. 关于在全国开展“三区三线”划定工作的函[EB/OL]. (2022-04-29)[2024-06-06]. https://www.guoturen.com/guihua-1077.html.
自然资源部. 2024. 自然资源部关于发布《国土空间规划城市设计指南》行业标准的公告[S/OL]. (2024-06-24)[2024-06-06]. https://gi.mnr.gov.cn/202106/t20210629_2660129.html.
自然资源部办公厅. 2020. 自然资源部办公厅关于印发《市级国土空间总体规划编制指南（试行）》的通知[EB/OL]. (2020-09-22)[2024-06-06]. https://gi.mnr.gov.cn/202009/t20200924_2561550.html.

思　考　题

（1）生态空间规划和底线管控的主要内容和重点是什么？

（2）农业空间规划和底线管控的主要内容和重点是什么？

（3）城镇空间规划和底线管控的主要内容和重点是什么？

（4）历史文化空间和特色魅力空间有什么区别，各自规划管控的主要内容和重点是什么？

第六章　空间方案集成与总体统筹

导读：市县国土空间总体规划综合方案编制，是一个较为复杂综合的工作过程，需要对多要素、多维度、多环节内容进行综合集成与系统整合，形成主线明确、逻辑统一、条理清晰、内容完备、体例规范的规划成果。本章节在前面重大专题研究、分类空间规划和底线管控工作的基础上，基于整体系统思维，重点阐述市县国土空间综合方案整合与总体统筹的核心思路、重点内容、技术方法和注意事项，为读者提供深入浅出、清晰直观的操作指南。具体而言包括现状问题识别与发展条件研判、规划目标与指标体系、矛盾冲突协调重点及其空间要求、空间格局优化与分区用途管控、资源配置优化与用地结构调整、中心城区布局优化和更新提质等相关内容。

一、内容框架和知识点导引

国土空间总体规划的重要工作内容是在重大专题研究和分类空间规划的基础上，基于整体系统观，统筹各类要素（人口、产业、土地、公共服务、交通、市政、防灾等），以及各类空间（生态空间、农业空间、城镇空间、历史文化与魅力空间等），推进空间方案集成与总体统筹，编制形成多目标均衡、多要素系统匹配的规划综合方案。

重大专题研究的任务是解决国土空间特定领域的重点问题、重点需求和规划策略。分类空间规划的任务是解决各类功能空间落地和分类安排的问题，包括各类空间布局、内部层次与结构关系、内部不同空间管控与布局要求等内容。而空间方案集成与总体统筹工作具有承前启后的作用，向前衔接重大专题研究核心结论并推进各专项要素在规划方案上的综合集成，以及衔接分类空间规划核心结论并推进各类功能空间在规划方案上的协调匹配；向后衔接规划传导和实施保障环节，推进规划方案有效传导和实施（见图6-1）。

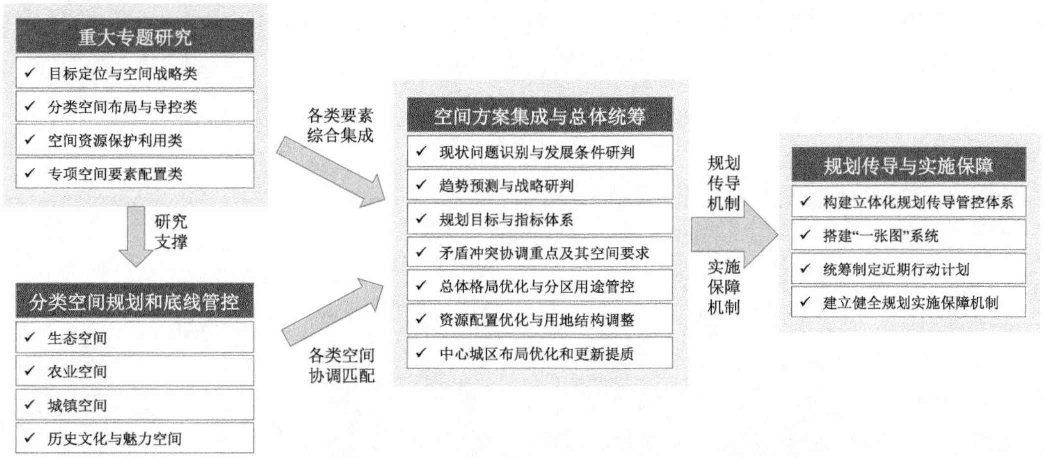

图6-1　空间方案集成与总体统筹的前后衔接关系示意图

综合方案编制要特别注重立足空间高效能治理要求，健全规划空间总体格局的协调传导机制，确保重大战略意图有效落实。在市县国土空间总体格局框架下，通过“定空间结构、定分解指标、定要素目录、定管控规则、定重大行动”，确保战略意图向下位规划传导和有效落实。

二、现状问题识别与发展条件研判

市县国土空间总体规划工作要立足在历史和现实的基础上，对市县国土空间发展的未来进行引导或管控。对市县历史发展规律和现实发展条件的全面、系统、深入研究，能够为未来发展趋势预测、国土空间发展的关键问题和战略应对的总结提炼奠定基础，是提升国土空间总体规划方案的针对性、有效性与合理性的前提和基础。

市县国土空间现状问题识别与发展条件研判是在“双评价”、国土空间开发保护现状评估、现行空间类规划实施情况评估和灾害风险评估，以及各大专题研究的现状分析内容基础上进行的综合研判，是对前序各项评价评估和专题研究结论的整合与提炼。应按区域—市（县）域—中心城区三个空间维度，在现状“一张底图”的基础上，结合评价评估及其他专题研究的成果，从资源与环境、历史与文化、经济与产业、人口与城镇化、城乡空间格局与土地使用、交通与基础设施、体制机制与政策等专业视角，分析国土空间开发保护利用的特征和规律，剖析核心矛盾和问题，研判未来发展趋势，为规划方案编制提供扎实的基础支撑。

（一）历史演进脉络与发展阶段研判

全面系统分析市县国土空间发展历史和演进规律，研判城市发展阶段，总结提炼各阶段城市发展路径、主要动力、全域空间格局、重大政策和事件影响、发展战略失误等。

1. 区域层面

重点研究区域历史地理格局和历史文化空间的演变情况；区域城镇发展格局及其空间协同发展的演进情况；与周边市县空间发展冲突和矛盾的演化情况；区域宏观发展政策和规划战略的制定、执行和变化情况等。

2. 市（县）域层面

重点研究市（县）域行政区划调整演变历程；市（县）域自然资源与生态环境的演变规律（土地、水、矿产、森林、草原、湿地、岸线、海洋、大气等方面）；市（县）域历史文化遗产与文脉空间的演变脉络（载体与空间）；市（县）域产业结构变迁、主导产业布局演替等；市（县）域人口城镇化发展的历史规律（规模、分布、流动和变化特征）；市（县）域城乡发展格局演变规律、发展阶段和特征（城乡居民点规模、职能和空间结构、土地利用、交通格局、公共服务配置等），城镇体系各节点的主要发展动力和路径；历版规划市（县）域引导思路和实施成效评估等。

3. 中心城区层面

重点研究城市地位、职能演变和重大历史事件对城市空间格局影响的分析；产业用地布局更替分析；人口空间集聚和流动规律分析；生态－农业－城镇空间发展的演进历程、脉络及其发展动力和路径梳理（重大政策、体制机制变迁、行政区划调整、产业发展、大事件拉动、交通引导）；城址变迁、文化遗产保护与传承、山水景观格局的演变脉络分析等。

（二）现状发展条件与特色优势识别

全面系统认识市县国土空间现状特征和发展基础条件，识别资源禀赋与比较优势。在全国国土调查工作成果基础上，融合自然资源专项调查、人-地-房-设施调查、经济社会调查等，结合实地踏勘、社会调查、座谈会记录以及大数据、人工智能等技术方法，从区域、市（县）域和中心城区三个尺度开展分析工作。

1. 区域层面

重点研究区域城镇发展现状格局和区域协同发展情况；城市主要对外经济联系格局及其影响范围；基于城市发展条件的区域横向对比，分析城市核心竞争力，运用SWOT分析法明确优势、劣势、机遇和挑战（资源环境、历史文化、产业经济、人口社会、科技创新、土地空间、交通区位、基础设施、发展腹地、政策平台等）；跨区域发展建设面临的主要矛盾和突出问题等。

2. 市（县）域层面

（1）资源与环境：衔接“双评价”等专题成果，研究市（县）域气候和地形地貌条件，水土矿产动植物等自然资源禀赋，生态保护极重要区、农业生产和城镇建设适宜区等空间本底特征，以及水、土等资源约束下的承载规模，重点分析自然资源开发利用的数量、质量、结构和空间布局特征，识别市县资源禀赋特色，明确影响市县可持续发展的限制条件和制约因素等。

（2）历史与文化：重点研究市（县）域历史文化资源禀赋特征、现状保护情况和问题、市（县）域历史文化空间格局等。

（3）经济与产业：重点研究市（县）域产业结构和发展阶段、产业空间集聚情况、主导产业集群发展水平、特色优势产业发展情况、产业带动就业水平、主要产业发展平台及相关政策等。

（4）人口与城镇化：重点研究市（县）域和中心城区人口（细分常住人口、户籍人口、实际服务管理人口、农业转移人口和暂住人口等）发展特征（规模、结构、增长率、空间分布特征）及流动规律，三次产业就业人口结构及分布，市（县）域人口城镇化发展水平和阶段判断、主要特征和动力机制等。

（5）城乡空间格局与土地利用：重点研究市（县）域城乡居民点体系现状发展情况（规模、职能和空间结构、人口和城镇集聚特征），特色小城镇、重点镇、传统村落发展情况，市（县）域土地利用基本情况、特征规律（规模、类型、结构、效率、变化趋势等）和面临问题等。

（6）基础设施与公共服务设施：重点研究市（县）域综合交通格局和重大设施布局基本情况，市（县）域市政工程设施基本情况，市（县）域公共安全与防灾公共设施基本情况，市（县）域公共服务设施基本情况，各类设施服务水平及其与城镇空间格局的匹配关系、面临的主要问题等。

（7）国土空间开发利用与保护：重点研究资源利用、环境保护、人口城镇化、经济发展、重大设施等与国土空间开发保护利用的内在联系和时空规律，分析自然地理格局、人口分布与区域经济布局的空间匹配关系等。

（8）体制机制与政策：重点研究市（县）域城镇化发展相关政策及其影响，市（县）域国土空间用途管制制度建设情况及其影响等。

3. 中心城区层面

（1）城镇发展限制性条件评价：衔接“双评价”等专题成果，全面梳理城镇建设不适宜区、生态保护极重要区、地质灾害高风险区、蓄滞洪区、行洪通道、土壤严重污染区、历史文化保护区以及生态保护红线、永久基本农田等城镇开发建设需要避让的控制地区。

（2）城镇发展动力性条件评价：以“双评价”成果为基础，综合分析产业发展、人口发展、交通和重大设施、主要资源点、特殊政策区建设、周边中心城市辐射带动等情况及其影响。

（3）城镇空间布局结构绩效评价：重点分析城镇用地拓展规模、功能布局结构，土地使用强度和产出效率，用地布局框架与交通、重大设施的结构性匹配关系，开发建设造成的环境冲击和污染影响等。

（4）城镇人居环境品质评价：重点分析公园绿地、水系、街道广场等公共开敞空间、科教文体卫等公共服务设施的覆盖率和可达性，特色文化空间与活动、交通设施建设水平和交通状况等方面。

（5）城镇风貌特色评价：重点分析历史文化遗产和文脉空间、自然与人工形成的城市格局和形态、城市肌理、街道广场等公共空间、城市标识、建筑特色等。

（6）城镇开发建设模式评价：评估是否顺应绿色低碳、精明增长、低影响开发、紧凑开发、弹性开发等理念，剖析城镇开发建设现状面临的核心问题等。

（三）未来发展趋势预测和研判

系统研判市县国土空间未来发展趋势。研究国际形势、国家战略、区域发展带来的机遇和挑战，结合城镇化进程、人口与社会需求变化、气候环境变化、科技进步和产业发展等经济社会趋势研判，准确把握市县发展面临的核心优势与关键制约，预测国土空间开发保护利用的趋势变化、结构布局、开发程度与效益，为总体规划方案的生成指明方向。

1. 区域层面

重点研究国际形势变化、国家与省级政策和重大战略布局、气候环境变化等对该地区产生的具体影响和不确定性因素；区域重大项目的选址落位情况；区域未来发展格局的判断、可能发生的重大变化和影响。重点研究城市在区域中的战略定位和主要对外职能，并据此初步拟定城市性质和发展目标。

2. 市（县）域层面

重点研究未来城镇空间发展动力的变化（产业经济、城镇化、政策、重大事件和重大项目、交通和设施建设等方面的动力分析）；市（县）域产业发展可能的变化趋势（结构调整、“四化”协同、创新引领、绿色发展等）及其影响；未来人口和城镇化发展可能的变化趋势（老龄化、少子化、全面放开生育、人口流动向都市圈和城市群集中等）及其影响；可能的人口增长和分布情景，对土地、公共服务、基础设施等的影响。

3. 中心城区层面

重点研究未来城镇各类功能空间的需求分析（新的生活和工作模式下不同人群和企业需求的变化、应对重大公共安全事件的空间保障需求等）；未来城镇空间发展格局分析（耕地保护要求、自然生态基底、可拓展选择区域、战略性地区、重点更新提升区等）；未来城镇交通出行模式和结构，以及其与土地利用整合的思路等。

（四）关键问题和战略应对

充分分析论证市县国土空间开发保护利用的关键问题和战略应对。在现状问题识别与发展条件研判基础上，结合区域资源环境特征和城镇化发展阶段，因地制宜提炼总结市县发展的重点问题与核心矛盾，顺应时代大势，响应不同主体的多元化需求，用历史与发展的眼光和战略性思维，审视市县在不同发展阶段应该而且能够解决的问题和矛盾，明确规划整体技术思路和实施阶段，做到纲举目张，规划导控有力、有节、有效。

1. 资源环境保护利用与整治修复战略

针对自然资源开发利用中存在的环境破坏、资源错配、以邻为壑等问题，结合市县及周边区域历史发展脉络、现状格局情况和未来发展态势，落实区域发展战略要求，明确区域协同开发保护利用和全域国土空间提质增效的方向和重点。

（1）区域资源环境协同保护与利用战略。从区域生态环境治理修复与保护、文化遗产保护与传承、资源能源开发利用与保护等方面提炼总结区域空间协同发展的关键问题和战略应对思路。例如，针对流域上下游水环境污染问题，加强跨区域水环境协同治理，统一跨区域环境监控管理标准，健全区际生态补偿机制。例如，针对区域内文化遗产保护工作各自为政、标准不一，各城市间缺乏对区域文化脉络的整体认识，导致各地文化遗产的展示利用碎片化、文化遗产社会经济效益未有效发挥等关键问题，提出区域文化遗产联动保护利用战略，即构建区域文化遗产整体保护框架，建立区域内同类型遗产或跨行政区线性遗产整体展示与合作利用机制等。

（2）全域空间资源节约集约利用与优化配置战略。从建设用地、耕地、林地、草地、湿地、海洋、矿产、水资源等自然资源的科学保护、高效开发、集约利用和合理配置等方面提炼总结市（县）域空间开发保护利用的关键问题和战略应对思路。例如，针对建设用地粗放低效等问题，提出土地资源节约集约利用与优化配置策略，通过规模、结构、强度、效率、效益、布局等多维调控，以及存量盘活、精准投放、长效机制等模式设计，为高质量发展提供空间要素支撑保障。

（3）全域国土综合整治与生态修复战略。从国土综合整治、生态环境保护与修复等方面提炼总结市（县）域空间开发保护利用的关键问题和战略应对思路。例如，针对生态功能退化、生物多样性减少、水土污染、洪涝灾害、地质灾害等问题，提出国土空间生态修复战略举措；针对乡村耕地碎片化、土地资源利用低效化、农村人居环境品质不高等问题，按照山水林田湖草沙系统治理的理念，对田水林路村城进行全要素综合整治和生态修复，形成美丽国土空间新格局。

2. 国土空间格局优化与结构调整战略

针对全域国土空间开发保护利用中存在的空间冲突、中心城区建设用地低效蔓延、建成环境空间品质不高等问题，结合全域及中心城区历史发展脉络、现状格局情况和未来发展态势，保障重大项目空间需求，落实“框定总量、限定容量、盘活存量、做优增量、提高质量”等任务要求，统筹考虑生产、生活、生态空间发展需求，明确全域国土空间格局优化和结构调整的方向和重点。

（1）全域国土空间总体格局优化战略。从生态保护空间优化、农业发展空间优化、城乡发展空间优化、地方特色空间优化及全域总体格局优化等方面提炼总结市（县）域空间格局优化的关键问题和战略应对思路。统筹生态、农业、城镇三大空间，构建全域整体空间格局。坚持底线思维，统筹绿色生态空间；保障粮食安全，统筹高效农业空间；推进城乡协调，统筹宜居城乡空间。保障生态保护红线、城镇开发边界、永久基本农田三条控制线落地实施。协调各类空间和各条控制线之间的冲突矛盾，统筹构建全域国土空间总体格局。例如，针对农林冲突、城乡建设与耕地保护等空间要素冲突问题，提出基于多要素匹配目标的全域总体格局优化战略，制定多元空间矛盾冲突的协调处理规则，通过多用途适宜性评价和兼容性分析、优先级判定规则等，形成多用途协调方案。

（2）城镇空间结构调整与布局优化战略。从城镇发展方向和重点区域研判、城镇空间结构调控、空间资源配置与用地平衡等方面提炼总结中心城区布局优化、结构调整与更新提质的关键问题和战略应对思路。例如，针对用地无序扩张等问题，通过耦合城市发展的底图底数、底线约束、动力要素、对外联系方向等，综合研判城市发展方向，明确整治提升、更新改造、内部填充、外延扩展等重点区域，为空间结构调整优化提供依据。

3. 产业与人口城镇化高质量发展战略

针对产业功能布局不集聚、用地效益偏低、区域同质化竞争以及人口结构失衡、城镇化发展质量不高等问题，结合市县及周边区域历史发展脉络、现状格局情况和未来发展态势，落实区域发展战略要求，统筹考虑产业高质量发展和区域协同合作机制，响应不同人群多元化诉求和新型城镇化战略要求，明确市县产业发展与人口城镇化的方向和重点。

（1）市县产业高质量发展与人口城镇化战略。从产业转型升级与布局优化、产业带动就业能力提升、人口城镇化与城镇村布局等方面提炼总结市（县）域产业发展与人口城镇化的关键问题和战略应对思路。例如，针对城市所处的城镇化发展阶段，结合产业转移、公共服务和基础设施完善等研判人口流动趋势，提出城乡统筹与城镇化战略，通过现状分析－问题识别－趋势判断－发展预测－对策建议的技术思路，明确城镇化模式、城乡居民点体系调控的重点方向。

（2）区域产业协作与创新协同战略。从产业链分工协作、跨区转移和结构优化，产业要素和创新载体空间统筹，利益共享和考核机制设计等方面提炼总结区域空间协同发展的关键问题和战略应对思路。例如，针对因地方保护、市场封锁，以及不同行政区产业政策差异较大，造成的跨区域要素流动不畅、地区间企业衔接受制约等问题，提出跨区域要素流动与产业协作战略，通过调整差异化的产业政策和发展权限，破解产业要素流动的行政阻隔等。

4. 人居环境品质提升和魅力塑造战略

（1）城乡公共服务体系提升战略。从人民群众美好生活需要、城乡生活圈建设等方面提炼总结城乡公共服务体系的关键问题和战略应对思路。完善城乡公共服务配置，构建全覆盖、均等、便利、共享的公共服务体系，促进全域均衡共享。例如，针对人口老龄化、少子化、乡村空心化趋势和社区功能复合化需求，提出全域公共服务设施优化配置战略，明确设施分级配置标准和布局要求，以城乡生活圈为单元统筹设施布局、促进均衡共享。

（2）城乡人居空间环境品质提升战略。从蓝绿空间营造、文化特色塑造、景观风貌提升等方面提炼总结城乡人居空间布局优化与更新提质的关键问题和战略应对思路。例如，为满足人民群众对美好人居环境的需求，统筹考虑山水格局保护、景观风貌塑造、休闲游憩服务、慢行绿道系统、灾害防治和安全防护隔离等需求，构建蓝绿开敞空间体系的相关规划思路和举措。加强城乡风貌分类导控，彰显生态人文风情，塑造地域特色。

5. 重大基础设施和综合防灾保障战略

针对基础设施配套不均衡不完善、区域间衔接不畅缺乏统筹、国土空间重大灾害安全风险等问题，结合市县及周边区域历史发展脉络、现状格局情况和未来发展态势，落实区域发展战略要求，统筹考虑人民群众对高品质生活和安全防灾的基本需求，明确重大基础设施支撑保障的方向和重点。

（1）区域重大基础设施协同布局战略。从区域重大公共服务设施布局、综合交通设施布局、市政基础设施布局和邻避设施布局等方面提炼总结区域空间协同发展的关键问题和战略应对思路。例如，针对都市圈内部重大基础设施缺乏一体化布局，邻避效应突出，基础设施互联互通、集约化利用、规划建设一体化机制尚未建立等问题，提出基础设施一体化战略，通过跨区域重大基础设施建设提升资源、能源整体支撑能力、利用效率和运行安全，促进区域性节点开发和功能网络建设等（张尚武和潘鑫，2021）。

（2）全域基础设施支撑体系优化战略。从市（县）域综合交通体系优化、市政基础设施体系优化等方面提炼总结市（县）域综合支撑保障体系的关键问题和战略应对思路。统筹增量与存量、地上和地下、传统和新型基础设施系统布局，构建集约高效、智能绿色、安全可靠的现代化基础设施体系，提高城市综合承载能力。例如，针对市（县）域道路交通网不通畅、重大设施通道布局不成体系等问题，规划构建综合交通网络体系，统筹预控重大设施场站和通道走廊，促进重大基础设施集约化布局和高效运行。

（3）全域综合防灾体系优化战略。从综合应急交通体系、综合应急救援体系、应急保障基础设施、应急服务设施等方面提炼全域综合防灾体系优化的关键问题和战略应对思路。完善综合防灾体系，提升城市韧性和应急响应能力。例如，针对全球气候变暖影响下暴雨、干旱等极端天气及其次生灾害频发等情况，在灾害风险评估的基础上，建立以应对主要灾害为主线的综合防灾空间体系，提出空间应对和工程应对措施。

此外，根据不同市（县）域地区差异化特点，可因地制宜分析研究和制定针对性的国土空间开发保护战略。例如，针对历史文化资源富集地区，可重点突出历史文化资源保护与传承创新内容方面的专项战略研究；针对滨海地区可开展陆海统筹专项战略研究；针对能源矿产资源富集地区可开展能源矿产保护与开发利用专项战略研究；针对边境地区可开展沿边开发开放和稳边戍边专项战略研究。

三、规划目标与指标体系

（一）规划目标

围绕“两个一百年”奋斗目标和上位规划部署，结合本地发展阶段和特点，并针对存在问题、风险挑战和未来趋势，确定城市性质和国土空间发展目标，提出国土空间开发保护战略（自然资源部，2021）。新时代新要求下的国土空间开发保护目标和战略导向，应当落实高质量发展、生态文明建设思想和以人民为中心三大使命，实现国土空间更高质量、更有效率、更加公平、更可持续和更为安全。全面提升国土空间治理体系和治理能力现代化水平，基本形成生产空间集约高效、生活空间宜居适度、生态空间山清水秀，安全和谐、富有竞争力和可持续发展的国土空间格局。

市县国土空间总体规划应加强与市县国民经济和社会发展规划衔接协同，共同确定城市发展战略定位。并结合城市战略定位，分析对国土空间开发保护的战略要求，在此基础上结合市县国土空间开发保护重点问题和趋势方向，统筹确定国土空间开发保护核心目标。市县国土空间总体规划目标聚焦的是国土空间开发保护目标，需要与市县国民经济和社会发展规划确定的综合发展目标有效衔接协同，确保市县“两规”目标指标总体一致、各有侧重。同时，市县国土空间总体规划应构建“特征问题—空间目标—空间战略—空间布局—空间机制”的全链条贯通逻辑，强化规划目标的战略导向和牵引作用

（见图 6-2）。

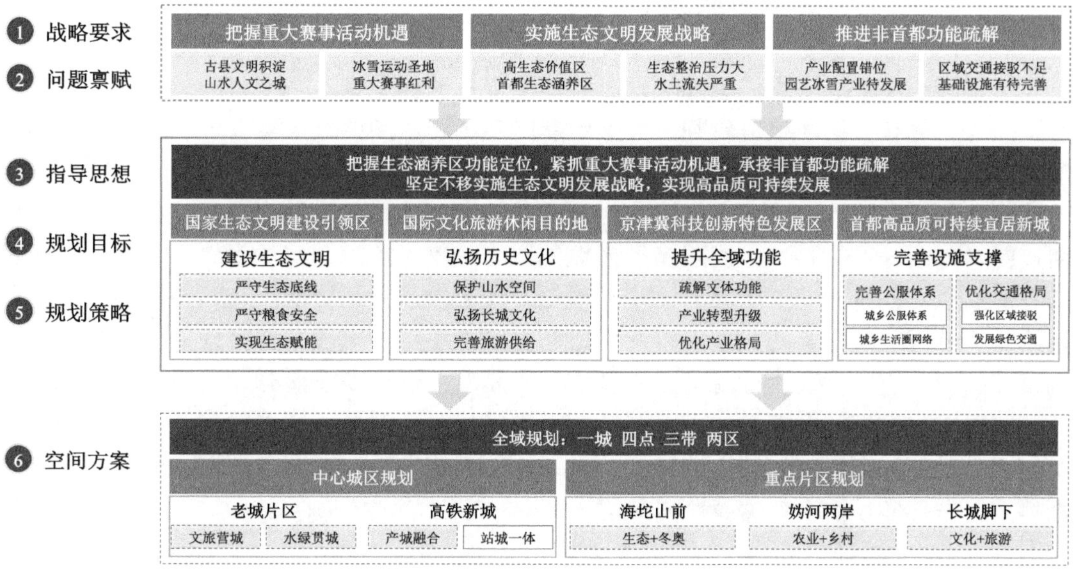

图 6-2　北京市延庆区国土空间总体规划课程设计研究内容与技术思路示意图

（二）规划指标体系

在国土空间总体规划目标指引下，落实上位规划的约束性指标要求，结合经济社会发展要求，确定国土空间开发保护的量化指标，统筹发挥空间数量、布局、质量和时序等方面的综合效益和综合价值。根据《市级国土空间总体规划编制指南（试行）》，国土空间规划指标体系包括空间底线、空间结构与效率、空间品质三类，区分约束性、预期性和建议性三类属性，并区分市域、中心城区指标层次。

其中，约束性和预期性指标是各市县规划必选指标，同时各市县可结合自身特征和需要，针对规划特定地区、特定目标、特定战略的设置与安排要求，因地制宜灵活选取建议性指标，或增补特色性指标，增强规划的针对性和实用性。例如，针对超大特大城市可增设“大城市病”治理、城市更新、创新空间提升、与周边区域跨界协同等方面的相关指标；针对县级城市可增设城乡融合发展、农村土地提质增效等方面的相关指标。

市县空间总体规划指标体系应与市县发展规划指标体系加强衔接协同，需要重点衔接协同内容包括：近远期国土空间开发保护总体目标；聚焦资源环境底线和利用效率、公共安全保障、公共服务设施保障等重大指标；城市发展综合目标定位对特定空间性指标的传导要求。发展规划确定的城市发展定位、国土空间开发保护总体目标和重大空间性指标，要在国土空间规划中予以衔接落实；国土空间规划近中期规划指标，特别是约束性指标，要与同期发展规划保持一致；发展规划确定的远景目标要在国土空间规划中予以衔接落实。国土空间规划应在此基础上，对发展规划目标指标细化传导，明确空间开发保护细化目标与具体核心指标体系，具体包括空间底线、空间结构与效率、空间安全等方面指标。

四、矛盾冲突协调重点及其空间要求

在空间方案集成与总体统筹阶段，要注重坚持整体思维，基于基础评价评估、重大专题研究、现状分析和趋势研判，对国土空间各类矛盾冲突重点进行统筹协调和系统化部署，明确空间规划调控要求，支撑国土空间格局和资源配置优化，确保国土空间发展的整体效能最大化。矛盾冲突协调工作具体包括发展路径、空间格局、行动部署和多规衔接四个方面（见图 6-3）。发展路径协调的重点是推进国土空间从粗放式、外延扩张式的发展路径，向内涵式、集约高效和品质提升式的发展路径转变；空间格局协调的重点是统筹“三区三线”之间关系，以及城市与区域的关系，形成布局合理、优势互补、协调发展的国土空间格局；行动部署协调的重点是统筹近远期发展时序、整体与局部的关系，实现国土空间开发保护的精准施策和有序实施；多规衔接协调的重点是统筹协调各层级、各类型规划之间的矛盾冲突和衔接关系，建立上下左右高效衔接和顺畅运行的规划体系，发挥多规治理合力及整体效能。

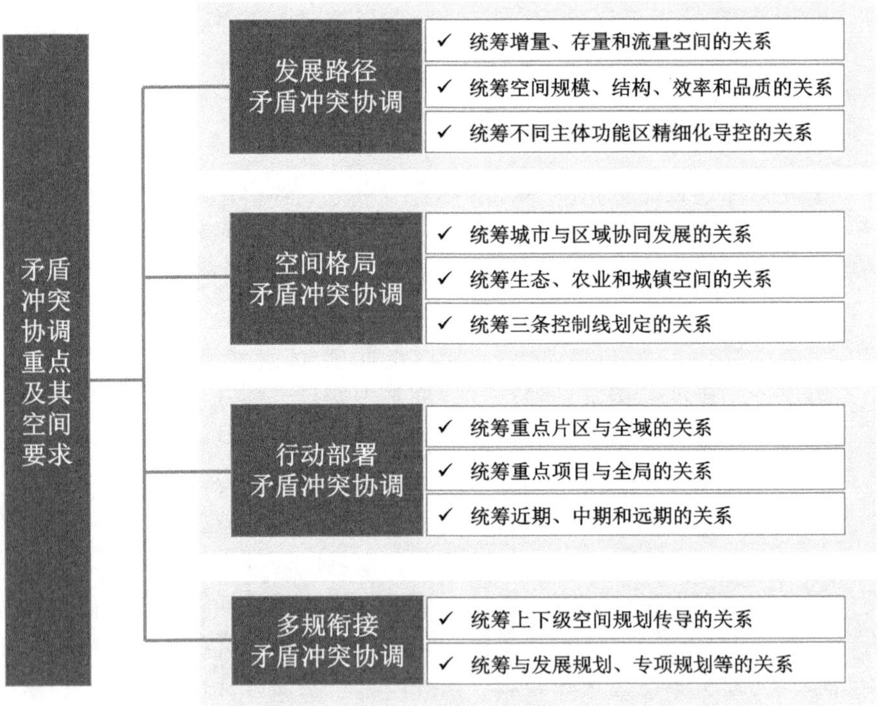

图 6-3　空间方案集成与总体统筹过程中的矛盾冲突协调重点示意图

（一）发展路径协调

一是统筹增量、存量和流量空间的关系。基于基础评估和现状分析工作，分析研判建设用地增量发展、存量挖潜和流量运转的特征和矛盾问题，基于集约高效和供需匹配原则，提出科学控制增量、积极挖掘存量、高效畅通流量的土地资源配置方案，提升土地资源配置效率。

二是统筹空间规模、结构、效率和品质的关系。不仅要分析研判国土空间用地规模扩张和结构变化的态势和特征，还要同步研判空间利用和运行效率、空间品质提升方面存在的短板问题，扭转“重规模、轻效益、轻品质”的发展模式，实现量的优化与质的提升并重。

三是统筹不同主体功能区精细化导控的关系。分类识别研判城市化地区、农产品主产区和重点生态功能区的差异化问题和矛盾，妥善处理主体功能与其他功能之间的协调与平衡关系，制定基于不同主体功能区的资源配置、用途管制和政策配套对策，推动形成主体功能鲜明、区域优势互补的国土空间格局。在明确三类主体功能类型基础上，可因地制宜探索构建“单一功能主导地区+复合型功能地区”细化类型，实现二级主体功能的精准定位和导控。建立三大主体功能基础分区（农产品主产区、重点生态功能区和城市化发展区）向五类国土空间总体规划分区（生态保护区、生态控制区、农田保护区、城镇发展区、乡村发展区）、约束性指标和用途管制的传导落实机制，细化传导标准和规则。建立主体功能区与三条控制线的双向衔接协调机制，确保三条控制线划定符合主体功能定位要求，主体功能定位通过三条控制线管控实现结构性锚固落地。统筹研究划定历史文化保护区、重点生态修复区、矿产保护利用区、战略留白区等复合管控特色分区，建立复合管控机制。将主体功能区作为各类用地规模指标分配的重要因素，支撑市县域国土空间资源优化配置（见图6-4）。

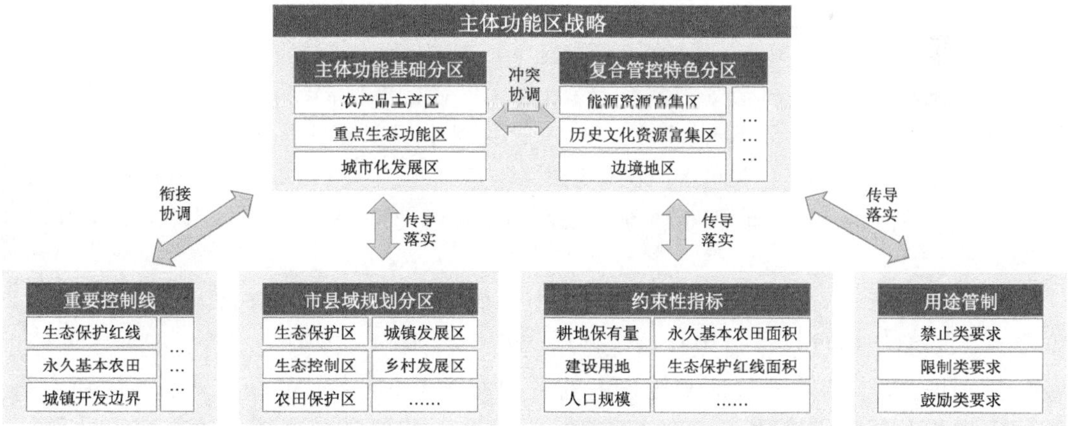

图6-4　统筹不同主体功能区精细化导控内容示意图

（二）空间格局协调

一是统筹城市与区域协同发展的关系。基于区域协同关系分析诊断，识别城市与周边区域在功能空间一体布局、道路交通互联互通、生态环境共保共管、公共设施共建共享等方面存在的矛盾冲突，对接区域整体协同发展趋势和战略要求，提出城市与区域一体化协同发展的空间对策。

二是统筹生态、农业和城镇空间的关系。基于“双评价”中针对国土空间多宜性问题的分级评价结论，按照不同优先级次序设定和安排，统筹划定生态、农业和城镇空间。基于“双评价”中针对国土空间不适宜区现状问题的诊断分析，提出各类空间内部不适应用地功能调整的对策思路，妥善处理各类空间内部的用地冲突矛盾。针对地方资源特点和安全风险隐患，可因地制宜统筹划定自然和文化遗产空间、安全风险空间，妥善协调与生态、农业和城镇空间之间的叠合衔接关系，制定针对性的布局优化调控或复合管控措施。

三是统筹三条控制线划定的关系。坚持底线思维和系统思维，在国土空间规划中统筹划定永久基本农田、生态保护红线、城镇开发边界三条控制线，严格落实上级分解下达的耕地、永久基本农田等国土空间规划约束性指标。落实三条控制线划定的优先序，“按照耕地和永久基本农田、生态保护红线、城镇开发边界的顺序，在国土空间规划中统筹划定落实三条控制线，做到现状耕地应保尽保、应划尽划，确保三条控制线不交叉不重叠不冲突”。具体要求详见《全国“三区三线”划定规则》。此外，根据不同地区综合条件，统筹划定历史文化保护线（面向遗产保护）、洪涝风险控制线（面向水安全）、公益林/基本草原/重要湿地控制线（面向生态资源安全）、重要矿产资源开发控制线（面向矿产资源安全）等；部分滨海地区市县应面向蓝色国土统筹划定重要海洋控制线（自然岸线、围填海控制线、海洋生物资源保护线等）；中心城区层面面向高品质生活统筹划定城市绿线、蓝线、紫线、黄线等城市控制线，作为国土空间规划刚性管控的内容。规划编制过程中要分析研判和统筹各类控制线之间的衔接协调关系，避免矛盾冲突，结合实际情况探索针对性差异化的统筹协调方案。

（三）行动部署协调

一是统筹重点片区与全域的关系。综合考虑区域发展格局演化趋势、城市发展定位、国土空间开发保护目标和战略等因素，精准识别对全域发展具有战略性、引领性和示范性的重点片区，作为国土空间格局优化的突破点和关键抓手。综合研判重点片区现状发展的核心矛盾问题、存在的困难瓶颈，以及与全域的协同关系，在此基础上提出针对性改进思路。

二是统筹重点项目与全局的关系。国土空间规划是统筹各部门各类项目建设的公共平台，全面梳理盘点重点项目情况，统筹交通、水利、能源、产业、城乡建设等重点项目用地需求，协调项目落地过程中的各类冲突矛盾，确保重点项目纳入规划方案，并符合规划全局性战略要求。应优先核定落实上级政府批准或同意的重点建设项目，包括以下方面：①具有立项批复的项目，即省级及以上发展和改革委立项批复，或其他省级及以上有项目审批职能的部门立项批复的项目；②列入专项规划的项目，即经批准的省级及以上专项规划，或经省政府同意省直部门印发的专项规划；③省委、省政府、国家部委出具文件同意建设的项目；④列入省级及以上重点建设项目清单的。在此基础上，统筹市县本级认定或计划推进的重点项目需求，与三条控制线、上级下达建设用地指标、规划用途管制要求进行校核，按照重要度和优先级次序进行权衡取舍和协调落实。

三是统筹近期、中期和远期的关系。综合考虑中长期发展战略目标与近期现实条件的关系，结合政府近期施政重点，坚持重点突破、量力而行、步步为营的思路，统筹谋划近期、中期、远期国土空间格局和开发保护重点任务，为近期行动计划制定、路线图和时间表安排提供基础支撑。考虑未来发展不确定性，统筹布局战略留白用地，明确留白用地管理规则，增强规划实施过程中的弹性和适应性。

（四）多规衔接协调

一是统筹上下级空间规划传导的关系。深入分析研判上位国土空间规划要求对本级规划的影响，识别需要贯彻落实的重点内容，以及可能存在的矛盾冲突。基于实事求是的原则，积极向上位规划反馈地方实际问题、诉求和建议，确保本级规划思路与上位规划方案保持协同。另外，广泛深入调查了解下级规划情况和意见，合理整合地方诉求，协调各方面矛盾冲突，基于整体综合价值观平衡各方利益，优化本级规划方案，同时对下位规划提出针对性的实施传导要求，发挥对下位规划的指导和约束作用。

二是统筹与发展规划、专项规划等的关系。将国民经济和社会发展五年规划期间涉及空间需求的各类规划纳入国土空间规划“一张图”，协调空间矛盾冲突，实现“多规协同”。加强与国民经济和社会发展五年规划、各类专项规划在空间发展战略和空间总体格局方面的协调衔接。对各类重要基础设施进行廊道预控，待专项规划细化定线后反馈纳入国土空间总体规划“一张图”系统，建立健全动态更新与反馈衔接的流程规则。分析研判多规之间在目标指标、空间格局、设施布局、资源配置、专项行动、重大项目、发展时序等方面存在的矛盾冲突，搭建多规协调工作平台，完善多规衔接协同工作机制，基于国土空间整体系统思维和长远价值观，确保在统一的空间资源配置平台协调各方诉求、平衡各方矛盾，真正实现“一盘棋”和“一张图”（见图6-5）。

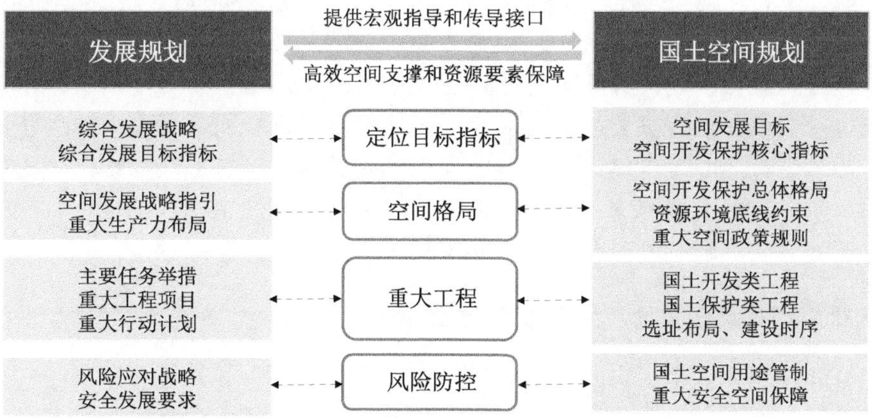

图6-5　市县国土空间规划与发展规划衔接重点内容示意图

五、空间格局优化与分区用途管控

（一）国土空间格局优化

1. 国土空间格局优化的内涵认知

国土空间格局是一个国家或区域总体发展战略、目标任务和国土空间开发保护方式在空间上的体现（郝庆等，2024）。优化国土空间格局对开启全面建设社会主义现代化国家新征程、把我国建成富强民主文明和谐美丽的社会主义现代化强国，具有十分重大的战略性、基础性意义（薛领和杨开忠，2023）。基于高质量发展的战略需求和国土空间的现实基础，构建安全、高效、协调、绿色、可持续的国土空间格局，以增强国土空间的综合竞争力和可持续发展能力，为推进中国式现代化提供空间载体和物质保障。

国土空间格局优化是市县国土空间总体规划贯彻落实深入推进生态文明建设、促进高质量发展和高品质生活等方面多重使命的战略性、统领性内容。通过市县空间格局优化，构建国土空间发展整体战略性布局框架、统一空间保护开发总体蓝图，为制定全市国土用途管制总体规则、明确资源要素配置和国土空间修复治理重点、建立国土空间治理分区分类政策体系提供战略方向性指导。

2. 空间格局优化的立足点

牢牢把握工作立足点。紧紧围绕国家和省级多重使命要求，坚持人与自然和谐共生、保护与发展统筹兼顾的基本理念，从规模扩张向结构优化、质量变革转变，优化生态、生活、生产国土空间格局和资源要素配置，以自然地理格局为基础，形成开放式、网络化、集约型、生态化的国土空间总体格局，保障国土安全，提高国土空间效率，完善国土功能品质，全面提升城市宜居性、竞争力和可持续发展水平。

坚持综合统筹协调观。加强国省上位宏观政策使命落实—市级多规协同衔接—下位规划实施传导的纵向统筹协调。立足复合系统协调观，系统研究调节人口经济用地等人工系统与资源生态环境等自然系统之间的和谐匹配关系，坚持底线思维，优先明确生态农业和安全防灾等保护性空间，统筹协调城乡产业等发展性空间，因地制宜塑造地方宜居和特色人文空间，形成人与自然和谐共生的国土空间总体格局。

3. 国土空间格局优化的流程与主要内容

国土空间规划中优化国土空间格局的技术流程如下。首先是进行发展条件分析，并明确区域功能定位，包括分析发展环境、开展基础评价、响应功能传导；其次是统筹划定功能空间与管控边界，包括科学有序统筹布局农业空间、生态空间、城镇空间（即“三区”）等功能空间，划定永久基本农田、生态保护红线、城镇开发边界（即“三线”）等空间管控边界和保护线；最后是融合构建国土空间总体格局。在实践中会根据情况变化，不断对已有的国土空间格局进行调整完善（见图 6-6）。

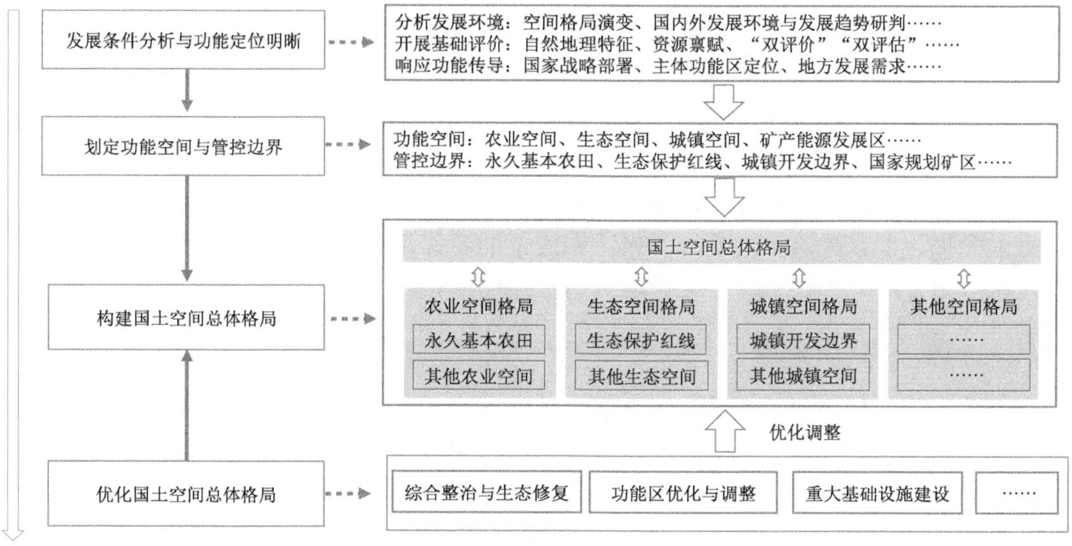

图 6-6　市县国土空间格局优化的技术流程示意图（郝庆等，2024）

（1）发展条件分析与功能定位明晰。首先是分析发展环境。既要回顾历史，梳理区域自然地理格局和空间格局的演变脉络和规律特征，更要面向未来，分析影响区域发展和国土空间格局演变的国内外宏观环境，识别面临的发展机遇和挑战。其次是开展基础评价。包括分析区域的区位条件、自然地理特征、人口变化、经济社会发展等，特别是需要开展国土空间开发保护现状评估、现行空间类规划实施情况评估和灾害风险评估，以及资源环境承载能力评价、国土空间开发适宜性评价等基础评价评估工作。通过评价识别影响人地关系和国土空间高质量发展的突出短板与制约因素，判断空间开发保护的适宜方式和强度。最后是响应功能传导。一方面，需要自上而下落实国家的区域协调发展战略、区域重大战略、主体功能区战略、新型城镇化战略等重大战略和中长期发展规划；另一方面，也需要自下而上地考虑区域经济社会发展、乡村振兴等各方面的现实需求。

（2）划定功能空间与管控边界。功能空间和管控边界是构建国土空间格局的重要内容。各类功能性空间是落实国家重大战略的空间载体；管控边界是保障空间功能有效发挥的刚性约束。需要自上而下与自下而上相结合，综合平衡功能定位的发展需求与国土空间现状的可能供给，遵循科学规律和相关政策法规与技术规程，统筹布局农业、生态、城镇等功能性空间，划定永久基本农田、生态保护红线、城镇开发边界等管控边界。在国土空间规划中，空间格局优化除了“三区三线”外，还需关注国土空间格局的其他重要组成部分。例如，矿产能源发展区、文化空间、洪涝灾害风险区等功能空间，以及国家规划矿区、文物保护线、洪涝风险控制线等管控边界。但一般情况下，为了避免国土空间总体格局上呈现的要素过多，往往将其他空间格局单独呈现，并作为编制相关领域专项规划的指引。

（3）构建和优化国土空间总体格局。在划定功能空间与管控边界的基础上，构建农业、生态、城镇等各类空间格局，并依据一定的空间优先次序加以综合平衡，形成国土空间总体格局（见附彩图 8）。为避免产生空间冲突，根据我国国情，总体上应把保护农业生产空间放在首要位置，其次是生态保护空间，最后是城市开发空间。但在具体的区域需要根据其主体功能定位进行确定。例如，在重要的国家生态功能区，需要坚持生态优先，优先划定生态空间，尽可能减少各类人为活动对自然生态系统的干扰，维护国家生态安全。在此基础上应进一步指出国土空间开发保护总体格局中各功能要素的政策内涵和发展指引。此外，还应当认识到国土空间格局是动态演化的，需要根据国内外发展环境的变化、国家战略的调整、区域功能定位的变化、重大基础设施建设、国土综合整治与生态修复重大工程实施等进行动态的优化调整。

（二）三条控制线统筹协调

在国土空间规划中，永久基本农田、生态保护红线、城镇开发边界三条控制线，是落实最严格的生态环境保护制度、耕地保护制度和节约用地制度的重要抓手，是调整经济结构、规划产业发展、推进城镇化不可逾越的红线。结合市县国土空间总体规划编制，完成三条控制线划定和落地，协调解决矛盾冲突，纳入全国统一、多规合一的国土空间基础信息平台，形成一张底图，实现部门信息共享，实行严格管控。通过加强国土空间规划实施管理，严守三条控制线，引导形成科学适度有序的国土空间布局体系。

三条控制线统筹协调的基本思路如下。

（1）统一数据基础。以客观的土地、海域及海岛调查数据为基础，形成统一的工作底数底图。已形成第三次国土调查成果并经认定的，可直接作为工作底数底图。相关调查数据存在冲突的，以过去 5 年真实情况为基础，根据功能合理性进行统一核定。

（2）自上而下、上下结合实现三条控制线落地。国家明确三条控制线划定和管控原则及相关技术方法；省（自治区、直辖市）确定本行政区域内三条控制线总体格局和重点区域，提出下一级划定任务；市、县组织统一划定三条控制线和乡村建设等各类空间实体边界。跨区域划定冲突由上一级政府有关部门协调解决。

（3）协调边界矛盾。三条控制线出现矛盾时，生态保护红线要保证生态功能的系统性和完整性，确保生态功能不降低、面积不减少、性质不改变；永久基本农田要保证适度合理的规模和稳定性，确保数量不减少、质量不降低；城镇开发边界要避让重要生态功能，不占或少占永久基本农田。已划入自然保护地核心保护区的永久基本农田、镇村、矿业权逐步有序退出；已划入自然保护地一般控制区的，根据对生态功能造成的影响确定是否退出，其中，造成明显影响的逐步有序退出，不造成明显影响的可采取依法依规相应调整一般控制区范围等措施妥善处理。协调过程中退出的永久基本农田在县级行政区域内同步补划，确实无法补划的在市级行政区域内补划。

（三）国土空间规划分区与用途管制

国土空间规划分区是基于国土空间开发保护的不同主导功能划定的闭合空间单元，是对市县国土空间战略意图的空间落位，也是国土空间规划管控支撑体系的重要组成部分，既衔接细化国土空间开发保护格局，又承接传导永久基本农田、生态保护红线、城镇开发边界等三条控制线。

编制市县国土空间总体规划时，划定国土空间规划分区，可为纵向落实主体功能区战略和三条控制线、横向协调各类城乡建设和开发保护活动提供空间基础；分类制定国土空间用途管制规则，明确规划准入、转用空间管控要求，为落实最严格的耕地保护制度、最严格的节约用地制度和最严格的生态保护制度提供规划基础和依据。

1. 规划分区的内容和划定要求

划定内容。结合现状用途和主导功能划定规划分区，一般分为一级规划分区和二级规划分区。一级规划分区包括生态保护区、生态控制区、农田保护区、城镇发展区、乡村发展区、海洋发展区、矿产能源发展区等 7 类。生态保护区、生态控制区、城镇发展区、乡村发展区、海洋发展区分别细分为二级规划分区。一般市级总规全域划分为一级规划分区，中心城区划分为二级规划分区；县级总规全域划分为二级规划分区。涉及港口、机场、铁路客货运站等大型区域基础设施的市县，单独选址的殡葬、垃圾焚烧厂等大型邻避设施，以及军事、宗教等特殊设施，可另行划分其他建设用地区，作为一级规划分区；确有需要，可进一步细分为二级规划分区，如区域交通基础设施集中区、公用服务设施集中区、特殊用地集中区等（见表 6-1 和附彩图 8）。

表 6-1　市县国土空间规划分区建议表

<table>
<tr><th>一级规划分区</th><th colspan="2">二级规划分区</th></tr>
<tr><td rowspan="2">生态保护区</td><td colspan="2">核心保护区</td></tr>
<tr><td colspan="2">一般控制区</td></tr>
<tr><td rowspan="4">生态控制区</td><td colspan="2">水生态控制区</td></tr>
<tr><td colspan="2">湿地生态控制区</td></tr>
<tr><td colspan="2">林地生态控制区</td></tr>
<tr><td colspan="2">其他生态控制区</td></tr>
<tr><td>农田保护区</td><td colspan="2"></td></tr>
<tr><td rowspan="10">城镇发展区</td><td rowspan="8">城镇集中建设区</td><td>居住生活区</td></tr>
<tr><td>综合服务区</td></tr>
<tr><td>商业商务区</td></tr>
<tr><td>工业发展区</td></tr>
<tr><td>物流仓储区</td></tr>
<tr><td>绿地休闲区</td></tr>
<tr><td>交通枢纽区</td></tr>
<tr><td>战略预留区</td></tr>
<tr><td colspan="2">城镇弹性发展区</td></tr>
<tr><td colspan="2">特别用途区</td></tr>
<tr><td rowspan="4">乡村发展区</td><td colspan="2">村庄建设区</td></tr>
<tr><td colspan="2">一般农业区</td></tr>
<tr><td colspan="2">林业发展区</td></tr>
<tr><td colspan="2">牧业发展区</td></tr>
</table>

续表

一级规划分区	二级规划分区
海洋发展区	渔业用海区
	交通运输用海区
	工矿通信用海区
	游憩用海区
	特殊用海区
	海洋预留区
矿产能源发展区	—

注：本表以《市级国土空间总体规划编制指南（试行）》附表为基础进行调整

划定要求。规划分区的划定需要落实上位国土空间规划的要求，充分考虑生态环境保护、经济布局、人口分布、国土利用等因素，坚持陆海统筹、城乡统筹、地上地下空间统筹的原则，以国土空间保护保留、开发利用两大功能属性作为规划分区的基本导向。分区划定要遵循以下基本原则：①以主体功能定位为基础，体现规划意图，配套管控要求；②坚持相似性原则，规划管制意图相同的关键资源要素，划入同一分区；③坚持空间唯一性，当出现多重使用功能时，应突出主导功能，在确保不损害生态环境、适于保护资源的前提下选择更有利于实现规划意图的规划分区类型；④坚持多宜性原则，可在上述规划分区基础上，叠加历史文化保护、灾害风险防控等管控区域，形成复合控制区；⑤坚持全域覆盖原则，各规划分区覆盖全域范围，各分区保持相互独立且空间上连续。

2. 规划分区的划定思路

规划分区方案应基于“双评价”和三条控制线划定工作，统筹考虑各类分区优先级进行综合调校，同时与国土空间用地结构调整方案相协调，满足规划目标和控制指标的相关要求，原则上各区不交叉重叠，要实现全域覆盖，相关的线性基础设施并入相邻的分区。分区划定应遵循最小上图面积的要求，不满足单独分区要求的划入相邻分区（见图 6-7）。规划分区划定顺序和原则如下。

一是农田保护区，是集中连片的优质稳定耕地，应与永久基本农田对应。原则上坡度 25 度以上的、有土壤污染且经评估无法恢复的、拟纳入国家生态退耕还林还草的、自然保护地核心区、饮用水水源一级保护区、近期实施省级以上重大基础设施拟占用的、全国矿产资源规划确定的战略性矿产资源开发确实难以避让且已依法设置采矿权范围内的耕地，不得划入该区。

二是生态保护区，应与生态保护红线对应。结合自然保护地划定成果，将自然保护地划分核心保护区和一般控制区，自然保护地之外的其他生态保护区全部划为一般控制区。

三是生态控制区，先划二级分区再合并为一级分区。可结合河湖蓝线[①]划定成果，将

① 河湖蓝线是指水域保护区，即各级河道、渠道、湖泊用地规划控制线。

生态保护区外、河湖蓝线管控范围内的其他水域，划为水生态控制区；将生态保护区外的湿地，划为湿地生态控制区；将未划入生态保护区的一般公益林等重要生态用地，划为林地生态控制区；在“双评价”中评价为其他生态敏感脆弱区、其他重要生态功能保护区而未划入生态保护区或水生态控制区、湿地生态控制区、林地生态控制区的，应划入生态控制区，作为其他生态控制区。水生态控制区、湿地生态控制区、林地生态控制区、其他生态控制区合并，作为生态控制区。

四是城镇发展区，应与城镇开发边界对应，并划分二级规划分区。原则上地质灾害极高风险区和高风险区、蓄滞洪区、地震断裂带、洪涝风险高易发区、采煤塌陷区、重要矿产资源压覆矿区及油井密集区等城镇建设不适宜区，不得划入该区。规划安排拟腾退减量的区域，不应划入该区。

五是矿产能源发展区。结合矿产资源开发利用规划、矿山地质灾害治理相关工作要求，以保留的采矿用地为主，适当考虑特殊城市批准的战略性矿产储量和能源开采要求划定。

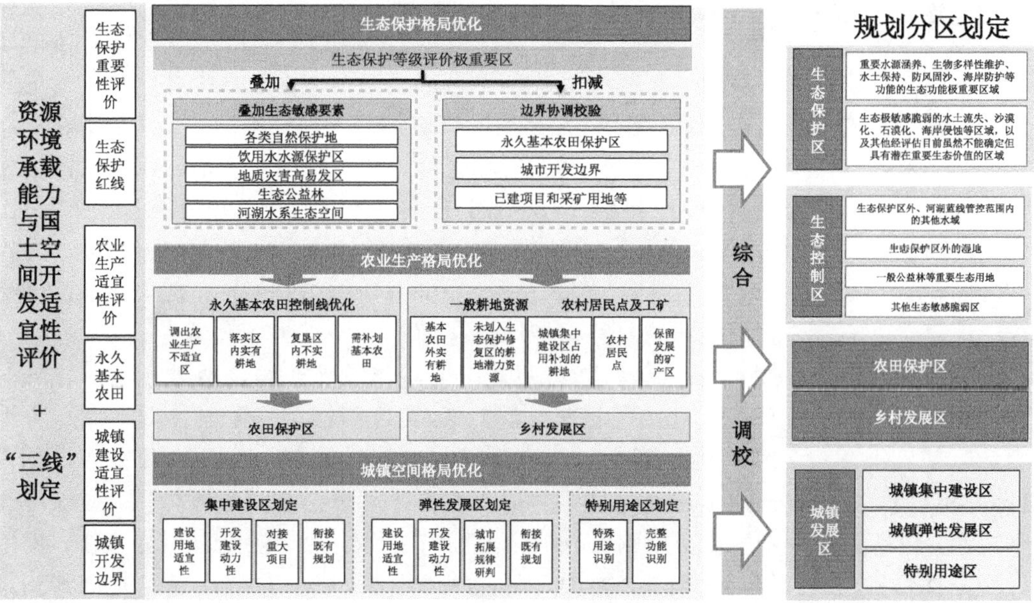

图 6-7　某市国土空间总体规划分区划定技术路线示意图

六是乡村发展区，不涉海的市县，原则上剩余区域全部划入乡村发展区。二级分区划分时按以下优先顺序：①划定一般农业区。即除必要的建设占用、适度的生态占用和设施农业建设占用外，现状保留的一般耕地以及规划新增的耕地补充区域划入该区，其中包括划定的永久基本农田储备区。②划定村庄建设区。除已确定的搬迁撤并类村庄、城郊融合类村庄，以及规划期内拟实施的各类整治专项工作涉及的村庄外，现状保留的村庄以及确定选址的规划新增村庄建设用地划入该区。③划定林业发展区。除必要的非农建设占用、农业建设占用外，现状保留的林地以及规划期内拟实施国土绿化等新增林地的区域划入该区。④划定牧业发展区。以基本草原为基础划定。

此外，涉海的市县需要统筹划定海洋发展区。参考海洋功能区划，将允许集中开展海洋资源开发利用的海域，以及允许适度开展开发利用活动的无居民海岛，划为海洋发展区。可细分为二级分区，如渔业用海区、交通运输用海区、工矿通信用海区、游憩用海区、特殊用海区、海洋预留区等。

按照空间尺度不同，规划图件可分为市县域国土空间规划分区图和中心城区国土空间规划分区图。市县域国土空间规划分区图主要表达一级分区，其中市区、县城和重点乡镇的城镇发展区应细化至二级分区（城镇集中建设区、城镇弹性发展区和特别用途区），乡村发展区和海洋发展区可酌情采取二级分区表达，其他区域采用一级分区表达。中心城区国土空间规划分区图应明显表达城镇集中建设区、城镇弹性发展区和特别用途区，其中城镇集中建设区再细分为居住生活区、综合服务区、商业商务区、工业发展区、物流仓储区、绿地休闲区、交通枢纽区、战略预留区等。图例优先表达城镇集中建设区、城镇弹性发展区和特别用途区；在此框架基础上再细化表达二级规划分区。弹性发展区范围内可显示现状地类，可用斜线表达区域范围。

3. 国土空间用途管制规则制定

国土空间用途管制的提出。2013 年，党的十八届三中全会通过《中共中央关于全面深化改革若干重大问题的决定》，强调“建立空间规划体系，划定生产、生活、生态空间开发管制界限，落实用途管制。”“完善自然资源监管体制，统一行使所有国土空间用途管制职责”。2015 年，中共中央 国务院印发《生态文明体制改革总体方案》，明确提出要构建以国土空间规划为基础、以用途管制为主要手段的国土空间开发保护制度。2017 年，党的十九大报告进一步明确提出，“构建国土空间开发保护制度，完善主体功能区配套政策，建立以国家公园为主体的自然保护地体系。”

国土空间用途管制核心可归纳为陆海两类国土，建设与非建设两种活动，规划编制、规划许可、监督管理三大环节（林坚，2021）。国土空间用途管制需要在原有土地用途管制基础上，对各类自然资源进行全面保护和全流程管理，对各类开发建设行为实行约束管控。编制市县国土空间总体规划时，主要针对国土空间规划分区，提出用途管制规则，包括管控规则、转用规则。市级总规提出的用途管制规则以引导为主，提出引导规则和管控措施，用词一般为“加强”“鼓励”“限制”等，市级用途管制规则制定思路如下。

管制规则制定。落实三个最严格的制度，即最严格的生态保护制度、最严格的耕地保护制度、最严格的节约用地制度。从允许做什么、鼓励做什么、限制做什么、禁止做什么的角度，提出具体管控要求。农田保护区按照永久基本农田管理的相关要求管控；生态保护区、生态控制区一般采取“名录管理+约束指标+分区准入”的方式管控；乡村发展区中村庄建设区按照“详细规划+规划许可”和“约束指标+分区准入”的方式管控；城镇发展区采用“详细规划+规划许可”的方式管控，矿产能源发展区按照矿产资源管理结合专项规划要求管控。

【专栏】市县国土空间总体规划分区管控指引（示例）

生态保护区：该区应当严格落实自然保护地、水源保护地、生态保护红线的管控要求，实行最严格的准入制度，除国防、军事项目外，核心保护区严禁任何不符合主体功能定位的开发建设活动，任何单位和个人不得擅自占用或改变原土地用途。一般控制区禁止开发性、生产性建设活动，在符合法律法规的前提下，允许10种对生态功能不造成破坏的有限人为活动。核心保护区内的永久基本农田，调整为一般耕地并逐步引导转为生态用地，人工商品林逐步引导转为公益林。一般控制区内的永久基本农田，除“开天窗”外，与保护对象共生的，调整为一般耕地；矿业权应当逐步引导退出，人工商品林除“开天窗”外，逐步引导转为公益林。

生态控制区：采取“名录管理+约束指标+分区准入”的管控方式，积极开展必要的生态修复。在不降低生态功能、不破坏生态系统的前提下，依据国土空间规划和相关法定程序、管制规则，允许适度开发利用。原则上限制各类新增加的开发建设行为以及种植、养殖活动，不得擅自改变地形地貌及其他自然生态环境原有状态；区内经环境影响评价，在不破坏生态环境的前提下，可适度开展观光、旅游、科研、教育等活动。

农田保护区：该区以保障粮食供给和粮食安全为主导功能，区内严格控制非农建设占用永久基本农田，巩固已完成的高标准农田建设成果，鼓励开展新的国土综合整治项目，完善永久基本农田配套设施，提高永久基本农田质量。重大项目经批准占用永久基本农田或结合全域土地综合整治进行永久基本农田调整的，原则上分区不做调整。

城镇发展区：该区采用“详细规划+规划许可”的管理方式。城镇集中建设区引导城镇集中开发、产业集中集聚发展，加强存量建设用地挖潜，尤其是城镇低效用地的再开发。弹性发展区在不违反规划强制性内容和不突破规划城镇建设用地规模的前提下，可调整为城镇集中建设区，调整后的管控要求等同城镇集中建设区。特别用途区原则上禁止任何城镇集中建设行为，实施建设用地总量控制，原则上不得新增除市政基础设施、交通基础设施、生态修复工程、必要的配套及游憩设施外的其他城镇建设用地。

乡村发展区：该区按照“详细规划+规划许可”和“约束指标+分区准入”的方式，根据土地用途类型分类管理。在依法合规和不破坏生态环境的前提下，发展乡村特色产业、配套公共服务设施和基础设施、加强村庄环境整治、开展全域国土综合整治等。禁止集中连片城镇开发、安排产业园区。区域性基础设施建设必须做好可行性和必要性研究，并落实相应的补偿安置工作。

转用规则制定。结合国土空间用地结构调整的方向，按照正向优化、全要素占补平衡、确定优先顺序的思路，制定转用规则。一级分区之间允许向更严格保护、更有利于生态功能提升的方向转换，限制高保护级别地类向低保护级别的地类转换，禁止不符合生态环境保护要求或有损生态功能的地类相互转换，禁止对严格保护区域未经许可、不符合条件的地类转用。二级分区内部允许向空间分布更集中集聚、更有利于资源节约集约利用和价值提升的方向转换，鼓励向更有利于管理、适应新发展要求的方向转换。

县级总规在市级管制规则基础上进一步细化，提出引导规则和管控规则，明确应遵循的细化要求和相关标准，一般使用“应当”“不得”等用词。

六、资源配置优化与用地结构调整

（一）资源配置优化策略

随着原主体功能区规划、土地利用规划和城市总体规划融合为新的国土空间规划，发展规划管“目标”、土地规划管“指标”、空间规划管“坐标”的局面将面临重大变革，“目标—指标—坐标”将综合集成为国土空间开发保护规划“一张图”。新格局下土地资源配置需要更加精细化、精准化，确保为高质量发展提供高效率空间要素支撑保障。

市县域资源配置优化的基本策略包括如下方面：

强化约束性与平衡性。新时期国土资源配置要坚持生态优先、保护优先，强化底线约束，综合考虑粮食安全、生态安全、水资源约束三重约束条件，优先满足落实国家意志的用地需求。在资源环境紧约束的前提下，以多目标均衡的可持续发展为导向，统筹生产用地、生活用地、生态用地。结合该市县的主体功能定位和上位国土空间规划确定的耕地保护任务，合理配置农用地资源。按照存量发展、精明增长的要求，顺应现状趋势，尊重人口流动、经济发展规律，强化中心城市引领和人口就近城镇化，合理论证城镇人口规模增长潜力，配置建设用地资源。

加强科学性与系统性。耕地、林地、草地、水资源等资源配置要以保障生态系统健康、不降低生态系统质量为前提，科学进行结构调整。合理安排水资源利用结构，耕地补充应以不破坏生态环境、不过度消耗水资源为前提；严禁违规占用耕地绿化造林、严禁超标准占用耕地建设绿色通道、严禁占用永久基本农田扩大自然保护地、严禁违规占用耕地从事非农建设等。对在生态敏感脆弱区域、重要生态功能区域增加的耕地，结合坡度、生态保护红线划定、饮用水水源地划定、河湖蓝线划定等成果，合理安排耕地调出。

注重高效性与公平性。坚持城乡统筹发展，合理调控、高效精准配置土地资源。一是科学控制总量。综合考虑人口增长、经济社会发展、资源环境承载能力，合理控制城乡建设用地规模理性增长。二是精准投放增量。坚持土地要素跟着项目走、项目跟着规划走，保障有效投资。新增建设用地优先向城市群、都市圈内的中心城市投放，保障区域基础设施、重要交通水利用地需求；优先向市、县域内的中心城区投放，优先向交通区位条件好、发展动力强劲的地区投放，保障战略性新兴产业、必要的民生设施建设。三是兼顾公平性。新增建设用地安排以提升用地效益为导向，同时兼顾公平性，坚持以人民为中心，满足人民对美好生活的需要，保障公共服务设施和基础设施用地需求，满足农村合理的宅基地建设需求、农村一二三产业融合发展用地需求，为乡村振兴提供基础支撑。四是全面盘活存量。在安排新增建设用地的同时，注重对批而未供土地、供而未用土地、闲置土地、城镇低效用地的盘活利用。五是注重用好流量。用好城乡建设用地增减挂钩政策工具，稳妥有序推进村庄建设用地整治，加大城镇低效用地再开发力度，提升土地利用效益。

预留弹性与机动性。建立预留指标使用管理规则，科学设置机动指标。一是预留一定的建设用地机动指标，为应对规划不确定性或构建奖惩机制做好指标留白。机动指标使用可采取“一事一议”或“择优奖励”的方法，实行核销管理。“一事一议”可重点针对不可预见的国家、省交通、能源、水利、军事等重大战略、重大建设项目；在重要生态功能区和生态敏感脆弱地区落实国家、省级生态建设项目；“择优奖励”可结合规划实施体检评估，对落实国家重大战略成效显著、节约集约利用水平整体较高、存量建设用地任务完成好的下级行政单元奖励用地指标。违法严重、约谈通报的实行“一票否决”。二是加强城镇开发边界分区管控，划定弹性发展区，对重构型、扩张型、调整型等不同类型城镇差别化设置弹性发展区比例。三是预留一定比例的留白空间，视情况划定战略留白区，为重点潜力发展区域、重大事件用地、安全风险预控、品质提升优化等多种不确定因素增加规划弹性。

确保操作性和可行性。以国土资源“一张底图”为基础，统筹考虑耕地“占补平衡”“进出平衡”、全域土地综合整治、城镇低效用地再开发、生态修复等，合理配置各类资源要素，形成国土空间规划“一张蓝图”，作为未来指引城乡建设行为、整治修复活动的依据。准确评估国土综合整治潜力，合理划定国土综合整治重点区域，统筹安排全域土地综合整治重大工程和重点项目，规划安排的建设用地减量、国土综合整治和生态修复任务应路径可行、实施有保障。

（二）国土空间用地结构调整

国土空间用地结构是各类用地类型的规模和比例关系。国土空间用地结构调整是对各类用地调控指标的落实，是对国土空间布局优化的重要指引，是落实国土空间全域管控、全要素管控的有力抓手，也是对各类城乡建设活动和国土空间保护行为的结构性安排。国土空间用地结构调整是规划方案的重要组成部分，也是下位落实上位国土空间规划的重要指引，起着承上启下的作用。

编制市县国土空间总体规划时，需要提出国土空间用地结构调整的目标和导向，明确主要地类至2025年、2035年的控制规模、增减变化，计算各主要地类占土地总面积、三大类用地面积的比例及变化，形成全域国土空间用地结构调整表。

1. 国土空间用地结构调整的内容

围绕规划目标，重点对农用地、建设用地、生态用地，以及耕地、林地、湿地、城乡建设用地、区域基础设施用地等主要用地类型的规模和比例关系进行深入研究，提出规划期内国土空间用地结构调整方案，制定全域国土空间功能结构调整表。协调确定市、县全域主要用地（用海）的规模和比例，明确耕地、园地、林地、草地、湿地、城乡建设用地、区域基础设施用地、其他建设用地、陆地水域和其他土地等用地类型的面积和比例。涉海的市县还应明确渔业用海、工矿通信用海、交通运输用海、游憩用海、特殊用海和其他海域等用海类型的面积和比例。

2. 国土空间用地结构调整的导向

“三大类”调整。坚持生态优先、保护优先、节约优先，以提升生态功能、保护耕地资源、盘活存量资源为重点，统筹农用地、建设用地、生态用地的结构。“三大类”之间调整一般按照分类保护、基本稳定农用地面积，有保有压、理性控制建设用地面积，因地制宜、在不影响生态功能的前提下，科学合理利用生态用地，促进生态价值转化的总体思路。

农用地内部调整。一般以保障粮食安全为重点，优先保护、严格保护耕地，从严控制耕地流失，尤其是非农建设占用耕地，合理安排农业结构调整，严格管控一般耕地转为园地、林地、草地等其他农用地以及设施农业建设用地；加大耕地补充力度，统筹落实耕地“占补平衡”和“进出平衡”，积极推进国土综合整治，通过农用地整治、村庄建设用地整治、土地复垦、工程恢复园地和林地整治等途径补充耕地。适应现代农业和设施农业发展需要，合理保持园地面积，稳步增加林地面积，随着全域土地综合整治的开展调整优化其他土地，适当减少田坎、沟渠等用地面积。

建设用地内部调整。一般以推进节约集约、强化存量建设用地盘活利用为重点，优化城乡建设用地结构，理性增加城镇建设用地，加大城镇低效用地再开发利用的力度，尤其是城镇开发边界外零星建设用地，提高存量建设用地利用效益和质量；结合城乡建设用地增减挂钩，推进村庄建设用地整治，适度有序引导空闲宅基地腾退和低效村庄建设用地，尤其是农村产业用地再利用。积极支撑区域协调发展，结合重大区域基础设施建设，合理安排新增交通、水利等区域基础设施用地；旅游城市适度增加其他建设用地，适当预留建设用地规模。

生态用地内部调整。一般以维持和保护生态系统稳定性为重点，在不破坏生态环境的前提下，适度开发利用零星分布的其他草地等未利用地。针对基本稳定河流水面等陆地水域，应加强生态修复，保护具有生态功能的其他土地。

3. 国土空间用地结构调整的思路

与国土空间开发保护格局、国土空间发展格局、“三条控制线”相衔接，采用“六步法”进行国土空间用地结构调整（自然资源部国土空间规划局，2021），即第一步总体控制、分步细化，第二步指标指引、分类调控，第三步保护优先、占补约束，第四步底线控制、合理增长，第五步增减挂钩、内部优化，第六步因地制宜、适应发展。

总体控制、分步细化。在市县国土空间用地结构调整过程中，应强化农业空间、生态空间、城镇空间的总体控制，作为对各类发展要素统筹的指引。针对自然地理格局基本稳定的区域，一般应先确定建设用地与非建设用地的比例结构，再调整非建设用地内部农林水湿的结构，最后调整建设用地内部结构，尤其是城乡建设用地结构。

指标指引、分类调控。以上位国土空间规划下达的耕地保有量、建设用地规模、城乡建设用地规模、城镇建设用地规模、新增建设用地规模等主要调控指标为基础，结合专项规划确定的用水总量、自然保护地面积等指标为补充，作为结构调整的调控目标。在结构调整中分项引导，实现建设用地、城乡建设用地、林水湿总量、耕地面积调整后与调控目标一致。

保护优先、占补约束。非建设用地实行分级分类保护，严格控制非建设用地中耕地、湿地、公益林、储备林向建设用地调整转换。对确需占用的，实行耕地“占补平衡”，探索林地、湿地全要素“占补平衡”，确保数量不减少。首先，确定耕地的比例，与耕地保有量指标相对应，调整耕地面积不得低于耕地保有量。其次，确定蓝绿空间（林水湿）的结构比例，蓝色空间主要包括河流水面、湖泊水面、水库水面、滩涂、沼泽等，绿色空间主要包括林地、园地等。其中蓝色空间面积要与湿地保护率相对应，绿色空间面积要与森林覆盖率相对应。最后，确定其他农用地和其他土地的比例，即坑塘水面、养殖水面、沟渠、田坎、农村道路、其他草地等。

底线控制、合理增长。以严格落实生态保护红线和永久基本农田，严格落实耕地保有量、森林覆盖率、湿地保护率为前提，合理控制建设用地增长，实行先减后增，以减定增、以减促增。首先，确定城乡建设用地的比例，与城乡建设用地规模相对应，调整后城乡建设用地面积不得突破城乡建设用地规模。其次，确定区域基础设施和其他建设用地比例，其中与专项规划确定的重大基础设施项目相衔接，优先保障交通基础设施用地，合理安排水利设施用地，尤其涉及水资源安全和水利调配工程配套建设用地。区域基础设施用地和其他建设用地之间，结合自身的特点，如交通枢纽或重要区域基础设施建设任务重的市、县，则新增建设用地向区域基础设施倾斜；着力打造全域旅游的市、县，新增建设用地向其他建设用地倾斜。

增减挂钩、内部优化。严格控制城乡建设用地增长，鼓励城镇开发边界外零星建设用地调整至边界内使用，鼓励低效工业用地、闲置土地盘活利用，允许空闲宅基地、低效村庄建设用地、闲置土地在不突破城乡建设用地规模的前提下向城镇建设用地转换。城镇建设用地与村庄建设用地比例的确定，结合城镇化水平预测目标、城镇体系结构、镇村体系结构，与城镇建设用地规模、中心城区人均城镇建设用地指标相衔接。

因地制宜、适应发展。对农业设施建设用地、坑塘水面、养殖水面、沟渠、农村道路、园地、城镇住宅用地、工业用地等未按照单个用地类型控制的，结合各地发展定位、城市性质、全域统筹发展布局进行调控。如对于大城市周边现代农业发达的市、县，农业设施建设用地安排给予倾斜，适当提高比例；对乡村振兴用地需求旺盛的市、县，产业用地安排给予倾斜，适当提高村庄建设用地比例；对推动新旧动能转换、开展产业升级转型的市、县，新产业新业态用地安排给予倾斜，适当提高城镇建设用地比例；对城市定位为公园城市、田园城市的市、县，林地、湿地等用地安排给予倾斜，适当提高生态用地比例。

4. 国土空间用地结构调整的测算方法

耕地规模测算与结构调整。围绕实现耕地“三位一体”保护和布局总体稳定的目标，以落实耕地保有量为前提，确定耕地结构调整方向，考虑三个平衡，即“占补平衡”“进出平衡”“总量动态平衡”。

耕地减少去向。一是非农建设占用，即城镇开发边界集中建设区占用、重要的交通等线性基础设施建设占用（有线位和选址可以估算面积）、重要的旅游项目建设等块状基础设施建设占用（块状、有选址可以估算面积）、其他需要安排农村建设用地的占用（如农业示范园、部分田园综合体等）。二是国家安排的生态退耕。三是特殊省份有灾毁（如特大洪水），自然因素引发的耕地减少。四是生态建设或者其他农业结构调整，确有上位规划安排且明确选址的，可以模拟分析确定占用规模，其他可暂不考虑。长期撂荒耕地或者上级安排有休耕的，原则上不能减少。生态红线内永久基本农田退出，可以按一般耕地保留，不作为核减因素。原则上第二、三项优先级更高，但实际分析中会先考虑建设占用。

耕地增加来源。一是高标准农田建设补充耕地，新增耕地率原则上不低于5%；二是残次园林草地整治补充耕地；三是全域土地综合整治（含零星农用地、零星农村建设用地、少量零星坑塘水面、其他草地等）增加耕地；四是土地复垦补充耕地（如搬迁撤并村庄复垦），新增耕地率一般为80%~90%；五是矿山复垦补充耕地；六是即可恢复、工程恢复地类整理为耕地；七是其他途径补充耕地。此外，需要重点注意两方面事项：一是耕地补充来源有优先顺序，先整治、再复垦、最后恢复，不能全部依靠建设用地复垦，也不能直接依赖工程恢复。二是“占补平衡”原则上尽可能自身解决，国家级重大基础设施占用耕地确难以完成的可以申请省域内平衡。

林地规模测算与结构调整。围绕实现林地“总量保护、生态保护”的目标，以落实森林覆盖率指标为前提，确定林地结构调整方向。

林地减少去向。一是非农建设占用，即城镇开发边界集中建设区占用、重要的交通等线性基础设施建设占用（有线位和选址可以估算面积）、重要的旅游项目建设等块状基础设施建设占用（块状、有选址可以估算面积）、其他需要安排农村建设用地的占用（如农业示范园、部分田园综合体等）。二是工程恢复地类整理为耕地减少林地。三是特殊省份有灾毁（如特大洪水）。四是其他农业结构调整（确有上位国土空间规划安排且明确选址的，可以模拟分析确定占用规模，其他可暂不考虑）。

林地增加来源。一是国家安排的生态退耕增加林地；二是土地复垦，村庄生态移民搬迁后复绿，生态保护红线内现状城镇建设用地、村庄建设用地退出恢复为林地；三是矿山复垦补充林地；四是残次园地整理为林地。

建设用地规模测算与结构调整。建设用地的数量大小反映了国土开发强度，其结构比例反映了经济社会发展状况，测算时应坚持底线约束、城乡统筹、增存挂钩、保重点、保民生、保急需、保近期的思路，具体如下：①以“双评价”成果为基础，确保开发建设规模与资源环境承载能力相匹配。建设用地规模测算以资源环境承载力评价和国土空间开发适宜性评价为依据，指标不得超出承载底线。②落实国、省重大战略，分级分类梳理市、县重点建设项目并排序，优先落实国家和省级重点产业平台、重大基础设施建设（交通、水利、能源、市政、环卫、安全等）、重要民生工程等用地需求。考虑不确定性，预留一定规模的机动指标。③坚持节约优先，加大存量建设用地挖潜。按照严控总量、盘活存量和用好流量的总体要求，强化建设用地总量控制，完善“增存挂钩”机制，开展批而未供土地、供而未用土地和闲置土地的潜力摸底调查，用好城乡建设用地增减挂钩流量，促进土地节约集约利用。④兼顾效率和公平，充分考虑自然地理格局、经济社会发展动力、规模体量、资源环境约束和主体功能区定位等因素的差异，考虑推进新型城镇化与乡村振兴的关系，实现整体效益最优。⑤注重上下联动，做好反馈协调、横向统筹，有序推进测算工作。在实际工作中，一般先确定城镇建设用地规模，再确定城乡建设用地规模，最后确定建设用地总规模。

城镇建设用地规模测算与结构调整。一般来说，城镇建设用地规模测算可以采用多种方法确定不同的方案，进行多方案比选，综合确定最优，如因素法、“三定”法、年均增量法、结构法等。

（1）因素法。选取基期年人口总量、近十年人口变化量、基期年人均 GDP、基期年人均城镇建设用地面积、基期年地均 GDP、基期年地均固定资产投资额、基期年地均财政收入、近 5~10 年批供率、近 5~10 年闲置土地处置率、近 5~10 年土地供应中存量建设用地占比等因素，通过层次分析法确定各因素权重，计算下级行政单元的因素值，综合加权确定各自所占份额，确定下级行政单元的城镇建设用地规模，加和汇总即为本级行政单元的城镇建设用地规模。

（2）“三定”法。即以人定地、以产定地和以水定地相结合的方法。“以人定地”，即考虑下级行政单元至 2035 年总人口、城镇化率，新增城镇人口按照一定的人均用地标准推算新增建设用地；原有城镇人口综合考虑按基期年人均城镇建设用地标准适当下浮一定比例，推算需节约的城镇建设用地，考虑二者的增减变化与基期年城镇建设用地相加，计算至 2035 年城镇建设用地规模。“以产定地”，即根据下级行政单元 2035 年 GDP、基期年地均 GDP，考虑地均 GDP 有一定的提升幅度或对标先进城市的标准，推算至 2035 年城镇建设用地规模。“以水定地”，即根据下级行政单元 2035 年城镇用水总量和生活用水量占水资源总量的比例计算生活用水量，基于城镇人均用水标准，结合至 2035 年城镇人口规模，推算至 2035 年城镇建设用地上限值。综合考虑三种方法测算的城镇建设用地规模，确定城镇建设用地合理区间。

（3）年均增量法。首先，梳理“十二五”“十三五”期间下级行政单元土地供应（城镇建设用地部分），分别计算年均土地供应量。规划期内，年均城镇建设用地增量按照“十四五”在“十三五”基础上考虑一定比例的下浮，“十五五”在“十四五”基础上同样按一定比例下浮，“十六五”依此类推，合计计算 15 年规划期的基础增量。其次，考虑国家、省级重大产业平台的用地需求，对个别市、县给予一定规模的倾斜。第三，前两项增量合计后和上级下达的增量指标对比，并结合“十二五”“十三五”时期土地节约集约利用水平乘以一定系数做修正，如通过“十二五”“十三五”期间地均 GDP 和地均固定资产投资额、近 5~10 年批供率、近 5~10 年闲置土地处置率、近 5~10 年土地供应中存量用地比例等因素分档赋值确定不同系数。

（4）结构法。分类梳理下级行政单元的重点建设项目需求，参照“十三五”实际增量确定的“十四五”年均城镇建设用地增量，市、县村庄布局规划确定的城郊融合类村庄拟转为城镇建设用地的流量等，确定拟安排新增建设用地规模；梳理批而未供土地、供而未用土地、闲置土地，以及无用地审批手续的、功能或布局不符合要求的各类用地，确定拟腾退用地规模，综合考虑增减变化，计算得出城镇建设用地规模。

村庄建设用地规模测算与结构调整。市级总规依据市级村庄布局规划成果，限制发展型的村庄，搬迁撤并类村庄的农村建设用地直接减少；城郊融合类村庄，城镇集中建设区内的村庄建设用地减少，其他区域的村庄建设用地保留；支持发展型村庄，特色保护类村庄、集聚提升类村庄按一定比例（如 5%~10%）安排新增建设用地，优先满足宅基地的刚需、农产品加工流通、农村休闲观光旅游、电子商务等混合融合的产业用地。县级总规在上述基础上，分类梳理宅基地、产业用地、公共服务设施用地和基础设施用地现状，综合考虑合理满足宅基地刚需和安排新增建设用地支持农村一二三产融合发展用地需求，审慎推进农村宅基地、空闲地和闲置土地自愿有偿退出，同时考虑部分低效产业用地腾退等因素，综合测算村庄建设用地规模。

（三）主要调控指标分解

规划调控指标是国土空间规划传导的重要抓手之一。本轮市县国土空间总体规划围绕空间底线、空间结构与效率、空间品质形成指标体系，重点将上位规划下达的生态保护红线面积、永久基本农田保护面积、耕地保护目标、城镇开发边界扩展倍数等核心指标分解下达至下级行政单元，确保指标传导到位、全面落实。

七、中心城区布局优化和更新提质

随着经济社会的快速发展和城镇化进程的不断推进，我国城市发展也从大规模增量建设阶段转入存量更新提质与增量结构调整并重的阶段。中心城区作为城市所具备的区域性和主导性功能的集中承载地区以及市县级政府行政驻地所在地，不断推进空间布局优化和更新提质，对于改善城市人居环境品质、推进集约高效发展、彰显城市特色魅力和提升城市精细化管理水平等都具有重大意义。

中心城区规划的核心编制内容是在坚持城市发展科学规律和底线约束要求下，明确城市发展方向和中心城区发展模式，以此为依据引导城市空间结构和形态，进而确定土地利用结构和用途管制。在此基础上，针对城市更新空间、蓝绿空间、开敞空间等重点功能和治理空间，按照问题导向、目标导向和实施导向相结合的逻辑主线，提出差异化规划技术方法和管控策略。本部分内容将从“中心城区空间布局优化”“城市更新提质”“蓝绿空间和开敞空间营造”“公共服务设施布局”“空间单元划分及引导要求”五大方面展开。

（一）中心城区空间布局优化

1. 城市发展方向与空间发展的战略判断

城市发展方向是指城市各项建设规模扩大所引起的城市空间地域扩展的主要方向。科学判断城市发展方向是优化中心城区布局的首要任务，既要坚守资源环境底线约束和合理避让生态脆弱、灾害风险高和环境严重污染等区域，还应与区域发展格局、经济社会发展动力及城市对外交通联系方向等相适应。城市发展方向的判断要坚持问题导向和战略导向相结合，从区域发展格局和城市发展战略判断未来城市发展方向和重点空间是否会产生结构性变化，在此基础上按照底线约束、动力集成、空间联系等维度的综合分析确定未来空间发展方向和重点战略地区。

首先要坚持底线思维，遵循资源环境承载能力评价和国土空间开发适宜性评价结果，以城市开发边界划定为基础，在识别未来城市建设可拓展空间的基础上判定城市发展方向。优先选择水资源、土地资源等资源条件优越的区域，并合理避让灾害风险区、蓄滞洪区以及生态保护重要地区。

其次，要合理谋划和统筹城市未来发展的动力要素，充分研究各类动力要素整合集成后对城市未来空间拓展产生的推动作用。动力要素一般包括对城市主要经济社会联系方向、城市居民生产生活需求偏好产生重大影响的优势资源、重大项目和设施、重点战略地区/政策区等，特别是要充分发挥新时代生态、农业、文化等特色资源的价值禀赋，针对未来交通条件改善、区域产业格局变化和创新要素提升等形成的新动力要素进行全面评价分析，确定其产生重大辐射带动效应的重点空间地域。

第三，通过经济流、交通流和要素流等分析进一步确定城市对外联系方向，结合区域发展格局的分析确定城市主要联系方向。在区域发展格局分析中，一方面应重点研究与周边中心城市在功能协同和空间对接方面的重点空间，还应结合未来都市圈、城市群发展阶段的同城化、一体化工作来进一步确定城市未来重点发展的功能空间和主要领域，为城市发展方向的确定锚定重点；另一方面，还要充分考虑中心城区的辐射带动作用，加强与周边乡镇的统筹发展，进一步发挥中心城区在城乡融合中的纽带作用。

在综合以上三方面研究的基础上，综合运用系统动力学模型（SD 模型）和用地演变情景模拟（CA 模型）等多种模型分析方法，结合自然生态、地质灾害防御、重大设施廊道、城市空间布局演进特征、区域协同等因素（自然资源部国土空间规划局，2021），对未来城市发展方向进行情景模拟和比选研究。分析不同城市发展方向的优势和限制性因素及情景支撑条件，为最终确定规划期内的城市发展方向提供依据。

2. 中心城区发展理念与空间要求

（1）加强区域协同与城乡融合发展。主动全方位融入都市圈和城市群等区域发展格局，统筹推进产业布局、交通组织、生态休闲和文化传承等重大空间要素一体化布局。充分抓住交通条件改善带来的机遇，统筹中心城区与周边乡镇、水乡田园构建城乡融合发展示范区，优化空间布局，推进城乡要素平等交换和双向流动。加强跨界协同地区的共建共治，提出区域性重大基础设施的空间管控要求，强化对区域性枢纽地区、产业区、旅游区以及城乡融合示范区等重点地区的发展引导。

（2）坚持生态优先和蓝绿营城。立足生态本底，依托山水之形，疏通蓝脉绿网，建设绿色城市。将城市公园、休闲空间、滨水绿带等串联构建开放、均质、连贯、可达的开敞空间体系，并植入多元化城市功能，打造城市主题公园和绿道网络，构筑河田山水湖城共生融合的生态网络。优化生态重点地区空间布局，因地制宜构建滨水、山地、低丘缓坡等不同特色空间布局模式。强化城市滨水、临山、环乡等界面特色塑造，夯实人居环境建设的生态本底，凸显具有识别度的城市界面。

（3）推进城市内涵集约发展。按照职住平衡、精明增长等理念，合理确定城市集中建设区范围和城市建设用地规模，引导城市从外延扩展转向内涵集约发展。坚持“管住总量、控制增量、盘活存量、激活流量、提高质量”的原则，实施城市更新行动，优化中心城区功能布局和开发强度，推进城市建设用地高效集约利用。推进旧城有机更新，强化城市生态修复和功能修补。保护并修复城市水系和格局，传承城市记忆并提升生态环境品质。推进公园绿地及公共服务设施品质提升，营造适宜人居的城市公共活动区域。强化旧城区道路网衔接与静态交通设施配置，增加支路网供给，打通微循环，提升公交和慢行交通设施服务水平。改善老城市政基础设施和管网，提升安全韧性水平。

（4）推进交通用地一体化发展。推进综合交通枢纽一体化规划建设，加强综合交通枢纽与周边地区的统筹规划。按照站城一体、产城融合、开放共享等原则，做好枢纽发展空间预留、用地功能管控、开发时序协调。加强铁路、公路客运枢纽及机场与城市公交网络系统有机整合，引导城市沿大容量公共交通廊道合理、有序发展。促进公共交通走廊与城市中心体系融合发展，以大容量快速公交走廊串联组团中心，有效解决跨组团的通勤交通，并引导促进外围组团开发建设。

（5）传承城市文脉和彰显城市特色。建立分类科学、保护有力、管理有效的历史文化保护传承体系，统筹划定历史文化保护线。针对历史文化资源富集、空间分布集中的地域，以及非物质文化遗产高度依存的自然环境和历史文化空间，明确区域整体保护和活化利用的空间管控要求。突出地域文化特色，塑造历史传承与时代创新交融的城市景观风貌。统筹系统各类历史文化资源的空间关系，保护城市山水人文格局，加强城市建设与自然景观的有机融合，强化重点区域的景观格局塑造和风貌管控。

3. 中心城区空间结构与城市形态

（1）城市形态和空间结构演变的基本规律

城市形态是指城市整体和内部各组成部分在空间地域的分布状态，一般与城市人口规模相匹配。Ⅰ型小城市（常住人口在 20 万人以下）的城市形态一般为单中心团块状；Ⅱ型小城市（常住人口在 20 万~50 万之间）的城市形态一般呈现团块状、星状等形态；中等城市（常住人口在 50 万~100 万之间）的城市形态一般呈现团块状、连绵带状、组合状和组团状等形态；Ⅱ型大城市（常住人口在 100 万~300 万之间）的城市形态一般呈现多中心团块状、组团带状、组合状等形态；人口规模超过 300 万的Ⅰ型大城市（常住人口在 300 万~500 万）和特大城市（常住人口在 500 万~1000 万）、超大城市（常住人口在 1000 万以上）一般都会以都市区、都市圈等方式发展。城市形态一般随城市规模演进，并因城市功能调整而不断变化。同时，城市形态也随着城市功能，特别是新型功能区的出现而不断演进。

（2）空间格局演变历程和用地现状特征梳理

系统梳理城市空间格局的演变历程，识别不同发展阶段的城市空间演变动力、空间形态与建设用地分布、城市与自然格局和山水的关系、区域一体化发展、产城关系等核心要素。重点分析城市与自然山水的布局关系，对山前地区、亲水地区等重点地区的用地布局、功能分区、景观风貌、蓝绿空间、建设强度等进行综合评价；合理研判城市路网体系与城市功能布局的关系，重点分析重大交通枢纽与周边地区功能布局的协同关系；加强产城融合关系研究，从通勤、职住等视角研判产城融合重点和目前存在的主要瓶颈问题。

总结评估城市建设用地拓展形态与趋势、交通与建设用地拓展关系、建设空间与自然空间的冲突和矛盾等现状特征。分析各类城市建设用地规模及人均建设用地的年均变化趋势，研究各类城市建设用地的综合平衡情况和用地人口增减对应关系；研判城市职能对城市建设用地指标的影响，加强城市建设用地与城市职能定位的匹配程度评价，通过城市中用地的占比情况与城市发展职能的对比来判断城市建设用地投放与城市职能的匹配程度；分析各类城市建设用地的现状结构特征，对标国家标准和地方标准分析研判存在的问题和短板；进一步厘清各类城市建设用地之间以及其与自然空间的重要冲突，对冲突形成的原因和空间分布特征进行系统研究。

（3）空间结构的凝练和规范性表达

广义的城市结构是指构成城市经济、社会、环境发展的主要因素在一定时期内形成的相互关联、相互影响与相互制约的关系，是城市空间的抽象表达（彭翀，2019）。本节中所指的中心城区空间结构主要关注城市布局和城市形态演化及抽象表达，着重研究城市中不同功能区的空间分布和组合关系。一般来说，中心城区空间结构主要遵循城市地域结构的三大经典模式，即伯吉斯（E.W.Burgess）的同心圆模式、霍伊特（H.Hoyt）的扇形模式、哈里斯（C.D.Harris）和乌尔曼（E.L.Ullman）的多核心模式。在以人民为中心、生态文明建设、信息化社会等新理念和新趋势的影响下，空间结构也呈现出多元化的形式，更加突出以多元方法来构造人居环境，凸显生态城市、有机城市、功能混合、文脉主义等特征。

在中心城区空间结构的表达方面，一般应体现点（核）、轴（带）和功能分区等不同空间要素的组合关系。而上升到空间结构层面的要素和组合关系，应是具有全市（县）意义或城市级别的中心、轴线和组团关系。城市发展核心一般为集聚城市最重要功能或要素的城市中心区，或在城市空间结构中心具有战略意义的生态核心等战略性资源集聚区域。发展轴带一般是指城市空间生长轴、城市绿化景观轴或城市生态保护带等。发展轴具有主观能动性，要进行规划，未来需要加强规划引导和政策支持推动各种功能中心、各类要素等在发展轴上的进一步集聚。发展带一般是客观存在的对于功能延续、开发管控等具有重要意义的线状结构，以生态保护、景观特色、功能集聚等不同形式体现。功能分区也有不同的划分逻辑，一般按照居住生活、综合服务、商业商务、工业、物流、游憩等不同主导功能进行划分，也可以按照规划传导和规划管理逻辑，结合城市空间结构拓展与调整要求、功能的相对完整性、地形地貌的自然分割、铁路和主要交通干路等隔断因素以及规划管理需要，划分成不同的片区和单元，落实总体规划向详细规划、专项规划传导的要求和指引。

4. 中心城区空间布局与用地平衡

中心城区布局是指中心城区土地利用结构的空间组织及其形式和状态。城市用地平衡是指根据城市建设用地标准和实际需要，对各类城市用地的数量和比例所做的调整和综合平衡。按照问题导向、需求导向和特色导向相结合的原则，合理分析和识别现状空间布局和用地结构中存在的主要问题和突出矛盾，在基于对未来城市发展趋势、居民未来生产生活需求等判断的基础上，根据中心城区功能定位和特色资源禀赋特征，确定合理的空间布局与用地平衡结构。

（1）识别现状问题

按照《国土空间调查、规划、用途管制用地用海分类指南（试行）》（自然资源部 2023 年 11 月印发）和《市级国土空间总体规划编制指南（试行）》（自然资源部 2020 年 9 月发布）的要求，合理分析现状用地问题。计算中心城区居住用地、公共管理与公共服务用地、商业服务业用地、工矿用地、仓储用地、交通运输用地、公用设施用地、绿地与开敞空间用地、特殊用地等现状用地的面积和比例，分析现状用地构成情况和人均建设用地情况，识别现状用地构成和人均指标等方面存在的主要问题。系统总结中心城区各类用地在空间位置、规模、功能等方面的不合理配置现象，特别要关注不同功能用地之间的相关性和干扰性问题，聚焦于对城市居民生产、生活产生干扰或存在安全隐患的重要瓶颈。

（2）提出功能和用地调整方向

按照问题导向、目标导向和特色导向相结合的技术路线，加强对未来城市发展趋势、居民未来生产生活需求等综合研判。重点保障支撑城市性质和职能定位的用地类型，进一步满足人民群众对高品质生活的追求，强化对教育、医疗、文化、体育、养老、公园绿地等用地保障。对于工业城市、旅游城市以及资源型等专业化、特色化城市应充分考虑其发展阶段和产业发展趋势，提出用地结构优化调整方向。

结合现状用地结构中存在的问题以及城市未来发展动力、用地拓展和收缩等研究，进一步摸清存量用地的规模和空间分布特征，从节约集约的要求出发，按照“集约发展，框定总量、限定容量”的规模管控原则和“盘活存量、做优增量、提高质量”的结构管控要求，明确用地结构调整思路，提出规划目标年各类用地调整的幅度，合理确定主要用地的比例结构。

（3）确定城市主要功能分区和用地布局

为适应经济社会发展要求，满足人民日益增长的美好生活需要，根据城市发展目标和城市性质，在城市人口、用地规模预测及中心城区发展方向判定、城镇开发边界划定等研究基础上，遵循城市发展的科学规律，合理划分城市功能分区，确定不同功能分区的规模、形态和空间组织关系。在集中建设区内部，结合城市空间结构、主要城市道路干线及内部各个区域的主要功能导向，划定居住生活区、综合服务区、商业商务区、工业发展区、物流仓储区、绿地休闲区、交通枢纽区、战略预留区等功能分区，明确各类分区可兼容和不可兼容的土地用途，针对各分区提出管控要求及主要国土用途，进一步传导和落实规划意图。同时，根据用地布局方案进一步确定中心城区各类建设用地总量和结构，制定中心城区城镇建设用地结构规划表（见表6-2），制作中心城区土地使用规划图（见附彩图9）。

表6-2　中心城区城镇建设用地结构规划表①

序号	用地类型	比例/ %	面积/ km²
1	居住用地		
2	公共管理与公共服务用地		
3	商业服务业用地		
4	工矿用地		
5	仓储用地		
6	交通运输用地		
7	公用设施用地		
8	绿地与开敞空间用地		
9	特殊用地		
10	留白用地		
	合计		

（二）城市更新提质

近年来随着城市发展从外延式增量扩张转为内涵式存量优化，城市更新成为重要的规划内容与手段，在促进中心城区布局优化、加强土地节约集约利用、推动城市高质量发展、提升市民高品质生活等诸多方面都发挥着重要作用。

在市县级国土空间总体规划中的城市更新提质内容，一方面，需要从目标导向、问题导向、实施导向等多个维度开展系统的研究；另一方面，也要更倾向于从宏观视角切入，对城市更新开展顶层规划部署，不宜落入细节性议题的探讨。综合来说，可以主要包括以下几个方面内容：城市更新对象的评估识别、城市更新的目标原则、城市更新的策略要点、分区分类的更新指引等。

1. 更新空间的评估识别

首先要对城市更新的对象开展评估识别工作，区分各类更新空间的概念内涵、特征问题及位置边界。城市更新的主要对象包括城镇空间中的存量用地空间（包括闲置土地、批而未供土地、空闲土地），低效用地空间（国家产业政策规定的禁止类、淘汰类产业用地，不符合安全生产和环保要求的用地，“退二进三”产业用地，布局散乱、设施落后、

① 根据自然资源部发布的《市级国土空间总体规划编制指南（试行）》绘制。

规划确定改造的老城区、城中村、棚户区、老工业区等）（规划司，2016），以及其他评估后有必要更新的空间（如土地产出效率过低的用地、需要保护利用的历史文化空间、亟需改善公共服务与基础设施水平的社区等）。其中，存量用地空间、低效用地空间在国家层面有相应的认定标准文件，其他经评估有必要更新的空间一般由地方政府统筹认定（与前两类会有交叠）。在开展城市更新空间识别的过程中，可以结合详尽调查资料，通过综合评分、条件判定等多种方法进行分析判断。具体到某一市县的更新对象，可以根据实际情况开展针对性的、适合地方特色的分类导控（见表 6-3）。

表 6-3 更新空间的类型、内涵及识别认定标准

<table>
<tr><th>更新空间</th><th colspan="2">内涵及识别认定标准</th></tr>
<tr><td rowspan="3">存量用地空间</td><td>闲置土地</td><td>是指国有建设用地使用权人超过国有建设用地使用权有偿使用合同或者划拨决定书约定、规定的动工开发日期满一年未动工开发的国有建设用地。已动工开发但开发建设用地面积占应动工开发建设用地总面积不足 1/3 或者已投资额占总投资额不足 25%，中止开发建设满 1 年的国有建设用地，也可以认定为闲置土地（资料来源：《闲置土地处置办法》）</td></tr>
<tr><td>批而未供土地</td><td>依法已经国务院或省级人民政府批准土地征用或农地转用，而未供应出去的土地</td></tr>
<tr><td>空闲土地</td><td>原批准使用单位依法撤销、破产或因迁址重建等停止使用的土地，企业停产、关闭或因环保要求限制使用的土地，城镇中的无主地、废弃地等</td></tr>
<tr><td rowspan="4">低效用地空间</td><td colspan="2">国家产业政策规定的禁止类、淘汰类产业用地</td></tr>
<tr><td colspan="2">不符合安全生产和环保要求的用地</td></tr>
<tr><td colspan="2">“退二进三”产业用地</td></tr>
<tr><td colspan="2">布局散乱、设施落后、规划确定改造的老城区、城中村、棚户区、老工业区</td></tr>
<tr><td rowspan="4">评估后有必要更新的空间</td><td colspan="2">投资强度、容积率、地均产出强度等控制指标明显低于地方行业平均水平的产业用地</td></tr>
<tr><td colspan="2">历史建筑、工业遗产、文化遗存集中，亟须保护利用、激发活力的区域</td></tr>
<tr><td colspan="2">城市基础设施、公共服务设施亟须完善的区域</td></tr>
<tr><td colspan="2">经市县政府批准应当进行更新改造的其他区域</td></tr>
</table>

2. 城市更新的目标原则

城市更新的目标，首先需要与市县总体规划所确定的城市总体发展目标相契合，从更新的角度提出支撑总体目标的相应子目标；其次也要聚焦经济、社会、文化、民生等多方面的多元目标；同时还要基于城市的特色提出更具针对性的特色目标。

城市更新的原则，要注重延续文脉，保护历史真实载体，维护城市脉络肌理，挖掘展示文化要素与内涵，塑造特色城市风貌；要注重容纳生活，坚持以人为本、公益优先，以人的需求为核心，满足人民日益增长的美好生活需要；要完善功能，保障社会公共利益，完善城市功能、公共服务设施、城市基础设施的配套；要循序渐进，不宜大拆大建，应根据实际情况，采用小规模、渐进式、精细化的更新方式。

3. 城市更新的策略要点

在确定更新目标的基础上，进一步研判城市更新的相应策略。从不同的维度入手，可以导出不同的策略集合，需要根据市县的实际特点来选择策略的输出维度与深度。重点从优化空间格局、推动产业升级、改善民生和谐、提升文化认同、提高生态韧性等方面，针对城市所面临的实际问题，提出相应的更新策略。同时尽量定制化输出策略结论，不一定面面俱到，但要保障合理有用（见表 6-4 和图 6-8）。

表 6-4　城市更新的策略维度及关注要点

策略维度	关注要点
优化空间格局	从整体视角优化功能布局、开发强度布局，明确重点更新区域 优先保障公共利益，满足人民群众的核心需求，避免大拆大建 促进人口合理分布，加强职住平衡与融合
推动产业升级	结合产业体系规划，加快“腾笼换鸟” 提高单位产出效率，促进集约高效
改善民生和谐	结合城市生活圈的构建，根据人民群众的实际需求补短板 提升城市空间品质、活力与吸引力
提升文化认同	保护历史文化及其空间载体，促进优秀文脉的传承，加强活化与利用 积极营造地域文化的承载空间，促进多元文化融合，加强市民归属感
提高生态韧性	打造良好的生态环境，促进生物多样性，提高气候适应性 改善城市基础设施的韧性，提升应急防灾能力
其他策略	根据实际情况，定制化提出相应策略及要点

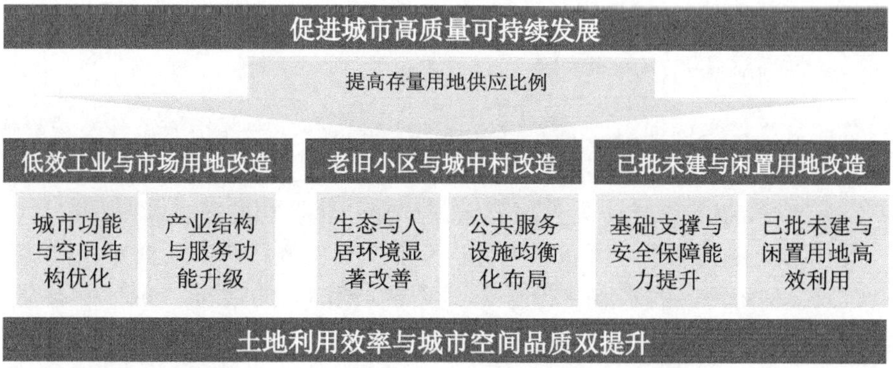

图 6-8　某市城市更新总体目标策略与任务示意图

4. 分区分类的更新指引

针对不同更新对象的类型、特点、诉求，划定相应的更新单元分区，并明确重点更新区域。对各单元提出更新的总体要求，初步判断留改拆的原则及布局，对更新模式、实施主体、实施保障等方面提出相应的传导管控指引。例如，某市结合各类存量资源片区特征进行差异化分区引导与管控。按照推动城市高质量发展与新型城镇化建设、改善人居环境和保障基础设施、维护公共安全和保护生态环境的原则，综合采用综合整治、功能改变、拆除重建三种更新方式，对五大类城市更新对象进行更新改造（见图 6-9 和图 6-10）。

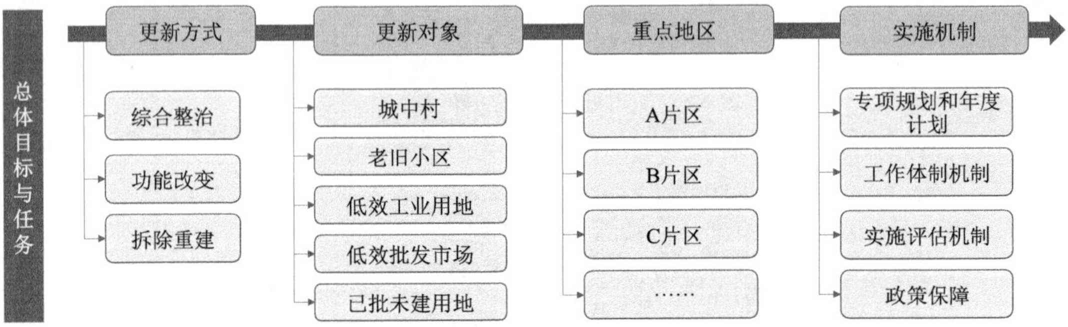

图 6-9　城市更新规划总体思路示意图

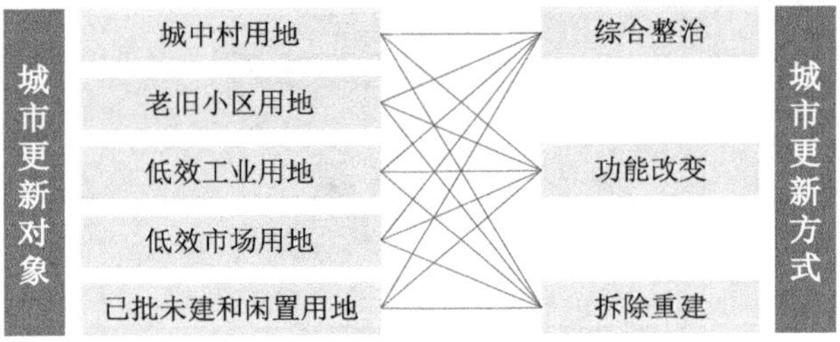

图 6-10　城市更新对象与更新方式耦合机制示意图

（三）蓝绿空间和开敞空间营造

蓝绿空间是水体与绿地组成的空间系统和生态系统，主要指城镇开发边界内各类绿地、水域、湿地等开敞空间所构成的空间系统，对于保护重要生态要素、维护生态空间结构完整、确保城市生态安全、发挥风景游憩和安全防护功能等有着重要意义。“蓝色生态空间”既包括城镇集中建设区和城镇弹性发展区内的水体空间及其蓝线控制范围内的空间，也包括特别用途区的水体空间及其蓝线控制范围内的空间；“绿色生态空间”主要包括公园绿地、防护绿地、附属绿地等纳入城市建设用地统计的绿地，也包括位于城镇弹性发展区和特别用途区内不纳入城市建设用地统计的生态绿地。

1. 蓝绿空间体系构建

中心城区蓝绿空间体系是由城区各类绿地、水系构成，并与区域绿地、水系相连通，具有优化城市空间格局，发挥生态、游憩、景观、防护、安全韧性等多重功能的绿地水系网络系统。蓝绿空间系统是城市生态空间的基本骨架，提供各项自然生态服务；也是城市公共空间的主体和特色精华所在，为市民供给休闲游憩服务，改善提升城市环境风貌；并对优化城市空间结构、隔离各种危险和污染具有重要意义。

充分发挥蓝绿空间和开敞空间对于城市空间结构的调节优化作用。结合自然山水格局保护修复、生态安全保障、生物多样性保护、休闲游憩服务、文化和景观风貌塑造、灾害防治和安全防护隔离等需求，与城市建设用地布局相协调，统筹蓝绿空间系统的规划结构和空间布局，并提出蓝绿空间系统各子系统的规划布局原则和要求（吴岩等，2020）。结合中心城区绿道系统规划、通风廊道规划等，进一步完善蓝绿空间系统的连通性，为市民创造更多接触大自然的机会。确定结构性绿地和水系、城市绿道、市级公园等重要绿地及重要水体的控制范围和管控要求（见附彩图 10）。

强化蓝绿空间和开敞空间的生态供给和安全韧性作用。在城市洪涝灾害防治方面，应充分保留现状河湖水面，加强水系网络的连通性，疏通汇水通道，保障河湖水面率等重要指标，强化河湖水系的动态调蓄功能。在生态安全和生物多样性保护方面，通过蓝绿空间修复改造推进退化生境的恢复和重建，营造自然生境和生态栖息地，构建连续的生物廊道，增加开敞空间，将破碎的生境斑块相连接，形成多层次多尺度的生态安全格局。在人居环境提升方面，以蓝绿空间为核心构建城市冷源，以蓝绿空间和开敞空间为骨架构筑城市通风廊道，增加城市内部与城市冷源之间空气交换，减缓城市热岛效应的不良影响，改善城市内部空气环境质量，降低雾霾等不良天气情况发生的风险。

完善蓝绿空间和开敞空间景观和人文营造功能。在确定城市绿线、蓝线等管控范围和管控要求的基础上，对蓝绿空间周边土地用途和开发强度、业态组织等提出引导性要求。根据中心城区人口、经济、文化等活动分布特征，强化公共交通设施、文化休闲设施、公共服务功能以及亲水性业态的复合，构建高质量发展的生态活力滨水经济带。强化对蓝绿空间和开敞空间的文化功能挖掘，对历史性水系进行保护和修复，加强山、水、城格局塑造，形成城市重要的文化空间。

2. 城市绿地布局与城市绿线划定

明确城市绿地布局要求和相关标准。合理确定结构性绿地、城市绿道、市级公园等重要绿地的控制范围。在中心城区提出通风廊道、隔离绿地和绿道系统等布局和控制要求。明确中心城区绿地与开敞空间的总量、人均绿地面积和覆盖率等指标，并着重提出包括社区公园、口袋公园在内的各类绿地均衡布局的规划要求。

加强绿地系统规划。绿地规划应贯彻“园中建城、城中有园、城园相融、人城和谐”的规划理念，以绿道、水网串联，构建山水生态底、郊野公园群、城镇绿化网无缝衔接的绿地系统。绿地系统规划应整合各种自然、人文资源，引导形成绿色网络，与城市生态修复和功能修补相结合，发挥综合效用。在功能方面应以满足市民休闲健身为重点，注重人性化设计，采用绿环、绿楔、绿带、绿廊、绿心等方式有机连接分散的生态斑块，强化生态连通和“海绵”功能，构建连通城乡的生态网络体系。

推进各类公园绿地规划引导（中国城市规划设计研究院，2019）。遵循分级配置、均衡布局、丰富类型、突出特色、网络串联的原则，推进公园体系建设。新城区应均衡布局公园绿地，旧城区应结合城市更新，优化布局公园绿地，提升服务半径覆盖率；按服务半径分级配置不同规模和类型的公园绿地，丰富公园绿地的景观文化特色和主题；合理配置儿童公园、植物园、体育健身公园、游乐公园、动物园等多种类型的专类公园。对有卫生、隔离、安全、生态防护功能要求的区域应设置防护绿地。郊野公园以生态保护、农业生产和旅游休闲为主导功能，兼具创意体验、科普教育和文化传播等功能，其选址应选择近郊公共交通条件便利的区域，并有利于保护和利用自然山水地貌，维护生物多样性。

明确划定城市绿线并提出管控要求。城市绿线是指各类绿地范围的控制线。城市绿线范围内的各类绿地应按照相关设计规范进行绿地建设。城市绿线内的用地，不得改作他用，不得违反法律法规、强制性标准以及批准的规划进行开发建设。

3. 城市水系规划与城市蓝线划定

城市水体及水系空间环境是城市重要的空间资源，是体现城市生态环境、人居环境和空间景观环境的重要载体。水体按形态特征分为河流、湖库、湿地及其他水体四大类。河流包括江、河、沟、渠等；湖库包括湖泊和水库；湿地主要指有明确区域命名的自然和人工的狭义湿地；其他水体是指除河流、湖库、湿地之外的城市洼陷地域。城市水系规划应坚持保护为主、合理利用的原则，尊重水系自然条件，切实保护和修复城市水系及其空间环境。

研究分析城市水系现状及历史演变情况。尽量尊重原自然水系，在形态上体现结构多样性、自然性、综合性等要求，保护与河流水系有关的历史文化遗产和人水和谐的空间格局。充分研判城市水系保护中存在的主要矛盾和问题及其成因，对水文条件、水系连通状况、水生态系统多样性与稳定性、与外部水系及汇水区的关系等水体现状条件进行评价，并对岸线利用现状情况及滨水区开发建设情况等进行评估。

明确城市水系保护的目标体系和主体功能。提出水域空间管控、水质保护、水生态修复和滨水景观塑造的规划措施和要求。加强与流域规划以及防洪排洪、供水、水资源保护等专项规划的统筹对接，充分考虑生态保护与修复、经济社会发展、文化旅游以及人居品质提升等对水系布局的综合需求，明确城市水系主体功能和周边岸线功能，确定城市水体空间布局规划。

加强岸线功能管控和滨水空间规划引导。充分考虑满足亲水活动和亲水空间营造的需要，综合统筹岸线功能。生态岸线以自然保育为主，避免过多的人工干预，侧重于生态修复，通过推进河道补水和稳定生态基流等措施来改善水质。生活岸线可与休闲游憩、旅游观赏、商务商业、历史文化等功能相结合，满足城市居民和游客的日常活动和旅游等需求。加强滨水空间功能引导和特色塑造，结合水系周边空间特征、城市功能、资源特色和人群活动特点等因素，推进对滨水空间的分级分类引导，注重对滨水绿带、开敞空间、旅游和公共服务设施等要素的统筹规划。

合理确定城市蓝线并明确管控要求。城市蓝线指规划确定的江、河、湖、库、渠和湿地等城市地表水体保护和控制的边界控制线。划定城市蓝线应统筹考虑水系的整体性、协调性、安全性和功能性，改善城市生态和人居环境。城市蓝线的划定还应因地制宜，在符合法律法规的规定和国家有关技术标准、规范要求的前提下，充分考虑河道两侧城市建成区的现状条件，在部分地段可以适当放宽或者收缩处理。

（四）公共服务设施布局

1. 公共服务中心的组织与布置

（1）提出市级综合服务中心、县区级公共服务中心、专业公共服务中心配置设施及标准。可根据城市的实际情况增设区域服务中心、地区服务中心等。市、县区级综合服务中心可考虑设施的综合设置集中布局，如在市级层面建设“五馆一心”，包括博物馆、美术馆、科技馆、图书馆、规划展示馆、体育中心或文化中心等，以重大公共服务设施建设为引领，统筹中心城区空间格局优化和公共空间品质提升。大城市和特大城市应加强对外来流动人口公共服务设施需求的研究，增加服务于区域的高等级公共服务设施配置。

（2）布局规划各类公共服务设施。根据现状分析和公共设施总量指标测算，确定分类分项公共服务设施配置标准，规划具体用地布局。公共服务设施的布局应充分考虑公共安全性、交通可达性和均衡性，条件允许下可充分利用地上、地下空间；鼓励公共服务设施的集中设置和混合利用，可与城市开敞空间规划充分结合，如通过建设“公园综合体”等方式，提升居民的生活服务品质。

2. 社区层面公共服务设施规划

基于社区生活圈对中心城区社区级别的公共服务设施配置进行引导，在中心城区适宜的日常步行范围内，划定满足城镇居民全生命周期工作与生活等各类需求的基本单元，融合“宜业、宜居、宜游、宜养、宜学”等多元功能。主要技术要点如下。

（1）社区生活圈划定和规划要点

科学划分社区生活圈范围：在保证社区功能完整性、行政管理独立性的基础上，考虑交通、水系、人口分布、设施便捷性等要素，15min生活圈按照居民步行时间15min可达各类社区服务设施，步行距离在1000m以内划分范围；5～10min生活圈按照居民步行5～10min可达各类社区服务设施，步行距离在300～500m划分范围。

社区生活圈设施供需评估：以供需关系为研究重点，充分评估各个社区生活圈内的设施现状、分布情况和人群需求，确定各个生活圈的设施配置重点和策略，可分为整治提升型、设施完善型、新建设施型等几种类型。

社区生活圈设施配置引导：提出各个社区生活圈服务的人口规模、整体策略、未来具体设施配置重点、配置等级、空间模式和布局引导等，对下一步详细规划编制提出指引。应强调社区层面设施的均衡性、可达性、便利性，鼓励通过合并设置、开放共享等方式提升设施利用效率、促进土地节约集约利用。

（2）分圈设施配置要求和组织模式

15min生活圈：基于街道社区行政管理边界划定，基本配置应包括健康管理（卫生服务中心、门诊部）、为老服务（养老院、老年养护院）、终身教育（初中）、文化活动（文化活动中心，含青少年活动站和老年活动站）、体育健身（大型多功能运动场地）、商业服务（商场、餐饮设施、银行营业网点、电信营业网点、邮政营业场所）、行政管理（社区服务中心、街道办事处、司法所）、就业引导（社区就业服务中心）等 8 大类 16 小类。可在此基础上增加工疗康体服务中心、综合为老服务中心、学龄儿童养育托管中心、文化展示馆、体育馆或全民健身中心、小型体育公园、健身房、派出所等设施配置。

5～10min 生活圈：结合居委社区服务范围划定，基本配置应包括为老服务（老年服务站）、终身教育（小学、幼儿园）、文化活动（文化活动站）、体育健身（中小型多功能运动场地、室外综合健身场地）、商业服务（菜市场或生鲜超市、社区商业网点）、行政管理（社区服务站）等 6 大类 9 小类。可在此基础上增加社区卫生服务站、托儿所、健身步道、社区食堂、生活服务站等设施配置。

应特别重视服务于老年人口、儿童、残障人士等特殊人群的设施配置，有条件的社区应全面实现全龄友好，满足无障碍环境要求；应注重集约节约，充分使用闲置空间补充公共服务设施；应注重公众参与，充分了解居民意愿，鼓励居民和社会主体充分参与到生活圈建设中，不断增强居民对社区的认同感、归属感。

3. 响应不同人群需求的公共服务设施配置要点

老年友好型公共服务设施配置要点：完善老年人口相关设施布局，鼓励健身康复、照顾护理、康体休闲、生活服务等功能混合的综合老年服务设施建设，注重各类公共服务设施中的适老化和无障碍设计。在生活圈设施配置中，应考虑不同老化程度和生活能力的老年人口需求；应注重增加适宜代际交往空间，创造老龄人口与其他年龄段人口交往的条件；应设置具有抗老化针对训练的运动康体和益智活动场所；不断改善空间环境安全性、可达性、舒适性，如增加护栏、无障碍设计、夜间照明等安全设施，完善社区慢行系统，增强户外空间环境的引导性与识别性等。

儿童友好型公共服务设施配置要点：在公共服务设施中考虑幼儿、儿童活动空间，在设计细节上考虑儿童的安全性。在生活圈设施配置中，注重保障儿童的出行、活动安全性、可达性和趣味性，设计亲近自然、具有创造性的活动空间，拉近儿童与自然的距离。

残障人士友好型公共设施配置要点：在公共服务设施建设中应注重无障碍设计，有条件地区应配置完备的无障碍道路设施、交通指示标志等，增强公共服务设施对残障人士的可达性和便利性。针对医院、银行、公交站、菜市场、大超市等五类残障人士刚性需求最强的场所，应优先、重点、高标准配置无障碍设施；次级需求场所可逐步完善无障碍环境；在生活圈建设中应重点打通衔接居家、下楼、社区内及社区外出行等 4 个环节的无障碍环境。

针对中等收入群体的公共服务设施提升要点：根据中等收入群体的需求，应在城市中重点完善高品质休闲服务功能，引导高品质会展、娱乐、演艺类文化设施和体育休闲设施布局，可通过与科技等其他产业融合，建设复合式文化场所、高科技体育公园等；可与历史遗产保护工作相结合，充分挖掘城市文脉和地域特色，提升城市休闲文化品位。

4. 各类公共服务设施布局要点和编制内容

（1）公共文化设施

a. 规划布局要点

公共文化设施包括图书阅览设施、博物展览设施、表演艺术设施、群众文化活动设施等四大类。图书阅览设施、群众文化活动设施主要根据服务人口和服务半径分级设置，基层设施应结合社区生活圈规划统筹考虑；博物展览设施、表演艺术设施主要根据地方文化资源、经济条件和人口规模等因素规划设置，可与城镇其他大型公共服务设施集中布局，形成体现地方文化特色和形象的核心区域。

在高质量发展背景下，未来公共文化设施规划一是核心集中与网络化相结合，构建优质均衡、层次多元、便捷高效、融合创新的公共文化设施体系，在核心区域积极推动公共文化、体育建设、商业娱乐、医疗保健、公园绿地等功能一体化的综合体或综合服务区建设；二是精准对接人民群众文化和全民健身需求，织密基层公共文化设施网络，特别注重特殊群体公共文化服务供给，加大适老化、适儿化文化设施建设；三是落实国家区域发展战略，促进公共文化设施区域间协同发展、融合互动；四是加强城乡联动，促进城乡公共文化服务体系一体化建设，加强县城、县级市城区、重点镇对乡村地区的辐射带动作用，完善城乡协同发展机制；五是与城市更新行动相结合，利用城乡存量空间改造建设特色化的文化设施，注重场所环境的营造，体现地方文化和景观特色。

b. 主要编制内容

设施现状分析：从设施数量、规模、人均用地和建筑面积、设施使用效率、设施用地情况、设施空间可达性等方面对公共文化设施现状情况进行分析和评估。

设施需求分析：秉承“以人为本”的理念，通过问卷调查、现场访谈等方式，全方面了解社区居民对于大型文化设施、日常文化设施的需求，应特别关注老年人口、儿童等特殊群体的需求；根据区域和城市未来发展战略，确定未来发展大型文化活动、文化休闲产业的设施需求。

建设标准确定：根据国家、地方相关文化和体育规程标准，结合地方人口分布和需求的实际情况，提出未来公共文化设施建设目标，确定各级各类文化设施的总体规模、数量、设施覆盖率、用地和建筑面积标准、配置要求等，应适当向城乡接合部地区、远郊区县倾斜，补齐薄弱地区建设短板。

设施布局规划：明确文化设施整体布局体系和结构，确定市、区级设施的具体用地布局、占地面积、建筑面积、与开敞空间的关系、建设策略（现状保留、现状优化、现状扩容、规划新增、规划迁建等），提出社区生活圈设施的配置标准和要求，确定近期重点建设项目等，应强化高等级设施空间引导与基础性设施均等化覆盖，注重与TOD一体化开发、绿地和开敞空间建设的结合，注重充分利用城乡存量空间。

（2）体育设施

a. 规划布局要点

公共体育设施主要包括市级、区级、基层级三个级别，体育场馆、体育场地等两种类型。大型公共体育设施应选址于交通便利并利于安全疏散的地段，同时满足应急避难场所的选址要求。基层公共体育设施应深入贯彻全民健身的国家战略，充分考虑老年人口、儿童的需求。

在高质量发展背景下，未来公共体育设施规划一是与城市未来发展重大战略目标结合，通过大型公共体育设施和体育赛事规划推动城市发展；二是精准对接全民健身需求，织密基层体育设施网络，特别注重特殊群体体育服务供给，加大适老化、适儿化体育设施建设；三是与公园城市、慢行系统建设相结合，将体育设施与开敞空间、绿道、蓝道等设计一体化考虑，注重场所环境的营造和现代科技的植入，体现高科技特色、地方文化和景观特色等。

b．主要编制内容

设施现状分析：从设施数量、规模、人均用地和建筑面积、设施使用效率、设施用地情况、设施空间可达性等方面对体育设施现状情况进行分析和评估。

设施需求分析：秉承“以人为本”的理念，通过问卷调查、现场访谈等方式，全面了解社区居民对于大型体育设施和健身设施的需求，应特别关注老年人口、儿童、残障人士等特殊群体的需求；根据区域和城市未来发展战略确定未来发展大型体育赛事、体育休闲产业的设施需求。

建设标准确定：根据国家、地方相关体育规程标准，结合地方人口分布和需求的实际情况，提出未来体育设施建设目标，确定各级各类体育设施的总体规模、数量、设施覆盖率、用地和建筑面积标准、配置要求等，应适当向城乡接合部地区、远郊区县倾斜，补齐薄弱地区建设短板。

设施布局规划：明确体育设施整体布局体系和结构，确定市、区级设施的具体用地布局、占地面积、建筑面积、与开敞空间的关系、建设策略（现状保留、现状优化、现状扩容、规划新增、规划迁建等），提出社区生活圈设施的配置标准和要求，确定近期重点建设项目等。

（3）教育设施

a．规划布局要点

教育设施包括中小学校、特殊教育学校、中等职业学校、高等院校等四大类，各类设施规划要点各有不同。其中中小学校规划为教育设施布局重点，应根据服务人口分布，结合社区生活圈规划均衡布局；特殊教育学校与残疾学生规模相关，达不到办学规模的可与普通中小学校、医疗康复机构、社会福利机构等相结合，设置特殊教育班；中等职业学校主要根据城市或区域产业发展需求统筹布局，选址宜邻近与其设置专业相关的城市功能区；高等院校应预留足够的空间，同时考虑对周边片区城市发展的带动作用，可与职业学校统筹考虑设置专门的教育园区、大学城。

b．主要编制内容

设施现状分析：从设施数量、班级规模、生均用地和建筑面积、设施使用效率、设施用地情况、设施空间可达性、设施供需匹配度等方面对教育设施现状情况进行分析和评估。

学龄人口预测：分析现状人口年龄结构，在考虑国家人口政策改革因素的基础上，应用年龄移算模型等方法预测规划期末学龄人口，推算城乡各社区、各居民点未来学龄人口数量和分布，以确定各层次教育设施需求量。

建设标准确定：根据国家、地方相关教育规程标准，结合地方人口分布和需求的实际情况，提出未来各类教育设施建设目标，确定各级各类教育设施的规模、数量、服务半径、用地和建筑面积标准。

设施选址分析：运用 GIS 软件对教育设施选址相关因素进行分析，为教育设施布局规划提供重要支撑，重点应考虑安全、交通因素、工业污染影响、与现有学校的距离、居住人口密度、用地适宜性等因素。

设施布局规划：按照国家、地方标准要求确定，根据规划期末各社区和居民点的学龄人口需求，综合考虑选址适宜性、服务半径、专项规划等因素，确定现状保留、现状优化、现状扩容、规划新增、规划迁建的学校位置和规模，提出资源配置和建设控制要求。

（4）医疗卫生设施

a．规划布局要点

医疗卫生设施主要包括医院、专业公共卫生设施和基层医疗卫生设施。综合医院布局应兼顾效率和均衡，避开污染源、人流密集地区和中小学校；传染病、精神疾病等有邻避效应的专科医院应避开人群密集地区，并应满足必要的隔离与防护要求；应急专业公共卫生设施应紧靠城市交通干道并直接连接，以便捷到达机场、火车站等区域交通枢纽；基层医疗卫生设施应根据服务人口分布，结合社区生活圈规划均衡布局。

在高质量发展背景下，未来医疗设施规划一是要完善应急医疗和普通医疗相协同的公共医疗卫生体系，超前谋划和预留大型应急医疗设施及配套的交通、市政基础设施用地，提高城市对突发卫生公共事件的防范、抵御和恢复能力；二是推动区域优质医疗资源扩容下沉建设，全面提升基层医疗卫生体系建设，加强公共卫生、全科、中医等能力；三是提升对妇女、儿童、老年人口等重点人群的医疗卫生设施保障，全面提高全方位全生命周期健康服务能力。

b．主要编制内容

设施现状分析：从医疗卫生设施资源（设施数量、用地规模、床位数、床位千人指标）、设施覆盖度、医疗人力资源（医师千人指标、卫生技术人员千人指标）、医疗效率（病床使用率、医师日均负担诊疗人次）、设施空间可达性、设施供需匹配度等方面对医疗卫生设施现状情况进行分析和评估。

建设标准确定：根据国家、地方医疗卫生规程标准，按照人口规模预测和未来人口结构的转变情况，预测未来综合医院、专科医院所需的总床位数和千人指标，提出未来各类医疗卫生设施建设目标，确定各级各类设施的总体规模、数量、设计床位数、用地和建筑面积标准。

设施选址分析：运用 GIS 软件对医疗设施选址相关因素进行分析，为医疗设施布局规划提供重要支撑，重点应考虑安全、交通因素、污染影响、邻避效应、居住人口密度、用地适宜性等因素。

设施布局规划：明确医疗卫生设施整体布局体系和结构，确定市、区级设施的具体用地布局、床位数、占地面积、建筑面积、建设策略（现状保留、现状优化、现状扩容、规划新增、规划迁建等），提出社区生活圈设施的配置标准和要求，确定近期重点建设项目等。

（5）社会福利设施

a．规划布局要点

社会福利设施主要包括老年人社会福利设施（机构养老设施、社区居家养老设施）、儿童社会福利设施和残疾人社会福利设施。社会福利设施选址应充分考虑老年人、儿童、残疾人的特殊要求，老年人社会福利设施中的机构养老设施宜结合医院布局统筹考虑，社区居家养老设施宜结合社区生活圈规划统筹考虑；儿童、残疾人社会福利设施应根据服务人口规模分级设置。

在高质量发展背景下，未来社会福利设施规划一是要提升养老服务质量，增强多元化养老设施供给，重点加强城乡社区的养老服务设施建设和适老化改造；二是要加强社会服务兜底能力建设，优化儿童社会福利设施体系、残疾人社会福利设施体系建设，整合集中配置资源。

b. 主要编制内容

设施现状分析： 从设施数量、规模、人均用地和建筑面积、设施使用效率、设施用地情况、设施空间可达性等方面对社会福利设施现状情况进行分析和评估。

弱势群体人口预测和需求分析： 分析现状人口年龄结构，应用年龄移算模型等方法预测规划期末老龄化趋势和老龄人口数量；根据现状残疾人、孤残儿童人口数量和近年变动趋势，估算规划期末儿童、残疾人社会福利设施服务人口数量；通过问卷调查、现场访谈等方式，深入了解以上三类人群对于社会福利设施的需求，确定地方未来主要采用的养老模式、社会福利服务体系建设模式等。

建设标准确定： 根据国家、地方相关养老和社会福利设施规程标准，结合地方人口分布和需求的实际情况，提出未来社会福利设施建设目标，确定各级各类设施的总体规模、数量、设计床位数、用地和建筑面积标准。

设施布局规划： 明确社会福利设施整体布局体系和结构，确定市、区级设施的具体用地布局、占地面积、建筑面积、建设策略（现状保留、现状优化、现状扩容、规划新增、规划迁建等），提出社区生活圈设施的配置标准和要求，确定近期重点建设项目等。

（五）空间单元划分及引导要求

1. 空间单元划分

根据规划管理需要和向详细规划传导的管控要求，应在中心城区空间结构引导下进一步划分空间单元。空间单元具有承上启下作用，是传导总体规划意图与管控要求的基本空间单元。在中小城市，空间单元可以和详细规划编制单元充分衔接。在大城市和特大城市，可以根据城市规划管理要求进一步进行空间单元的细分（见表 6-5）。

根据对各城市空间单元划分要求的整理总结，空间单元的划定除了考虑功能布局、道路交通以及河流山体等因素外，还应与城市行政单元特别是社区、街道等管理范围相对应，并充分考虑土地利用结构、功能关联性等城市功能分区情形，从而保证规划实施管理与城市治理紧密结合。

表 6-5　部分城市对控规单元划分要求一览表

城市	分层	面积规模	划分依据
北京	全市—中心城—分区—片区—街区—地块	2~3km²	城市主次干道
上海	全市—中心城—分区—控制性编制单元—街坊	内环线以内 1~3km²，内环线之间 3~5km²	以社区（街道）为基础研究单位，以主要干道、河流等自然界限划分
深圳	全市—分区—片区（法定图则空间单元）—街坊—地块	特区内 1~4km²，特区外 5~10km²	城市功能布局、现有行政辖区、主干路网
广州	城市—街道—规划管理单元	旧城中心区 0.2~0.5km²，新区 0.8~1.5km²	行政街道界限、河流、铁路等地理界限，土地利用结构、功能关联性，土地使用性质的同一性，主次干道、合理的交通分区等
南京	城市—综合分区—分区—规划编制单元—图则单元—地块	新区 10~15km²，已建成区略小	城市布局结构特点，行政区划界限、主要河道、交通干道、生态走廊等
武汉	城市—综合分区—分区—控规编制单元—控规管理单元—地块	控规编制单元 1.5~4km²	自然界限、行政区划、主要道路，合理公共服务半径、功能相对独立，城市历史、景观、生态等控制要素相对完整
天津	全市—城区—街区—控规单元—控规街坊—控规用地	一般 1~4km²，新区 2~6km²	控规编制、审批和实施管理的基本单位，与街道办事处管辖范围对应
青岛	全市—分区—控规片区—管理单元—地块（街坊）	1~4km²	主要干道、河流的自然界限等

资料来源：根据各城市控制性详细规划编制要求整理

2. 空间单元引导

空间单元引导应基于问题导向、目标导向和实施导向相结合的原则，对中心城区现状问题、功能分区、规划管理需求等进行充分研究，进一步落实总体规划对各单元的管控要求，突出对空间单元详细规划编制的刚性和弹性引导。

一是通过划定不同类型空间单元有效实现特色化引导。从中心城区功能分区、存量更新、城乡融合等不同角度综合统筹，划定不同类型的空间单元，并细化分解不同单元的功能定位、人口规模、用地规模等整体引导性指标。空间单元的类型一般可包括更新改造、城乡统筹、创新示范、产业融合等不同类型，除整体引导性指标外，还可针对不同单元特点提出特色化引导指标。

二是通过空间单元差异化要求有效实现主要控制线的落地管控。与城市“四线”（城市绿线、蓝线、黄线、紫线）结合，进一步强化强制性内容的管控要求。在城市“四线”定结构、定规模的基础上，通过空间单元中对“四线”落地要求的补充和强化，探索定形态、定标准和定时序等实施要求的落地。以城市绿线为例，对于现状、在建和已经确定具体选址的各类城市绿地，按照具体用地范围控制线划定城市绿线并在空间单元详细规划编制中实施落地；对于尚未确定具体用地范围控制线的城市绿地，按照选址、规模等在空间单元中提出用地布局控制要求，在单元详细规划编制中落实相关要求。

三是加强公共利益保障和重点城市功能向空间单元的有效传导。将主导功能、规模容量、公共服务设施等作为空间单元管控的核心要素，通过刚性传导保证规划编制实施全过程一贯到底。对于空间单元内的市级、区级等公共服务设施和市政基础设施，应进一步明确设施用地规模、分级配置标准、用地结构和空间布局，以及管控要求和建设要求。

四是强化对空间单元的城市设计和开发强度引导。将城市特色空间格局、公共空间系统、景观风貌系统、标志节点、视线通廊、天际线等关键要素的总体城市设计要求细化到空间单元引导中，进一步彰显不同空间单元的文化和生态特色。明确空间单元开发强度、建筑高度等管控要求，突出对重点片区空间单元的城市设计管控和对主要开发强度指标的管控。

参考文献

安顺市自然资源局. 2022. 自然资源部印发全国“三区三线”划定规则[EB/OL]. (2022-05-27)[2024-06-06]. https://mp.weixin.qq.com/s?__biz=MzAxMDYwMDM0Mw==&mid=2652408645&idx=5&sn=afc250cd2d3557cf3cbdd4974530c687&chksm=80a1c1bdb7d648aba16aeeb3e0e30399059454cd05c5d35460c82187b21b42227e8146a2187a&scene=27.

规划司. 2016. 国土资源部关于印发《关于深入推进城镇低效用地再开发的指导意见（试行）》的通知[EB/OL]. (2016-11-11)[2024-06-06]. https://www.mnr.gov.cn/gk/tzgg/201702/t20170228_1991910.html.

郝庆, 郑筱津, 付世华. 2024. 国土空间格局优化的总体思路与技术流程：以市县级国土空间规划为例[J]. 经济地理, 44(1): 166-173.

林坚. 2021. 新时代国土空间规划与用途管制:“区域—要素”统筹[M]. 北京. 中国大地出版社.

刘长辉, 周君, 王雪娇. 2022. 经济区与行政区适度分离视角下跨区域要素流动与产业协作治理路径研究：以成渝地区阆中市、苍溪县、南部县三县(市)为例[J]. 规划师, 38(6): 51-56.

彭翀. 2019. 城市地理学: 中英双语教材[M]. 北京: 中国建筑工业出版社.

清华大学中国新型城镇化研究院. 2019. 走以人民为中心的城镇化中国道路：中国城镇化大势与对策研究[M]. 北京: 清华大学出版社.

吴岩, 贺旭生, 杨玲. 2020. 国土空间规划体系背景下市县级蓝绿空间系统专项规划的编制构想[J]. 风景园林, 27(1): 30-34.

薛领, 杨开忠. 2023. 中国式现代化背景下国土空间优化与调控：抗解性范式转型[J]. 经济纵横, 39(6): 47-55.

袁周, 刘田, 邵磊. 2019. 北京市肢残人对一刻钟社区服务圈的无障碍需求与满意度研究[J]. 规划师, 35(4): 25-31.

张尚武, 潘鑫. 2021. 新时期我国跨区域重大基础设施规划建设的战略思考[J]. 城市规划学刊, (2): 38-44.

中国城市规划设计研究院. 2019. GB/T 51346—2019 城市绿地规划标准[S]. 北京: 中国建筑工业出版社.

周燕珉, 王春彧. 2020. 老旧小区的适老化改造有哪些要点[J]. 中国社会工作, (14): 16.

自然资源部. 2012. 闲置土地处置办法[S/OL]. (2012-05-22)[2024-06-06]. https://www.gov.cn/zhengce/2012-06/01/content_5711418.htm.

自然资源部. 2020. 自然资源部办公厅关于印发《市级国土空间总体规划编制指南（试行）》的通知[EB/OL], (2020-09-22)[2024-06-06]. https://gi.mnr.gov.cn/202009/t20200924_2561550.html.

自然资源部. 2021. 自然资源部关于发布《社区生活圈规划技术指南》行业标准的公告[EB/OL]. (2021-

06-09)[2024-06-06]. https://www.beijing.gov.cn/zhengce/zhengcefagui/qtwj/202204/t20220407_2668427.html.
自然资源部国土空间规划局. 2021. 新时代国土空间规划：写给领导干部[M]. 北京：中国地图出版社.

思考题

（1）面向国土空间开发和保护的新要求，如何对自然要素的资源、生态、环境、灾害等属性开展系统性分析，支撑国土空间开发与保护格局的合理构建？

（2）面向建设用地指标日益趋紧、城市建设模式由增量扩张转向存量更新为主的新发展时期，如何科学评价城市建设用地的空间绩效，并在空间绩效导向下优化城市用地布局，实现用地指标精准投放？

第七章　规划传导与实施保障

导读：建立规划传导和实施保障机制是国土空间总体规划编制的重要内容，也是指导规划有序有效实施的关键环节。在上一章“空间方案集成与总体统筹”的基础上，本章重点阐述规划编制方案的传导与实施保障体系，具体包括构建立体化规划传导管控体系、搭建国土空间规划“一张图”系统、统筹制定近期行动计划、建立健全规划实施保障机制等相关内容。

一、内容框架和知识点导引

规划传导和实施保障机制的建立是国土空间总体规划作用发挥的关键，规划编制成果要注重实施导向，健全规划传导和实施保障机制，确保规划有效实施落地。从编审监督和“规建管”一体化视角来看，规划传导机制是国土空间规划体系“四梁八柱”的中枢神经。从服务规划实施管理角度出发，对市县国土空间规划传导中的政策工具、技术工具进行统筹设计，探索传导过程的保障机制，也是国土空间规划编制的核心关键问题。在空间方案集成与总体统筹基础上，通过编制区县指引、单元指引、专项指引等系列指引，明确向下位总体规划或分区规划、详细规划、郊野单元规划等下位规划的传导内容，明确专项规划编制清单和传导重点，形成对下位规划和专项规划的有效传导。

此外，要提出国土空间基础信息平台和国土空间规划“一张图”实施监督信息系统建设要求，为规划动态监测评估预警提供信息化支撑。统筹制定近期行动计划，衔接国民经济和社会发展五年规划，结合城市体检评估，对规划近期行动做出统筹安排。建立健全规划实施保障机制，完善规划实施配套政策机制，健全监测评估预警、动态维护和考核监管制度，确保规划成果有效实施落地。

二、构建立体化规划传导管控体系

（一）总体思路和原则

落实国家空间规划体系要求，建立“纵向到底，横向到边”的立体化规划传导机制，纵向发挥对下层次国土空间总体规划和详细规划的管控引导作用，横向发挥对各类专项规划的指导和约束作用，提升国土空间规划体系整体效能，形成规划合力（见图 7-1）。

国土空间规划传导机制构建应遵循三大原则。

一、刚弹相济、有效传导。刚性底线管控与弹性引导相结合，既要有效传导刚性约束指标，也要适当发挥弹性内容的战略引导作用。以“指标+控制线”为主要刚性传导手段，强化底线管控；以“分区+名录+弹性指引”为主要弹性传导手段，实现国土空间差异化发展引导。加强规划的公共政策属性，推进重要政策工具和技术工具的精细化设计，对城镇开发边界、弹性发展区等的管控意图、管控要求和启用程序等进行精细化设计。

二、尊重事权、分类传导。以自然资源部门和其他主管部门事权为基础，对接审批与实施监管，理清各部门、各层级事权，精准传导管控内容，包括分区传导、底线管控、控制指标、名录管控、政策要求等。针对市辖区、各市县和各行政部门，根据不同行政层级和各部门事权，按照分类施策的方式进行不同传导方式和机制的统筹谋划。

三、因地制宜、分区施策。在统筹优化划定“三区”（生态、农业和城镇三类空间）以及“三线”（永久基本农田、生态保护红线和城镇开发边界）的基础上，根据不同控制线的空间耦合关系和管控要求对全域进行分区引导。重点针对生态保护红线内区域、城镇开发边界内区域和其他非重点建设区域三类重点地区的规划传导机制进行研究，确保约束性指标和管控要求向下位规划进行传导。

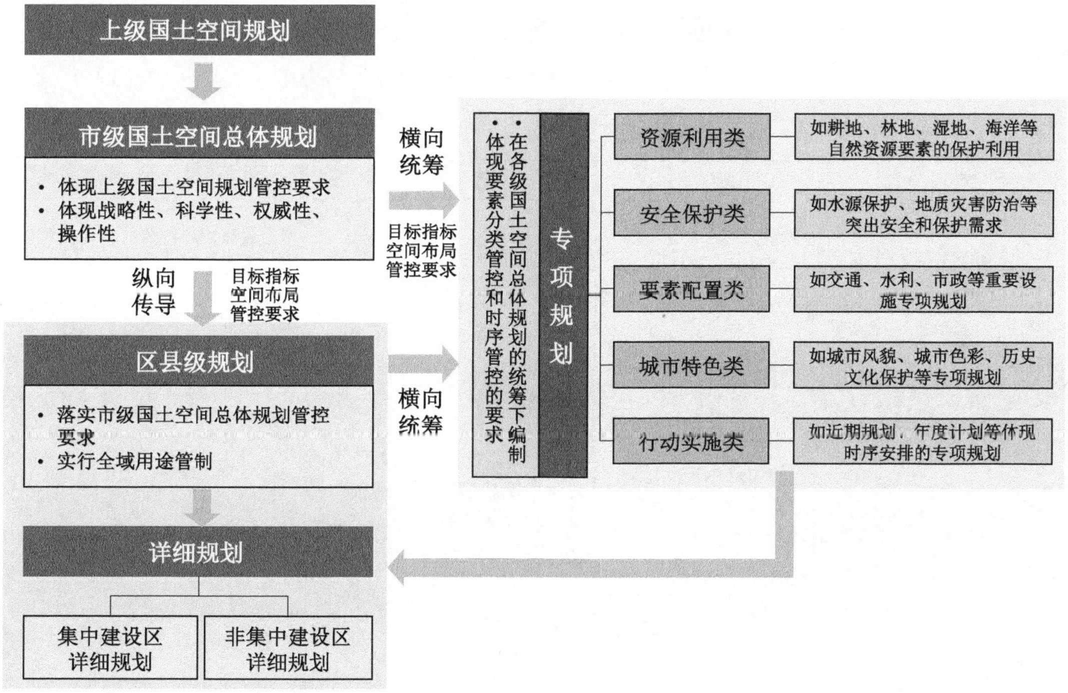

图 7-1　市县国土空间总体规划的纵横传导体系示意图

（二）传导手段和路径

国土空间规划传导手段包括指标、属性、控制线、时序等。其中指标传导手段侧重“定量”，是对下位进行数量上的分配和标准的确定；属性传导手段侧重“定策”，是以政策规则实现对下位的宏观引导和调控（形态，结构等）；控制线传导手段侧重“定界”，以“三条控制线”和城市“四线”等为代表，侧重对特定政策管控区域边界的传导落实；时序传导手段侧重“定则”，重点从时间维度提出原则性或具体传导事项要求。

市县国土空间总体规划传导路径包括纵向路径和横向路径两类。

市县国土空间总体规划的纵向路径是指从省级国土空间规划，到市县级总体规划、乡镇级规划、详细规划之间建立纵向传导体系（见图 7-2 和图 7-3）。突出市级国土空间总体规划的承上启下作用，面向生态、农业、城镇、文化四大类空间，通过“约束性指标”“控制线”“规划分区”“重点名录”“管控规则”五大抓手，转变传统的自上而下、“一传到底”的传导思路，形成市县联动的纵向传导体系（见表 7-1）。

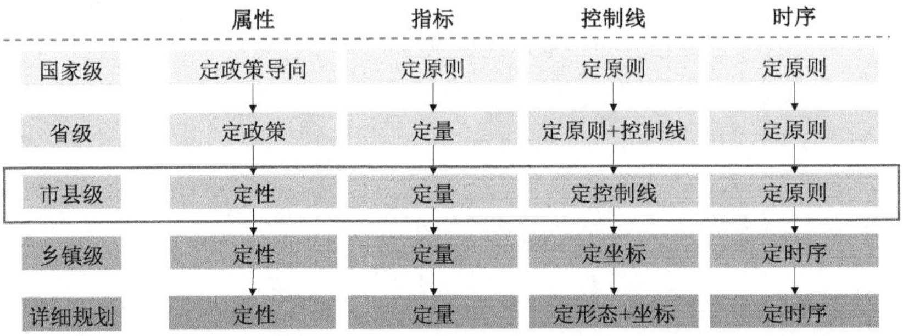

图 7-2　国土空间总体规划分层分类传导逻辑示意

表 7-1　不同传导手段的使用范围、管控路径和应用举例分析

传导手段	适用范围	管控路径	应用举例
规则管控	内容过细而不能在本级规划中实施定量或者定位管控的对象	列出必须遵守的法律法规、标准规范、行政规范性文件等，明确下层次空间规划深化的具体规定	市级总规中市域公共设施配置标准；战略引导定位、实施政策等
名录管控	需要明确管控对象名录及管控要求，但在本级空间规划中难以实施定位管控的对象	确定目录，并根据管理需求提出在下一层次空间规划中具体细化落实边界管控等相关要求	如自然保护区名录、水源保护区名录、历史文化名镇名村名录、重大基础设施列表、准入清单和负面清单
规模（指标）管控	需要明确管控对象规模要求，但在本级空间规划中难以实施定位管控的对象	明确规模总量、人均指标等，以及下层次规划量化分解要求，可以包括数量型指标和标准型指标	市级总规中城乡建设用地规模、耕地保有量等，以及对指标分解落实的要求；公共设施配置标准
结构管控	需要明确空间要素布局结构性要求，但在本级空间规划中难以实施定位管控的对象	明确总体结构、廊道大致走向、空间连续性或最低宽度要求等结构性要求	市县级总规城市公共服务体系、生态格局结构
分区管控	需要细化规划分区、政策分区，但在本级规划未进一步深化区分的对象	进一步明确边界精度，进一步划分为中类、小类	市级总规中的规划分区和用途分类；主体功能区政策
位置（点位）管控	需要在下级规划中明确的点位坐标	进一步明确地理坐标	如交通线选线坐标、重大设施布点、名录在空间上的图示化
边界管控	需要明确空间准确边界的对象	精准划定用地边界（为上述 6 种传导手段的最终空间位置，一般在乡镇级国土空间规划或详细规划层面才能准确落位）	三条控制线、水体保护线、绿地系统线、基础设施建设控制线、历史文化保护线等
形态管控	需要提出空间形态、风貌的附加要求的对象	提出视廊、天际轮廓线、建筑高度、形式、色彩等管控要求	城市设计重点控制区的形态管控

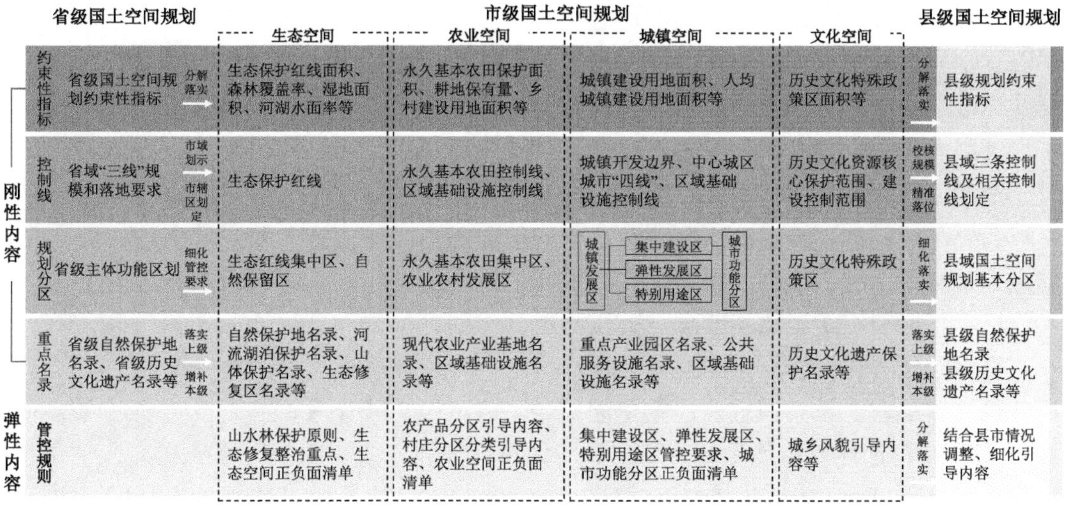

图 7-3 市级国土空间总体规划纵向传导重点示意图（尚嫣然等，2021）

明确“市级总规—县级/分区单元规划—详细规划”3 个层级的规划传导内容，逐级深化细化落实。在传导内容上围绕“底数底图—目标战略—空间传导”三大板块，将规划的核心管控内容按照不同层级的事权范畴、传导重点和深度进行细分，逐级向下传导（见图 7-4）。

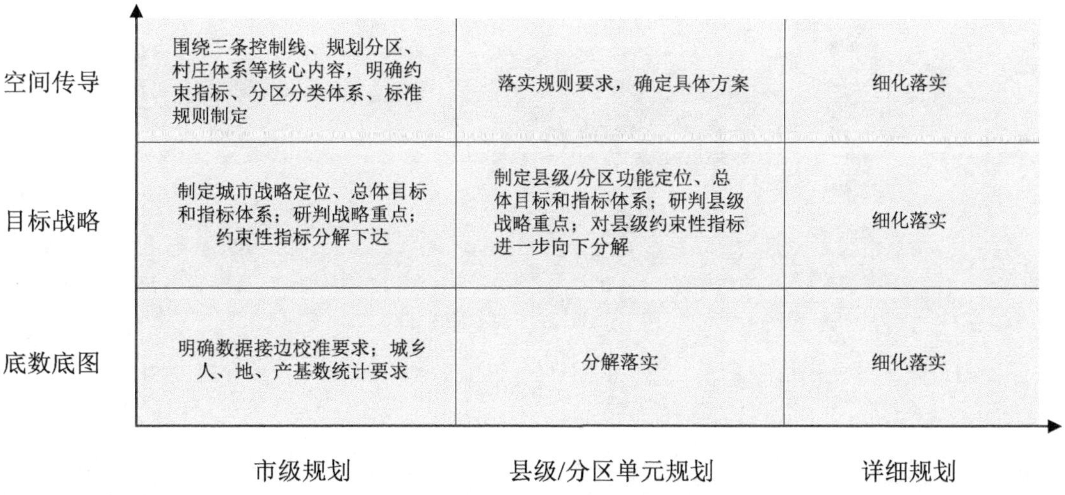

图 7-4 市县联动的国土空间规划传导体系框架图（据尚嫣然等（2021）重绘）

底数底图传导：以正式发布的“三调”数据为基础，在市级层面明确跨行政界线的数据接边校准要求，以及全域城乡人、地、产基数等统计要求，在县级/分区单元层面进行分解落实，形成一套统一的底数底图，为国土空间规划资源合理配置和“一张图”数据库建设奠定扎实的基础。

目标战略传导：以目标定位、核心指标及监管方式、战略重点研判等为重点，市级层面制定城市战略定位、总体目标和指标体系，并结合战略重点研判将部分约束性指标分解下达至县级/分区单元，县级国土空间总体规划进一步分解传导目标与指标体系，详细规划层面进行具体的细化落实。

空间传导：以三条控制线、规划分区、村庄体系等为重点，市级层面侧重明确约束指标、分区分类体系和标准规则制定，县级层面确定具体方案，并通过市县联动反馈，动态完善有关标准和规则。而详细规划层面则进一步细化到具体的用地和功能控制，最终将目标指标与空间资源相匹配，真正落实到空间上。

纵向空间管控传导重点是从主导功能分区到用途控制、再到用地管理的层层深化传导体系。其中宏观市县域层面注重功能控制，以主导功能分区管控为核心规划内容；中观片区/乡镇层面注重用途控制，以大类用地布局管控为核心规划内容；微观单元层面注重用地管理，以中类甚至小类用地布局管控为核心规划内容。从宏观的市县域到中观的片区/乡镇，再到微观的单元用地尺度，体现了环环相扣、层层细化落实的传导过程（见图 7-5）。

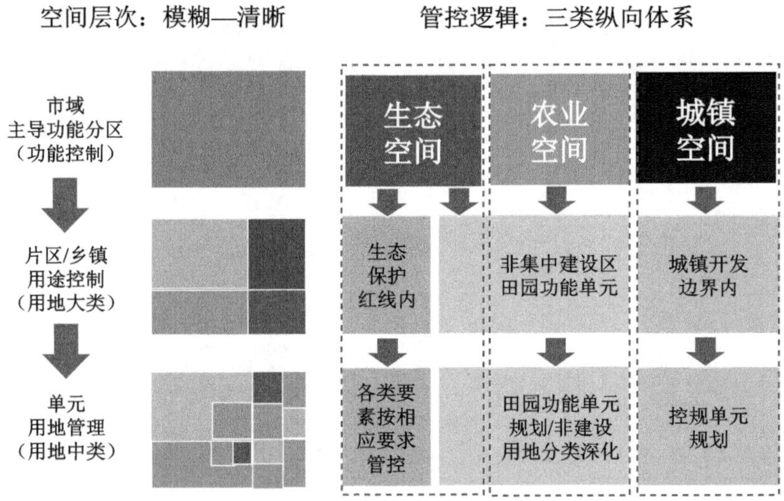

图 7-5　国土空间总体规划“主导功能分区—用途控制—用地管理”的分层传导示意图

国土空间规划的横向传导路径，是结合规划事权与协同维度对专项规划的编制和审批进行指导约束，对于围绕自然资源部门事权的专项规划应重点提出空间指引，其他专项规划应在前期加强对接并将约束性指标和三条控制线等刚性管控内容作为编制指引。对于编制成果与国土空间规划密切相关、作为前置或核心内容并需要纳入总体规划的专项规划，在编制时序上应尽量协同。

（三）向下位总规传导

市级国土空间总体规划对市辖县（区）提出规划指引，县级国土空间总体规划对县辖镇（街道）提出规划指引（见图 7-6）。按照主体功能区定位，落实市县总规确定的规划目标、规划分区、重要控制线、城镇定位、要素配置等规划内容。制定下辖行政主体的约束性指标分解方案，下达调控指标，确保约束性指标的落实。

各地可根据实际情况，在市县总规基础上，大城市可以行政区或规划片区为单元编制分区规划，中小城市可直接划分详规单元，加强对详细规划的指引和传导。涉及中心城区范围的县（区、市）级国土空间总体规划，应落实市级总规对中心城区的国土空间安排；涉及镇区范围的镇级国土空间规划，应落实县级总规对镇区的国土空间安排（见图 7-7）。

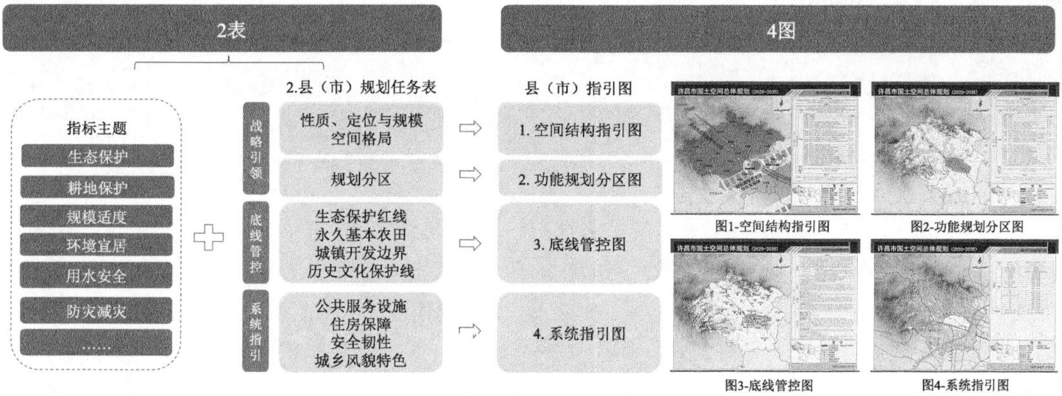

图 7-6　市级国土空间总体规划向县（区）传导图则示意案例

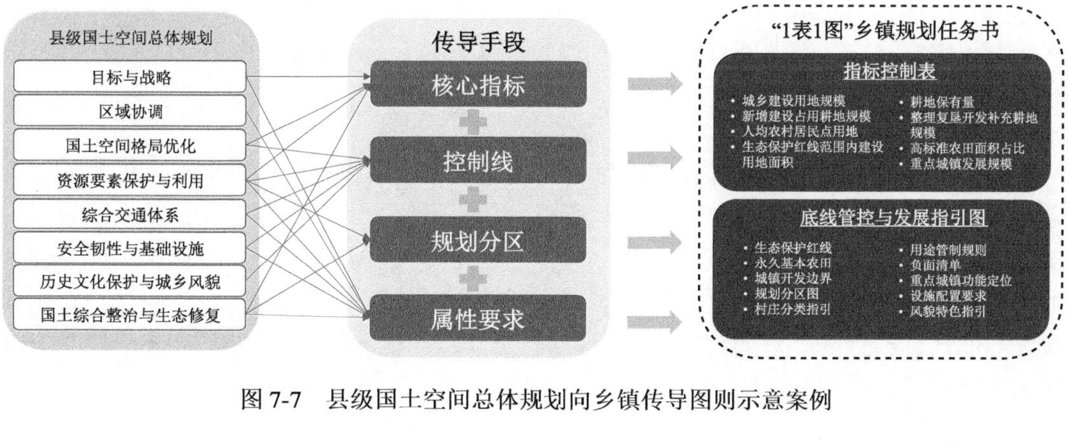

图 7-7　县级国土空间总体规划向乡镇传导图则示意案例

（四）向专项规划传导

明确专项规划编制清单，明确总体规划与专项规划横向衔接的技术内容要求，发挥对专项规划的约束作用（见图 7-8）。相关专项规划应在国土空间总体规划的指导约束下编制，落实相关约束性指标，不得违背市县级总规的强制性内容。经依法批准后纳入市县国土空间基础信息平台，叠加到国土空间规划“一张图”上。

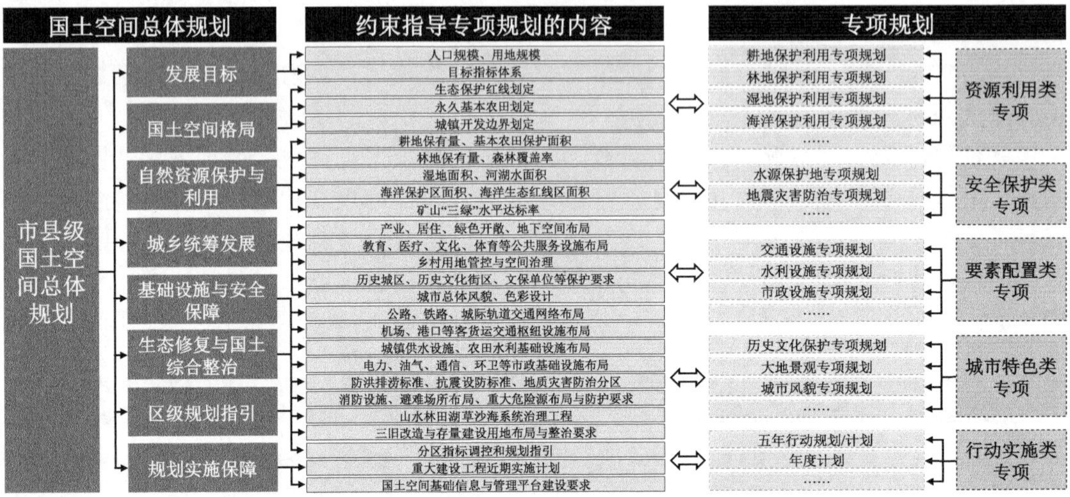

图 7-8 市县国土空间总体规划与专项规划的传导路径示意图

一般而言，专项规划包括特定领域类和特定区域类。特定领域类专项规划包括资源利用类、安全保护类、要素配置类、城市特色类和行动实施类。其中，资源利用类包括耕地、林地、湿地、海洋等自然资源要素的保护利用专项规划；安全保护类包括水源保护、地震灾害防治等突出安全和保护需求的专项规划；要素配置类包括交通、水利、市政等重要设施专项规划；城市特色类包括历史文化保护、大地景观、城市风貌等专项规划；行动实施类包括五年行动计划、年度计划等体现时序安排的专项规划。另外，特定区域类专项规划指的是针对特定功能区、特别政策区、特定自然地域（如流域等），为体现特定功能和特定管理调控意图而编制的专项规划。

（五）向详细规划传导

中心城区编制单元指引向详细规划传导规划要求，城镇开发边界内对发展单元编制发展单元指引，主要传导内容包括发展规模、功能定位与分区、空间管控、重要设施、历史文化保护与城乡风貌、城市更新、社区生活圈配置、近期开发建设指引等；市辖区的城镇开发边界外地区可编制郊野单元指引或村庄规划指引，主要传导内容包括发展规模、功能定位与分区、空间管控、空间格局、村庄发展、国土综合整治和生态修复、社区生活圈配置、近期开发建设指引（见图 7-9）。

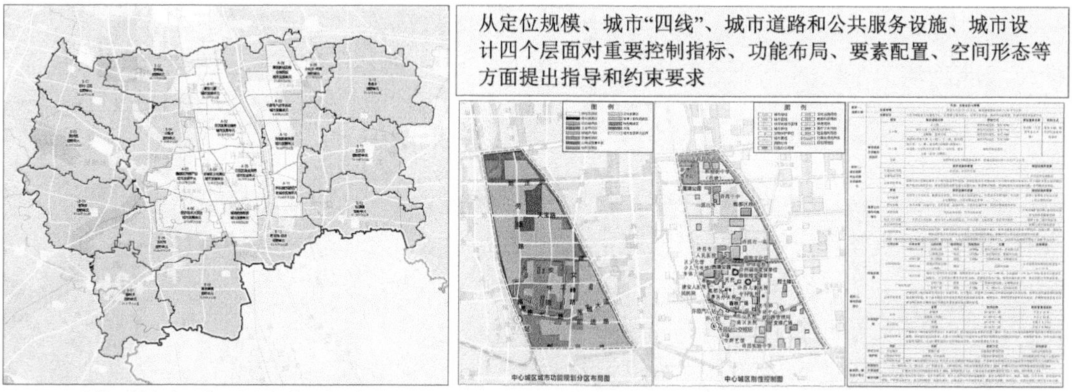

市辖区城市发展单元和郊野单元指引图　　老城区文化商业城市发展单元指引

图 7-9　某市级国土空间总体规划向详细规划传导图则示意案例

三、搭建国土空间规划“一张图”系统

依据国土空间规划体系改革要求，结合市县国土空间总体规划编制和监督实施管理业务职能，基于国土空间基础信息平台，构建国土空间规划“一张图”实施监督信息系统（以下简称“一张图”系统），服务于国土空间规划编制、审批、实施和监督全过程管理，为实现可感知、能学习、善治理和自适应的智慧型规划提供信息化支撑。

（一）建设内容

秉持“建好、用好、管好”的思路，开展“一张图”系统建设工作。依据国土空间规划数据库相关标准，调研分析市县数据现状，分析内容包括数据量、数据格式、空间参考、数据层次、数据类别、数据关系、标准规范等，结合业务应用的实际需求，构建纵向全覆盖、边界闭合、因地制宜的国土空间规划成果数据体系。

1. 建好“一张图”数据体系和系统应用，支撑全周期管理

以一张底图为基础建设国土空间规划数据资源体系和“一张图”系统应用，按照《国土空间规划“一张图”实施监督信息系统技术规范》(GB/T 39972—2021）要求，系统包含“一张图”应用、分析评价、成果审查与管理、规划实施监督、指标模型管理和社会公众服务六大功能，为国土空间规划编制、审查、实施和监测评估预警各环节提供信息化技术服务。通过“一张图”应用、成果审查与管理功能，实现从总体规划分区空间形态至单元层面、地块层面详细规划的叠加，切实保障上下层级规划的逐级衔接和传导管控。通过监测评估预警功能动态监测、定期评估、及时预警，监督约束性规划指标分解和实施情况，评估国土空间开发利用和保护成效。

2. 用好“一张图”系统与其他业务系统对接，推进业务协同

“一张图”系统纵向上应预留与上级单位系统的接口服务，支持规划成果和体检评估成果的上报，从而满足国家及省（自治区、直辖市）对市县的统一监管要求；横向上预

留与其他系统对接的接口服务，为发改、生态环境、住建、交通等其他行业主管部门提供权威准确的国土空间“一张图”服务和规划信息共享，实现业务协同。

3. 管好“一张图”系统的规范安全运行，保障持续稳定

建立规范化、标准化的运行维护体系，以用户权限管理、安全认证等技术提升系统安全性，全面监控系统运行状态，支持系统的安全、稳定、高效、持续运行。

（二）建设方法

依据国家政策要求，结合地方建设特色，“一张图”系统建设主要包含以下步骤（见图 7-10）。

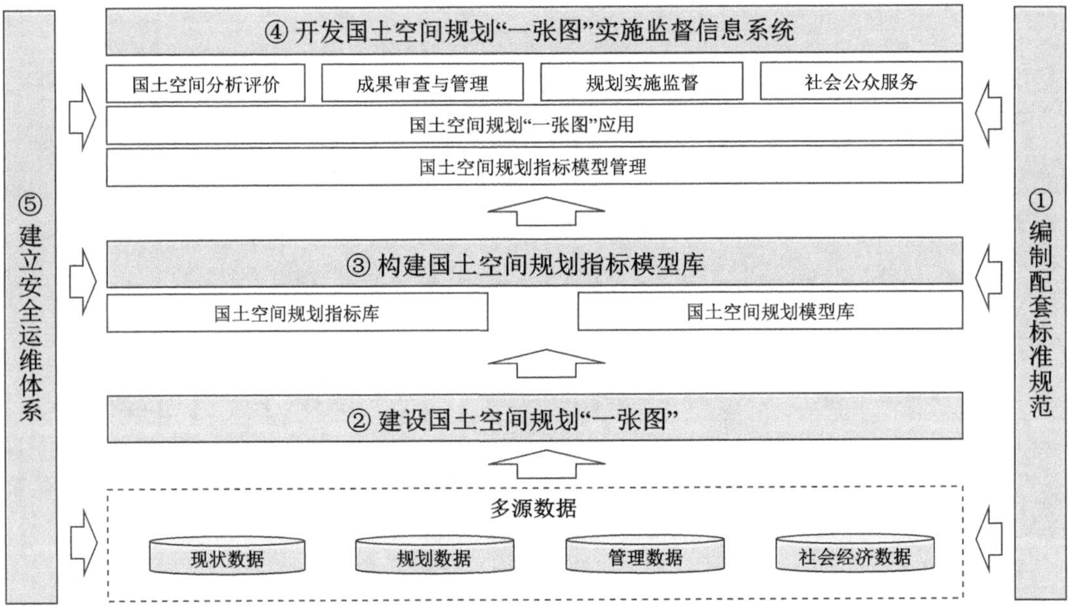

图 7-10　国土空间规划“一张图”实施监督信息系统建设技术路线示意图

编制配套标准规范：基于自然资源部及上级单位下发的标准规范，结合地方情况，建立地方适用的数据库标准、数据汇交标准、接口规范、运行管理规范等配套技术标准和管理规范，用于指引和保障市县国土空间规划成果建库、汇交及服务应用等的规范化实施。

建设国土空间规划“一张图”：依据标准规范，对与自然资源有关的信息资源采集、处理、传输和使用过程进行全面规划，建立要素全面、类型丰富的自然资源数据库，形成全域覆盖、信息完整、逻辑一致的国土空间规划“一张图”数据资源体系。

构建国土空间规划指标模型库：基于地方国土空间规划城市体检评估的指标体系构建成果，设计指标项标准库，根据单个指标项的业务含义设计指标维度、创建各维度值域字典，融合历史和现状指标值数据，形成国土空间规划指标库。根据业务分析需求整

合各类分析评价模型进行统一管理和应用，对模型算法进行注册，并挂接算法所需各类数据源，形成国土空间规划模型库。

开发国土空间规划“一张图”实施监督信息系统： 面向国土空间规划编制、审查、实施、监测、评估、预警的全过程管理需求，开发国土空间规划“一张图”实施监督信息系统，提供分析评价、成果审查与管理、规划实施监督（含监测评估预警、资源环境承载能力监测预警、国土空间规划全过程自动强制留痕）、社会公众服务、“一张图”应用、指标模型管理等功能，并在建设中充分考虑总体规划和详细规划实施监督的共性和差异性功能需求，为总详规划传导做好支撑；与各委办局业务系统连接，实现部门间信息共享和业务协同；为企事业单位和社会公众提供服务。

建立安全运维体系： 建立运维管理机制，对系统的硬件、网络、数据、应用及服务的运行状况进行综合管理，保证系统稳定运行。

四、统筹制定近期行动计划

统筹考虑规划阶段性目标，对规划近期做出安排，制定行动计划。提出国土空间近期建设规划的相关要求。衔接市县国民经济和社会发展五年规划、各部门年度工作计划，提出建立重大项目清单动态管理机制的相关要求。编制城市更新、土地整治、生态修复、乡村振兴、产业园区、道路交通、基础设施、公共服务设施和防洪排涝工程等重大项目清单，提出实施支撑政策。

五、建立健全规划实施保障机制

完善规划实施配套政策机制。 提出国土空间规划相关法规和技术标准规范制定的相关要求，提出自然资源资产管理和有偿使用、国土空间用途管制、生态补偿、空间管控传导等高质量空间治理政策体系，促进国土空间的优化和空间资源的资产价值实现。落实和细化主体功能区等政策，提出有针对性、可操作的财政、投资、产业、环境、生态、人口、土地、公共服务等规划实施政策措施，保障规划目标的实现。鼓励探索主体功能区制度在基层落实的途径，各地可依法制定相应配套措施。

健全监测评估预警、动态维护和考核监管制度。 提出国土空间规划监测评估预警管理系统建设要求，明确动态监测评估预警工作机制。提出建立国土空间规划实施绩效考核和监督检查机制，以及建立“年度评估、周期评估、规划修订”全链条一体化的规划动态维护机制等要求。构建贯通“事前、事中、事后”全过程的规划监测评估预警机制，建立动态调整规划实施政策措施的制度安排。提出强化规划考核考评机制，建立分区分类的规划实施考核评估体系。

参 考 文 献

尚嫣然, 张悦, 薛昊天, 等. 2021. 市县联动的国土空间规划传导体系研究：以湖北省黄冈市为例[J]. 规划师, 37(19): 35-40.

思 考 题

（1）中心城区布局优化的重点方向是什么？城市更新提质的规划内容和重点有哪些？

（2）新冠疫情、老龄化与人口达峰、碳中和战略、自动驾驶及元宇宙等新趋势新技术将对城市空间使用需求、用地功能布局、建设模式等产生什么样的影响？

（3）国土空间规划“一张图”实施监督信息系统如何与已有系统及数据资源整合与共享？

第八章　规划成果制作与表达

导读：市县国土空间总体规划成果包括规划文本（含附表）、图件、说明、专题研究报告、国土空间规划“一张图”数据库等，本章重点介绍规划成果制作与表达的相关内容，首先说明规划成果的构成和不同版本成果编制的注意事项，其次重点介绍规划文本和附表、规划图件、规划说明和数据库的制作内容、表达方法和要点。

一、内容框架和知识点导引

市县国土空间总体规划成果包括规划文本（含附表）和图件、规划说明、专题研究报告、国土空间规划“一张图”数据库等。规划文本（含附表）和图件是正式法定成果内容，编制审批后具有实施上的法律效力。规划说明是针对规划编制成果的补充性解释和说明，重点阐释规划编制情况、规划基础、规划协调衔接情况、规划重点内容说明、规划编制履行程序情况等。市级总规还要求专篇阐述规划环境影响评价内容。专题研究报告是针对重大问题的专项技术论证和研究报告，为规划成果提供技术支撑。“一张图”数据库是国土空间规划的信息化成果，将作为市县总规的成果组成部分同步上报。规划数据库纳入同步建设的国土空间规划“一张图”实施监督信息系统，为城市体检评估和规划全生命周期管理奠定基础。

需要强调的是，市县国土空间总体规划成果并不局限于规划编制技术成果，应根据不同对象和目的，构建多样化、针对性的成果体系。例如，面向社会公众制作清晰易读的总体规划宣传读本，在相关新闻媒体和网络平台开展宣传推广，增强社会影响力。

二、规划文本和附表

总体规划文本是准确表达一级政府规划理念、目标、蓝图、行动、政策投放的重要法定文件，是政府具体落实上级要求、部署下级工作的重要抓手，是依法行政和实施规划管理的重要依据，是社会各界了解、配合、执行规划的信息沟通工具，是规划技术成果的集中呈现和水平体现。编写好规划文本是市县国土空间总体规划编制工作的重中之重，意义重大。

（一）编写主要原则

因地制宜、突出特色。充分考虑城市经济、社会和自然等历史情况、现状特点和发展条件，立足本地自然和人文禀赋以及发展特征，发挥比较优势，突出地域特点、文化特色和时代特征。充分考虑主体功能区战略和制度要求，体现城市化地区、生态功能区、农业主产区、文化特色地区等不同特色，在文本中突出特色化内容。

强化公共政策导向。突出公共政策属性，重点明确规划约束性指标、强制性内容以及规划目标、规划分区、重要控制线、城镇定位、要素配置等规划内容。划定各类控制线时应明确管控原则、实施手段、正面激励和负面约束。明确向分区规划或县（镇）级规划、详细规划、郊野单元规划等下位规划的传导内容，明确专项规划编制清单和传导重点。

强化技术逻辑的系统性。按照“问题—目标—战略—布局—机制”的逻辑，针对性地制定规划方案和规划实施政策措施，确保规划能用、管用、好用。强化文本段首句的提炼，核心观点应通过段首句表达，规划举措强调科学务实。

（二）编写注意要点

政治站位，政策语境。在规划文本的指导思想、规划原则等篇幅中，要注重政治站位和内容表述，要紧紧围绕统筹推进“五位一体”总体布局和协调推进“四个全面”战略布局的总体要求，注重立足新发展阶段，落实新发展理念，构建新发展格局，实施高效能空间治理，促进高质量发展和高品质生活等政策导向，突出公共政策属性。文本体例应采用政策性语句表述，通篇体现政策性要求的落实和政策性目标举措的制定。

依据充分，逻辑清晰。规划依据应充分翔实，充分对接相关法律法规、上位政策、地方政策、科学研究基础等相关依据，坚持问题导向、目标导向和管理导向，规划思路、结论和措施应条理清晰，文本条款写作逻辑应清晰明了。其中规划思路重点阐明原则、目的、依据和针对性；规划结论重点阐明空间结构、布局、定性、定量、定界和定质等内容；规划措施重点阐明定策、定则和定时等内容。

针对问题，措施具体。规划文本撰写和方案制定应注重问题导向，针对国土空间基础评价评估诊断发现的问题和风险挑战，研判提出针对性的规划解决方案。规划举措应明确具体，在定性、定量、定界、定则、定时等方面提出明确要求。同时，规划任务应考虑“总体—分区（县）—部门”层层传导和分解的路径要求，确保规划措施可实施落地。

表达准确，严谨规范。规划文本在名词术语、政策引述、数据图表、单位名词、图文对照等方面应准确无误，文字表达规范，语句表述完整，文字无“错漏碰”现象，避免出现前后重复和不对应等问题。

简明扼要，通俗易懂。规划文本条款应尽量简洁精炼，不拖泥带水。用词用语既要体现专业，又要通俗易懂；既要避免过于随意的口语化表达，又要避免晦涩难懂的语句表达；同时还应避免有歧义的语句。

理清边界，突出空间。规划文本撰写应突出空间规划特点，注重空间视角和空间维度的阐述，理清与发展规划、专项规划等的边界。在规划分析方面，要注重挖掘影响空间的内在因素，体现空间诉求的表达和回应；在规划结果方面，要突出空间落实指向，在空间落位、定位、布局、施策等方面提出针对性方案；在规划对策方面，要围绕空间发展时序、空间行动工程等方面提出实施保障措施。

多方合作，内容均衡。规划文本撰写要突出专业全面，对照国家规划编制相关指南，做好内容不缺项不漏项；其次，要注重内容均衡，吸纳各专业研究成果，做到各专项板块内容表达深度一致；最后，要注重融合协调，各专业之间说法保持一致，做到融会贯通，避免矛盾冲突，形成统一完整的规划成果。

（三）规划文本编制内容

市县国土空间总体规划的文本编写内容主要包括：基础条件与形势；规划定位与目标战略；国土空间总体格局；农业/生态/城镇三类空间；中心城区布局规划；历史文化保护与风貌塑造；综合交通、市政基础设施与防灾减灾；土地节约集约利用；陆海统筹（涉海市县）；区域协同；规划实施保障等（见附录五）。

1. 基础条件与形势

主要包括现状基础、存在问题、发展机遇和风险挑战等，“双评价”、国土空间开发保护现状评估、现行空间类规划实施情况评估和和灾害风险评估等主要结论融入相关条款内容中。应突出核心问题、主要结论和关键指标。

2. 规划定位与目标战略

落实上位规划部署以及国民经济和社会发展规划要求，确定城市性质与核心功能定位、国土空间发展目标愿景和发展战略，构建国土空间规划指标体系。发展目标包括近期目标、远期（规划期）目标和远景展望。

3. 国土空间总体格局

统筹划定落实永久基本农田、生态保护红线、城镇开发边界三条控制线，并提出相应的管控要求。以“三区三线”为基础构建国土空间开发保护总体格局。落实主体功能区战略，细化主体功能分区，提出城市化发展区、农产品主产区、重点生态功能区等不同空间治理要求。明确国土空间规划分区管控方案，提出国土空间功能结构调整方案。

4. 农业/生态/城镇三类空间

统筹农业、生态、城镇三类空间布局，明确分类管控思路。首先，基于耕地保护优先，保障农业发展空间，明确农业生产空间分区引导要求和发展重点；提出耕地保护方案，明确农业产业空间指引，制定推进城乡融合与乡村振兴的空间规划举措。其次，基于生态优先，确定生态保护空间，完善自然保护地体系，维护生物多样性，明确新增造林绿化空间安排；落实绿色低碳发展思路，制定生态修复举措。最后，提出促进大中小城市和小城镇协调发展的城镇发展格局，提出城镇体系的规模等级，完善城乡公共服务设施体系，明确城乡生活圈配置标准，统筹市域重点产业空间布局方案。

5. 中心城区布局规划

明确中心城区总体布局，优化城市空间结构和功能布局，确定中心城区各类建设用地总量和结构。划定城市功能分区，加强分区管控指引，因地制宜确定城市用地布局深度。规划人口规模 100 万人以上的城市，用地表达原则上以一级地类为主，提出各类用地结构调整方向，对重要的蓝绿空间、公共设施、基础设施等加强研究，可表达至二级地类；规划人口规模 100 万人以下的城市，用地表达应至二级地类。构建高品质公共服务体系，打造社区生活圈，统筹公共管理与公共服务设施用地布局，以社区生活圈为单元补齐公共服务短板，加强住房保障规划。统筹产业空间布局，促进高质量发展。优化城市道路交通体系，提高空间连通性和可达性，明确城市交通系统发展目标和策略，完善城市道路系统，完善城市公共交通系统、慢行交通系统和停车系统。营造蓝绿空间网络，提升人居环境品质，统筹城市水系与岸线规划和城市绿地系统规划。有序推进城市更新，促进内涵式发展。统筹地下空间利用，提高城市土地使用效率。结合城市整体形态格局和地方文化特色，开展总体城市设计，确定城市风貌特色定位与总体要求。加强中心城区与周边自然和人文景观的整体保护与塑造，提出中心城区空间形态引导和管控原则。统筹划定城市“四线”并制定管控措施。划定中心城区控规单元，提出详细规划传导指引。

6. 历史文化保护与风貌塑造

建立健全历史文化保护体系，加强历史文化保护传承，统筹划定历史文化保护线，明确整体保护传承和活化利用要求。推动文化旅游融合发展，统筹旅游空间布局和用地保障。明确城乡风貌引导思路，彰显地方特色空间，对乡村地区提出空间形态管控要求，营造体现地域特色的田园风光。

7. 综合交通、市政基础设施与防灾减灾

以协同融合、安全韧性为导向，构建集约高效、智能绿色、安全可靠的现代化基础设施体系，提高城市综合承载能力，建设韧性城市。在综合交通体系规划方面，确定综合交通发展目标和战略，明确相关规划指标。优化综合交通网络，完善城市对外交通系统，构建高效立体化的综合客货枢纽体系，完善城市货运交通系统，推动智慧交通基础设施建设。在市政基础设施规划方面，提出市域重大市政基础设施布局安排和建设标准，提出中心城区市政基础设施布局要求和用地控制范围。在防灾减灾设施规划方面，确定主要灾害类型的防灾减灾目标和设防标准，划示重点灾害风险区，加强重点灾害防护空间管控，建设完备的全域防灾减灾救灾体系。在市域重大交通廊道和基础设施廊道管控方面，提出市域重要交通廊道和高压输电干线、天然气高压干线等能源通道空间布局要求。提出新型基础设施布局策略，为新型基础设施建设预留发展空间。

8. 土地节约集约利用

明确城镇建设用地节约集约利用的目标和措施，推进低效建设用地整治和城市有机更新。统筹推进国土综合整治，明确国土综合整治目标、策略和任务。

9. 陆海统筹（涉海市县）

研究明确陆海功能协同思路，优化海洋空间开发保护格局，统筹划定海洋规划分区，

制定海岸带保护利用规划方案，统筹海岛功能安排。

10. 区域协同

研究城市与周边区域之间的协同互动关系，剖析区域协同的瓶颈问题，提出城市对外开放和深度融入区域协同发展的战略举措和空间抓手。注重推动区域交通互联互通，发挥综合交通对区域网络化布局的引领和支撑作用，重点解决资源能源、生态环境、公共服务设施和基础设施、产业空间和邻避设施布局等区域协同问题。

11. 规划实施保障

编制区县指引，明确区县需要落实的市级总规确定的相关规划内容，主要包括规划目标、规划分区、重要控制线、城镇定位、要素配置等。制定市辖县（区、市）的约束性指标分解方案。对下位分区规划、详细规划和郊野单元规划提出传导指引要求。对专项规划的传导和指引，应明确专项规划编制清单，提出相关专项规划应在国土空间总体规划约束下编制的要求。制定近期行动计划，衔接国民经济和社会发展五年规划，结合城市体检评估，对规划近期做出统筹安排，制定行动计划。提出规划实施政策措施，落实和细化主体功能区等政策，提出有针对性、可操作的规划实施政策措施。提出国土空间基础信息平台和国土空间规划“一张图”实施监督信息系统建设要求。

（四）规划文本附表

规划文本附表是规划文本正文后面附带的表格，涵括本轮规划最核心、最重要的数据指标内容，是指导规划传导和实施的重要依据。规划附表与文本正文内容相互呼应和衔接，与规划文本正文内容具有同等效力。规划文本附表包括规划指标体系表、耕地和“三线”指标分解表、市（县）域国土空间功能调整表、中心城区城镇建设用地结构规划表、市（县）域规划分区统计表、市（县）域自然保护地一览表、市（县）域历史文化资源一览表、水资源平衡表、重点建设项目安排表、县（市、区）规划引导表等。各地可结合自身特色条件和需求情况，灵活增补体现特定意图的相关表格。

（五）规划强制性内容

市县国土空间总体规划中涉及的安全底线等方面内容，应作为规划强制性内容，并在图纸上准确标明或在文本上有明确、规范的表述，同时提出相应的管理措施。

市县总规中强制性内容应包括：①约束性指标落实及分解情况，如生态保护红线面积、用水总量、永久基本农田保护面积等；②生态屏障、生态廊道和生态系统保护格局，自然保护地体系；③永久基本农田、生态保护红线和城镇开发边界三条控制线；④历史文化保护体系、历史文化遗存保护范围和控制要求；⑤重大交通枢纽、重要线性工程网络、城市安全与综合防灾体系、地下空间、邻避设施等布局；⑥城乡公共服务设施配置标准，城镇政策性住房和教育、卫生、养老、文化体育等城乡公共服务设施布局原则和标准；⑦中心城区城市绿线、城市蓝线、城市紫线、城市黄线的控制要求。

（六）规划审查重点

参照《自然资源部关于全面开展国土空间规划工作的通知》（自然资发〔2019〕87号）和《报国务院审批市级国土空间总体规划审查工作规则》等相关要求，规划审查重点具体包括以下方面。

目标定位。国土空间开发保护目标，包括城市性质和定位目标；国土空间开发保护战略。

底线约束。永久基本农田、生态保护红线、城镇开发边界的协调落实；生态屏障、生态廊道和生态系统保护格局，自然保护地体系；历史文化保护体系和各类历史文化遗存的保护范围。

控制性指标。国土空间开发强度、建设用地规模、生态保护红线控制面积、自然岸线保有率，耕地保有量及永久基本农田保护面积，用水总量和强度控制，通风廊道格局和控制要求，容积率、密度、高度、风貌控制要求等指标。

区域协调。城镇体系布局，城市群、都市圈等区域协调重点地区的空间结构，重大基础设施网络布局，重大交通枢纽、重要线性工程网络等。

空间布局。市域国土空间规划分区，中心城区城市功能布局和用地结构，城市结构性绿地、水体等开敞空间的控制和分布，城镇开发强度分区等。

安全与民生保障。城市安全与综合防灾体系，城乡公共服务设施配置要求，城镇政策性住房和教育、卫生、养老、文化体育等城乡公共服务设施布局原则和标准，地下空间、邻避设施等设施布局。

实施传导。对上位规划提出的指导和约束要求的落实、对下位规划的指导和约束要求、保障规划实施的政策措施、市级总规数据库与国家级国土空间规划“一张图”平台的对接。

三、规 划 图 件

（一）规划图件内容要求

市县国土空间总体规划图集通常包括基础分析图和规划图，一般区分市县域和中心城区两个层面（包括但不限于表8-1中的内容）。应按照《市级国土空间总体规划编制指南（试行）》（2020年9月自然资源部印发）和《市级国土空间总体规划制图规范（试行）》（2021年3月自然资源部印发）要求制作相应图件，并可结合实际增补图件。图件应充分表达规划主要内容，图文一致，图数一致，图例清晰明确。县级总规一般还会补充县域村镇分类布局图等图件。

表 8-1　市县国土空间总体规划图件清单表

市县域层面	基础分析图	区位图（行政区划图）
		市（县）域国土空间用地现状图
		市（县）域自然保护地现状图
		市（县）域历史文化遗存分布图
		市（县）域自然灾害风险分布图
		中心城区国土空间用地用海现状图
		生态保护重要性评价图
		农业生产适宜性评价图
		城镇建设适宜性评价图
		……
	规划图	市（县）域主体功能定位分布图
		市（县）域国土空间总体格局规划图
		市（县）域国土空间控制线规划图
		市（县）域国土空间规划分区图
		市（县）域农（牧）业空间规划图
		市（县）域城镇体系规划图
		市（县）域生态系统保护规划图
		市（县）域历史文化保护规划图
		市（县）域城乡生活圈和公共服务设施规划图
		市（县）域综合交通规划图
		市（县）域基础设施规划图
		市（县）域生态修复和综合整治规划图
		市（县）域矿产资源规划图
		市（县）域造林绿化空间规划图
		中心城区土地使用规划图
		中心城区国土空间规划分区图
		中心城区开发强度分区规划图
		中心城区控制线规划图
		中心城区绿地系统和开敞空间规划图
		中心城区公共服务设施体系规划图
		中心城区历史文化保护规划图
		中心城区道路交通规划图
		中心城区市政基础设施规划图
		中心城区综合防灾减灾规划图
		中心城区地下空间规划图
		……

（二）制图规范性要求

市县国土空间总体规划图件应按相关规范要求制作，通常包括空间参考系统、基础地理要素的表达方式、注记样式、图幅配置、图例色彩和符号等详细要求，具体可参考自然资源部 2021 年 3 月发布的《市级国土空间总体规划制图规范（试行）》《市级国土空间总体规划数据库规范（试行）》《市级国土空间总体规划制图规范（试行）参考样图集》。不同级别国土空间规划成果图件的制图详细程度各有不同，应严格按照不同级别国土空间规划编制指南或规范的要求制图。此外部分省份对本省国土空间规划成果图件有特殊的要求，在项目实践中也应作为制图依据。

（三）地图审核要点

编制市县国土空间总体规划中的地图（以下简称编制地图），地图编制单位必须依法取得《中华人民共和国测绘法》（自 2017 年 7 月 1 日施行）规定的相应地图编制测绘资质资格证书，并在资质资格等级许可的范围内开展地图编制工作。编制地图应遵守《地图管理条例》（自 2016 年 1 月 1 日起实施）、《公开地图内容表示规范》（自 2023 年 2 月 6 日起实施）等国家有关地图内容表示的规定；应当选用现势性强、内容符合地图使用目的的地图资料，使用依法公布的重要地理信息数据；应当执行国家有关国土空间规划的制图规范，正确反映各要素的地理位置、类别形态、名称及相互关系，地理要素符号表达应规范统一。编制涉及中华人民共和国国界的世界地图、全国地图，应当完整表示中华人民共和国疆域。地图中地名的表示应当符合地名管理的要求，按照依法确定并公布的最新标准名称表示。使用涉密资料编制地图，应遵守《中华人民共和国保守国家秘密法》（自 2024 年 5 月 1 日起实施）有关规定。国土空间规划中的地图向社会公开前，应依据国家《地图审核管理规定》（自 2006 年 8 月 1 日起施行）和各省地图管理办法依法履行地图审核程序。

四、规 划 说 明

市县国土空间总体规划说明是详细具体的技术论证报告，是针对规划编制成果的补充性解释和说明，重点阐释规划编制情况（规划背景、依据、编制过程、编制思路等）、规划基础（现状基础、“双评价”、国土空间开发保护现状评估、现行空间类规划实施情况评估和灾害风险评估等）、规划协调衔接情况（与上位规划、其他空间相关规划的衔接情况等）、规划重点内容说明、规划编制履行程序情况等。说明书应当始终围绕有效贯彻实施总体规划的根本目的，对总规编制背景和方案进行解释和说明，便于规划审批、实施、管理、评估、维护、修改、督查等各级各类规划应用部门和人员正确理解和深入领会规划方案意图，明确各自职责、管理权限和操作手段，合理把握规划实施管理的基本原则、核心任务、工作重点和管控尺度。

五、数　据　库

市县国土空间总体规划数据库是规划成果的组成部分，与规划成果同步上报，也是国土空间规划“一张图”实施监督信息系统的数据基础。市县国土空间总体规划数据库应严格按照市县国土空间规划编制指南、数据库规范等要求的内容、要素分类代码、数学基础、数据分层、属性数据结构、属性值代码等制作，部分省份对本省国土空间规划成果数据库有特殊的要求，在项目实践中也应作为数据入库的依据①。

（一）数据库数学基础

入库数据的地理坐标系需采用“2000 国家大地坐标系（CGCS2000）”，投影坐标系需采用“高斯-克吕格投影”，按照国家标准分带，高程基准采用“1985 国家高程基准”。

（二）数据库内容和要素分类

市县级国土空间总体规划数据库内容通常包括基础地理信息要素、分析评价信息要素和国土空间规划信息要素三大部分。按照数据的覆盖范围，则可分为市县域全域数据和中心城区数据。

（三）数据库结构定义

数据库结构定义通常通过“空间要素组织管理表”“空间要素属性数据结构表”“数据库属性值代码表”三套表格进行要求。“空间要素组织管理表”列出了各条入库数据的图层名称、属性表名、几何特征和约束条件；“空间要素属性数据结构表”列出了每一项入库数据的属性表字段结构要求，包括应当包含的各字段名称、字段代码、字段类型、字段长度、小数位数、值域和约束条件；“数据库属性值代码表”列出了入库数据需要参照的数据库属性值代码。

（四）数据入库三步骤

数据库的制作通常可分为三个步骤：第一步，准备好入库的原始数据，并进行初步的检查，保证数据坐标和高程基准正确，数据内容和空间数据几何特征符合“空间要素组织管理表”的要求。第二步，按照“空间要素属性数据结构表”的要求整理数据的属性表，确保字段名称、类型、长度等符合要求，属性值符合“数据库属性值代码表”明确的类型代码，并删除冗余字段和属性信息。第三步，进行数据入库与质检，按照规范要求的格式和名称将各类数据导入数据库，逐一检查数据的完整性、空间数据的拓扑关系、图数一致性等，本步骤可借助国省下发的质检软件辅助进行质量预检，确保数据质量（见图 8-1）。

①现阶段可参照自然资源部办公厅 2021 年 3 月印发《市级国土空间总体规划数据库规范（试行）》及各省发布的相关规范指南。

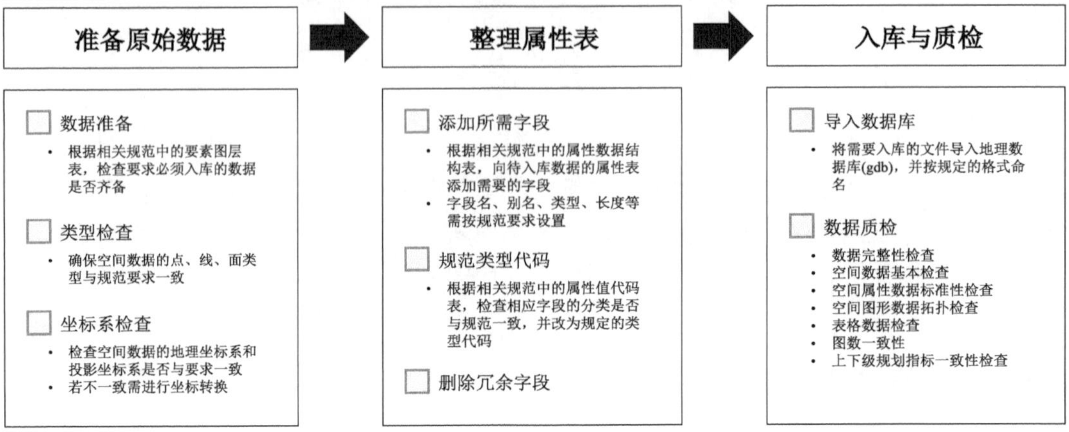

图 8-1　数据入库三步骤

参 考 文 献

黄征学. 2020. 发展规划和国土空间规划协同的难点及建议[J]. 城市规划, 44(6): 9-14.

王晓东, 郑筱津, 欧阳鹏, 等. 2018. 面向实施、服务管理：城市总体规划改革与创新研究[M]. 北京：清华大学出版社.

自然资源部办公厅. 2020. 自然资源部办公厅关于印发《市级国土空间总体规划编制指南（试行）》的通知[EB/OL], (2020-09-22)[2024-06-06]. https://gi.mnr.gov.cn/202009/t20200924_2561550.html.

自然资源部国土空间规划局. 2021. 新时代国土空间规划：写给领导干部[M]. 北京：中国地图出版社.

思 考 题

（1）市县国土空间总体规划的成果构成包括哪些？

（2）市县国土空间总体规划文本编写内容和注意事项有哪些？报批文本或审查要点关注的重点是什么？

（3）市县国土空间总体规划有哪些核心图件？制图规范性要求是什么？

（4）规划说明与规划文本的区别在哪里？

（5）规划成果数据库入库要求有哪些？相关步骤是什么？

第九章　规划工作阶段与组织

导读：市县国土空间总体规划编制工作是一项较为错综复杂的系统性组织过程。本章首先重点介绍市县国土空间总体规划编制的工作过程，然后就规划编制前期准备与动员工作，现场调研、座谈访谈与资料收集，基础底图处理与制作，规划全过程公众参与，规划上下和左右协同，各阶段规划汇报要求，以及规划成果公示、审查与报批等重点操作性工作环节的注意事项进行详细阐述。最后，对规划实施环节中的体检评估、监测预警与规划修改等延展性工作进行介绍。

一、内容框架和知识点导引

市县国土空间总体规划编制工作并非单纯的技术工作，而是一项错综复杂的系统性组织过程，涉及各级政府部门、专家、企业、社会组织和居民公众等多元主体。规划工作组织的周密性和顺畅性，在很大程度上影响了规划方案成果编制的质量和效率。市县国土空间总体规划编制采取党委领导、政府组织、部门协同、专家领衔、公众参与的工作方式。市级人民政府负责市级总规组织编制工作，市级自然资源主管部门会同相关部门承担具体编制工作（县级同理）。

本章首先重点介绍市县国土空间总体规划编制的整体工作过程，然后就其中的重点工作内容和注意事项进行详细阐述，具体包括规划编制前期准备与动员工作，现场调研、座谈访谈与资料收集，基础底图处理与制作，规划全过程公众参与，规划上下和左右协同，各阶段规划汇报要求，以及规划成果公示、审查与报批等操作性工作环节。

国土空间总体规划编制、审批、实施是一个连续动态循环过程，需要树立全生命周期管理理念。由于规划编制与实施之间是紧密关联、动态反馈优化的过程，本章最后对规划实施环节中的体检评估、监测预警与规划修改等延展性工作进行介绍。建立定期体检、五年评估的常态化体检评估和规划实施监督机制，形成“规划编制审批—规划实施监督—规划监督结果反馈—规划修改完善”的闭环链条，真正实现规划全生命周期管理。

二、市县国土空间总体规划编制的工作过程

规划编制工作程序主要包括以下几个环节。一是前期准备工作环节，包括组织准备（规划立项等）、技术准备、现状调研与资料收集、基础底图处理与制作等；二是基础研究环节，包括开展现状分析、规划依据梳理、基础评价评估、重大专题研究等；三是规划大纲环节，包括开展多方案比选、专家论证、形成大纲、上下级协同等；四是规划方案编制和论证环节，包括公众咨询、专家论证、部门意见征询、大纲优化、形成规划成

果等；五是规划公示和成果报批环节，包括规划公示、市政府审议、本级人大审议、报上级政府审批等；六是规划成果公告环节。规划成果公告后进入规划实施与动态维护环节，包括常态化体检评估、动态监测预警与规划修改等相关环节（见图 9-1）。

此外，按照“坚持开门编规划”的要求，一方面要全过程加强规划上下和左右协同工作，确保规划体系纵向传导和横向无缝衔接，相关主体和部门诉求得到充分协调和统筹；另一方面要践行群众路线，在规划编制全过程组织开展公众参与工作，广泛凝聚社会智慧。

图 9-1　市县国土空间总体规划编制工作过程示意图

三、规划编制前期准备与动员工作

成立市县国土空间总体规划编制领导小组和工作小组（专班）。市县人民政府应成立规划编制领导小组，主要领导为组长，相关部门负责人为成员，负责审定工作方案、落实工作经费、协调重大事宜、论证规划成果，对规划重大问题进行协商决策。由市县自然资源主管部门牵头，联合发展和改革、财政、生态环境、城乡建设、工业和信息化、农业农村、水利、交通、能源、文化旅游、卫生健康等部门，组建市县国土空间总体规划编制专班，负责具体工作，建立协作联动机制，协调解决各类问题。

制定市县国土空间总体规划编制工作方案。明确工作组织、责任分工、任务内容、阶段目标、进度安排、决策机制、经费保障等内容，确保编制工作顺利开展。

建立常态化规划编制工作组织运行机制。按照规划编制工作方案，细化工作时间安排和团队分工安排。设立多层次沟通联络群，设立项目总分联动的统筹协调机制。设立项目总协调组和若干个相对独立的专题专项工作组。建立项目组工作简报机制。实行常态化沟通交流会议机制。根据项目缓急情况可设置周度、双周或月度对接会。酌情策划组织专家咨询会或研讨会，建立公众参与和多方协商机制，扩大公众和社会各界参与程度，确保以多种方式广纳民意、集中民智、凝聚共识。

四、现场调研、座谈访谈与资料收集

（一）前期工作准备

提前拟定现场调研工作计划。明确现场调研任务和团队分工安排，拟定调研工作时间安排和基础资料目录表。事先与各相关责任部门对接计划安排，核实有无遗漏或错误。事先准备保密协议模板并填写相关信息。

推动召开规划编制启动大会。市县政府组织召开国土空间总体规划编制启动大会，由领导小组组长进行调研动员，规划和自然资源局相关负责人介绍规划工作安排，领导小组办公室向各部门下发调研资料清单，以便相关部门开展调研访谈、资料收集等工作。

规划编制工作组开展调研准备会。在前期基础资料收集整理的基础上，组织召开规划编制工作组全体成员参加的调研准备会，会上交流城市现状情况、已有政策和规划、地方最新动向、重大问题判断等，建立项目基地的初步印象，同时明确工作日程和进度安排、工作任务和重点、人员职责分工等内容。充分做好调研准备，带着问题和重点去调研，避免观光式调研。调研期间及时总结、思考和讨论，并根据情况变化对调研计划灵活调整。

准备好相关调研用品。如资料清单（请每个专项板块的负责人核定）、座谈提纲、调研图纸、档案袋、U 盘等。

（二）现场踏勘调研

1. 现场踏勘调研工作组织

调研前期工作准备。调研工作开展前应提前与相关部门确认调研计划，准备好现场踏勘图纸资料（包括不同空间尺度的地形图、用地现状底图或遥感影像图、行政区划图等），及时更新发给编制组全体成员。提前1~2天做好调研安排和人员分工。各自准备好相关资料和用品，如基础调研图纸和马克笔、“六只脚”软件和离线地图、便于携带的笔记本和录音设备、方便走路的鞋子、提前熟悉调研地点的资料等。

整体统筹与分组调研相结合。项目组应确保现场调研时间，原则上不少于1~2周，并根据需要组织多次补充调研。现场调研工作组应明确总体负责人和专项负责人，建立整体统筹工作组和专项调研工作组。整体统筹工作组对调研工作整体时间安排、分工推进、资源调度、内外沟通协调等全局性工作进行整体把控，确保调研工作稳步推进。专项调研工作组按照分组方式开展，每个专题调研小组应明确带队组长，统筹协调推进小组成员调研工作，并与整体统筹工作组保持全程对接。对于下辖区县较多的地级市以及下辖镇较多的县级市，建议采用分组同步现场调研的方式，每组必须有项目负责人带队。

现场调研记录与资料收集并重。现场调研的目的是获得感性认识，了解重点项目地块、重要设施的现状情况。调研过程中及时撰写会议纪要和备忘录，安排专人现场总结，及时共享归档。同时全面收集现场照片和现场资料，及时分类归档，相互通报知晓。

补充调研与踏勘。后续随着工作阶段推进和规划方案深化，需要结合具体形势变化、新出现的问题和需求，酌情开展补充调研和踏勘活动。

2. 现场踏勘调研工作重点

重点地段、典型区域和典型项目调研。对规划全域范围内的重要地形地貌、重大自然景观和人文历史资源、重要的农林牧副渔地区，以及重大公共设施、重大交通与市政基础设施、重要商业中心区、工业区、广场和公共绿地、历史文化名城和历史文化街区、城市改造和更新地区、未来城市拓展地区、重点城镇和特色村庄等进行现场踏勘。对典型工矿企业调研以了解其产业发展趋势、主导产业情况；对各类园区调研以了解园区建设水平、企业入驻情况、生产经营情况等；对新型经济调研以了解企业孵化器、科技研发中心、文化创意产业、出口加工区、保税区等。

酌情开展周边区域调研。考察相邻市县、乡镇空间地理关系，彼此经济关联，文化异同，基础设施联系，水源能源共享情况，周边战略资源，人口、服务、产业集聚水平，对比建设和发展差距等。

（三）座谈访谈

1. 座谈访谈工作组织

专题座谈会安排。主要包括政府相关部门（区、县）参加的专题（如资源环境和空间、经济产业发展、人口社会发展、市政防灾保障等）座谈会以及其他必要会议。可专门协调安排针对市县政府主要领导的座谈会，了解城市主要领导意见、诉求和想法。

座谈会会议内容。主要包括了解地方发展和建设的现状及存在的问题，听取各部门（区、县）对于城市未来发展和本次总体规划的设想、要求和建议等。

需走访访谈的政府部门。主要包括市（区、县）政府、上级政府相关部门，特别是上级规划主管部门等。

座谈访谈工作的参加部门和问题清单详见附录三。

2. *座谈访谈工作重点*

座谈会的目的是了解书面材料无法体现的东西，如主要决策领导和相关部门对于重大问题的想法，探寻深层次的原因和背景信息。

座谈会说什么？关注重大问题和书面材料无法获取的信息；纸质材料已经提供的不用照本宣科；针对热点政策发问，引导座谈者聊出背后的原因；与自己负责的板块结合发问；对座谈方表示感谢，重点问题给予补充解释；对于重大问题会后跟进咨询。

会后跟踪什么？准备签到表，若是会务方准备了就拍照留存；请会议组织方确定主要联系人，并与主要联系人互换联系方式；会谈中提到的资料记录在案，会后专门索取；整理会议纪要和资料清单；及时修正后续调研计划。

（四）基础资料收集

1. *资料收集*

国土空间规划编制具有较强的综合性，因此基础资料收集涉及的政府部门繁多，涉及的资料类型也量大面广。另一方面，市级和县级国土空间总体规划由于编制部分内容和深度有所不同，因此基础资料收集内容和重点也有所区别。应根据不同市县政府职能部门设置和城市实际发展情况的差异对资料清单进行相应调整和修改。具体参考详见附录四。

总体而言，市县国土空间总体规划基础资料收集主要包括以下几方面。

（1）资源环境空间类基础资料。主要调研规划和自然资源部门、生态环境部门、水利水文部门、气象部门、住建部门等。其中，规划和自然资源部门资料收集重点包括规划政策类文件、底图底数类资料（土地调查、地理国情普查、地形图、基础地质调查等）、国土规划类资料（土地利用规划、土地开发整理和复垦、土地储备和供应、地籍、永久基本农田等）、城市规划类资料（原城市总体规划、近期建设规划、各类专项规划等）、生态修复和土地整治类资料、林业和自然保护地等相关资料。生态环境部门资料收集重点包括重点环境保护要素和功能区、环保规划和政策、生态保护红线、环境质量监测情况、环境污染源及其治理情况等。水利水文部门资料收集重点包括河湖水系、重大水利工程、各级水利设施布局、水利专项规划和政策等相关资料。针对气象部门重点收集降水量、平均风速、蒸发量、温度和湿度等气象数据。住建部门资料收集重点包括城市和村镇建设情况、住房建设和棚户区改造、基础设施建设、历史文化保护遗产、风景名胜区等相关资料。

（2）经济产业类基础资料。主要调研发展和改革部门、工业和信息化部门、文广新旅部门、科技部门、农业农村部门等。其中，发展和改革部门资料收集重点包括主体功能区规划、国民经济和社会发展规划、各类专项规划、重大项目、能源利用等相关资料；工业和信息化部门资料收集重点包括工业信息化专项规划、工业园区、企业经营等相关资料；文广新旅部门资料收集重点包括文化产业、文化设施、旅游资源和旅游业发展、历史文化遗产等相关资料；科技部门资料收集重点包括高新技术产业、专利数量和类型、创新功能区和创新中心等相关资料；农业农村部门资料收集重点包括农业发展、高标准农田建设、土壤、农村环境整治、农业文化遗产、乡村振兴战略、田园综合体项目等相关资料。

（3）公共服务设施类基础资料。主要调研统计部门、地方志部门、公安部门、民政部门、人社部门、教育部门、卫健部门、体育部门、商务部门等。统计部门资料收集重点包括历年统计年鉴、人口普查和抽样调查等相关资料；地方志部门重点收集地方志、建设志等相关资料；公安部门资料收集重点包括户籍人口、暂住人口、常住人口等相关资料；民政部门资料收集重点包括行政区划调整、政府职能机构分布、福利设施等相关资料；人社部门资料收集重点包括劳动力就业和专项规划等相关资料；教育部门资料收集重点包括高等院校、职业学校、中小学和幼儿园及其专项规划等相关资料；卫健部门资料收集重点包括医疗卫生机构及其专项规划等相关资料；体育部门资料收集重点包括各类体育场馆、训练用地及其专项规划等相关资料；商务部门资料收集重点包括各类商贸市场、商业网点、物流业及其专项规划等相关资料。

（4）交通市政防灾类基础资料。主要调研交通部门、公交部门、自来水部门、供电部门、燃气部门、通信部门、应急管理部门、人防部门、消防部门、城管部门等。交通部门资料收集重点包括铁路、公路、机场、水运等对外交通，城市道路交通，各级各类场站及其相关规划资料；公交部门资料收集重点包括公交线路、公交首末站、客运情况及其相关专项规划资料；针对自来水、供电、燃气、通信、应急管理、人防、消防、城管等部门，重点收集部门管辖范围内的重大基础设施布局、建设、运营情况，以及相关部门专项规划资料。

（5）园区基础资料。主要调研重点产业园区管理委员会等相关部门。重点收集园区规划编制情况、园区企业和产业经济运行情况、土地利用情况、重大建设项目等相关资料。

（6）各区县（乡镇）基础资料。主要调研各区县（乡镇）人民政府及相关职能部门。重点收集各区县（乡镇）历年政府工作报告、重大政策文件、基础统计年鉴、人口和城镇化发展、产业经济发展、城乡开发建设、综合交通体系建设、基础设施和公共服务设施配套、重要自然和人文资源分布、生态环境保护、文化旅游发展等方面的相关资料。

2. 资料收集工作要点

事前：明确分工，确定联系人，准备资料清单。市县国土空间总体规划调研资料主要涵盖资源环境空间类、经济产业类、公共服务设施类、交通市政防灾类以及各园区和各区县的资料收集清单。跑部门前先明确分工，并加强与编制组其他同志的协调沟通；可按部门划分指定负责人，避免出现多人多次上同一部门收集资料的情况；根据缺少的资料和座谈情况确定需要重点跟进的部门；请规划编制组织方事先落实联系人，开具介绍信，盯住主管领导和具体办事的负责人；上门收集资料前先电话联系确认；可先从简单的座谈等方式入手，逐渐过渡到具体资料；事先打印好单页的资料清单，随时留给对方；可按部门准备档案袋，收集存放纸质资料；可提前准备好保密 U 盘，专门用于拷贝部门资料。

事中：资料收集应抓大放小、灵活变通。分清楚资料的重要性等级，明确资料用途，思考可替代资料，核心是思考资料能否支撑当前的研究；核心重要资料要紧盯住，如总规、土地规划、“二调”、“三调”，重要自然、生态资源，重大交通设施等资料也较为重要；不要僵化地按照资料清单索取，明确可以替代的资料，退而求其次好于空手而归；发现资料清单以外的其他重要资料信息要追问，并及时向项目组汇报；与对方互换联系方式，约定资料取得日期；带好手机相机随时拍照，有时可使用借条。

事后：定期梳理总结资料收集情况。对所收集到的资料进行归类梳理，将遇到问题的重要资料单独列表分类整理；项目组统一形成总的补充资料清单后再提交给甲方；需要借出并归还的尽快复印、扫描、拍照；及时共享、沟通资料收集情况。

注意保密工作要求，按照国家相关保密制度确定的管理要求妥善保管和使用相关涉密和敏感数据。在国土空间规划调研和工作过程中，要获取很多涉密和敏感数据、资料等，并且在数据和资料获取过程中经常要根据地方管理要求签订保密协议。根据国家相关保密法律法规，国家秘密以及其他敏感数据等按照不同保密管理要求进行存放保管。项目组成员在使用相关涉密和敏感数据时也必须严格遵守国家和部门相关保密制度。

（五）调研总结与思路讨论

现场调研工作完成后，开展资料整理与总结提炼工作，并在此基础上尽快组织规划编制工作组召开调研总结与思路讨论会。通过会议对整体工作进行回顾，总结提炼项目基地现状主要特征（资源禀赋、特色、重大机遇等）、核心问题研判（预料中、意料外）等，提出针对本轮规划的初步思路思考。工作组成员在交流讨论中相互启发，形成对规划主题主线、重点、突破口的初步整体判断。同时在会上明确下一步任务分工与时间节点，分阶段有序推进规划编制工作。

五、基础底图处理与制作

（一）国土空间规划底图底数的主要内容和基本要求

现状底图底数是规划编制的基础，是摸清地方国土空间用地及资源开发保护现状的抓手。自然资源部 2019 年 5 月 28 日印发的《关于全面开展国土空间规划工作的通知》（自然资发〔2019〕87 号）明确提出，国土空间规划编制统一采用第三次全国国土调查数据作为规划现状底数和底图基础，统一采用 2000 国家大地坐标系和 1985 国家高程基准作为空间定位基础。底图底数并不是一个图层，而是支撑国土空间规划编制的各类基础现状、专题现状、现行各类规划空间数据的集合，包括现状用地用海、自然保护地分布、历史文化遗存分布等底图和相关数据统计表（见表 9-1 和表 9-2）。

表 9-1　现状底图主要内容

现状底图内容	几何特征	数据来源
现状用地用海	面	《第三次全国国土调查主要数据公报》
现状自然保护地分布	面	《全国自然保护地整合优化方案》
现状历史文化遗存分布	点	第三次全国文物普查成果
现状自然灾害风险分布	面	地质灾害风险年度调查成果、地质灾害风险区划成果
城区范围	面	城区范围划定成果
城区实体地域	面	城区范围划定成果

表 9-2　现状底数主要内容

现状底数内容	数据来源
国土空间功能结构现状统计表	现状用地用海图
耕地/永久基本农田现状统计表	永久基本农田划定成果、《第三次全国国土调查主要数据公报》
林地现状统计表	《第三次全国国土调查主要数据公报》
建设用地现状统计表	《第三次全国国土调查主要数据公报》

（二）国土空间现状底图底数的梳理

在规划前期梳理用地现状的时候，会涉及各类用地分类标准的衔接和转换的问题。本节详细说明了国土空间规划现状底图底数的梳理步骤，并介绍了梳理过程中涉及的不同用地分类标准的分类体系和衔接关系。

1. 国土空间现状底图底数梳理

国土空间现状底图底数的梳理，应以第三次全国国土调查（以下简称“三调”）等专项调查数据为基础，结合土地利用总体规划和城乡规划等各类规划现状数据和实地调研踏勘开展，将专项调查用地分类转换成《国土空间调查、规划、用途管制用地用海分类指南》（2023 年 11 月自然资源部印发，以下简称《用地用海分类指南》）的用地分类，作为国土空间规划编制的现状底图和底数统计的依据，梳理步骤如下。

（1）用地分类对应关系建立：建立第三次全国国土调查用地分类和《用地用海分类指南》用地分类的对应关系，形成关系对照表；

（2）属性挂接：通过属性挂接工具，将第三次全国国土调查用地分类转换成《用地用海分类指南》用地分类；

（3）底图细化：结合各类规划现状数据、实地调研踏勘，将转换后的《用地用海分类指南》用地二级类进一步细化至三级类，形成国土空间现状底图；转换中遇到的各类用地分类标准的衔接关系见下文介绍；

（4）底数统计：按照国土空间规划用地分类进行用地统计汇总，形成国土空间现状底数。

在用地分类对应关系建立中，涉及“三调”分类与《用地用海分类指南》用地分类的转换。“三调”分类与《用地用海分类指南》用地分类对应关系可概括为一对一、一对多、缺乏对应3类（见图9-2）。其中一对一较好处理，直接进行类型对应或归并即可；一对多和缺乏对应的用地，需要结合影像、现场调研及相关的普查调查进一步明确国土空间规划用地用海分类，包括用海数据、空闲地等类型。

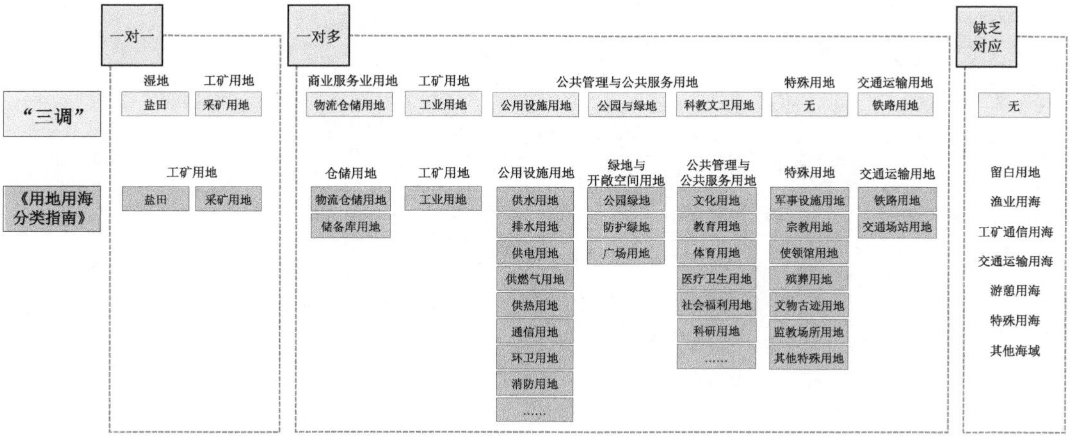

图9-2　“三调”分类与《用地用海分类指南》用地分类的对应关系

《用地用海分类指南》用地分类中的渔业用海、工矿通信用海、交通运输用海、游憩用海、特殊用海和其他海域，在“三调”分类中缺少调查数据。需要结合沿海城市“海洋一张底图”专题补充调查工作，明确海域使用现状。

受两个用地分类的分级体系差异影响，国土空间规划底图底数精度若要精确到三级类，必须对“三调”分类进行细化。即便同为二级用地分类，部分“三调”分类仍然存在一对多的情况，如“三调”的物流仓储用地、工业用地、公用设施用地、公园与绿地、科教文卫用地和特殊用地等。这些用地类型需要结合地籍数据、现场调研等进行用地分类的细化。

此外“三调”数据中还存在部分用地类型和实际使用类型不符的情况，包括一些建设用地和非建设用地之间、建设用地之间、非建设用地之间的认定误差，以及违法用地等情况，也需要结合相关管理数据，对“三调”数据进行修正。

2. 底图底数梳理涉及的各类用地分类标准

（1）全国国土调查土地分类。

第三次全国国土调查土地分类（简称“三调分类”）按照《第三次全国国土调查技术规程》（TD/T 1055—2019）附录表A.2 第三次全国国土调查工作分类执行。“三调分类”以《土地利用现状分类》（GB/T 21010—2017）为基础，对部分地类进行了细化和归并，包括13个一级类56个二级类。现状底图底数梳理过程中，通常会进行跨年度数据比较，将涉及不同年份数据用地分类的衔接。第三次全国国土调查工作开展前，国土空间现状用地采用的是第二次全国土地调查土地分类（简称“二调分类”）。

“三调分类”和“二调分类”不同，“二调分类”采用二级分类，一级类 12 个，二级类 57 个，一级类较“三调分类”少 1 个，二级类较“三调分类”多 1 个。为保持分类的继承性，同时突出生态保护重要性，“三调分类”在“二调分类”一级类基础上增加了“湿地”类型，其他不变。“三调分类”与“二调分类”关于二级类的地类变化主要分为未变化、拆分、合并、重新调整 4 种（见图 9-3）。

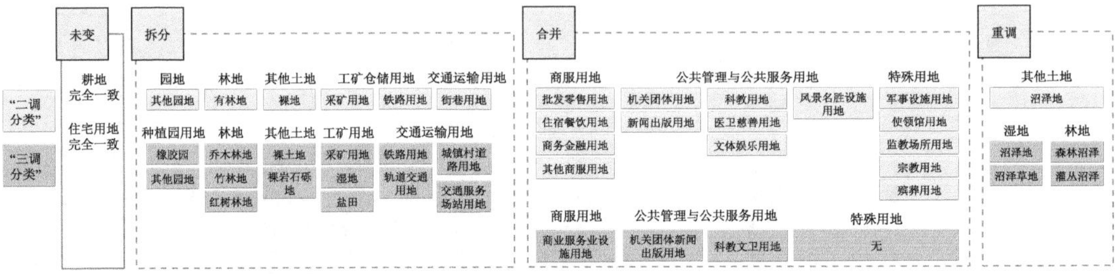

图 9-3　“三调分类”与“二调分类”的对应关系

（2）《国土空间调查、规划、用途管制用地用海分类指南》。

《用地用海分类指南》是本轮国土空间规划编制的依据，也是现状底图底数梳理的依据。《用地用海分类指南》明确了用地用海分类的总体框架及各类用途的名称、代码与含义，对接土地管理法并增加了“海洋资源”相关用海分类，按照资源利用的主导方式划分类型，设置了 24 种一级类、106 种二级类及 39 种三级类。明确用地用海分类应体现主要功能，兼顾调查监测、空间规划、用途管制、用地用海审批和执法监管的管理要求，并应满足城乡差异化管理和精细化管理的需求。同时，《用地用海分类指南》确定的分类按照用地用海实际使用的主要功能或规划引导的主要功能进行归类，具有多种用途的用地应以其地面使用的主导设施功能作为归类的依据。用地用海分类还充分考虑了与“三调”分类的衔接，同样名称的一级类尽量保持内涵一致，并在此基础上对部分分类进行了调整、补充和细分。

六、规划全过程公众参与

贯彻落实“人民城市人民建、人民城市为人民”理念，坚持开门编规划，构建“居民调查—规划参与—规划公示—规划科普”的全流程、多渠道的公众参与机制，提高以人民为中心的国土空间精治、共治和法治水平。

第一，在规划编制前期居民调查阶段，广泛开展居民满意度调查和规划编制的居民问卷调查。从居民切身感受入手，深入了解人民群众所需所急所盼，全面摸清城市和社区空间、设施、出行、环境、景观、安全、管理等多维度的主要问题和瓶颈，做到有的放矢和对症下药。第二，在规划编制方案阶段，调动社会组织、民间团体、社会公众、高校和科研院所的积极性，广泛征集并积极吸收各方意见建议和需求，凝聚全社会共识；健全专家咨询机制，组建包括各相关领域专家的综合性咨询团队，加强规划方案的咨询论证；完善部门协作机制，共同推进规划编制工作。第三，在规划成果公示阶段，要形成通俗易懂可视化的中间成果，广泛征求各部门和社会公众意见。利用新型传播手段提升规划公示效果，通过政策宣贯、成果宣传，传递规划共识。第四，在后期规划科普阶段，通过策划筹办市民共建美好家园的热门栏目、推进责任规划师制度、开展社区营造等方式，加强规划知识科普和社会动员，形成人民共谋、共建、共享的空间治理体系。

公众社会调查与企业调查可以采取发放调查问卷、网上调查、街头访谈、召开座谈会等形式。针对居民的调查内容可以包括被采访人的基本情况，其对于就业、居住、交通、公共服务设施、绿化景观、环境保护的看法，以及市民关心的其他城市发展和建设方面的问题；针对企业的调查内容可以包括对企业生产情况、运输情况、基础设施配套情况等方面的评价。

七、规划上下和左右协同

（一）规划上下位（纵向）协同

1. 对上协同，落实上位要求，反馈本级诉求

市县国土空间总体规划编制全过程要加强跟上级主管部门、上位规划和相关政策的对接沟通。一方面，积极了解上位重大战略、重大政策和上位规划相关要求，便于本级规划准确有效贯彻落实上位相关任务要求；另一方面，积极向上级主管部门客观反映地方合理需求，实事求是地反馈现实问题，取得上级支持。符合各级重大战略要求和需跨区域协调的重大事项科学合理纳入上级规划中，有利于形成上下规划一盘棋，增强规划体系整体实施效能，发挥规划合力。

2. 对下协同，加强统筹联动，推进无缝衔接

为充分在市级国土空间总体规划中统筹考虑县（市、区）级的需求，加强市级国土空间总体规划对下辖各市县规划的指导和传导作用，增强规划的科学性、协调性和可操作性，需要建立市级与县（市、区）级空间规划协同编制的路径、模式。按照“全域统筹、分级事权、分级编制，上下联动、协同一致，实事求是、精准落地”的原则，推进全过程市县联动工作。县级国土空间总体规划对下协同工作参考市级思路执行。

（1）工作机制

一是组建市县联动工作小组。由市自然资源和规划局主要领导担任组长，同时各县（市、区）确定相关负责人与联络人，将工作落实到人。各县（市、区）要按照协同任务，逐一明确参与部门，层层落实责任，逐项制定工作方案、具体实施计划，确保各项工作高标准高质量高效率推进。二是定期召开联动工作会议。针对市县联动的核心内容，市级定期召开联动工作会沟通协调市县联动事务。市县联动大会上，市县汇报主要规划工作内容，市级对县级工作开展指导，保障县级总规工作高质量完成；市县联动专题会以规划板块内容开展专题讨论；另外可结合工作需求，灵活组织联动会议。建立市县联动

微信群，搭建沟通新平台，市级可通过微信群及时发布相关文件、工作要求、会议通知等，各县（市、区）可在线反映工作中的问题等，实现市级与各县（市、区）工作的高效沟通。三是建立市县联动工作奖惩机制。对于没有按时提交市县联动成果的县（市、区）及成果提交不合格的县（市、区）进行通报批评，对于市县联动成果提交比较优秀的县（市、区）进行通报表扬。

（2）协同内容

现状评估联动：市级开展现状评估工作，构建指标体系，下发给县（市、区）级对接基础数据和资料，并对各县（市、区）提供数据进行统筹校核。主要基础数据包括现状空间类数据、经济社会类数据和规划类数据。县（市、区）级开展现状评估时，在指标选取方面可参考市级指标体系。县（市、区）级现状评估成果需提交市级审核备案。

“双评价”传导：市级组织开展“双评价”，将采用的主要参数和评价结论下达给县（市、区）级。县（市、区）级可直接使用市级评价运算结果，强化分析形成评价报告，有条件或有必要的可开展有针对性的补充评价，并将补充评价结论反馈给市级。市级组织对县（市、区）级反馈意见研究论证后，修正完善“双评价”结论和基本图件。

底图底数转换：结合“三调”成果以及国家和省级要求，市县协同开展底图底数转换工作。由市级统筹组织各区县开展辖区内的底图底数转换工作，市级开展中心城区的底图底数转换工作，并统筹市域的底图底数。

建设需求摸底：市级研究重大项目的提交原则、内容、格式等，并将提交要求下达给县（市、区）级。县（市、区）级确定本区在规划期间重点建设的区域，反馈重大项目布局需求，编制用地需求论证方案，提交市级研究论证。

发展规模协调：市级合理预测县（市、区）级规划期常住总人口规模和城镇化率，统筹考虑县（市、区）级实际需求，科学测算城镇建设用地总规模和开发强度，并下发县（市、区）级征求意见。县（市、区）级校核市级下达的指标并反馈意见。

指标体系分解：市级研究制定空间规划指标体系，以县（市、区）为单位进行指标分解，将耕地保有量、永久基本农田保护面积、生态保护红线面积、城镇开发边界扩展倍数等约束性指标经县（市、区）级校核并反馈市级确认后，落实到县（市、区）空间规划中。

“三区三线”划定：市级先行确定永久基本农田保护红线划定原则、生态保护红线初划方案、城镇开发边界划定原则，并下发县（市、区）级征求意见。县（市、区）级组织开展“三区三线”划定工作，对市级下达的初步方案提出反馈意见，并逐项举证说明。

空间布局指引：市级优化完善“三区三线”划定方案，形成协调一致的空间规划“底图”，并下发县（市、区）级。县（市、区）级以“三区三线”空间规划底图为基础，根据县（市、区）中心城区、重点乡镇、产业园区发展基础和布局结构，充分考虑周边区域合作和协同发展，提出空间发展方向、空间结构和布局形态。市级对县（市、区）级空间指引提出意见，县（市、区）级按照市级反馈意见修改空间指引，作为细化用地布局的主要依据。

专项研究对接：市级研究制定国土综合整治和生态修复重点区域和工程、重大交通设施布局、公共服务设施标准、历史文化保护传承、城乡居民点体系等，并下发县（市、区）级征求意见。县（市、区）级针对市级下发的专项研究初步方案并提出反馈意见。

（3）工作程序

“一下一上”：市级制定有关编制标准和工作导则，与县（市、区）级、部门就规划编制中采用的现状空间类数据、经济社会类数据、规划类数据进行协同对接，研究下发重大项目提交原则、内容、格式等，同时下发现状评估、“双评价”等初步方案。县（市、区）级对下发内容进行校核并反馈。

“二下二上”：市级根据县级反馈意见完善初步成果内容并下发“双评价”校核成果，重点指标分解初步方案，永久基本农田保护红线划定原则、生态保护红线初划方案、城镇开发边界划定原则、城镇建设用地总规模等。县（市、区）级针对下发内容进行落实并反馈。

“三下三上”：市级根据县级反馈意见修改完善规划成果内容，下发永久基本农田、生态保护红线和城镇开发边界的校核方案、发展规模及指标分解校核方案，以及国土综合整治和生态修复重点区域和工程、重大交通设施布局等专项研究成果，并对县（市、区）级空间指引提出意见。县（市、区）级针对下发内容进行落实并反馈。

“四下四上”：市级和县（市、区）级完成发展规模和指标体系的协同对接，确定“三区三线”方案、全域及中心城区空间布局方案，对各专项研究达成共识。市级、县（市、区）级空间规划文本、图件、数据库全部完成。

（二）规划左右位（横向）协同

（1）与发展规划的协同

在国土空间总体规划前期专题研究阶段建立多部门联合攻关机制。结合规划编制，市县发展和改革主管部门与规划和自然资源主管部门共同拟定空间发展战略、空间结构优化、重大生产力布局等领域相关研究课题，由两个部门牵头组织攻关，形成一套研究成果，奠定规划编制衔接的研究基础（黄征学，2020）。在规划成果编制阶段建立规划编制衔接机制。在两个规划编制全过程中，建立包括发展和改革主管部门、规划和自然资源主管部门在内的跨部门协调机制，多部门密切配合，就空间发展战略、核心目标指标、空间结构优化、重大生产力布局、重大工程项目等内容达成共识，纳入规划成果，畅通规划内容的衔接渠道。

（2）与专项规划的协同

健全市县国土空间总体规划与专项规划协同的全流程工作衔接机制。鼓励市县专项规划与国土空间总体规划协同部署、协同研究、协同编制和协同实施，促进重点专项规划内容与国土空间总体规划的动态校验和相互支撑。国土空间总体规划编制全过程中，加强与专项职能部门深入广泛的沟通衔接。加强相关专项规划与市县国土空间总体规划的衔接及“一张图”的核对，批复后纳入同级国土空间基础信息平台，叠加到国土空间规划“一张图”中，后期在符合总体规划原则性、方向性和刚性管控要求的前提下，保持动态更新和迭代，逐步细化深化和优化完善规划“一张图”系统。编制相关专项规划，应做到与总体规划等“底图叠合、指标统合、政策整合”（自然资源部国土空间规划局，2021）。

八、各阶段规划汇报要求

在市县国土空间总体规划编制各阶段，均需开展数量繁多、规格不一的各种汇报沟通交流会。其中，按工作流程和类型可分为以下几类重大汇报活动。一是初步方案阶段的专家咨询会；二是规划草案阶段的部门意见征询会和专家评审会；三是规划成果阶段的市（县）委市（县）政府审议会和上级主管部门审查会等。

初步方案阶段的专家咨询会：重点汇报前期基础研究、重大问题研判、规划总体思路、技术路线、初步方案和下一步计划安排等内容。聚焦痛点问题，做到现状研究系统翔实、问题分析准确深入、逻辑思路科学合理、初步方案清晰明确等要求。

规划草案阶段的部门意见征询会和专家评审会：重点汇报现状核心问题、规划技术路线、规划目标战略、空间规划方案、纵横传导体系、跨部门协调事项等内容。聚焦亮点和难点问题，做到核心问题研判准确、技术路线合理、目标战略清晰、空间规划方案全面系统、纵横传导周密有效、跨部门协调一致等要求。

规划成果阶段的市（县）委市（县）政府审议会和上级主管部门审查会：具体包括市（县）政府审议会、市（县）委审议会、市（县）人大会议、上级主管部门审查会等。这一阶段偏行政性汇报，重点汇报工作背景和历程、现状核心问题、规划目标战略、空间规划方案重点、上位要求落实情况、提请审议的重大事项等。突出重点战略性问题，避免面面俱到，做到核心问题研判准确、规划目标战略清晰、空间规划方案精彩合理、规划重点亮点突出、上位要求贯彻落实到位、工作流程规范完善等要求。

九、规划成果公示、审查与报批

（一）规划成果公示

国土空间总体规划成果公示是规划公众参与和社会宣传动员的重要环节，是实现规划意图从规划制定者到规划服务对象的互动传递过程。规划公示要形成通俗易懂可视化的宣传成果，充分征求有关部门、社会各界意见。通过浅显易懂的内容策划，利用图解、H5 页面、音频、视频等多种形式宣传解读规划，将规划政策和成果转化为企业群众看得懂、好理解的宣传内容，提高政策解读实用度，获取更广泛的传播，以此带动形成共识。规划成果获批后，应在符合国家保密管理和地图管理等有关规定的基础上及时公开，并接受社会公众监督。

（二）规划成果审查

在方案论证阶段和成果报批之前，审查机关应组织专家参与论证和进行审查。审查要件包括市级总规相关成果。报国务院审批城市的审查要点依据《自然资源部关于全面开展国土空间规划工作的通知》（自然资发〔2019〕87 号）和《报国务院审批市级国土空间总体规划审查工作规则》执行，其他城市的审查要点参考各省（区）出台的地方审查工作规则或审批规范性文件执行。成果审查的重点包括目标定位、底线约束、控制性指标、区域协调、空间布局、安全与民生保障、实施传导等方面的主要内容。审查流程一般包括成果预审、部门联审、修改完善、校核上报等环节，可参照不同省市具体规范性要求执行。

从实际情况来看，规划成果审查一般区分技术审查和行政审查。技术审查侧重科学合理性审查，一般针对规划编制方案的思路科学性、逻辑顺畅性、技术合理性、方案针对性和技术规范性进行审查；行政审查侧重合法合规性审查，一般对规划编制技术单位的合法性、规划编制程序的合法性、规划编制方案的衔接性、报批资料的规范性和完整性、各阶段各方意见落实情况、与上位规划和相关法规政策的衔接情况、相关分歧意见的协调处理情况等进行审查。技术审查先于行政审查开展。

从审查原则来看，一般注重以下方面。一是贯彻落实国家重大政策方针、重大战略要求和重大决策部署，突出习近平生态文明思想和总体国家安全观，贯彻新发展理念，体现以人民为中心的发展思想；二是坚持“多规合一”，落实国土空间规划改革各项政策要求，完善国土空间规划体系，依法依规编制市县级总规，符合上位规划要求，提出对下位规划、详细规划的指引，强化市级总规对各专项规划的指导约束作用；三是坚持因地制宜，充分考虑城市经济、社会和自然的历史情况、现状特点和发展条件；四是坚持突出重点，深化“放管服”改革，精简审批内容，提高审查效率；五是建立分级审查制度，充分发挥专家智库作用和国土空间基础信息平台的支撑作用。

（三）规划成果报批

需报国务院审批的城市国土空间总体规划，由市政府组织编制，经同级人大常委会审议后，由省级政府报国务院审批；其他市县及乡镇国土空间规划由省级政府根据当地实际，明确规划编制审批内容和程序要求。国土空间总体规划成果的上报材料，除了规划文本（含附表）、图件、规划说明、国土空间规划“一张图”数据库相关成果，一般还会包括专家评审意见、公众参与情况、风险评估情况、同级人大审议意见、相关部门意见、合法性审查意见、省规委会审议意见等相关材料（见附录六），具体以各省区的实际要求为准。

十、国土空间规划城市体检评估

（一）评估目的

2019 年 5 月 23 日，中共中央 国务院发布《关于建立国土空间规划体系并监督实施的若干意见》，要求“建立国土空间规划定期评估制度，结合国民经济社会发展实际和规划定期评估结果，对国土空间规划进行动态调整完善”。为贯彻落实《关于建立国土空间规划体系并监督实施的若干意见》精神，2021 年 6 月自然资源部出台《国土空间规划城市体检评估规程》（TD/T 1063—2021），规定了国土空间规划城市体检评估的定义、工作原则、工作组织、工作流程、体检评估内容、成果构成和报送应用要求等主要内容。

国土空间规划城市体检评估是指依据国土空间规划，按照“一年一体检、五年一评估”的方式，对城市发展体征及规划实施效果定期进行的分析和评价，是促进城市高质量发展、保障国土空间规划得到有效实施的重要工具，是国土空间规划实施推进和动态维护的重要依据。评估的内容包括战略定位、底线管控、规模结构、空间布局、支撑系统、实施保障等六个方面，主要成果产出包括 1 本体检评估报告、1 册体检评估图件、1 套指标体系表、1 份满意度调查报告。

国土空间规划城市体检评估与规划实施评估和风险评估相比，侧重点有所不同。规划实施评估和风险评估主要应用于规划编制环节，是随着新一轮国土空间规划编制工作启动开展的，是规划编制的重要基础工作；国土空间规划城市体检评估应用于规划实施和动态维护的全链条，按年度常态化开展，通过体检评估加强规划实施过程中的管理和督导，及时发现规划实施过程中出现的问题，找出产生问题的原因，提出解决问题的方法，及时进行调整，是确保规划从静态蓝图向动态政策转变的重要环节。此外，国土空间规划城市体检评估更聚焦于“指标”评估，通过对各项指标进行采集以及全面性和系统性的量化评估，持续累积形成具有连续性和可比性的多源数据。

（二）评估方法

根据自然资源部 2021 年印发的《国土空间规划城市体检评估规程》，城市体检评估指标体系分为安全、创新、协调、绿色、开放、共享 6 个一级类别，进一步划分为 23 个二级类别和 122 个三级指标。根据指标特性，122 个三级指标又分为 33 项基本指标和 89 项推荐指标。为了便于中央监管，指标收集需要长期积累，常年跟踪，逐步汇总之后便于上级监督考核，因此六大维度的指标体系框架相对稳定，为了兼顾地方弹性，各城市在以体检评估基本指标为核心的基础上，可选择推荐指标，也可另行增设与地域时空特性紧密关联，体现质量、效率和结构的指标，按安全、创新、协调、绿色、开放、共享六个维度，建立符合地方实际的指标体系（见图 9-4）。

体检评估一般采取数据分析与典型案例分析相结合、纵向比较与横向比较相结合、客观评估与主观评价相结合等分析方法。对各项指标现状年和基期年、目标年或未来预期进行比照，分析规划实施情况。同时结合政府重点任务实施情况、自然资源保护和开发利用、相关政策执行和实施效果、外部发展环境及对规划实施的影响等，开展成效、问题及原因分析。具体的技术方法与规划实施评估基本一致。

（三）评估内容

年度体检内容。年度体检基于战略定位、底线管控、规模结构、空间布局、支撑体系、实施保障六个方面的评估分析，聚焦年度规划实施中的关键变量和核心任务，总结当年城市运行和规划实施中存在的问题和难点，并从年度实施计划、规划应对措施、配套政策机制等方面有针对性地提出建议。鼓励具备条件的城市在完成年度体检报告基础上，围绕生态空间、粮食安全、碳达峰碳中和、城市更新、产业园区、社区生活圈等方面开展专项体检工作。

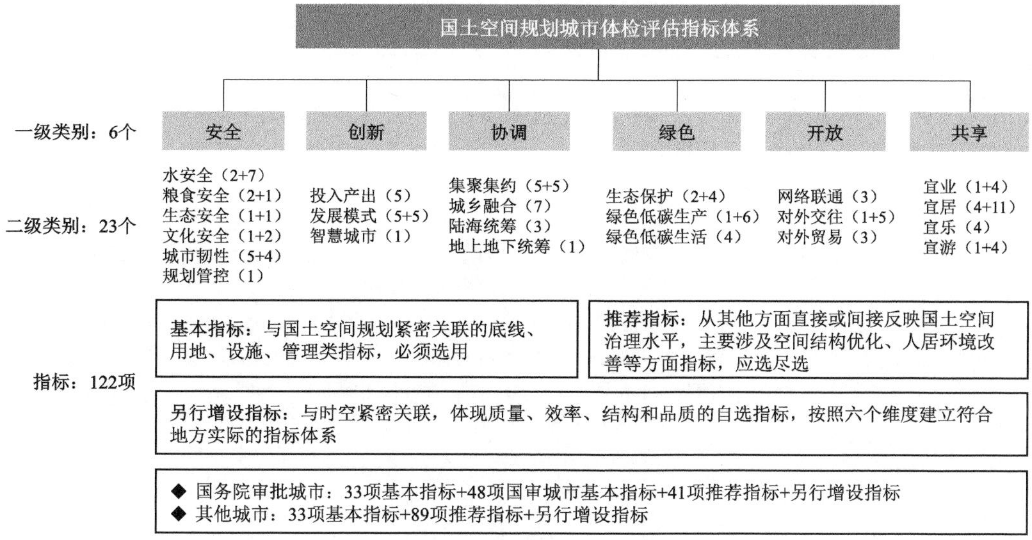

图 9-4　体检评估指标体系

五年评估内容。对照市县国土空间总体规划和上级政府对规划的批复要求，以战略定位、底线管控、规模结构、空间布局、支撑体系、实施保障六个方面的规划实施情况为重点，开展阶段性的全面评估和总结，对国土空间规划各项目标和指标落实情况、强制性内容执行情况、各项政策机制的建立和对规划实施的影响等方面进行系统深入分析（见表 9-3）。结合规划面临的新形势和新要求，对未来发展趋势做出判断，并对规划的动态维护及下一个五年规划实施措施、政策机制等方面提出建议。

表 9-3　国土空间规划体检评估主要内容

评估方面	主要内容	具体要求
战略定位评估	实施国家和区域重大战略的成效和问题	分析本县（市）深入实施国家和区域重大战略、落实城市发展目标、强化城市核心职能、优化调整城市功能等工作的成效及问题
	落实城市发展目标的成效和问题	对照国土空间规划确定的总体目标和阶段目标，通过主要指标的区域横向对比和年度纵向对比，科学评估目标落实成效和问题
	强化城市主要职能的成效和问题	经济产业、社会人口、交通枢纽、生态宜居等多维度主要职能的综合评价
	优化调整城市功能的成效和问题	根据内涵式、集约型、绿色化等高质量发展方向，对城市功能调整优化成效和问题进行评价
底线管控评估	分析耕地和永久基本农田、生态保护红线、城镇开发边界、地质洪涝灾害、历史文化遗产保护等底线管控的成效和问题	
	分析全域约束性自然资源（包含山水林田湖草沙海全要素）保护目标落实的成效和问题	
规模结构评估	分析优化人口、就业、用地和建筑的规模、结构和布局，提升土地使用效益，推进城市更新等工作的成效及问题	

续表

评估方面	主要内容	具体要求
空间布局评估	区域协同	（1）中心性分析：区位熵测度模型、非基本部门测度模型、潜能模型和中间机会模型等 （2）经济联系分析：腹地分析模型、城市间资本联系强度模型、人流客流联系分析等 （3）功能和空间联系分析：自然空间联系（流域、山水林田湖草沙海共同体等）、基于灯光数据/遥感历史地图/历史遥感数据的空间拓展联系分析 （4）区域协同政策分析：交通一体化以及资源和能源、生态环境、公共服务设施和基础设施、产业空间和邻避设施布局、城市群和都市圈内绿色生态空间保育等区域协同；生态空间共保、自然保护地协同、流域生态保护与治理、山水林田湖草沙海共同体生态修复、环境污染共治等区域协同
	城乡统筹	（1）大中小城市和小城镇协调发展的城镇发展格局分析：中心城镇一发展轴线（带）一发展分区基本情况 （2）城镇体系的规模等级和发展引导：不同等级城镇在新型城镇化、产城融合和城乡融合发展中的作用分析 （3）村庄布局规划和乡村振兴：根据城乡融合发展要求和乡村振兴分类标准，按照集聚提升、城郊融合、特色保护、搬迁撤并等思路，对乡村振兴发展情况进行评估和分析 （4）乡村生活圈和公共服务设施配置标准：按照城乡公共服务均等化的相关要求，对乡村生活圈、城乡一体化的市政、交通基础设施及公共服务设施的发展情况进行评估和分析
	产城融合	（1）功能协同：共同支撑城市主要职能（产业基地、职住关系等）、生产性服务业与生活性服务业耦合发展情况评估和分析等 （2）交通和基础设施协同：交通基础设施和能源、市政等基础设施一体化规划和建设情况；通勤情况和主要联系交通通道交通状况评估等 （3）公共服务均等化：产业生态圈与社区生活圈发展情况；满足创新人才、企业家、工人等不同群体需求的社区和公寓等建设情况等
	重点地区建设	（1）规划实施情况：发展规模、功能定位、功能指引、城市设计等上位规划指引的具体实施情况 （2）重大项目实施情况：城市更新、基础设施、公共服务设施、安全防灾设施、土地整治、生态修复等领域的重大项目实施情况等 （3）典型模式总结：生态空间格局优化、生产空间提质增效、生活空间宜居适度、城市安全韧性、设施提档升级和智慧城市建设、名城保护及特色风貌保护、低碳发展等方面的典型模式总结
支撑体系评估	分析生态环境、住房保障、公共服务、综合交通、市政公用设施、城市安全韧性、城市空间品质等方面的成效及问题	
实施保障评估	分析实施总体规划所开展的行动计划、执法督察、政策机制保障、信息化平台建设，以及落实总体规划的详细规划、相关专项规划及下层次县级或乡镇级总体规划的编制、实施等方面的成效及问题	
	对照总体规划、近中期规划的任务要求，可从规划编制、重点功能区重大项目建设、专项工作推进、政策体制完善等方面，梳理各项重点工作任务的进展情况，填报重点任务完成清单	

正如国土空间总体规划编制内容与体检指标不存在一一对应关系一样，体检评估战略定位、底线管控、规模结构、空间布局、支撑体系、实施保障六个方面与六个维度的

指标在实践工作中常常是一对多或多对一的关系（见图 9-5）。体检评估内容中的一个综合性判断，往往需要多个要素和多个指标交叉分析来说明。分析主要内容时，既可以利用指标体系中所包含的数据，也可以广泛收集采用其他数据。需要说明的是，体检评估的战略定位、底线管控、规模结构、空间布局、支撑体系、实施保障六方面设置是建议框架，可根据每年工作的具体情况，结合当年重点难点工作、规划实施重要任务，对框架体系和框架内的具体分析内容做出适当调整，让体检评估工作真正成为政府开展国土空间治理的有效抓手。

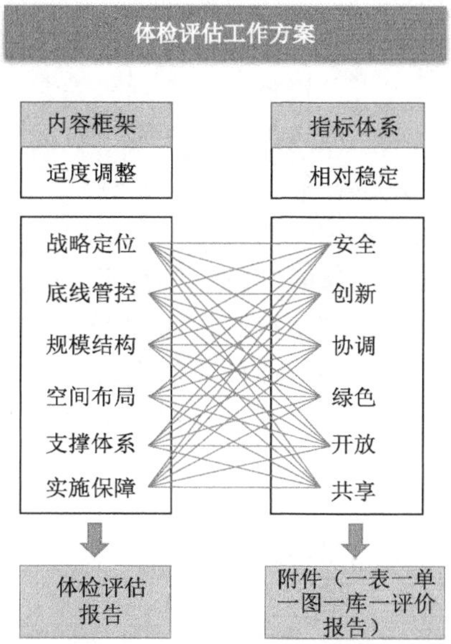

图 9-5　体检评估六个方面内容与六个一级指标的关系

（四）评估流程

制定体检评估工作方案。结合规划实施的重点、难点、突出问题和新的发展要求，制定年度体检或五年评估工作方案，提出总体要求、主要任务、进度计划、责任分工、组织保障等。

构建体检评估框架和指标体系。从战略定位、底线管控、规模结构、空间布局、支撑体系及相关的实施保障等方面构建体检评估框架。按安全、创新、协调、绿色、开放和共享六个维度建立指标体系。

资料收集调查。以全国国土调查及其年度变更调查、自然资源专项调查、地理国情普查等空间数据、经济社会发展统计数据、各部门专项调查统计数据为基础，充分收集规划成果、现状数据以及城市运行大数据、时空大数据作为参考。

分析评价。采用空间分析、差异对比、趋势研判、社会调查等方法，倡导大数据、人工智能等新技术和新方法的应用，对城市发展现状及规划实施效果进行分析和评价。指标数据及功能应用纳入规划“一张图”信息系统。

编制体检评估报告。体检评估成果由体检评估报告和附件组成，附件包括体检评估指标表、规划实施任务完成清单、规划实施分析图、社会满意度评价报告、体检评估基础数据库建设情况说明等。

汇交体检评估成果。体检评估成果县市逐级汇交，最后以省级为单位汇总，通过国土空间规划“一张图”实施监督信息系统在线汇交。

（五）成果应用

体检评估成果可用于本级和上级政府管理的各方面工作中。本级政府将体检评估成果应用于国土空间规划实施改进和调整优化等规划管理工作中，同时还可以支撑国民经济和社会发展规划、政府工作报告、投资项目计划等综合事务决策，促进国土空间治理水平提升。特别是应用于国土空间规划的动态调整，市县国土空间总体规划实施过程中应重点衔接体检评估中的战略定位评估、空间结构优化、人地关系矛盾等系统性问题，对重大战略性内容做出动态调整优化。同时，需重点关注体检监测的资源保护类、国土安全保护类底线指标，对底线突破风险和指标执行不力的情况做出及时应对。上级自然资源主管部门将体检评估成果与规划审批、用途管制等自然资源管理业务挂钩，并为执法督察、绩效考核等提供参考。此外，体检评估成果宜适时将非涉密内容向社会公开，市民通过适当的方式参与城市体检意见征询并查阅相关内容，行使对规划实施的知情权、参与权与监督权。

十一、规划实施监测预警与规划修改

（一）落实规划实施监测预警的主体责任

规划实施监督机制是维护国土空间规划严肃性与权威性的根本保障。《自然资源部办公厅关于加强国土空间规划监督管理的通知》（自然资办发〔2020〕27 号）中明确指出，建立国土空间规划体系并监督实施是党中央、国务院作出的重大决策部署，各级自然资源主管部门肩负国土空间规划监督管理的重大责任。按照国土空间规划“谁编制、谁实施”“谁审批、谁监管”的原则，明晰各级政府及部门的职责，强化分工协作。按照“一级政府、一级事权、分级管理、责权明晰”的原则，在明确规划监测评估预警的主体为县级及以上的各级自然资源主管部门的基础上进一步厘清各级政府的职责和事权。

（二）加强规划实施监测预警的全链条闭环管控

基于国土空间规划“一张图”实施监督信息系统，建立国土空间规划实施监督体系，形成“规划编制审批—实施监督—监督反馈—修改完善”的闭环。首先，落实生态安全、水安全、粮食安全、公共卫生安全等底线要求，重点监督各类控制线、约束性指标。构建符合实际的指标体系，因地制宜制定差异化、可操作的管控制度。其次，强化政府监管能力，鼓励社会各方积极参与，完善社会第三方合作机制，充分发挥社会监督作用，形成监测预警合力。同时，针对监测评估预警结果反映的问题，查找原因，指导规划动态调整与维护。明确奖励惩处机制，积极建立手段完备、监管高效、多方协同的长效监测评估预警机制。此外，鼓励运用大数据、云计算、物联网等先进技术手段，着力构建可感知、能学习、善治理、自适应的智慧规划监测评估预警体系，提升治理能力。

（三）推进规划实施监测预警的成果应用

应用于规划动态维护工作。年度体检结果和规划指标监测结果可应用于下一年度规划实施计划和近中期规划拟定，支撑本级人民政府年度实施计划编制及年度土地和自然资源计划指标的分解下达。五年体检评估结果可应用于规划修改修编的约束和指导，论证规划修编的必要性和可行性，并按照法定程序启动规划修改修编工作。

应用于规划公开公示和公众参与工作。鼓励各级人民政府按照相应程序和要求，将年度体检结果、规划评估结论、监测预警报告等的非涉密内容向社会公开。通过总结排名、表彰批评、社会满意度跟踪调查保障公众对规划实施情况充分知情。

应用于执法督察。监测评估预警成果应作为上级机关和本级纪检监察机关、组织人事等部门执法督察报告的重要内容和监督问责的重要依据，督促其限期整改并及时报告整改情况。

（四）规范规划修改的法定程序要求

国土空间规划一经批复，就具有法律效力，任何部门和个人不得随意修改、违规变更，坚决防止出现换一届党委政府改一次规划的现象。坚持先规划、后实施，严禁违规建设；坚持按法定程序修改规划，严格审批。对国土空间规划编制实施过程中的违规违纪违法行为要严肃追究责任。规划修改必须严格落实法定程序要求，深入调查研究，征求利害关系人意见，组织专家论证，实行集体决策。

参考文献

黄征学. 2020. 发展规划和国土空间规划协同的难点及建议[J]. 城市规划, 44(6): 9-14.

自然资源部国土空间规划局. 2021. 新时代国土空间规划：写给领导干部[M]. 北京：中国地图出版社.

思考题

（1）市县国土空间总体规划编制过程包括哪些环节？

（2）规划编制前期工作有哪些？有什么注意事项？

（3）规划现场调研包括哪些工作内容，需要注意哪些问题？

（4）规划全过程公众参与应当如何开展？

（5）市县国土空间总体规划上下和左右协同的对象、重点和路径是什么？

（6）规划实施监测预警与规划修改的工作要求是什么？

第十章　总结与展望

导读：本章作为最后一章，首先对新形势下市县国土空间总体规划的变与不变进行解析，一方面市县国土空间总体规划在地位作用、思维方式、工作路线等方面对原有规划保持延续传承，另一方面也面临规划对象、理念模式、平台基础、管控手段、工作抓手与工作组织等方面的若干重大转变。国土空间规划改革是一项永远在路上的征程，市县国土空间总体规划的改革创新仍然需要在实践中不断深入探索和总结提升，本章最后对未来可能的改革创新方向进行展望。

一、新形势下市县国土空间总体规划的传承与转变

1. 市县国土空间总体规划的延续传承

新时期国土空间规划改革肩负着融合原城乡规划、土地利用规划和主体功能区规划等空间类规划，实现“多规合一”的重大使命。市县国土空间总体规划并非简单的推倒重来，而是在延续传承原来城市总体规划、土地利用总体规划等的基础条件和各自优势基础上，结合新时代新要求融合创新并深入推进相关改革工作。市县国土空间总体规划在地位作用、思维方式、工作路线等方面对原有规划仍然保持着很大程度的延续传承。

一是地位作用的延续传承。市县国土空间总体规划在职能地位方面仍然体现出原有城市总体规划在空间治理方面的统领性和战略性地位，是市县实施高效能空间治理，促进高质量发展和高品质生活的顶层设计、总体蓝图和空间政策，是贯彻落实国省战略目标，指导市县国土空间保护、开发、利用、修复和指导各类建设的基本依据和行动纲领，仍然发挥重要的“战略引领”和“刚性管控”作用。

二是思维方式的延续传承。在思维方式方面，市县国土空间总体规划仍然体现出原有城市总体规划的科学思维、系统思维、区域思维、协调思维和治理思维，注重人民性、空间性、战略性、基础性、政策性和实施性等主要特性。面向未来的综合统筹、系统整合与战略部署，仍然是市县国土空间总体规划的核心，原有总体规划的思维方式和实施方法仍然发挥重要作用。

三是工作路线的延续传承。在工作导向方面，市县国土空间总体规划仍然遵循目标导向、问题导向、特色导向和实施导向。在工作流程方面，市县国土空间总体规划仍然延续基础调查研究、重大问题研判、规划方案编制、规划传导与实施管理、体检评估与监测预警、动态反馈与调校等基本环节。在规划技术路线方面，市县国土空间总体规划仍然需要统筹兼顾战略与战术、保护与发展、刚性与弹性、近期与远期、技术与政策、蓝图与实施等多维度协同关系。

四是多规优点的延续传承。新时期市县国土空间总体规划既非对原有各类总体规划的全盘否定或抛弃，也非对原有规划的简单继承或拼装，而是汲取原有城市总体规划的战略性、综合性和系统性以及对城乡开发建设指导性强的优点，汲取原有土地利用总体规划实施管控手段和政策工具强有力的优点，汲取原有主体功能区规划责任主体明确和紧扣行政管理事权的优点，在此基础上综合集成与融合创新，探索“能用、管用、好用”的规划新范式。

2. 市县国土空间总体规划的主要转变

新时期“多规合一”背景下市县国土空间总体规划体系同时面临巨大重构和调整。与传统的城市总体规划比较，国土空间规划体系下的市县国土空间总体规划面临以下六大方面的转变。能否有效实现这些重大转变，是评判市县国土空间总体规划改革转型状况的重要标志。

第一，规划对象更加注重“陆海+建与非建+生命共同体”全域全要素管控。原先的城市总体规划更多关注城乡居民点空间布局和对各类开发建设活动的安排，对非建设空间则关注较少。新时期国土空间规划体现为“三个全覆盖”：一是规划范围全覆盖，包括市县的全部陆域和海域国土空间；二是规划要素全覆盖，包括城镇（建设空间为主）、生态和农业空间（非建设空间为主）；三是功能利用全覆盖，涵括国土空间保护、开发、利用、修复、治理。规划对象拓展到各类自然（山水林田湖草沙等）和人工环境的全域全要素，从侧重城乡开发建设向履行“两统一”职责，统筹推进国土空间保护、开发、利用和修复等全方位拓展，规划对象、内容和领域有很大扩展，对规划的多要素多目标统筹平衡提出了更高要求。另一方面，新时期国土空间规划更加注重“三个统筹”：一是陆海统筹，对陆域和管辖海域全覆盖管控，协调陆海管控要求，保护优化海岸线功能布局，构建陆海联动空间布局新格局；二是城乡统筹（融合），构建新型城乡关系，促进城乡要素自由流动和平等交换，实现城乡一体化融合发展；三是建设空间与非建设空间统筹，构筑人与自然生命共同体，构建生产、生活、生态相协调的国土空间。顺应自然资源统一管理要求，更加注重全域国土空间“全要素”用途管控，制定各类用地之间的转换规则，强化对非耕农地、生态用地的用途管控。重点突出国土空间格局、自然资源保护与利用、生态修复与国土综合整治、历史文化保护与传承等核心内容。在习近平生态文明思想和生命共同体理念指导下，需要综合研究国土空间开发建设类要素（人口、土地、产业、设施、交通、市政等）与资源生态环境保护类要素（山水林田湖草沙等）之间的互动作用机制，建立从体检评估、冲突分析、问题诊断，到情景预测、平衡匹配、综合调控的规划技术体系和系统解决方案，实现各类国土空间要素在区位选址、规模强度、形态布局和功能耦合方面的系统最优匹配和平衡。

第二，规划理念模式更加注重“高质量发展+高品质空间+高水平治理”的全面永续发展。随着我国经济由高速增长阶段转向高质量发展阶段，我国社会主要矛盾也已经转变为“人民日益增长的美好生活需要和不平衡不充分的发展之间的矛盾”，与此同时我国城镇化进程进入中后期，国土空间发展方式将从外延式规模扩张向内涵式品质提升转变。新时期国土空间规划核心目标是以高品质规划引领高质量发展，服务人民的美好生活需要，促进国土空间资源的合理保护和有效利用，以及现代化治理能力的提升，塑造以人为本的高品质国土空间。原先的城市总体规划更多关注物质空间开发建设，新的市县国土空间总体规划更加注重以人民为中心的需求响应，更加注重做优空间增量和盘活空间存量，更加注重践行创新、协调、绿色、开放、共享理念的高质量发展模式。新时期更加注重全尺度高水平空间治理，立足中国式现代化道路要求，顺应国家人口发展趋势、产业发展趋势和对外开放格局，形成“区域相对均衡发展、大中小城市协同发展、城乡融合发展”的城镇化空间格局。落实国家主体功能区战略，以生态安全、粮食安全、水资源三大底线约束为前提，顺应现状趋势，尊重人口流动、经济发展规律，形成城市化地区、农产品主产区、生态功能区三大空间格局。面对错综复杂的国土空间治理问题，要创新运用空间规制、空间激励、空间统筹、空间协调等方面的多种治理手段和治理工具，系统性解决国土空间开发保护治理中的问题。应当跳出单一价值思维，建立经济、社会、生态、文化、政治、历史等多元维度的复合价值观，追求国土空间更高质量、更有效率、更加公平、更可持续、更为安全等多元目标的综合平衡，促进综合效益的最优化。

第三，规划平台基础更加注重“三调+三评估+双评价+时空平台”的全方位评析。面向国土空间规划对象和内容的拓展，需要升级规划操作系统和基础支撑平台。首先，市县国土空间总体规划强调以“三调”作为一张图的“底数底图”，以“双评价”作为国土空间规划编制的前提和基础，以国土空间开发保护现状评估、现行空间类规划实施情况评估和灾害风险评估研判成效和问题，夯实规划编制的前期基础支撑。其次，工作平台从 AutoCAD 等全面转向以 GIS 为基础的时空大数据平台。原先的城市总体规划成果编制和管理，主要依托 CAD 平台的矢量化图层管理，难以适应全域全要素统筹规划的需要。建立基于地理信息系统底座的智能化操作平台，能够实现多层级、多维度、多要素的综合集成、快速迭代与智能化管理。近年来信息技术迅猛发展，催生出物联网、云计算、移动互联网、大数据等为代表的新一代新技术，为国土空间的动态监测、信息共享、情景仿真和精准决策提供了有力支撑。新技术赋能国土空间规划编制和实施管理的前景广阔，从根本上推动了规划思维理念、技术方法、决策与实施管理方式的全方位变革。

第四，规划管控手段更加注重“指标+控制线+分区+用途+名录”全方位协同。原先的城市总体规划在综合性、战略性、科学性和系统性方面体现较为充分，对城乡开发建设的用途安排指导性强，蓝图规划和技术理性特征明显，但在规划实施管控手段和政策工具方面较为薄弱；原先的土地利用总体规划实施管控手段和政策工具较为有力，但更为注重自上而下的计划指标和边界管控，对于综合发展建设和多要素统筹方面考量相对不足。新的市县国土空间总体规划融合原先城市总体规划和土地利用总体规划各自的优点，建立兼顾刚性与弹性的全周期、多维度综合管控体系，注重建立“指标+控制线+分区+用途+名录”综合一体化的管控手段和机制，实现高标准保护、高质量发展和高水平治理的有机统一。一是在指标管控方面，顺应新时代发展要求，健全规划指标体系，聚焦国土空间开发保护管控指标，突出地方特色，确保指标可量化、可分解、可考核。指标类型可分为总量、结构、效率等，按管控方式可分为约束性、预期性和体征性指标。以核心指标为抓手，打通规划编制、审批与监测评估预警之间的桥梁，确保规划方案有效传导和实施。二是在控制线管控方面，统筹划定“三条控制线”（永久基本农田、生态保护红线、城镇开发边界）和“城市四线”（黄线、蓝线、绿线、紫线），制定相应管制规则，强化底线刚性管控。三是在分区管控方面，深化探索分区差异化用途管制。分区是市县国土空间总体规划的基本载体，因地制宜构建全域覆盖的主导功能分区体系，制定主导功能分区管控规则，明确功能引导方向及兼容的土地用途类型，健全管制规则。四是在用途管控方面，扩大覆盖到所有国土空间，实现市县全域全类型管控。用途是管控的对象，空间分区最终落实到土地用途，而同一类用途在不同的分区，其功能导向、利用方式和管控要求也有差异。规划要建立土地用途转变管控制度，在保障用途管控意图的前提下，应重点关注用途兼容与规则转变问题，增强规划弹性和适应性。五是在名录管控方面，改进完善重大建设项目表、正负面清单等。名录是管控的辅助手段，包括保护地清单、重点项目清单、建设项目正负面清单等类型，以名录清单形式实现对特定区域或特定要素的行为规则管控。值得强调的是，不同管控方式应根据不同管控对象和意图灵活组合运用，充分发挥不同管控手段的综合优势，达到有效管控和顺畅实施的目的。

第五，规划工作抓手更加注重“规划传导+动态评估+平台监督”的全链条治理。原先的城市总体规划普遍存在重编制轻实施、重蓝图轻机制、刚性有余弹性不足等方面问题，未能有效建立规划“编审督改”的全链条治理机制。新的市县国土空间总体规划要立足自然资源部门“两统一”职能要求，建立从规划编制、审批、管理、实施、监测、评估、预警、动态维护的国土空间规划全生命周期管理体系，促进国土空间治理体系和治理能力的提升。一是要落实国家空间规划体系要求，形成“横向到边，纵向到底”的立体化规划传导机制和内容体系。在横向传导方面，明确与专项规划横向衔接的技术内容要求，发挥对专项规划的约束作用；在纵向传导方面，构建“市县域—片区—单元规划”+“功能分区－用途控制－用地管理”传导体系。二是要建立“一年一体检，五年一评估”的常态化体检评估和动态调整完善机制，制定前后贯通的评估指标，明确调整规则和程序。三是要建立上下贯通、部门协同的自然资源信息化体系，提升自然资源管理的一体化、精细化和智能化水平。四是要精简规划审批内容，分级建立国土空间规划审查备案制度。按照“管什么就批什么”的原则，对省级和市县国土空间规划，侧重控制性审查，重点审查目标定位、底线约束、控制性指标、相邻关系等，并对规划程序和报批成果形式做合规性审查。五是要建立健全路线清晰、权责明确、绩效可追踪评估的规划实施保障机制，强化规划实施组织领导协同机制，统筹制定近期行动计划，建立规划实施法规政策体系，确保规划方案按照预期战略意图有效落地。同时，加强规划实施绩效的评估反馈、考核督查和动态调校机制研究，从动态学习调适过程中提升规划的适用性和实施效能。

第六，规划工作组织更加注重“上下联动+多规合一+多元共治”的全维度协同。新时期市县国土空间总体规划的综合性特征，决定了在规划工作组织方面需要打破不同层级、不同部门、不同领域之间的门槛壁垒，搭建更加开放的沟通协调平台，实现“上下联动+多规合一+多元共治”的全维度协同。首先，要注重建立多层级协同传导，基于不同层级行政主体的事权职责关系，建立健全各层级规划相互之间的传导实施机制，畅通从宏观战略性、政策性蓝图，向中观结构性、策略性蓝图，再向微观控制性、工程性蓝图的逐级传导和落实路径，实现“一张蓝图干到底”的目标。市县国土空间总体规划成为市场经济背景下国土空间“自上而下管控意图”和“自下而上发展诉求”的博弈平台。要注重上下规划同步联动，自上而下深化落实，同时自下而上精准发现问题、反馈诉求，提高县市级总规的科学性、前瞻性。其次，要立足国家治理体系一盘棋要求，推进政府跨部门协同共治，推进国土空间规划与发展规划、各部门专项规划之间的衔接协同体制机制改革，以及“多规合一、多审合一、多测合一、多证合一”的技术方法与管理机制创新。再次，要面向存量时代国土空间利益主体多元化格局和内涵式发展要求，妥善处理政府、市场和社会各主体在国土空间更新提质过程中的作用和分工协同关系，探索“共商共建共治共享”的空间治理模式，健全规划公众参与机制，切实提升国土空间治理的民主化和现代化水平。此外，要组建熟悉地情、专业融合的综合型技术支撑团队因地制宜编制规划。搭建专家咨询平台，就规划编制中的重大问题进行咨询论证，确保规划编制的科学性、前瞻性和实用性。

二、面向未来市县国土空间总体规划的改革创新展望

规划学历来是以解决社会实践问题为导向的经世致用之学，只有扎根广阔的社会土壤，直面真实的社会问题，响应鲜活的社会需求，国土空间规划才能永葆生机。市县国土空间总体规划的改革创新是一个永远在路上的征程，需要汇聚集体的智慧和力量，不断促进改革进程向纵深推进，更好发挥规划的时代职责使命和社会公共价值。当前市县国土空间总体规划的“四梁八柱”已初步建立，但仍然面临很多需要深入探讨和改革创新的问题。

面向未来可能需要深入探讨和改革创新的方向包括但不限于以下方面。

一是如何应对内外部不确定环境，提升国土空间规划的弹性和适应性。目前国家“五级三类”国土空间规划体系注重逐层传导落实和实施监管，刚性特征体现比较充分，应对复杂矛盾问题的弹性和适应性仍显不足。另一方面，国土空间规划运行并非孤立系统，受宏观经济环境、地缘政治环境、社会人文环境，以及全球气候变化和重大突发事件的深刻影响。如何有效应对和驾驭高度互联、相互依存、瞬息万变的复杂性社会环境，提升国土空间规划治理的应对能力，仍然需要深入研究探索。

二是如何顺应社会结构转型趋势和治理现代化要求，探索国土空间规划的多元协同治理手段和机制。现有规划更多注重以自上而下的行政管理手段为主，对来自基层主体自下而上的需求和意见响应相对不足。应对新时期社会多元化主体诉求矛盾等复杂性社会问题，有效拓展法规政策、标准规范、经济调控、协商和公众参与等多元手段，探索多层次多元化主体协同共治模式，仍然需要深入研究探索。

三是如何强化国土空间规划与发展规划的协同，提高对高质量发展的战略支撑作用。市县国土空间总体规划不仅要解决空间管控的问题，还要为经济转型升级和高质量发展提供高效土地要素支撑和坚强空间保障。如何建立健全国土空间规划与发展规划的

全方位全流程协同机制，有效落实国家重大战略，提升市县发展活力和竞争力，促进经济高质量发展，仍然需要深入研究探索。

四是如何建立健全市县国土空间规划实施传导体系，提升规划体系整体效能。在城镇开发边界内如何完善总体规划与详细规划、城市更新工作的传导和衔接协同机制，在城镇开发边界外如何完善总体规划与村庄规划、特定功能区规划、国土综合整治与生态修复工作之间的传导和衔接协同机制，以及如何加强规划实施传导、实施监管、实施评估、实施政策配套和保障机制等，仍然需要深入研究探索。

五是如何顺应新技术变革趋势，深入推进国土空间总体规划方法和技术升级，推动国土空间智慧化治理和精细化运行。大数据、物联网、云计算、人工智能等新技术的蓬勃发展为国土空间运行方式和国土空间规划模式带来了新的机遇，也提出了新的要求。如何将新技术手段深度融入国土空间规划全过程中，更好发挥技术赋能的作用，促进国土空间治理更加精细化、智能化和高效化，仍然需要深入研究探索。

市县国土空间总体规划改革创新是一项继往开来、与时俱进的征程，是理论与实践循环往复、交流共促的螺旋式上升过程，需要汇聚行业同仁的集体智慧和力量，共同谱写高质量国土空间治理和美好人居环境营造的时代篇章。

附　　录

一、课程安排与学习样例

市县国土空间总体规划是我国未来的法定规划，也是规划教学的重点环节。一般而言，规划学科需要在本科高年级开设有关课程。下面以本科四年级“国土空间规划”课程为例，介绍市县国土空间总体规划的教学目标、课程安排和成果要求。

1. 教学目标

（1）建立市县国土空间总体规划的系统认知。

根据城乡规划本科专业对规划理论、规划方法和规划设计能力的培养目标和教学特点，以城乡规划专业高年级本科学生为教学对象，在学生初步掌握了城市规划基本原理、城市规划经济学、城市社会学、城市交通及市政、城市历史和城市设计基本理论的基础上，进行综合性的市县国土空间总体规划专题研究和规划编制实践。

（2）培养问题导向的规划思维。

教学强调教与学的互动，通过讲座、调研、专题研究等环节，训练学生对城市与区域的观察与分析，初步培养学生对城市与区域演变机制的基本理解，并使学生进一步了解国土空间总体规划的理论内涵和基本价值观，拓宽城乡规划专业本科教学设计的尺度和视野，学习提出问题、分析问题和综合性地解决问题的方法和能力。

（3）培养目标导向的规划能力。

课程使学生初步掌握从宏观层次上对城镇空间结构的认识和理解、从中观层次上对城镇所在县市的调查和分析，以及从微观层次上对不同关键要素的认识和研究，形成初步的战略判断、战略目标和路线设定。

（4）培养系统协调的规划方法。

课程训练的内容包括战略目标和愿景的制定、指标体系的建立、不同尺度的规划设计（镇域－中心区等）、不同要素的规划设计（土地利用、交通、市政设施、社会设施等）、不同类型的规划设计（总体规划、专业规划和详细规划），同时兼顾一定的规划实施等相关内容。

2. 课程安排和成果要求

（1）课程组织。

建立兼具理论素养与实践经验的授课教师团队，是高质量有序开展市县级国土空间总体规划课程教学的前提。国土空间总体规划课程采取“学院+规划院”的联合教学培养模式，由高校教师和长期参与总体规划实践工作的规划院专家组成联合教学团队，全程参与课程教学。

（2）课程形式。

课程采取“实践教学+知识讲座”的形式开展。

“实践教学”是指依托县级国土空间总体规划实践的真实需求、真实案例，模拟县级总体规划研究和编制的全流程，指导学生进行“真题假做”。课程中，学生需要完成资料收集整理、现场调研、专题研究、综合规划、成果汇报，学习和实践国土空间总体规划编制的全过程，并按照国土空间总体规划的规定性要求形成丰富的课程成果。

“知识讲座”是由规划实践经验丰富的教师针对市县级国土空间总体规划的重点和难点问题进行专题讲座。课程教学过程中可安排系列讲座，讲座内容涵盖国土空间总体规划的基本逻辑、方法、内容与技术手段，以及生态、文化、人口、产业、土地利用、交通设施、基础设施、乡村发展、总体设计等重点专项和重点环节。通过系列知识讲座，向学生传授国土空间总体规划必备的知识、经验与技能，为实践教学的顺利推进提供支撑。

（3）教学安排。

市县级国土空间总体规划课程可安排为期 15 周（1 学期）的教学，每周 2 课时（共 30 课时左右）。15 周的课程分为“知识准备与现场调研”“专题研究与重点问题分析”“综合研究与规划编制” 3 个阶段开展（见附表 1）。

第 1～2 周为知识准备与现场调研阶段。该阶段以知识讲座为主，通过“国土空间总体规划基本逻辑与方法体系”“国土空间总体规划主要内容、过程与调研计划”“国土空间总体规划基础底图处理及绘图”等讲座，向学生传授市县国土空间总体规划必备的基础概念、知识、方法和技能，使学生了解本课程的目标、内容和要求，进而在分组的基础上，各组责任教师带领学生熟悉课程研究区域的情况，完成资料收集、数据整理及 GIS 平台初步搭建等基础性工作。在这一阶段中，责任教师带领学生对研究区域进行实地调研，调研中采取现场踏勘、部门（专家）座谈、问卷调查等多种形式，使学生直观、深入地了解区域的区位条件、资源禀赋、发展机遇和面临的主要问题，与地方建立联系，为有针对性地开展规划研究与制定规划方案奠定基础。

第 3～8 周为专题研究与重点问题分析阶段。该阶段将实践教学与知识讲座紧密结合。在实践教学中，责任教师带领学生基于前期研究和现场调研中的发现，对研究区域的发展现状、机遇和挑战进行科学研判，引导学生准确识别总体规划需要加以重点研究的关键问题，通过对关键问题进行专题研究，提出支撑总体规划的主要空间策略。第 3～7 周，教师可以基于实际情况，将本组学生细分为多个专题研究小组，每个小组 1～2 人，开展区域协调、功能定位、生态保护、历史文化、人口社会、产业发展、公共服务、综合交通等重大专题研究，形成专题研究成果；第 8 周，组织学生对各个小组的专题研究成果进行整合，形成课程中期成果并进行汇报展示。在本阶段中，需要针对学生开展专题研究的需要，安排规划评估评价、生态保护与修复、历史文化保护、人口与公共服务、区域产业分析、城乡关系演进、道路交通规划等专题性讲座，使学生较为系统地了解市县国土空间总体规划中各专题专项的研究和规划编制思路，并在实践中加以运用。

附表 1　国土空间总体规划教学内容安排示例表

阶段	周次	课时	实践教学内容	知识讲座安排
知识准备与现场调研	第 1 周	第一课	学习基础知识、技能，明确课程安排和分工，整理基础资料和数据	（1）国土空间总体规划基本逻辑与方法体系
		第二课		（2）国土空间总体规划主要内容、过程与调研计划
				（3）国土空间总体规划基础底图处理及绘图
	第 2 周	第三课	现场调研	——
		第四课		
专题研究与重点问题分析	第 3 周	第五课	分小组针对区域协调、功能定位、生态保护、历史文化、人口社会、产业发展、公共服务、综合交通等重点规划事项开展专题研究	（4）国土空间规划中的评价评估与体检
		第六课		（5）历史文化资源与历史文化空间
	第 4 周	第七课		（6）区域产业分析实践
		第八课		（7）城乡关系演进与乡村空间管控
	第 5 周	第九课		（8）道路交通规划实务
		第十课		（9）县域农业空间规划与国土综合整治
	第 6 周	第十一课		（10）国土空间生态保护与修复探讨
		第十二课		（11）人口分析和公共服务设施规划
	第 7 周	第十三课		—
		第十四课		—
	第 8 周	第十五课	中期成果汇报与评图	—
		第十六课	梳理专题研究结论与明确下阶段安排	—
综合研究与规划编制	第 9 周	第十七课	深化和完成县域层面国土空间总体规划编制	（12）总体设计思维与设计语言
		第十八课		（13）中心城区用地布局方案思路和要点
	第 10 周	第十九课		（14）土地资源配置和节约集约利用
		第二十课		（15）市政基础设施规划研究与实践
	第 11 周	第二十一课		—
		第二十二课		—
	第 12 周	第二十三课	深入研究和完成中心城区与重点地区规划编制	—
		第二十四课		—
	第 13 周	第二十五课		—
		第二十六课		—
	第 14 周	第二十七课		—
		第二十八课	课程成图制作与汇报准备	—
	第 15 周	第二十九课		—
		第三十课	课程成果汇报与终期评图	—

第 9～15 周为综合研究与规划编制阶段。该阶段以实践教学为主，主要培养学生对各项专题研究成果进行规划落实、系统协调的能力，以及对市（县）域、中心城区、重点地区多尺度规划方案的制定能力。其中，第 9～11 周面向县域，引导学生对前期专题研究的结论进行精炼深化、补充完善和空间落实，将各项研究成果转化为空间方案，形成县域国土空间总体格局、国土空间控制线、生态系统保护规划、城镇体系规划、历史文化保护规划、公共服务设施规划、综合交通规划等规划成果，并进行系统协调和修正；第 12～14 周面向中心城区和若干重点地区开展研究和规划，对中心城区的国土空间规划分区、土地利用、开发强度分区、规划控制线、历史文化保护、绿地和开敞空间、公共服务设施体系、道路交通等进行系统安排，制定规划方案，针对县域内其他重点地区的国土空间整治和修复提出专门性规划安排；第 14～15 周重点面向国土空间总体规划的成果要求，编制规划文本、图集，面向课程成果汇报展示要求制作 PPT 和展板等，最后进行"课程成果汇报展示与终期评图"，展示学生 15 周学习成效的完整成果，具体包括"规划文本""规划图集""课程成果汇报 PPT""展板"（附表 2）。"规划文本""规划图集"是市县国土空间总体规划的规定性内容，要求按照国家有关规范和指南进行编制，并通过形式和内容审核；"课程成果汇报 PPT"要清晰阐述和系统展示课程中的规划研究结论、规划编制思路和规划成果，支撑 40min 左右的课程汇报；"展板"为制作 8～10 张 A0 展板，用以展示和宣传课程教学成果。每位学生完成课程的最低成果要求为 3000 字规划文本+2 张 A0 规划图纸+15~20 页课程成果汇报 PPT+1 张 A0 展板。

附表 2　国土空间总体规划课程最终成果要求和成果设置目标示例表

课程成果		每位学生最低要求	成果设置目标
国土空间总体规划规定性成果	规划文本	3000 字	通过编制规划文本，训练学生了解国土空间总体规划的规定性内容以及规范性语言表达
	规划图集	2 张 A0 图纸	通过绘制图纸和编制图集，使学生掌握国土空间总体规划的制图原则、制图方法和制图规范
课程研究成果	课程成果汇报 PPT	15~20 页 PPT	通过制作课程成果汇报 PPT，使学生系统梳理和回顾课程内容，深刻理解规划研究与规划制定的内在逻辑，训练学生对规划内容、规划思路进行清晰阐述和汇报
	展板	1 张 A0 展板	对外展示和推广教学成果

二、双评价基础资料收集清单

附表 3　部门资料收集清单

序号	数据内容	收集部门
1	第三次全国国土调查成果及其年度变更调查数据库	自然资源和规划局
2	全域 1:1 万地形图/数字高程模型（DEM）/坡度图	
3	2009~2018 年的土地利用变更调查数据库	
4	土地利用总体规划	
5	耕地/农用地质量分等	
6	土地整治规划	
7	永久基本农田保护划定成果（含储备区）	
8	生态保护红线划定成果	
9	矿山地质环境保护与治理规划	
10	现状废弃矿山分布及矿山修复情况	
11	矿产资源总体规划	
12	地质灾害防治规划	
13	地质灾害易发区数据（包括崩塌、滑坡、泥石流和地面沉降、矿山地面塌陷和岩溶塌陷、采煤沉陷等）	
14	土壤志/土壤质地分布图	
15	土壤数据库	
16	城镇低效用地规划/调查结果	
17	美丽乡村规划或现状“空心村”分布图、名录	
18	全国污染地块土壤环境管理信息系统	
19	森林资源清查“一张图”/林地一张图/林地变更调查数据库	林业局
20	各类自然保护地的保护范围（含国家公园、自然保护区、湿地公园、森林公园、地质公园、风景名胜区、水产种质资源保护区等）	
21	生物多样性调查及保护规划（含国家重点保护物种、珍稀濒危物种分布图，物种数量监测调查数据）	
22	湿地调查数据库及湿地保护利用规划	
23	生态保护红线划定成果	生态环境局
24	“三线一单”编制成果	
25	土壤污染调查数据	
26	历年环境污染物统计数据	
27	近 5~10 年大气、水环境质量监测数据	
28	近 5~10 年环境质量报告书	
29	环境容量研究技术报告	
30	水源保护区划定成果	
31	生态功能区划报告	
32	环境功能区划（大气、水等环境功能区划）	

续表

序号	数据内容	收集部门
33	第二次全国污染源普查成果	生态环境局
34	土壤环境监测点位数据	
35	农业面源污染调查成果	
36	国控/省控/市控地表水监测断面名单（含坐标位置）	
37	农业“两区”划定成果数据库	农业农村局
38	重要渔场分布图	
39	代表性农作物复种指数	
40	农田灌溉情况（有效灌溉、不合理灌溉等）	
41	土壤志/土壤质地分布图	
42	土壤环境监测点位数据	
43	农业面源污染调查成果	
44	农业污染地块调查资料	
45	近5~10年水资源公报	水利局/水务局
46	水资源综合规划	
47	用水总量控制红线指标（实行最严格水资源管理制度红线控制目标分解方案）	
48	地下水保护与利用规划	
49	地下水超采区名称、（近5~10年）多年平均地下水超采量（分深层和浅层超采量）、多年平均地下水超采面积，地下水水位和水质（含矿化度）调查	
50	第二、三次全国水资源调查评价成果	
51	水（环境）功能区划及“水十条”控制单元	
52	流域分布图	
53	河流水系分布图	
54	蓄滞洪区、行洪区分布图	
55	水功能区划表	
56	水文地质灾害/洪涝灾害调查评价报告	
57	重要江河河道、南水北调干渠保护管理范围	
58	重要江河河道、南水北调每年分配水资源量情况	
59	水土保持规划/水土流失防治情况	
60	气象灾害统计数据（含各区县）	气象局
61	气象统计信息（平均风速、平均降水量、平均气温、静风日数等）	
62	地震活跃及地震断裂分布/地震构造图	地震局（应急管理局）
63	抗震防灾专项规划	
64	大遗址保护区分布	文物局
65	世界文化遗产及预备名录遗产的保护区划、保护规划等	
66	地下文物埋藏区范围	
67	考古遗址公园保护区划、保护规划等	

附表 4　公开数据下载资料清单

序号	数据内容	数据下载渠道
1	30m 数字高程模型（DEM）	地理空间数据云
2	基于世界土壤数据库（HWSD）的中国土壤数据集	寒区旱区科学数据中心
3	蒸散发数据集	国家生态系统观测研究网络科技资源服务系统
4	1:100 万/1:25 万全国基础地理数据库	全国地理信息资源目录服务系统
5	多年平均风速、大风日数、多年平均静风日数、多年平均降水量、多年日平均气温≥0℃活动积温、干燥度指数、多年月均气温（华氏温度）、多年月均空气相对湿度（%）、逐日平均风速、土壤湿度、太阳辐射数据	中国气象数据网
6	POI 数据（含兴趣点、路网）	高德地图
7	降雨侵蚀力	中国降雨侵蚀力 R 值的计算与分布（Ⅰ、Ⅱ）汇编或根据规划区域有关降雨侵蚀力学术论文研究成果
8	中国植被区划数据、中国土壤侵蚀空间分布数据、中国陆地生态系统服务价值空间分布数据等	中国科学院资源环境科学数据中心
9	植被覆盖（NDVI）、Landsat 遥感影像	美国国家航空航天局（NASA）

三、市县国土空间总体规划主题座谈会提纲

（一）资源环境和空间主题座谈会

参加座谈部门：自然资源和规划、生态环境、水利、住房和城乡建设、交通运输、公路、铁路、公交等相关部门（部门主要负责人）。

1. 自然资源保护利用情况

（1）自然资源保护利用、确权登记的现状情况及未来设想，关于自然资源资产化、自然资源产权制度建设的主要想法。

（2）近年生态保护和修复（水生态修复、矿山环境整治修复、土壤污染治理、生态环境综合修复等）的情况、存在问题及未来设想。

（3）各类饮用水水源保护区、自然保护区、风景名胜区、地质公园、森林公园、湿地公园、国家一级生态公益林、国家级水产种质资源保护区、农业野生植物资源原生境保护区（点）等生态保护区的保护与建设情况。

（4）请从本部门的角度出发，谈谈对近中期规划的设想。

（5）请从本部门的角度出发，谈谈对本次国土空间规划的建议和注意事项。

2. 生态环境保护和建设情况

（1）生态环境保护现状情况、主要问题以及规划设想。
（2）是否有开展过生态红线划定的相关工作，划定思路及目前实施情况。
（3）饮用水水源地的水环境状况如何，存在哪些问题。
（4）地表水、地下水环境状况如何，存在哪些问题，有何解决途径。
（5）与周边地区生态环境共治共保等方面的现状情况与未来设想。
（6）请从本部门的角度出发，谈谈对近五年规划的设想。
（7）请从本部门的角度出发，谈谈对本次国土空间规划的建议和注意事项。

3. 水资源保护利用情况

（1）水资源保护利用情况、防洪排涝现状与问题，以及建设诉求。
（2）请从本部门的角度出发，谈谈对近中期规划的设想。
（3）请从本部门的角度出发，谈谈对本次国土空间规划的建议和注意事项。

4. 土地利用和规划管理情况

（1）永久基本农田划定工作进展情况。
（2）当前土地指标储备以及使用情况，对国土空间规划的指标及布局设想。
（3）近年农村土地综合整治、城乡建设用地增减挂钩等国土综合整治的情况、存在问题及未来设想。
（4）城市用地布局、用地增长情况。
（5）当前城市总体规划和土地利用规划的实施情况、存在的主要问题，未来推进“多规合一”的主要设想。
（6）各专项规划、近期建设规划以及控制性详细规划的主要情况。
（7）请从本部门的角度出发，谈谈对本次国土空间规划的建议和注意事项。

5. 住房和城乡建设情况

（1）现状建设存在的主要问题，旧城改造情况及拆迁安置方式、低效用地再开发机制建设情况、存在问题及未来设想。
（2）城市和农村公共设施和基础设施建设情况、存在问题及未来设想。
（3）城市开发边界划定工作推进情况。
（4）“城市双修”开展情况、存在问题与未来设想。
（5）城乡一体化建设进展情况、存在问题及未来设想。
（6）近年来住宅空置率、销售价格情况等。
（7）住房供应体系建设情况，包括住房租赁市场发展情况，廉租房、经济适用房数量及分布、潜在需求等。
（8）城市道路、停车等存在的主要问题以及未来设想。
（9）请从本部门的角度出发，谈谈对近中期规划的设想。

（10）请从本部门的角度出发，谈谈对本次国土空间规划的建议和注意事项。

6. 综合交通体系建设情况

（1）国家、省、市近期交通建设计划中的重点项目进展情况。
（2）未来交通发展的设想，尤其是全域范围大型交通设施、与周边城市联络通道的规划或设想。
（3）现状主要对外客、货运枢纽情况，包括位置、等级、规模、容量、流向、流量和货运的主要货物品类。
（4）货运物流专项规划，货运物流当前存在的关键问题及未来发展设想。
（5）目前公共交通发展的主要问题，以及规划设想。
（6）请从本部门的角度出发，谈谈对近中期规划的设想。
（7）请从本部门的角度出发，谈谈对本次国土空间规划的建议和注意事项。
（8）国、省干线公路的近期建设情况及未来动向。
（9）公路系统扬尘污染防治情况、主要问题及未来设想。
（10）请从本部门的角度出发，谈谈对近中期规划的设想。
（11）请从本部门的角度出发，谈谈对本次国土空间规划的建议和注意事项。
（12）铁路线网、站点建设情况和规划设想。
（13）规划货运枢纽等级、规模、布局、到发运量情况。
（14）公交线路运营情况、存在问题及未来设想。

（二）经济产业发展主题座谈会

参加座谈部门：政府办、政研室、统计、发展和改革、科学技术、工业和信息化、商务、农业农村、财政、政务服务和大数据管理等相关部门（部门主要负责人）。

1. 近年来党委和政府施政重点

（1）近年来党委和政府关于自然资源保护利用、生态保护修复、国土综合整治、产业发展、交通建设、城镇建设、旅游发展、文化发展、城乡统筹等方面的重大设想与核心思路。
（2）经济社会发展过程中存在的主要问题，关于未来发展的主要设想。
（3）现状国民经济及社会发展基本情况。
（4）关注的热点、难点问题以及解决建议意见。
（5）请从本部门的角度出发，谈谈对近五年规划的设想。
（6）请从本部门的角度出发，谈谈对本次国土空间规划的建议和注意事项。

2. 产业经济发展情况

（1）现状产业发展的主要特征、问题及趋势，近五年发展的主要思路。
（2）工业布局的情况以及未来调整的主要思路，工业发展的主要问题，近五年的主要设想。

（3）主导产业发展现状、未来转型方向和空间布局设想，新兴产业培育的发展情况和思路。

（4）各类企业（国有企业、外资企业、民营企业、中小企业）的发展情况、存在的问题及应对措施。

（5）信息化产业的发展情况，重点介绍两化融合重点企业、智慧城市建设情况等。

（6）各产业园区的发展现状、存在问题与发展设想。

（7）近年来招商引资情况（主要投资来源及产业）、招商优势和存在的主要问题。

（8）近年来进出口产品的主要种类和方向。

（9）各类专业市场的发展状况与未来设想。

（10）社区配套、城镇商业网点的建设情况、存在问题与未来设想。

（11）相关的国家级、省级、市级重大项目及进展情况。

（12）国家、省发展的各项优惠政策情况。

（13）本市（县）融入周边大都市区、中心城市的主要行动和想法，与周边其他地区的协作情况和协调合作重点（包括产业发展、文化旅游、生态环境、基础设施、公共服务等方面）。

（14）关于城乡一体化发展的现状、问题与设想（包括规划布局、产业发展、要素配置、基础设施、公共服务、生态保护等方面）。

（15）请从本部门的角度出发，谈谈对近中期规划的设想。

（16）请从本部门的角度出发，谈谈对本次国土空间规划的建议和注意事项。

3. 科技创新发展情况

（1）目前科技创新水平，机构、人才引进、产学研结合、协同创新等发展现状情况、面临主要问题和未来发展设想。

（2）双创建设情况以及未来设想。

（3）请从本部门的角度出发，谈谈对近中期规划的设想。

（4）请从本部门的角度出发，谈谈对本次国土空间规划的建议和注意事项。

4. 农业农村发展情况

（1）农业发展情况介绍（农林牧副渔业构成、优势农副产品种类、生产规模、销售市场范围及其地域分布等）。

（2）农业园区、农业现代化、一二三产融合等发展情况、存在问题及主要设想。

（3）乡村振兴推进情况、美丽乡村建设情况，存在的问题与主要设想。

（4）请从本部门的角度出发，谈谈对近中期规划的设想。

（5）请从本部门的角度出发，谈谈对本次国土空间规划的建议和注意事项。

5. 财政收支和运行情况

（1）财政收支情况以及未来的发展规划。

（2）对于全市国民经济和社会发展的形势预测及计划安排。

（3）财政转移支付、生态补偿、政府和社会资本合作（PPP）模式等机制建设情况。
（4）请从本部门的角度出发，谈谈对近中期规划的设想。
（5）请从本部门的角度出发，谈谈对本次国土空间规划的建议和注意事项。

6. 政务服务和大数据管理情况

（1）大数据建设与管理的现状情况以及相关规划，关于未来发展的主要设想。
（2）工业和信息化局的信息化管理服务情况，企业相关信息的大数据管理情况。
（3）智慧城市建设的现状以及相关规划，关于未来发展的主要设想。
（4）请从本部门的角度出发，谈谈对近中期规划的设想。
（5）请从本部门的角度出发，谈谈对本次国土空间规划的建议和注意事项。

（三）人口社会主题座谈会

参加座谈部门：公安、民政、人社、教育、卫生健康、体育、文化广电旅游等相关部门（部门主要负责人）。

1. 人口发展情况

（1）近年来人口发展特征动向（总量、结构、流动、布局等）。
（2）现状人口中暂住人口数量、主要来源。
（3）请从本部门的角度出发，谈谈对近中期规划的设想。
（4）请从本部门的角度出发，谈谈对本次国土空间规划的建议和注意事项。

2. 教育事业发展及设施建设情况

（1）教育设施建设情况与未来需求。
（2）请从本部门的角度出发，谈谈对近中期规划的设想。
（3）请从本部门的角度出发，谈谈对本次国土空间规划的建议和注意事项。

3. 医疗卫生事业发展及设施建设情况

（1）全面放开二孩政策实施后，对人口出生率有无明显影响。
（2）现状医疗卫生设施的利用情况及建设需求、新建及扩改建计划。
（3）请从本部门的角度出发，谈谈对近中期规划的设想。
（4）请从本部门的角度出发，谈谈对本次国土空间规划的建议和注意事项。

4. 体育事业发展及设施建设情况

（1）体育设施建设情况与未来需求。
（2）请从本部门的角度出发，谈谈对近中期规划的设想。
（3）请从本部门的角度出发，谈谈对本次国土空间规划的建议和注意事项。

5. 文化旅游发展、历史文化保护及设施建设情况

（1）旅游资源情况。
（2）旅游产业发展思路与建设进展情况，旅游服务设施的薄弱环节。
（3）旅游主要的客源市场，旅游品牌的提升策略及措施。
（4）文化产业发展现状与规划设想。
（5）重要的文化设施现状及利用情况、存在的主要问题，设施配置上还有哪些需求与建议。
（6）文物保护单位及其保护范围，地下文物埋藏区。
（7）历史文化名城保护情况，名城保护规划实施中有哪些问题。
（8）请从本部门的角度出发，谈谈对近中期规划的设想。
（9）请从本部门的角度出发，谈谈对本次国土空间规划的建议和注意事项。

6. 社会保障和行政区划情况

（1）面向城乡劳动者的职业培训制度和技能培训体系建设情况、存在问题与主要设想。
（2）城乡社会保障体系的建设情况、存在问题与主要设想。
（3）劳动就业情况，外出务工人数以及主要目的地。
（4）近年主要新增就业岗位类型、数量等。
（5）老龄化整体情况，近年如何应对本市的老龄化问题，未来有何设想。
（6）行政区划最新的调整情况。
（7）请从本部门的角度出发，谈谈对近中期规划的设想。
（8）请从本部门的角度出发，谈谈对本次国土空间规划的建议和注意事项。

（四）市政防灾保障主题座谈会

参加座谈部门： 自来水、供电、燃气、热力、通信、应急管理、人防、地震、消防、气象、城市管理等相关部门（部门主要负责人）。

1. 城市供水情况

（1）近年用水情况、存在的主要问题。
（2）请从本部门的角度出发，谈谈对近中期规划的设想。
（3）请从本部门的角度出发，谈谈对本次国土空间规划的建议和注意事项。

2. 城市供电情况

（1）近年供电情况、存在的主要问题。
（2）请从本部门的角度出发，谈谈对近中期规划的设想。
（3）请从本部门的角度出发，谈谈对本次国土空间规划的建议和注意事项。

3. 城市燃气供给情况

（1）近年燃气供应情况、存在的主要问题。
（2）请从本部门的角度出发，谈谈对近中期规划的设想。
（3）请从本部门的角度出发，谈谈对本次国土空间规划的建议和注意事项。

4. 城市供热情况

（1）近年供热及运营情况、存在的主要问题。
（2）请从本部门的角度出发，谈谈对本次国土空间规划的建议和注意事项。

5. 城市通信运营（电信、联通、移动等）情况

（1）通信发展情况、存在的主要问题。
（2）请从本部门的角度出发，谈谈对近中期规划的设想。
（3）请从本部门的角度出发，谈谈对本次国土空间规划的建议和注意事项。

6. 城市应急管理情况

（1）应急体系建设情况。
（2）请从本部门的角度出发，谈谈对近中期规划的设想。
（3）请从本部门的角度出发，谈谈对本次国土空间规划的建议和注意事项。

7. 城市人防情况

（1）地下空间利用现状、人防设施利用情况及设想。
（2）请从本部门的角度出发，谈谈对近中期规划的设想。
（3）请从本部门的角度出发，谈谈对本次国土空间规划的建议和注意事项。

8. 城市抗震情况

（1）地震工程地质分区，地震断裂带分布情况，建筑物防震建设情况，地震灾害应急预案、相关防震减灾等规划设想。
（2）请从本部门的角度出发，谈谈对近中期规划的设想。
（3）请从本部门的角度出发，谈谈对本次国土空间规划的建议和注意事项。

9. 城市消防建设情况

（1）消防安全重点单位、区域分布，消防设施建设设想。
（2）请从本部门的角度出发，谈谈对近中期规划的设想。
（3）请从本部门的角度出发，谈谈对本次国土空间规划的建议和注意事项。

10. 城市气象情况

（1）历年重大气象灾害情况，对未来15~30年××市最可能发生的主要灾害类型的

预测。

（2）请从本部门的角度出发，谈谈对近中期规划的设想。

（3）请从本部门的角度出发，谈谈对本次国土空间规划的建议和注意事项。

11. 城市管理情况

（1）现状城市环境有何主要问题及解决措施。

（2）国家生态园林城市创建和园林绿化管理工作现状、经验、问题和未来工作设想。

（3）对于城市中长期及长期的管理有何计划或建议。

（4）城市交通现状以及有哪些路段为交警支队重点关注地区（如交通拥堵点、事故频发点等）。

（5）请从本部门的角度出发，谈谈对近中期规划的设想。

（6）请从本部门的角度出发，谈谈对本次国土空间规划的建议和注意事项。

（五）区县及园区发展座谈会

参加座谈部门：市辖区政府、下辖县政府和重点园区管委会等部门（部门主要负责人）。

1. ××区/县/园区相关情况

（1）××区自然资源保护利用现状情况、存在的问题及主要设想。

（2）××区生态保护修复与国土空间整治的现状情况、存在问题及主要设想。

（3）××区总体发展面临的主要问题及发展设想。

（4）××区产业发展现状、产业园区发展现状及发展设想。

（5）××区社会人口发展现状及存在的主要问题。

（6）××区城市建设中存在的问题及发展设想。

（7）××区社会服务设施、市政基础建设中存在的问题及发展设想。

（8）请从本区的角度出发，谈谈对近中期规划的设想。

（9）请从本区的角度出发，谈谈对本次国土空间规划的建议和注意事项。

四、市级国土空间总体规划调研主要资料清单①

（一）自然资源类资料

（1）省级国土空间规划成果、工作方案、实施意见、编制导则、技术规范等相关文件。

（2）历次全国土地调查及历年连续变更数据和图件；基础性地理国情监测数据。

①县级国土空间总体规划调研资料清单可参照执行，调研深度需下沉到乡镇、街道和村庄层面，尤其是针对辖区内各乡镇和行政村，须深度开展经济产业、资源环境空间、公共服务设施、交通市政防灾等方面的调研。

（3）市域 DEM 数据或坡度图；市域和中心城区范围地形图；行政边界矢量数据。

（4）全市矿产资源调查数据。

（5）水土流失、土地沙化、石漠化、盐渍化等生态退化区域和强度分级数据。

（6）工程地质、水文地质及环境地质调查报告。

（7）全市各县（市、区）土壤数据库；土壤污染调查数据、采样点分布图；农业面源污染调查数据、分布图、治理方案。

（8）土地利用总体规划。

（9）永久基本农田划定方案；高标准基本农田建设项目清单。

（10）近 5~10 年期间历次土地利用总体规划调整、修改情况；历年土地开发、整理、复垦实施项目清单；历年农转用报批项目清单；重大建设（单独选址）项目清单；历年年度土地供应清单；历年土地利用变更调查；历年土地供应情况；历年年度用地计划。

（11）农用地分等定级电子数据和相关资料。

（12）土地储备情况；耕地后备资源调查评价。

（13）城镇地籍调查数据。

（14）地质灾害防治规划；最新矿产资源利用规划。

（15）中心城区基准地价图（分综合用地、工业用地、商业用地、住宅用地）。

（16）县（市、区）村庄调查分类表；设区市村庄分类情况统计表。

（17）全市水产种质资源保护区。

（18）农村人居环境整治重点工程；农村土地整理相关制度、农村基础设施建设情况与存在问题等相关资料。

（19）农业用水现状和发展规划；近 10 年农业用水量及灌区有效利用系数、灌溉用水定额。

（20）市域历史文化名镇、名村、历史文化街区、中国传统村落、工业遗产等资料。

（21）历史建筑资料。

（22）国家级、省级风景名胜区资料。

（23）市域农业遗产普查资料及现状概况；市域农业遗产相关规划。

（24）近期建设规划和项目库。

（25）其他专项规划（道路交通、市政设施、绿地、防洪排涝等）。

（26）近 5~10 年期间历年已批农村土地综合整治；国土整治重点工程和分布。

（27）最新违法用地数量及查处情况；最新低效用地的数量、类别和查处情况；城镇低效用地调查评价结果；村庄整治、农村居民点节约集约情况调查评价。

（28）废弃地、闲置土地调查结果及处置情况。

（29）地质环境、地质灾害治理情况；矿山修复、矿山复垦、绿色矿山等重点项目。

（30）近 5~10 年期间新增国土空间生态修复面积数据。

（31）林地现状调查矢量数据库；全市林地一张图数据库。

（32）各级自然保护区、森林公园、风景名胜区、地质公园、湿地公园、草原公园、海洋公园、水产种质资源保护区、野生植物原生境保护区（点）、野生动物重要栖息地、水利风景区、郊野公园、生态公园等所有自然保护地情况。

（33）自然保护区建设规划；正在申报的各类自然保护地名录、申报级别、基本情况及相关申报材料；涉及自然保护地的重大产业项目、生态项目、旅游开发项目。

（34）林业资源调查报告；森林资源（二类调查现状）、生态公益林的相关规划或资料介绍；各类公益林、天然林划界以及管控措施情况；大型林业工程情况。

（35）全市近5~10年期间各县（市、区）森林、草地分布及相关统计数据，植被类型分区图。

（36）湿地保护区划界以及管控措施情况。

（37）生物多样性调查。

（38）国家级和省级保护物种分布区域；优势树种、珍贵树种面积及分布数据。

（39）全市、各区县植被覆盖率数据；全市、各区县植被退化数据；全市、各区县森林蓄积量现状数据。

（40）退耕还林面积，各保护区退出耕地面积；林业分类经营情况，国有林场及各林场基本情况、分布图及发展规划；林业五年规划及编制前期研究；林地保护与利用规划。

（41）其他相关资料。

（二）生态环境类资料

（1）全市重点环境保护地区（重要水源地、自然保护区、风景名胜区、湿地保护区、环境敏感区）分布、相关的保护政策、法规（条例）及规划。

（2）全市饮用水水源地保护区资料。

（3）生态保护红线划定资料；生态系统功能重要性评价和生态敏感性评价。

（4）近5~10年全市各县（市、区）环境统计公报数据，大气、水环境监测数据及监测点分布图。

（5）近5~10年全市各县（市、区）环境统计的SO_2、NO_2、颗粒物、COD、氨氮、TN、TP排放量。

（6）近5~10年全市各县（市、区）所有监测站点（包括国控、省控、市县级监测站点）SO_2、NO_2、CO、O_3、$PM_{2.5}$、PM_{10}月均、年均浓度。

（7）近5~10年全市各县（市、区）所有监测站点（包括国控、省控、市县级监测站点）水质监测数据。

（8）近5~10年全市各县（市、区）环境质量公报、环境质量报告书。

（9）全市环境污染源普查报告；污染源普查中统计的重点污染源名称、排污量及排污口位置信息。

（10）水土流失、土地沙化等相关资料。

（11）全市土壤污染状况普查数据及相关报告、污染防治方案。

（12）农村污染物排放调查、研究报告。

（13）全市及各区县环境保护五年规划、重点污染源治理相关规划、流域污染治理规划、五年发展规划前期研究。

（14）生态功能区划报告及图件。

（15）大气、水环境功能区规划报告、图件；大气、水环境功能区目标浓度或全市各县（市、区）应达的空气质量目标，大气环境容量标准数据及其分级结果；大气、水环境总量控制区范围。

（16）环境保护规划。

（17）“三线一单”编制成果。

（18）其他相关资料。

（三）水文气象类资料

（1）全市河湖水系图；地表河流、湖泊、水库、地下水资源现状资料（名称、级别、面积、矢量范围图；堤坝高程、河流最大流量、平均流量、最小流量、最高水位、平均水位）。

（2）全市各县（市、区）地表径流统计数据；第二、三次水资源调查成果；近 5~10 年全市和各区县水资源统计公报。

（3）水资源调查评价报告。

（4）水源保护区名称、位置、范围。

（5）市域现有大型水利工程、引水工程、农业灌溉基础工程、防洪工程分布、规模、运行情况。

（6）市域各区县水源地、重大引水工程及输水廊道现状及规划情况。

（7）近 5~10 年市域各类用水情况。

（8）地下水超采区名称、（近 5~10 年）多年平均地下水超采量（分深层和浅层超采量）、多年平均地下水超采面积。

（9）近 5~10 年各县市水土流失新增面积、治理面积。

（10）水力、风力侵蚀区域和强度分级数据。

（11）水土流失等生态退化区域和强度分级数据。

（12）全市水土流失重点防治地区分布及水土保持工作开展情况，水土保持中长期规划、水土流失治理规划。

（13）全市水功能区划、控制单元、流域分区情况和规划；水功能区划及功能区或控制单元水质目标浓度，各控制单元或流域分区水质目标数据，水环境容量标准数据及其分级结果。

（14）各区县用水总量控制指标数据、水资源考核目标数据及目标设立方案。

（15）水利五年规划及编制设想；全市水利工程规划。

（16）近 30 年全市洪涝、干旱等气象灾害历史记录，防汛抗旱工作开展情况、存在问题、工程建设现状及相关规划。

（17）近 5~10 年全市各县（市、区）平均降水量、平均风速、平均≥10℃活动积温、静风日数、蒸散发量、月均气温、日照时数、月均空气相对湿度等。

（18）气象灾害数据。

（19）其他相关资料。

（四）城乡建设类资料

（1）近5~10年城市建设年报、建制镇建设年报、集镇建设年报、村庄建设年报。

（2）中心城区旧城及棚户区改造现状及计划、保障性住房建设情况和规划、住宅总面积、现状住宅结构类型和质量。

（3）近5~10年全市城镇住房统计；近5年新建小区的数量、占地面积、建筑面积，高、多、低层的比例，每年新建住宅竣工面积、实际销售面积、空置率等。

（4）目前阶段已完成竣工验收的棚户区改造、三旧改造等面积；新增政策性住房面积和新增住宅总面积。

（5）保障性住房建设现状和建设规划。

（6）现状道路网图、现状道路一览表（长度、红线宽度、断面情况、道路性质）、近期道路改造建设计划。

（7）现状城市停车场分布情况、配建标准，停车设施泊位总数、路外公共停车设施的泊位数，主要路外停车设施布局、占地面积、收费方式和标准。

（8）供水设施布局情况：水厂位置、数量、规模、运行情况、水源、水质。

（9）全市各区县近5~10年总污水量情况（生活污水、工业废水产生量，历年污水量增长情况）；排水体制、排水分区、污水集中处理率；现有污水处理厂的数量、位置、用地、规模、处理工艺及处理深度；气象资料（风玫瑰图、暴雨强度公式或历年降雨资料）。

（10）中心城区主要排水管网现状图。

（11）全市域、各区县排水专项规划。

（12）电力、通信、燃气、供热、环卫等公用工程的建设情况和专项规划。

（13）国家级、省级历史文化名城资料，国家级、省级历史文化名镇、名村资料，省级历史文化街区名录、保护区、已批准的保护规划。

（14）传统村落名录、分布、传统村落规划及图件。

（15）国家级、省级风景名胜区资料。

（16）其他相关资料。

（五）经济产业类资料

（1）近年来市委、市政府的重大决策和政策文件（重大决定、通知、意见等）。

（2）省、市关于国土空间总体规划相关内容的重要讲话或政策文件。

（3）全市国民经济和社会发展五年规划及相关材料。

（4）全市产业发展和各产业园区发展现状和规划情况。

（5）全市重大项目建设和规划情况。

（6）全市工业普查资料和10年规模以上工业企业基本情况。

（7）全市能源利用现状及能源发展规划。

（8）全市工业节能降耗现状和相关规划、行动方案。

（9）市及各区县文化产业发展现状和规划情况。

（10）市及各区县旅游资源调查报告、旅游资源普查评估资料；旅游接待设施（大型宾馆、酒店、旅馆、招待所和特色民宿等）情况。

（11）全市文化旅游规划，主要旅游景区规划，旅游项目实施情况。

（12）国家、省工程技术研究中心情况；高新技术产业和企业情况；科技成果数量和类型分布情况；科技事业发展和科研设施布局相关规划。

（13）近5~10年农业统计年鉴；农业现状发展概况。

（14）农业“两区”（粮食生产功能区和重要农产品生产保护区）划定情况。

（15）新农村、美丽乡村、田园综合体等建设情况；重点农业项目位置、规模和相关规划。

（16）乡村振兴战略规划；农业发展规划；农业农村五年规划等。

（17）其他相关资料。

（六）公共服务类资料

（1）近5~10年全市统计年鉴（电子版）；2019年各区县统计年鉴（2018年数据）。

（2）全市第六次人口普查汇总数据（综合篇、区县篇）。

（3）近2~3次全市1%人口抽样调查资料。

（4）最新工业普查资料、就业普查资料。

（5）市志；城市建设志。

（6）近10年每年全市和各区县户籍人口情况。

（7）近10年每年全市和各区县暂住人口数（就业、非就业、一年以上和一年以下，包括来源地、目的地、人口自然属性和流动人口数）。

（8）近10年全市和各区县外籍常住人口数量（外国在我国居住或经常居住6个月以上的工作人员、留学生等人员的数量）。

（9）近10年市辖区分乡镇/街道人口及其变动情况统计表。

（10）市行政区划图；历次行政区划调整情况及原因。

（11）部门五年规划及实施评估；部门五年规划前期研究、初步设想等资料。

（12）各区县政府职能机构、团体、基层及企事业管理机构分布情况。

（13）各区县敬老院、儿童福利学校等社会福利设施情况及近期建设计划。

（14）各区县殡仪馆、火葬场、墓地等设施情况及近期建设计划。

（15）近5~10年各区县劳动就业现状和劳动力结构情况。

（16）各区县流入劳动力数量、来源地、年龄结构、性别比例。

（17）高等院校、职业学校、成人教育、社会力量办学情况。

（18）各区县中小学现状情况一览表。

（19）受高等教育人员统计。

（20）公共服务相关部门五年规划及实施评估；部门五年规划前期研究、初步设想等资料。

（21）医疗卫生专项规划。

（22）全市和各区县医疗卫生机构情况一览表。

（23）全市等级医院名录、等级和地址。

（24）各区县体育场馆及训练用地情况一览表。

（25）各区县大型百货商店、批发零售市场、农贸市场情况一览表。

（26）电子商务发展现状、电商创业园情况。

（27）现状对外贸易发展情况，外贸服务设施分布情况，贸易园区与贸易平台情况。

（28）会展发展情况。

（29）物流及物流服务设施发展情况，物流业未来发展要求和设想。

（30）海关对外通关贸易的相关情况、主要贸易流向、贸易额、连续5~10年贸易变化情况。

（31）市域内（文物、非物质文化遗产）历史文化遗产资源的名录、现状分布区域，以及潜在重要资源调研情况（报告）等。

（32）市域不可移动文物、非遗保护规划、保护资金情况及配置诉求。

（33）市域历史文化遗产保护现状。

（34）省级及以上级别文物保护单位资料。

（35）市域内大遗址、立项国家遗址公园。

（36）濒危文物保护单位名单。

（37）其他相关资料。

（七）交通市政防灾类

（1）五年综合交通发展规划。

（2）交通部门五年规划前期研究、初步设想等资料；各类交通规划、物流发展规划。

（3）铁路、高速、国道、省道、机场、水运航道及其他重大交通基础设施现状、线位及规划情况。

（4）各区县货运枢纽、货物联运中心现状和规划设想；各区县长途汽车站现状及发展情况。

（5）近期重大交通基础设施建设项目安排；市域公路网规划和建设计划。

（6）最新全市各县（市、区）公路网矢量数据；市域现状主要公路路名、性质（国道、省道）、等级、起讫、里程。

（7）近5~10年市域历年公路观测点流量及车速观测资料、各区县城市主要出入道路的交通量观测资料；近5~10年每年公路客货运量构成及来源。

（8）市域内铁路路网现状和规划线位；市域铁路站场情况（等级、占地面积、货运量）；近5~10年每年铁路客、货运量。

（9）机场净空范围图；近5~10年机场每年客运吞吐量、货运吞吐量。

（10）全市各区县公交首末站位置、面积、配车数、高峰行车间隔、高峰周转时间、行驶车速；公交停车场的数量、面积及分布情况；公交综合换乘站的位置、面积。

（11）全市各区县公交线路情况；近5~10年全市各区县客运量和客运周转量、公交车拥有量及构成、每万人拥有标台数；公交专项规划。

（12）近5~10年全市各区县用水情况；市域及各区县现状水厂情况；市域各区县重要输水廊道；中心城区现状输水配水管线；全市域、各区县供水规划、水源规划。

（13）近 5~10 年全市各区县用电情况；全市各区县现有电力设施情况；市域各区县重要电力廊道（110kV 及以上）情况；全市域、各区县供电规划。

（14）近 5~10 年全市各区县燃气供应情况；全市各区县现有燃气设施情况；市域各区县重要输油、输气廊道；中心城区现状燃气管线；全市域、各区县燃气规划。

（15）各邮政网点数量、位置、用地面积或建筑面积以及服务半径；邮政业务规模（函件量）及邮政通信设施现状；邮政发展建设规划及近期建设计划。

（16）全市各区县现状通信情况；汇接中心局数量、容量规模及位置；各类通信局所的位置分布图；中心城区现状通信管线；全市域、各区县通信规划。

（17）全市主要灾害风险及存在问题，现状综合防灾体系建设情况；气象灾害基本情况和区域分布；地质灾害基本情况和区域分布。

（18）全市现状重大防灾减灾救灾设施及应急服务设施建设情况；全市各区县现状危险品生产和储存设施、关键生命线、重大危险源、邻避设施建设情况。

（19）全市地质构造及历史地震情况，城区地质勘查报告，地震危险性评估报告；基本地震烈度、设防等级；未来地震趋势；现状主要构筑物防震情况；地震可能引起次生灾害的工程建设情况；防震设施建设情况。

（20）全市各区县总体应急预案及抗震、防洪、消防、人防专项预案；部门五年规划及实施评估、前期研究、初步设想等资料。

（21）全市各区县地下空间利用现状调查统计与现状图；全市各区县人防指挥中心位置，现有地上、地下人防设施现状。

（22）全市各区县地下空间开发利用规划、人防工程建设规划。

（23）全市各区县现状消防队站情况；消防水源分布；消防五年规划及实施评估、前期研究、初步设想等资料。

（24）近 5~10 年全市各区县固体废物处理情况；全市各区县现状垃圾处理设施情况；全市各区县现状垃圾转运设施情况；全市各区县现状餐厨、医疗、建筑垃圾等处理方式及设施建设情况；全市域、各区县环卫规划。

（25）其他相关资料。

（八）园区资料

（1）管辖范围及下辖行政区划图。

（2）园区/新区五年规划及实施评估；五年规划前期研究、初步设想等资料。

（3）园区/新区总体规划、控制性详细规划、产业发展规划。

（4）已批用地情况及分布图；土地利用年度计划；土地储备情况。

（5）各类市政专项规划（供水、污水、电力、供热、燃气、电信、环卫等）；各类公共服务、社会事业发展规划（文化、教育、卫生、体育）；政策性住房规划。

（6）其他相关资料。

（九）各区县资料

（1）近 5~10 年期间历年政府工作报告。

（2）行政区划图；工业园区批复文件、范围。

（3）近 5~10 年劳动就业现状和劳动力结构情况；流入劳动力数量、来源地、年龄结构、性别比例。

（4）近 5~10 年统计年鉴、第六次人口普查汇总数据、近几次 1%人口抽样调查资料。

（5）区、县五年规划及实施评估；五年规划前期研究、初步设想等资料。

（6）近 5~10 年年度能源生产量和消耗量数据，能源规划。

（7）工业园区发展现状；工业园区发展规划；工业园区批复文件、范围；主要工业行业发展规划。

（8）城市总体规划（文本、图集）；土地利用总体规划（文本、数据库）；矿产资源开发利用现状及规划。

（9）基本农田储备区划定成果（2000 国家大地坐标系数据库）和储备区任务数字；近 10 年分年度农村土地二级分类面积汇总表；粮食生产功能区和重要农产品保护区成果（2000 国家大地坐标系数据库、文本）；最新耕地质量等级更新评价成果（2000 国家大地坐标系数据库）。

（10）森林公园、自然保护区、地质公园等情况；风景名胜区保护现状。

（11）历史城镇、村庄保护现状。

（12）重大配套服务设施规划。

（13）植被覆盖率数据；植被退化数据；森林蓄积量现状数据。

（14）生态环境现状调查报告、环境功能区划报告；水源地、各类保护区、风景名胜区、森林公园等重点环境保护地区的分布及范围划分；环境保护五年规划、重点污染源治理相关规划、五年规划前期研究。

（15）水资源统计公报；水源地、重大引水工程及输水廊道现状及规划情况；用水总量控制指标数据、水资源考核目标数据及目标设立方案。

（16）近 5~10 年城镇、村庄建设年报。

（17）现状水厂情况（位置、规模、水源情况、近 5~10 年供水情况），重要输水廊道；排水体制、污水集中处理率，现有污水处理厂的数量、位置、用地、规模；现状供气气源及燃气设施情况（位置、面积、规模等）；现状垃圾处理设施情况（位置、面积、处理能力等），现状垃圾转运设施情况（位置、面积、处理能力等），现状餐厨、医疗、建筑垃圾等处理方式及设施建设情况；市政（给水、排水、燃气、电力、环卫等）各类专项规划。

（18）区内旅游资源情况。

（19）当前各区重要旅游产品现状或预计游客量、增长率、旅游类型、旅游收入及结构等统计信息；各区当前与计划推进的旅游线路情况与意向；近 5~10 年年度旅游人次、客源来源、旅游收入、旅游发展规划。

（20）辖区内历史文化遗产（不可移动文物、非遗）的现状分布情况及保护规划、保护资金情况及配置诉求。

（21）辖区内名村、街区、中国传统村落等聚落现状重要分布区域（保护区划矢量数据、保护规划）及潜在重要资源研究（报告）。

（22）农业文化遗产保护现状及相关规划。

（23）城区分村、分社区户籍人口、常住人口统计表；近 5~10 年年度户籍人口、迁入与迁出人口、暂住及流动人口统计表。

（24）文化、教育、体育、卫生设施现状一览表。

（25）综合交通规划、现状交通问题；铁路、高速、国道、省道、机场及其他重大交通基础设施现状、线位及规划情况；货运枢纽、货物联运中心现状和规划设想。

（26）其他相关资料。

五、市县国土空间总体规划文本框架参考指引

目录

前言

第一章　总 则

应明确规划目的、规划依据、指导思想、规划期限、规划范围与层次、强制性内容（采用“下划线”方式表达）等内容。

第二章　基础条件与形势

第一节 现状与存在问题

第二节 机遇与风险挑战

第三章　规划定位与目标战略

第一节 城市性质与核心功能定位

第二节 目标愿景

第三节 空间战略

第四章　国土空间总体格局

第一节 “三条控制线”

第二节 主体功能区优化完善

第三节 国土空间开发保护格局

第四节 规划分区

第五节 国土空间功能结构

第五章　农业空间

第一节 耕地保护

第二节 农业产业空间指引

第三节 城乡融合与乡村振兴

第六章　生态空间

第一节 自然保护地体系

第二节 维护生物多样性

第三节 造林绿化空间

第四节 绿色低碳

第五节 生态修复
第七章　城镇空间
第一节 城镇体系
第二节 公共服务设施体系
第三节 产业空间布局保障
第八章　中心城区布局规划
第一节 总体布局
第二节 规划分区
第三节 用地布局
第四节 住房保障
第五节 商业服务业
第六节 工业物流
第七节 道路交通
第八节 公共服务
第九节 总体城市设计
第十节 “蓝绿”空间
第十一节 历史文化
第十二节 城市更新
第十三节 地下空间
第十四节 “四线”管控
第九章　历史文化保护与风貌塑造
第一节 历史文化保护体系
第二节 历史文化传承与活化利用
第三节 旅游发展布局
第四节 城乡风貌塑造
第十章　综合交通
第一节 综合交通体系
第二节 综合交通运输网络布局
第十一章　市政基础设施与防灾减灾
第一节 水利设施
第二节 能源设施
第三节 矿产资源保护利用
第四节 市政设施
第五节 综合防灾减灾
第十二章　土地节约集约利用
第一节 城镇建设用地节约集约利用
第二节 实施国土综合整治
第十三章　陆海统筹（涉海市县）

第十四章　区域协同

第一节 融入区域发展格局

第二节 加强相邻地区协作

第三节 推动重点地区发展

第十五章　规划实施保障

第一节 实施保障机制

第二节 规划传导

第三节 信息平台建设

第四节 规划实施管理

第五节 近期行动计划

第十六章 附则

六、各阶段规划报审材料清单指引

一、技术审查阶段

（一）规划文本

（二）规划说明

（三）规划图件

（四）专题研究报告

（五）公众咨询情况（可选）

（六）专家咨询情况（可选）

（七）同级部门征求意见情况及采纳情况（可选）

二、成果审查阶段

（一）规划文本

（二）规划说明

（三）规划图件

（四）专家评审意见及采纳情况

（五）技术审查意见及采纳情况

（六）公众参与情况（公示、听证等）

（七）同级规委会审议意见

（八）同级政府审议意见

（九）同级人大审议意见

（十）上级政府审查意见

（十一）矢量数据库

三、上报审批阶段

（一）规划文本

（二）规划说明

（三）规划图件
（四）专家评审意见
（五）公众参与情况（公示、听证等）
（六）风险评估情况
（七）同级人大审议意见
（八）上级政府规委会相关成员单位、有关部门意见及采纳情况
（九）上级政府司法部门合法性审查意见
（十）上级政府规委会审议意见（可选）
（十一）矢量数据库

七、附　彩　图

附彩图 1　生态保护重要性评价结果图
附彩图 2　农业生产适宜性评价结果图
附彩图 3　城镇建设适宜性评价结果图
附彩图 4　生态空间格局规划图
附彩图 5　城镇村体系规划图
附彩图 6　全域国土空间控制线规划图
附彩图 7　历史文化保护规划图
附彩图 8　国土空间分区规划图
附彩图 9　中心城区土地使用规划图
附彩图 10　中心城区绿色空间规划图

注释：为增强实操指导性，本附录结合清华同衡业务实践和清华大学学生课程作业，遴选了市县国土空间总体规划的部分核心图件绘制成果，供读者参考。考虑到规划成果信息的敏感性和保密要求，对行政区划、地形图、地名和部分规划矢量信息进行了删减处理。所有相关规划图件均非正式完整图件成果信息，仅为示意图件。

附彩图 1　生态保护重要性评价结果图

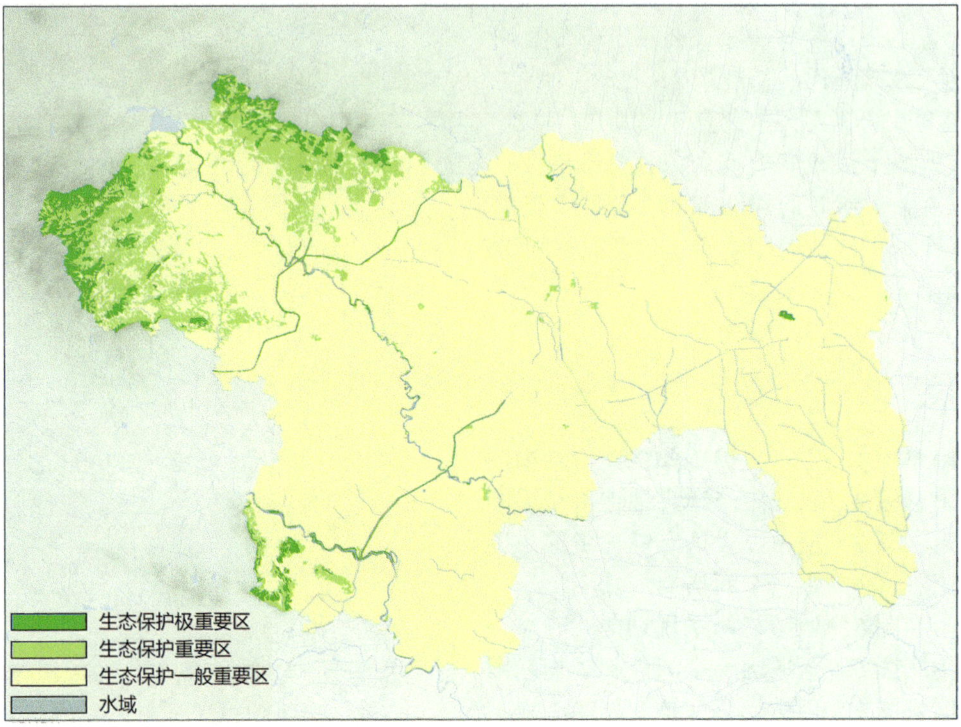

附彩图 2　农业生产适宜性评价结果图

附彩图 3　城镇建设适宜性评价结果图

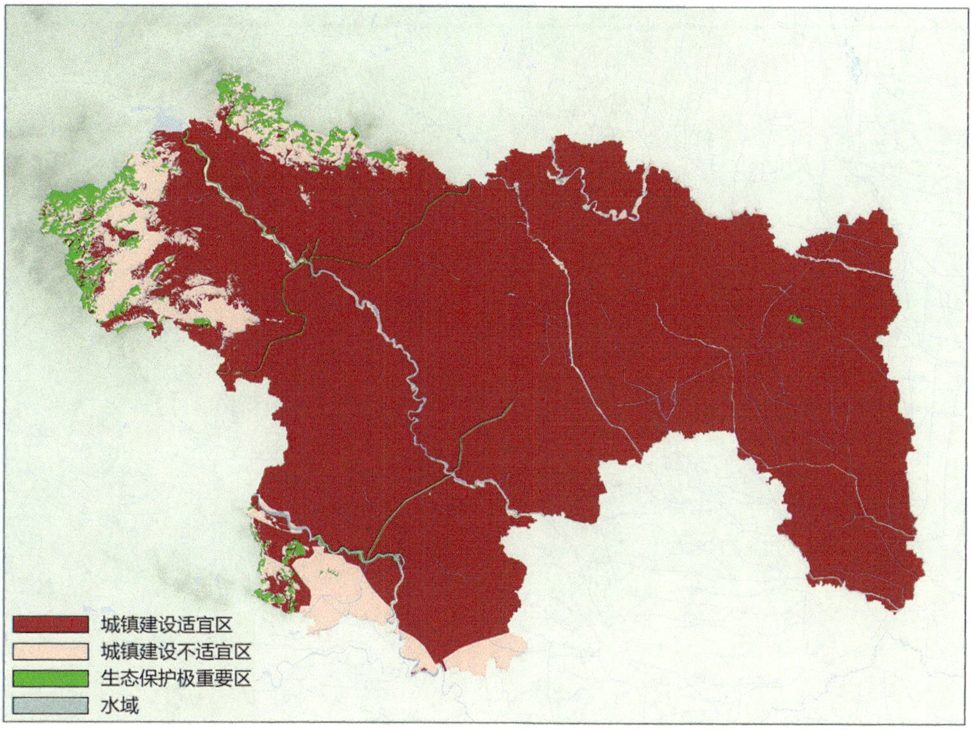

附彩图 4　生态空间格局规划图

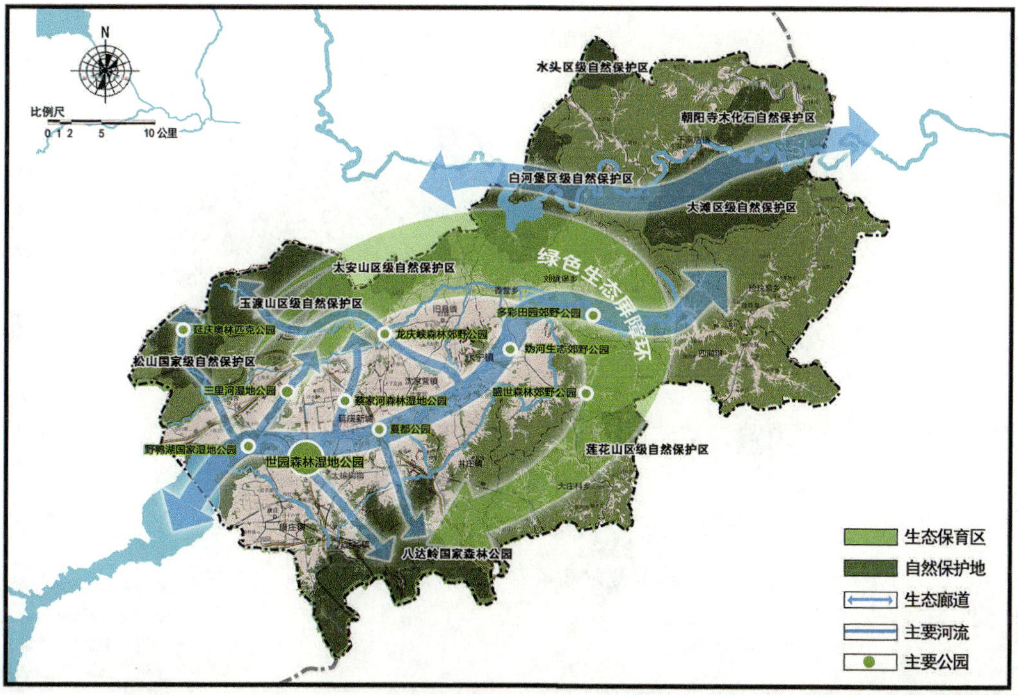

附彩图 5　城镇村体系规划图

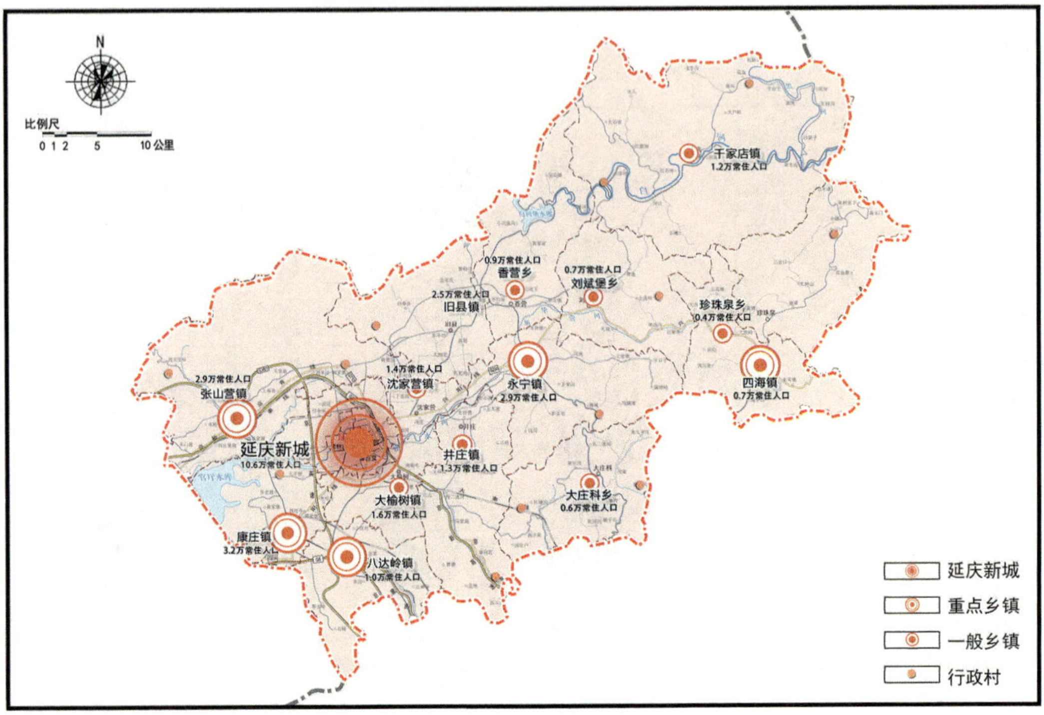

附彩图 6　全域国土空间控制线规划图

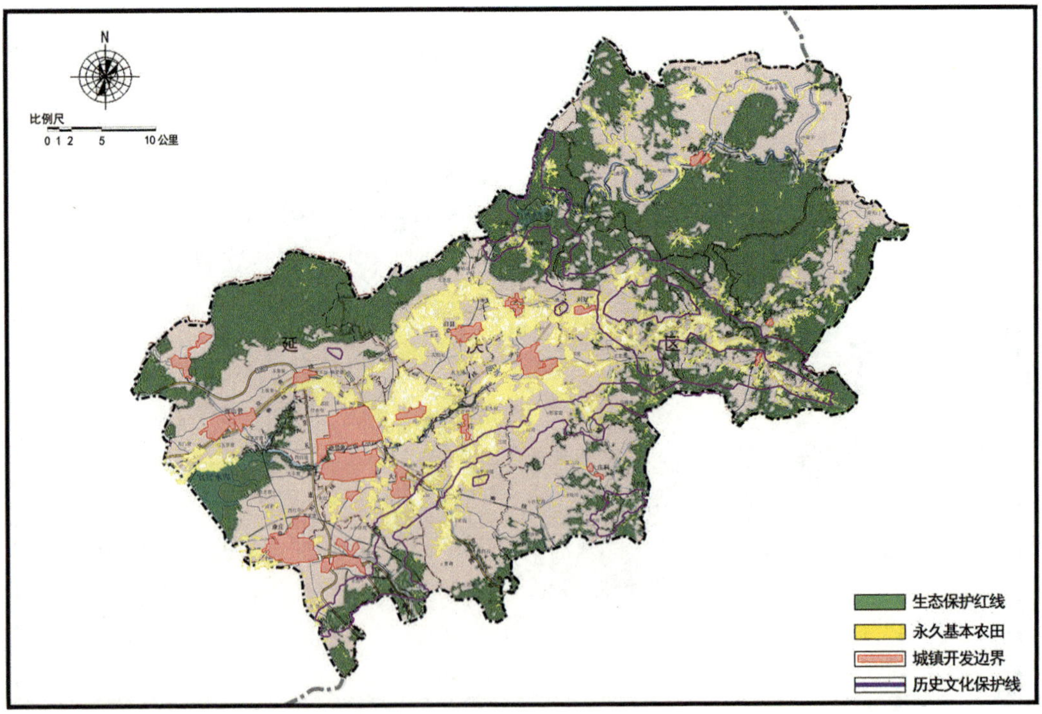

附彩图 7　历史文化保护规划图

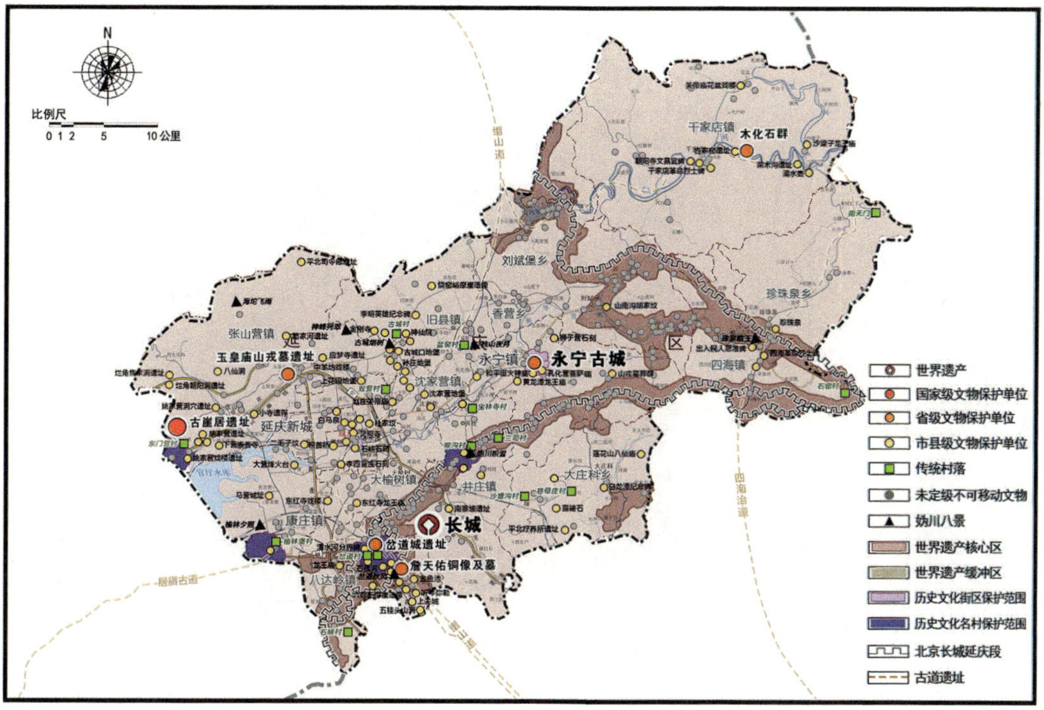

附彩图 8　国土空间分区规划图

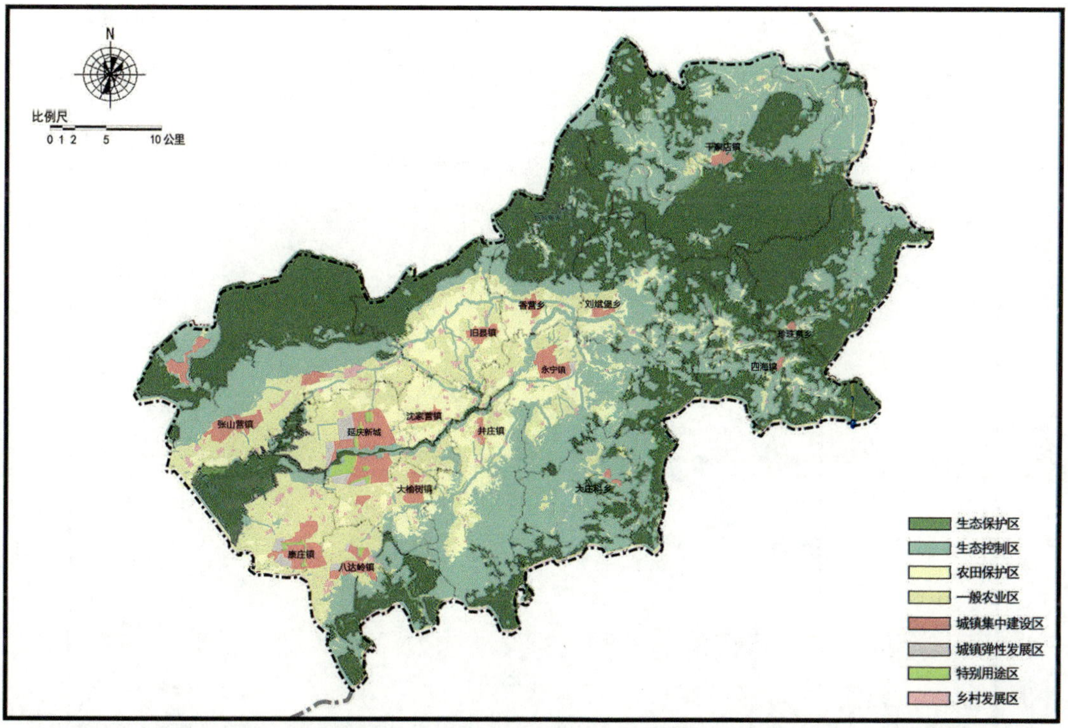

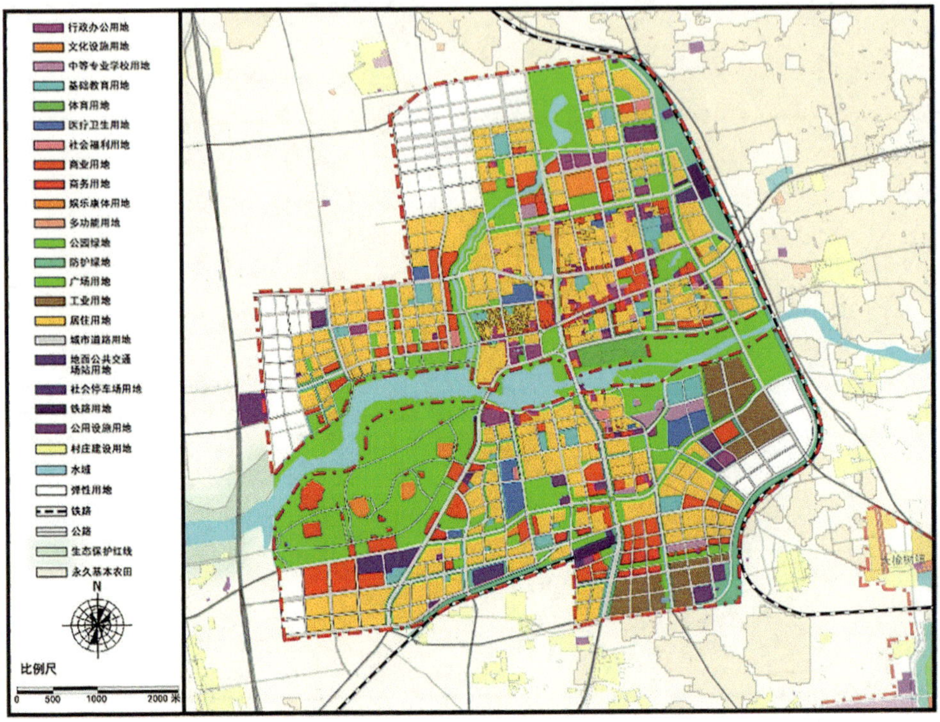

附彩图 9　中心城区土地使用规划图

附彩图 10　中心城区绿色空间规划图